실험실과 실생활에서의
판단과 의사결정

KB090985

Σ 시그마프레스

실험실과 실생활에서의
판단과 의사결정

발행일 | 2019년 6월 10일 1쇄 발행

저 자 | Nancy S. Kim
역 자 | 신현정
발행인 | 강학경
발행처 | (주)시그마프레스
디자인 | 고유진
편 집 | 김은실

등록번호 | 제10-2642호
주소 | 서울특별시 영등포구 양평로 22길 21 선유도코오롱디지털타워 A401~402호
전자우편 | sigma@spress.co.kr
홈페이지 | http://www.sigmapress.co.kr
전화 | (02)323-4845, (02)2062-5184~8
팩스 | (02)323-4197

ISBN | 979-11-6226-196-5

Judgment and Decision-Making
in the lab and the world

* 책값은 뒤표지에 있습니다.
* 이 도서의 국립중앙도서관 출판예정도서목록(CIP)은 서지정보유통지원시스템 홈페이지(http://seoji.nl.go.kr)와 국가자료공동목록시스템(http://www.nl.go.kr/kolisnet)에서 이용하실 수 있습니다.(CIP제어번호 : CIP2019020500)

역자 서문

살아있는 생명체는 말할 것도 없거니와 (로봇이나 오늘날의 테크놀로지에서 사용하는 각종 센서에 이르기까지) 지적 행위를 수행하는 개체가 끊임없이 수행하며 생존하기 위해서는 수행할 수밖에 없는 과제가 바로 판단과 의사결정이다. 심지어 잠을 잘 때조차도 꿈속에서 온갖 결정을 내린다. 물론 꿈에서의 결정은 대부분은 비논리적이고 비합리적이기 십상이지만 말이다. 모든 지적 행위자(intelligent agent)의 알파요 오메가라고 해도 과언이 아니다. 따라서 판단과 의사결정 연구는 학제적일 수밖에 없으며, 오래전부터 철학을 비롯한 다양한 학문 분야가 이 문제를 다루어왔다. 그렇기는 하지만, 오늘날에는 심리학(특히 인지심리학)과 경제학(특히 행동경제학)에서 집중적으로 이 문제에 접근해왔다고 볼 수 있다.

이 책은 주로 20세기 후반에서부터 오늘날에 이르기까지 심리학 실험실과 실제 장면에서 수행한 기념비적인 연구들을 중심으로 판단과 의사결정이라는 어려운 논제의 함의와 응용가능성을 14개의 장에서 간결하면서도 포괄적으로 기술하고 있다. 대학에서 한 학기 교과목을 위한 교재로 사용할 수도 있겠지만, 이 분야에 관심을 가지고 있는 일반 독자에게도 상당한 도움을 줄 수 있을 것으로 생각한다. 그렇지만 이 책은 상당한 범위와 양의 내용을 가능한 한 응축시켜 300쪽 남짓 되는 분량으로 정리하였다. 이 분야에 충분한 사전지식을 가지고 있지 않은 독자라면 적어도 문단 단위로 꼼꼼하게 정독하면서, 필요하다면 인터넷 등에서 관련 정보를 찾아보기를 진정으로 권한다. 물론 역자가 필요하다고 생각하는 부분에 각주 등을 활용하여 정보를 첨가할 수도 있겠으나, 많은 경우에 각주는 오히려 가독성(可讀性)과 책을 읽고 이해하려는 동기를 떨어뜨리기 십상이다. 독자 스스로 부가적인 정보를 찾아본다는 사실 자체가 학업에 상당한 도움을 줄 수 있다.

역자는 출판사의 요청으로 이 책을 번역하는 과정에서 책의 내용과는 무관하게 꽤나 새롭고도 도움이 되는 경험을 하였다. 정도의 차이는 있지만, 사람마다 글쓰기 스타일은 모두 다르다. 그런데 이 책 저자의 글쓰기 스타일은 역자의 스타일과 너무나 달랐다. 역자로서 저자의 스타일을 충실하게 따르려니 한국어 표현이 어색해질 수밖에 없고, 역자의 스타일대로 글을 쓰려니 역자의 책무를 져버리는 꼴이 될 수밖에 없다. 가능한 한 절충하여, 저자의 의도와 스타일도 유지하고 번역문도 매끄럽게 만들고자 나름 엄청난 시간과 노력을 들였다. 그렇지만 모든 것은 역자의 역량을 넘어설 수 없기에, 오역이 있거나 내용을 올바르게 전달하지 못하는 표현은 모두 역자의 몫이다. 독자 제현의 끝없는 질책이 있기를 기대한다.

마지막으로 이 책의 번역작업을 수행할 공간을 마련해주고 필요한 모든 것을 아낌없이 지원해준 (주)시그마프레스 강학경 사장과 부산지사의 문정현 부장을 비롯한 박명기 과장과 김인수 대리에게 감사드린다.

부산 온천장 골방에서

신현정

저자 서문

판단과 의사결정 연구는 분류가 불가능하기 십상이다. 기초과학과 응용과학을 포괄하며, 두 가지 모두에 진정으로 추구할 가치를 부여하고, 동시에 두 가지 모두를 다루기 십상이다. 또한 판단과 의사결정 연구는 어떤 전통적인 단일 분야나 하위분야에 포함되기가 불가능하다. 심리학(예컨대, 사회심리학, 임상심리학, 인지심리학, 발달심리학, 비교심리학, 생물심리학 등), 행동경제학, 실험철학, 마케팅, 의료현장, 범죄학, 법학 등의 통찰과 이론과 패러다임이 융합되어 있다. 이 책에서 개관한 연구를 꼼꼼하게 살펴보는 것은 일종의 특권이었다.

나는 이 책의 출판에 기여한 Palgrave 출판사의 모든 사람들에게 감사드리며, 특히 책임편집자인 폴 스티븐스와 부편집자인 캐시 스콧에게 감사드린다. 이들이 없었다면 이 책은 존재하지도 못하였을 것이다. 제이미 조셉은 우선 내가 이 책의 집필을 생각해보도록 해주었으며, 루크 블록과 스테파니 패라고는 마지막 단계에서 이 책이 출판되도록 이끌어주었다. 이자벨 버위크와 제니 힌들리는 집필 초기에 내가 궤도를 벗어나지 않도록 붙잡아주었다. 알렉스 코노크는 설득력 있는 표지를 만들어주었으며, 마케팅 전문가인 헬렌 잭슨은 책 소문을 퍼뜨리는 놀라운 성과를 냈다. Palgrave 출판사의 제작편집자인 에이미 휠러, 프로젝트 메니저인 생기타 생기어머티, 그리고 교열편집자인 트리스타 래미는 전문가의 솜씨로 최종본을 마무리하였다. 여러분의 전문성과 이 책에 기울인 노력에 깊이 감사드린다.

수많은 동료와 학생이 이 책의 다양한 부분에 건설적인 제안을 해주거나 이 책에서 다룬 여러 주제에 관한 사전토론을 해주었으며, 이 부분에 있어서 에드워드 박, 에린 와이니, 우마 카마카, 수전 레이티프, 메이슨 젠킨스, 말로리 고

셀프, 니 응고, 몰리 샌즈, 니콜 베츠, 이안 수, 그리고 스테이시 잔코프스키에게 진심으로 감사드린다. 많은 익명의 동료가 이 책의 원고에 소중하기 짝이 없는 피드백을 해준 것에 대해서 매우 감사드린다. 마지막으로 남혜숙, 다니엘 김, 에드 박, 소피 박, 클레어 박, 박정과 박순자에게 도움을 준 것에 감사드린다.

학생 시절에 나에게는 연구 멘토인 안우경, 프랭크 케일, 스티븐 코슬린과 함께 연구하는 행운이 따랐으며, 그들이 보여준 학자적 본보기에 감사드린다. 노스이스턴대학교에서 내가 가르친 학생들이 이 책의 기조와 접근방식에 영감을 주었다. 이 학생들은 과학에 대한 호기심과 열정을 실무 경험과 세상을 긍정적으로 변화시키겠다는 강렬한 내적 추동과 결합시키고 있다.

Nancy S. Kim

"판단과 의사결정" 관련
교과목을 가르치는 분들께

이책을 강의 교재로 고려하는 것에 감사드린다. 이 책은 자신의 강의에 대한 모든 교수의 비전을 유연하게 보충할 수 있도록 설계되었으며, 본질적으로 모듈 체계를 갖추고 있다. 모든 장을 순서에 관계없이 읽을 수 있으며(다만 예외적으로 제7장과 제8장은 순서대로 읽는 것이 최선이다), 읽는 순서는 부분적으로든 전체적으로든 교수나 독자의 재량에 달려 있다.

또한 이 책은 판단과 의사결정 강의에 안성맞춤인 교재를 찾을 때 직면하는 두 가지 핵심적 도전거리에 대처한다는 목표도 가지고 있다. 특정 교과목을 가르칠 때의 한 가지 핵심 도전거리는 강의에서 말하고자 하는 모든 것을 이미 언급하지 않으면서 교수와 학생 모두에게 유용한 배경정보를 제공하는 교재를 찾는 것이다. 토론식 세미나를 가르칠 때 직면하는 주요 도전거리는 수강생 모두가 저널에 게재된 논문의 중요한 맥락과 이론적·방법론적 논제를 이해하면서 그 논문을 읽을 수 있게 해주는 배경지식을 제공하는 것이다. 이 책은 판단과 의사결정의 핵심 논제를 개관하고 이 분야에서 발표된 논문의 범위와 논쟁거리를 기술하고 수업이나 부가적 논문의 근본 맥락을 제공함으로써, 이러한 역할을 모두 수행한다는 목표를 가지고 있다. 저자인 나는 각 장의 말미에 논의 주제와 부가적 읽을거리를 제안하였으며, 여러 장에서 생각상자와 보충정보도 포함시켰다.

이 책은 기초연구와 응용연구의 물음은 상보적일 뿐만 아니라 상호 간에 필수적이며 실제로 밀접하게 얽혀 있기 때문에 기초-응용연구의 구분은 잘못된 이분법이라는 철학을 중심으로 이루어져 있다(Narayanamurti & Odumosu, 2016). 많은 구체적인 사례를 포함하고 있으며, 추상적 인지에 기초한 기념비적인 실험연구와 함께 응용연구를 위한 탄탄한 토대를 제공하고 있다. 종합적으로 볼 때, 이러한 접근방식은 판단과 의사결정의 핵심원리와 연구결과의 이해를 고양시키고, 판단과 의사결정 연구가 어떻게 인지의 근본 문제뿐만 아니라 명백한 중요성을 가지고 있는 현실적 논제를 다룰 수 있는지를 집중 조명하려는 것이었다.

차례

학습목표

이 장을 마무리하게 되면, 여러분은 다음을 수행하였을 것이다.

- 판단과 의사결정 분야에서 다루고 있는 다양한 유형의 연구물음을 개관하고, 이 분야가 어떻게 여러분 자신의 삶과 연관될 수 있는지를 살펴보았다.
- 일상의 판단과 의사결정을 연구하고 이해하는 두 가지 핵심적인 경험적 접근방법, 즉 인지 오류 접근법과 신속-간소 접근법을 대비하였다.
- 이중과정 추리 모형이 이 분야를 주도하는 이론 틀이라는 데 찬성하거나 반대하는 주장을 살펴보았다.
- 세 가지 핵심 유형의 의사결정 모형(즉, 기술 모형, 규범 모형, 처방 모형) 각각이 어떤 차별적이면서도 중요한 목표를 가지고 있으며, 상호 간에 어떻게 관련되는 것인지를 이해하고 비교하였다.
- 판단과 의사결정의 다섯 가지 대표적인 논제를 다룬 이 책의 구조와 내용을 개관하였다. 다섯 가지 논제는 사람들이 가능성을 판단하는 방식, 과거와 미래에 대해 추리하는 방식, 돈과 시간 그리고 기회라는 자원을 투자하고자 결정하는 방식, 세상을 이해하는 방식, 그리고 사회집단의 맥락에서 결정을 내리는 방식이다.

핵심용어

- 감정(affect)
- 개인적 결정(personal decision)
- 계산 능력(computational capacity)
- 규범 모형(normative model)
- 규칙기반(rule-based)
- 기술 모형(descriptive model)
- 불확실성(uncertainty)
- 체계 1; 체계 2(System 1; System 2)
- 신속-간소 접근법(fast-and-frugal approach)
- 연합적(associative)
- 위험성(risk)
- 유형 1; 유형 2(Type1; Type 2)
- 이중과정 모형(dual-process model)
- 인지 오류(cognitive illusion)
- 처방 모형(prescriptive model)

판단과 의사결정의 이해

··

왜 판단과 의사결정을 연구하는가?

무엇이 사람들을 조기 사망에 이르게 만드는가? 영국, 미국, 한국, 독일과 같은 나라에서는 심장병, 폐암, (뇌졸중을 초래하는) 뇌혈관질환 등이 사망의 주요 원인이다(Heron, 2016; Lim, Ha, & Song, 2014; Statistisches Bundesamt, 2017; U.K. Vital Statistics Outputs Branch, 2015). 실제로 그렇기 때문에, 사람들은 자연스럽게 이러한 질병을 사망 원인으로 생각한다. 반면에 의학적 사망 원인들로부터 출발하되, 우선 이러한 의학적 사망 원인 각각을 초래하는 요인들의 조합이 무엇인지를 거꾸로 되짚어가면서 생각해볼 수도 있다(Keeney, 2008). 유전 요인(예컨대, 유전적 소인을 시사하는 암의 집안 내력)과 개인적으로 즉각 제어할 수 없는 환경 조건(예컨대, 대기오염을 제대로 규제하지 않는 지역에 거주하거나 경제적인 이유로 공기의 질이 형편없는 공장이나 탄광에서 일하는 것) 등과 같은 몇몇 요인들은 어쩔 수가 없다. 이러한 요인은 세 가지 유형의 질병 모두에 중차대한 영향을 미친다.

　반면에 **개인적 결정**(personal decision), 즉 본질적으로 자신이 제어할 수 있는 선택도 이러한 사망 원인에 공헌하는 중요한 역할을 담당한다는 사실은 오래 전부터 익히 알려져 왔다. 특히 흡연, 무절제한 섭식습관, 규칙적인 운동을 하지 않은 것 등은 이러한 중대 질병으로 사망할 가능성을 증가시킨다(Keeney, 2008). 어떠한 개인적 개입도 질병을 예방할 수 없었던 수많은 사례들이 존재한다는 사실에는 의심의 여지가 없다. 그렇지만 보다 많은 사례의 경우에는 흡연량을 줄이거나 금연하고, 과식을 피하면서 영양가 높은 음식을 섭취하며, 규칙적인 심혈관 운동을 수행함으로써 질병에 굴복할 가능성을 감소시킬 수 있다(Emmons, Linnan, Shadel, Marcus, & Abrams, 1999). 예컨대, 독일 연방통계국은 흡연이 독일 여성의 수명을 10년 정도 감축시킬 수 있다고 추정하였다(즉, 2014년에 흡연 관련 질병으로 사망한 독일 여성의 평균 수명은 70.9세인 반면, 다른 원인으로 사망한 독일 여성의 평균 수명은 81.3세였다. 더욱이 독일 남성이 흡연 관련 질병으로 사망할 가능성은 독일 여성의 경우보다 거의 두 배나 높다(Statistisches Bundesamt, 2017).

　동일한 맥락에서, 사망 원인을 체계적으로 분석한 랠프 키니(Ralph Keeney, 2008)는 미국에서 조기 사망의 첫 번째 원인이 바로 개인적 결정이라고 결론지었다. 이 주장이 다소 논쟁거리이기는 하지만, 확실한 생각거리를 제공하고 있다. 예컨대, 키니(2008)의 분석은 2000년에 암이나 심장병으로 사망한 사람 중에서 각각 66%와 46%를 개인적 결정 탓으로 돌릴 수 있음을 시사하였다(예컨대, 흡연, 부실한 섭식이나 과식, 운동 부족 등). 몇몇 특정 사례의 경우에는 이러한 행동을 개인적 결정 자체로 분류해서는 안 된다는 점을 인정한다고 치더라도(예컨대, 가난이 영양가 높은 음식을 구할 수 없게 만든다), 수많은 사람에게 있어서는 사망 시점에 영향을 미치는 개인적 선택을 내릴 수 있는 충분한 여력이 있을 수 있다. 즉, 상당한 수의 사람에게 있어서는 조기 사망이 전적으로 복불복의 결과가 아니다.

　사람들이 어떻게 결정하고 그 이유가 무엇인지를 밝혀내는 일은 공공복지 측면에서뿐만 아니라 개인적인 삶을 영위하고 있는 우리에게도 중요한 일이다. 우리들 각자가 결정을 내리는 방식과 결정하는 내용은 좋든 나쁘든 우리의 삶을 변화시킨다. 우리의 결정은 보다 건강한 삶이나 궁극적인 죽음으로 이끌어갈 뿐만 아니라, 어느 학교에 진학할 것인지, 어떤 경력을 쌓을 것인지, 잠재적 이성 배우자를 따라다닐 것인지(아니면 받아들일 것인지), 그리고 어떤 신념체계를 고수할 것인지 등의 토대를 이루기도 한다. 이 책에서 여러분은 실험실 장면뿐만 아니라 많은 상이한 실제 장면과 개인적 장면에서 사람들이 수행하는 판단과 의사결정을 보다 잘 이해하기 위하여 수행해온 고전적 연구와 최근 연구 모두를 살펴보게 된다.

　또한 이 책에서는 사고, 판단, 결정의 과학을 광범위한 연구 조망에서 접근한다. 인지과학, 사회심리학, 비교문화심리학, 발달심리학, 신경과학, 정서과학 등의 분야에서 수행한 연구들이 판단과 의사결정이라는 복잡한 퍼즐을 해결하는 데 기여하고 있다. 경영학, 법학, 경제학, 보건학 등과 같은 영역에서의 응용연구는 연구결과를 실험실 너머로 확장하고, 복잡하기 그지없는 실세계와 일상 삶의 맥락에서 작용하는 의사결정 과정에 대한 지식의 토대를 이루고 있다. 이 책의 목표는 그 결과들을 통합하여 판단과 의사결정 분야의 다면적이고 다조망적인 이해를 도출하려는 것이다.

응용문제와 기초과학 문제가 근본적으로 상호 연계되어 있으며 상호 간에 절대적으로 필요하다는 견해가 이 책 전반에 걸쳐 반영되어 있다. 사람들의 추리에서 믿을 수 없을 만큼 강력한 편향을 발견해내는 것과 같이 실험실에서 근본현상을 밝혀낸 다음에, 응용연구를 통해 일상의 삶에서 그 편향이 정말로 작동하는지 그리고 작동한다면 어떻게 작동하는지를 검증하게 된다는 생각에 많은 사람들이 친숙할 것이다. 그렇지만 응용연구도 필연적으로 기초연구에 영향을 미친다(Wolfe, 2016). 응용문제는 사람들이 세상을 살아가면서 정말로 중요한 문제가 무엇인지를 조명해준다. 예컨대, 어째서 사람들은 이념적으로 극단적인 견해를 채택하게 되는 것인가? 일반대중이 때때로 명명백백한 과학적 발견(예컨대, 지구 온난화를 지지하는 과학적 발견)을 거부하는 까닭은 무엇인가? 적대적인 정당의 구성원들이 상대방을 의도적으로 무식하고 비합리적이라고 치부하고는 상대방의 의견을 경청하지 않기 십상인 까닭은 무엇인가? 어째서 사람들은 과거와 미래 사건에 대해서 추론할 때 편향에 굴복하고 마는 것일까? 자유로운 사회에서의 삶에 가치를 부여하지만, 완전한 자유와 무한한 선택 권한은 최고의 행복으로 이끌어 가는가? 기초연구는 애초에 현실적 관심사가 던지는 이러한 물음에 답하는 데 도움을 줄 수 있다. 광의적인 수준에서 판단과 의사결정 연구는 우리가 살아가는 방법, 우리 삶의 방식을 개선하는 방법, 다른 사람들의 삶을 개선하는 데 도움을 주는 방법 등에 관한 연구이기도 하다.

판단과 의사결정을 이해하기 위한 몇 가지 기념비적 접근방법

아마도 판단과 의사결정이 처음으로 독자적인 주요 연구 분야로 떠오른 것은 트버스키와 카네먼(Tversky & Kahneman, 1974)과 동료들의 초기 연구 덕분이다. 이들은 **인지 오류**(cognitive illusion), 즉 주관적 판단에서 오류를 범하는 체계적 방식을 확인해냄으로써 사람들이 판단하는 방식에 관한 물음에 접근하였다(Pohl, 2004). 트버스키와 카네먼(1974)은 인지 오류를 연구하면서 시지각 연구에의 유추를 시도하였는데, 시지각 연구에서는 시각체계가 작동하는 방식을 추론해내기 위하여 지각 착시를 자주 사용한다. 예컨대, 평평한 화폭에 그림을 그리는 화가는 멀어져가는 길이 포함된 삼차원 장면을 보는 것과 같은 착시를 만들어내고자 시도할 수 있다. 그렇게 만들기 위하여 화가는 화폭의 아래쪽에서부터 위로 올라가면서 길의 양 측면이 점차 수렴하도록 그릴 수 있다. 그림을 지각하는 방식을 연구함으로써, 수렴하는 선분이 이차원의 평평한 화폭에서조차 사람들로 하여금 깊이를 지각하도록 단서를 제공한다는 사실을 추론할 수 있다. 이 사실에 유추하여 트버스키와 카네먼(1974)은 인지 오류를 사람들이 정상적으로 판단과 의사결정을 수행하는 방식에 대한 증거로 채택하고자 시도하였다. 카네먼과 트버스키 그리고 동료들의 획기적인 연구에서 비롯된 이 계통의 연구는 수많은 실험실에서 수행한 후속연구를 통해 생명력을 갖추게 되었다. 인지 오류 접근법이 여러 실험실을 통해 확산되고 연구자들이 판단 오류 자체에 더욱 초점을 맞추기 시작함에 따라서, 지각 착시 은유는 점차 덜 두드러지게 되었다. 그렇지만 트버스키와 카네먼(1974)의 애초 의도는 사람들이 실제로 판단하는 방식을 예증하기 위하여 실험실에서 정교하게 처치를 가한 특정 조건에서 사람들이 때때로 엉뚱한 판단을 하게 되는 경우를 보여주려는 것이었다.

예컨대, 두 가지 일자리 제안 중에서 선택할 때, 사람들은 하나가 다른 것보다 더 긍정적이라고 느끼고, 선택할 때 바로 그 **감정**(affect; 즉, 정서)의 영향을 상당히 받는다(Slovic, Finucane, Peters, & MacGregor, 2007). 대부분의 일상 조건에서는 기본적인 정적 감정과 같은 단순한 단서에 의존하는 것이 완벽하게 수용할 만한 판단을 내놓는다. 인지 오류 문헌의 요점은 그렇게 단순한 단서를 사용하는 것이 잘못된 판단으로 이끌어가는 경우를 정확히 찾아내려는 것이다. 어떤 연구자는 사람들이 보다 긍정적인 감정을 느끼도록 처치를 가함으로써(예컨대, 판단하게 될 내용과는 전혀 무관한 유머를 구사하는 코미디언의 연기를 시청하게 한다), 그 사람들의 판단을 변화시킬 수 있음을 보여줄 수 있다. 이러한 연구의 핵심은 사람들의 판단 자체에 처치를 가할 수 있다는 사실을 보여주려는 것이 아니라, 사람들이 판단하는 많은 경우에 감정을 사용한다는 사실을 추론하려는 것이다.

거르트 기거렌저(Gerd Gigerenzer)와 동료들은 시계추를 되돌려서 사람들의 추리가 실제로 매우 효과적이며 그들의 판단은 견실하기 십상이라는 사실을 보다 직접적으로 보여주고자 시도하였다. 판단과 의사결정에 대한 이들의 **신속-간소 접근법**(fast-and-frugal approach)에서는 심적 지름길의 사용이 어떻게 적응적인지, 즉 인지처리와 시간이라는 비용을 최소화하는 것과 결정의 정확성을 최대화하는 것 간에 어떻게 균형을 유지하는 것인지를 강조한다(Gigerenzer, Todd, & the ABC Research Group, 1999). 트버스키와 카네먼 그리고 동료들과 마찬가지로, 기거렌저와 동료들도 사람들이 결정을 내리는 데 사용하는 수많은 체계적인 지름길이나 규칙을 확인해왔다. 기거렌저와 동료들(1999)의 접근법은 어떻게 그러한 지름길이나 규칙이 사람들로 하여금 상대적으로 적은 심적 노력을 기울이면서도 매우 복잡한 결정을 해낼 수 있게 만들어주는 것인지도 매우 명료하게 보여주고 있다.

두 가지 접근은 모두 시간이 제한되어 있으며 인지적으로도 제약이 있는 불확실한 조건에서 어떻게 사람들이 복잡한 결정을 내리느냐는 핵심 물음을 다루고 있다. 사람들이 내리는 많은 결정, 예컨대 저녁식사로 무엇을 먹을 것인지, 학교에서 어떤 과목을 수강할 것인지, 잠재적 이성 배우자를 쫓아갈 것인지 등에 대한 결정은 그 결정시점에서 확인할 수 있는 정답을 가지고 있지 못하다. 즉, 결정을 내려야만 하는 시점에서는 장차 사태가 어떻게 전개될 것인지를 정확하게 알 수 없으며, 현재에 관해서도 완벽한 정보를 가지고 있는 경우는 극히 드물다. 저녁식사로 무엇을 먹을 것인지에 관한 결정조차도 시간제약을 받는다. 특정 시점까지는 결정을 내려야만 하며, 그렇지 않으면 굶을지도 모른다. 그리고 우리는 **계산 능력**(computational capacity), 즉 한 번에 처리할 수 있는 정보의 양이 제한되어 있는 인지적 제약도 받는다(Simon, 1955). 결정을 내리기 위하여 사람들이 어떤 유형의 심적 지름길을 취하는지를 확인해내는 것은 이 모든 제약에도 불구하고 어떻게 세상을 헤쳐 나가는지를 설명하는 데 도움을 준다.

지난 수십 년에 걸쳐서, 판단과 의사결정 연구의 이러한 두 가지 접근방식은 엄청나게 다양한 심적 지름길을 확인해왔으며, 그러한 심적 지름길이 출현하거나 출현하지 않는 조건들도 밝혀 왔다(Gigerenzer, 1996). 수많은 실험실에서 이토록 광풍처럼 몰아닥친 연구 활동은 새롭기는 하지만 때로는 중복되는 현상들의 다소 무질서한 확산을 초래하기도 하였다(때때로 상이한 집단의 연구자들이 본질적으로 동일한 현상에 대해 부지불식간에 상이한 이름을 붙여 발표한 개별적인 연구보고서를 찾아볼 수 있다). 이 모든 결과를 의미 있는 것으로 만들어주는 단일 통합이론은 환상에 불과한 것이었지만, 적어도 그 결과들을 통합하는 데 도움이 되는 광의적인 틀걸이를 찾아내고자 시도해왔다. 그 당시 이러한 통합 틀걸이 중에서 가장 널리 알려진 것은 이중과정 모형일 것이다(Kahneman, 2011; Stanovich & West, 2000).

이중과정 모형

이중과정 모형(dual-process model)이란 판단과 결정이 일반적으로 두 가지 차별적인 유형의 심적 과정을 통해 수행된다는 사실을 시사하는 이론들의 광범위한 집단을 일컫는다. 기본적으로 이러한 두 가지 유형의 처리과정(가장 보편적으로는 처리 체계라고 부르며, 보다 최근에는 처리 유형이라고도 부른다)은 다음과 같이 기술할 수 있다. 개략적으로 말해서, **체계 1**(System 1)은 빠르고, 직관적이며, 병렬적(즉, 동시적)이고, 자동적이며, 정서 주도적이고, 의식적으로 항상 접속할 수는 없는 처리를 지칭한다. **체계 2**(System 2)는 일반적으로 인지 부하가 존재하고, 의도적이며, 계열적(즉, 순서적)이고, 통제적이며, 이성 주도적이고, 의식적으로 접속 가능한 처리를 지칭하기 위해서 사용한다(Evans, 2008; Sloman, 1996; Stanovich & West, 2000). 예컨대, 노인 차별주의자의 고정관념과 편견을 생각해보자. 체계 1의 처리가 낯선 노인을 향한 특정 차별주의자의 암묵적이고 자동적이며 부정적인 생각과 친근감 결여의 근거를 이룬다고 주장할 수 있는 반면, 체계 2 처리는 누군가에게 편견을 갖는 것이 부당한 짓이라고 의식적으로 생각함으로써 그렇게 부정적이고 자동적인 반응을 억누르려는 시도일 수 있다. 심적 지름길에 관한 연구결과들을 통합하려는 맥락에서 볼 때, 일반적인 생각은 그러한 판단이 전형적으로 체계 1 처리에 따른다는 것이다. 시간이 충분하다면, 보다 통제적인 체계 2 처리를 통해서 그 판단을 압도할 수 있다.

추리에 기저하는 이중 체계를 명확하게 보여준 초기 주장 중의 하나가 스티븐 슬로먼(Steven Sloman, 1996)의 제안이었다. 그에 따르면 한 체계는 본질상 **연합적**(associative)이다. 즉, 이 체계에서의 추리는 유사성과 통계 정보에 근거한다는 것이다. 예컨대, 연합 체계를 사용하면, 특정 새를 울새로 신속하게 범주화할 수 있다. 그 새는 우리가 보았던 다른 울새에 대한 기억과 시각적으로 유사하며, 그러한 모습의 새는 통계적으로 울새일 가능성이 매우 높기 때문이다. 슬로먼이 제안한 두 번째 체계는 **규칙기반적**(rule-based)이며, 논리규칙이나 사회와 자연세계의 규칙 또는 마음이 결정이나 판단에 사용할 수도 있는 컴퓨터 알고리즘에 의존한다. 예컨대, 규칙기반 체계를 사용하면, 특정 새가 울새를 정의한다고 주장할 수도 있는 다음과 같은 여섯 가지 규칙, 즉 (1) 새이며, (2) 크기가 작고, (3) 겉모습이 어두우며, (4) 가슴부위가 붉고, (5) 울새 유전자를 가지고 있으며, (6) 살아있거나 과거에 살아있었다는 규칙을 만족시키기 때문에 울새라고 범주화할 수 있다. 그 당시 많은 연구자는 연합 체계와 규칙기반 체계를 추리가 작동하는 방식에 대한 두 가지 상이한 이론으로 취급해오고 있었다. 즉, 사람들이 연합 체계를 가지고 있는지 아니면 규칙기반 체계를 가지고 있는지를 알아내고자 시도하고 있었다. 반면에 슬로먼(1996)은 사람들이 추리를 위한 연합 체계와 규칙기반 체계를 모두 가지고 있고, 두 체계는 한 사람에게서 동시에 작동할 수 있으며, 규칙기반 체계가 연합 체계와 동일한 판단을 생성할 수도 있지만 반드시 그런 것은 아니라고 주장하였다.

스태노비치와 웨스트(Stanovich & West, 2000)는 이러한 아이디어에 바탕을 두고, 여러 해에 걸쳐 제안된 이중과정 모형들(예컨대, Evans, 1984; Shiffrin & Schneider, 1977; Sloman, 1996)을 종합적으로 개관하였다. 이들은 다양한 모형에 걸쳐 몇 가지 놀랄 만한 유사성에 주목하고는, 모든 모형이 본질적으로 두 가지 처리 체계를 상정하고 있다고 제안하였다. 즉, 하나는 빠르고, 직관적이며, 병렬적이고, 자동적이며, 정서 주도적이고, 의식적으로 항상 접속할 수는 없는 처리 체계이며, 다른 하나는 인지 부하가 존재하고, 의도적이며, 계열적(즉, 순서적)이고, 통제적이며, 이성 주도적이고, 의식적으로 접속 가능한 처리 체계라는 것이다. 스태노비치와 웨스트(2000)는 체계 1과 체계 2라는 용어를 사용하여 이러한 두 가지 군집의 처리를 포괄적으로 구분할 수 있다는 사실을 제안한 최초의 연구자들이다.

많은 추리, 판단, 의사결정이 두 가지 유형의 처리를 수반한다는 아이디어는 대립적인 것처럼 보이는 수많은 연구결과를 종합적이면서도 효율적인 방식으로 설명한다는 점에서 지극히 강력한 것이었다(Kahneman, 2011). 예컨대, 연구자들은 오랜 세월에 걸쳐 추리가 유사성에 기반을 두고 있는지 아니면 규칙에 기반을 두고 있는지를 놓고 골치 아픈 논쟁을 벌여온 반면에, 이중과정 틀걸이는 둘 모두의 가능성을 허용해주었다. 많은 연구자는 범주화에서부터 아동의 언어획득 그리고 의사결정에 이르는 심적 현상들을 설명하는 데 이중과정 틀걸이를 채택하였다. 널리 사용하는 한 가지 질문지인 인지 반영 검사(Cognitive Reflection Test; CRT)는 추리에서 체계 1과 체계 2에 의존하는 경향성의 개인차를 탐지하기 위해 고안된 것이다(Frederick, 2005). 이미 오래전부터 빈번하게 사용해왔기 때문에, 연구자들은 온라인상에서 이 질문지에 이미 응답하지 않았던 연구참가자를 모집하는 데 어려움을 겪기 시작함에 따라, 동일한 개인차를 측정하도록 고안된 두 번째 대안적 질문지를 개발하게 되었다(Toplak, West, & Stanovich, 2014).

최근 연구자들 사이에서 비교적 높은 명성을 유지해왔음에도 불구하고, 이중과정 모형은 상대적으로 모호하고 정의가 불명확하다는 이유로, 소수이기는 하지만 촉망받는 연구자들의 비판을 받기도 하였다(예컨대, Gigerenzer & Regier, 1996; Keren & Schul, 2009). 그 와중에 몇몇 이중과정 모형 주창자들은 점차적으로 이중과정 모형에 정교한 접근을 시도함으로써 그러한 비판에 건설적으로 대처해왔다. 첫째, 보다 체계적이고 신중하게 살펴본 결과, 실제로 두 가지 개별적인 보편목적 '체계' 자체가 존재할 가능성이 지극히 적은 것으로 보인다(Evans, 2008; Osman, 2004). 지금까지 제안된 이중과정 모형에 걸쳐서, 각 체계에 대해서 제안하였던 속성이 항상 함께 발생하지는 않는다는 사실이 명백해졌다. 예컨대, 빠르고 자동적이며 무의식적이라는 속성은 연합적이고 병렬적인 처리와 항상 동시발생하지 않는다(Evans, 2008). 이에 덧붙여서, 의도적 처리와 직관적 처리가 모두 규칙에 근거할 수도 있는 것으로 보인다(Kruglanski & Gigerenzer, 2011). 예컨대, 테니스 경기의 승자를 예측할 때, 사람들은 규칙을 의도적인 전략으로 사용하거나 아니면 자신이 그렇게 하고 있는 사실을 자각하지도 않은 채, 직관적으로 "내가 선수 이름을 빨리 알아볼 수 있을수록, 그 선수가 승리할 가능성이 높다고 생각한다."는 규칙을 적용할 수 있다.

그렇지만 조내선 에반스(Jonathan Evans, 2008)는 이중과정 틀걸이가 여전히 유효하다고 제안하였다. 상이한 이중과정 이론에 걸쳐 여전히 각 과정에서 찾아볼 수 있는 몇 가지 공통 요소들이 존재하기 때문이다. 그러한 공통 요소의 존재는 두 집합의 처리과정이 근본적으로 다르다는 사실을 보여준다는 것이다.

특히 이중과정 이론에 공통적인 한 가지 유형의 처리는 자동적이고 비의식적이며 빠르고, 다른 유형의 처리는 의도적이고 의식적이며 느린 경향이 있다. 에반스(2008)는 처리 체계 자체가 아니라 처리 유형을 반영하고 있다는 점에서, 첫 번째 유형의 처리를 (체계 1이라고 부르는 대신에) **유형 1**(Type 1) 처리로 그리고 두 번째 유형의 처리를 **유형 2**(Type 2) 처리라고 보다 정확하게 표현할 수 있다고 제안하였다. 이에 덧붙여서 유형 2 처리만이 작업기억(즉, 제한된 용량의 의식적 사고)과 연계되어 있기 때문에, 인지 부하에 의해 와해된다는 것이다. 즉, 작업기억 용량을 요구하는 또 다른 과제를 수행하고 있을 때는 유형 2 처리가 제대로 작동할 수 없다(Evans, 2008).

보다 최근에 에반스와 스태노비치(2013)는 이중과정 모형의 정의를 더욱 정교화하고 제한하기 위한 공동연구를 수행하여, 유형 1 처리는 본질상 직관적이며 유형 2 처리는 반성적이라고 기술하였다. 이들은 유형 1 처리와 유형 2 처리를 항상 구분해주는 속성들을 확인해냈다고 제안하였다. 첫 번째 속성은 앞서 에반스(2008)가 지적한 작업기억의 구분이다. 즉, 유형 2 처리는 반드시 작업기억을 수반하는 반면, 유형 1 처리는 작업기억 없이도 수행할 수 있다. 둘째, 이들은 유형 1 처리가 자동처리뿐만 아니라 습관적으로 수행하는 처리도 포함한다고 제안하였다. 반면에 유형 2 처리는 반성적이며 현재를 초월해서 수행할 수 있다. 즉, 추상적이고 가상적으로 생각하거나 미래를 생각할 때, 유형 2 처리를 통해서 그러한 사고를 수행할 수 있다. 전통적으로 유형 1 처리와 유형 2 처리와 연계되었던 부가적 속성들(예컨대, 빠름 대 느림; 연합적 대 규칙 기반적; 무의식적 대 의식적; 병렬적 대 계열적)은 앞서 언급한 정의속성과 함께 발생하기 십상이지만, 항상 그러한 것은 아니다(Evans & Stanovich, 2013).

이에 덧붙여서, 초기 모형들은 감정이 체계 1 또는 유형 1 처리의 한 부분이라고 제안하였다(예컨대, Evans, 2008; Haidt, 2001). 에반스와 스태노비치(2013)는 이러한 견해를 정교화하여, 기본 감정(예컨대, 단순히 부적 정서와 정적 정서를 느끼는지 여부)이 유형 1 처리와 연합되어 있다고 제안하였다. 기본 아이디어는 자동적이기 십상이며 의식적으로 자각하지 않으면서 사람들이 그러한 기본 감정을 판단의 단서로 사용한다는 것이다(Slovic et al., 2007). 사람들이 자신의 기본 감정을 설명하고자 시도하는 보다 상세한 해석과 같은 복잡한 형태의 감정(예컨대, 감정이 죄책감, 분노, 적개심, 또는 당혹감을 반영하는지 여부)은 유형 2 처리로 분류하는 것이 더욱 적절하다(Evans & Stanovich, 2013 참조). 뒷부분에 가서 감정이 구체적인 결정 과제에 어떠한 영향을 미치는지에 관한 물음으로 되돌아올 것이다.

요컨대, 이중과정 모형은 오늘날 판단과 의사결정 연구자들이 가지고 있는 통합적 틀걸이에 가장 근사한 것일 수 있다. 그렇지만 이중과정 이론은 전통적인 경험연구라는 의미에서 이론이 아니라는 주장이 있어왔다(Keren, 2013). 많은 경험연구의 관찰결과에 의해 지지될 뿐이지, 이중과정 모형과 다른 대안적 이론들을 명시적으로 대비하여 검증하도록 설계한 실험에서 유도된 것이 아니라는 것이다. 이러한 주장이 대체로 참이기는 하지만, 이중과정 모형이 판단과 의사결정 분야의 많은 연구결과에서 체계적인 패턴을 포착하고 있으며, 그 패턴을 통해 새로운 연구결과도 통합할 수 있다는 점에서 여전히 매우 유용한 역할을 담당하고 있다. 역사적으로 조망해볼 때도, 이중과정 모형은 모든 사람이 두 가지 유형의 추리를 모두 사용할 가능성이 매우 높다는 사실을 지적함으로써, 연구자들로 하여금 사람들이 유형 1 추리를 사용하는지 아니면 유형 2 추리를 사용하는지를 따지는 낡은 물음으로부터 벗어날 수 있게도 해주었다. 마지막으로 추리 그리고 판단과 의사결정 연구자들 사이에서 이중과정 모형이라는 생각은 매우 강력한 직관적 호소력을 견지하고 있다. 판단과 결정이 육감과 합리적 사고 모두의 영향을 받을 수 있다는 보편적인 아이디어는 엄청나게 강력한 것이며 떨쳐버리기 어려운 것이다.

의사결정 모형의 주요 유형

마지막으로, 판단과 의사결정 연구에서는 세 가지 유형의 의사결정 모형을 구분하고 있으며, 각각은 상이한 실질적 목표를 위한 것이다(Bell, Raiffa, & Tversky, 1988). **기술 모형**(descriptive model)은 어떻게 판단하고 결정하는 것이 좋거나 나쁜 것인지를 언급하지 않으면서, 사람들이 **실제로** 판단하고 결정하는 방식을 기술하고자 시도한다. 이중과정 모형이 이 범주에 해당하며, 어떻게 사람들이 판단을 위해 자주 심적 지름길을 사용하지만 특정 조건에서는 의도적으로 그러한 지름길을 극복할 수 있는지에 대한 데이터를 기술할 뿐이다. 실제로 이 책에서 소개하는 대다수 모형이 기술적인 것이지만, 매우 중요한 몇 가지 규범 모형도 다룰 것이다.

규범 모형(normative model)은 최적이거나 이상적인 의사결정을 반영한다. 예컨대, 규범적 결정과정은 논리적이고 과거의 결정과 선호도와 일관성을 유지해야 하며, 알고 있는 모든 관련 데이터를 고려해야만 한다. 또한 규범 모형은 장기적으로 자신의 목표를 달성할 수 있도록 해주는 의사결정 과정을 반영한다. 예컨대, 장수하면서도 건강한 삶을 달성하고자 희망하고 있다면, 이러한 사건이 일어나도록 만들어주려는 규범 모형은 통계적으로 건강을 증진시키고 장수하게 만들어주는 것으로 알려진 모든 것(예컨대, 금연, 적절한 양의 균형 잡힌 섭식, 규칙적인 운동 등)을 포함할 수 있다.

마지막으로 **처방 모형**(prescriptive model)은 판단하고 결정하는 특정 방식을 사람들에게 권장한다. 규범적인 결정 방식일 수도 있고 아닐 수도 있지만, 사람들이 현재 행하고 있는 방식보다는 개선된 것이라고 생각하는 것이다. 예컨대, 구내식당에서 음식 조리사가 자신의 손에 묻은 미세 병원균을 장만하고 있는 음식에 옮길 가능성을 낮추기 위하여, 구내식당 관리자는 음식 장만 장소에 설치할 알코올이 첨가된 손 세정제 장비를 여러 개 주문할 수 있다. 연구결과를 보면 알코올이 첨가된 손 세정제가 손에 묻은 병원균을 제거하고 음식관련 질병의 확산을 억제하는 데 도움이 된다. 물론 비누와 물로 손을 씻는 것이 그러한 병원균을 제거하는 보다 효과적이고 완벽한 방법이기는 하지만 말이다 (Foddai, Grant, & Dean, 2016). 그런데 특정 구내식당에서는 음식을 장만할 때 거의 항상 단 하나의 싱크대만을 사용하고 있다고 가정해보자. 구내식당 관리자는 새로운 손씻기 규칙이 그렇게 성가신 것이 아닌 한, 조리사들이 새로운 규칙을 따를 가능성이 더 높다고 생각할 수 있다. 관리자는 조리사들이 알코올이 첨가된 손 세정제를 사용하기 쉽게 만들기로 결정하고는, 그 세정제 사용을 권장하는 지침을 벽에 붙여놓는다.

요컨대, 처방 모형은 규범 모형과 기술 모형의 절충안을 반영하기 십상이다 (Bell et al., 1988). 규범 모형은 무엇이 최선인지를 알려주며(예컨대, 비누로 손을 씻는 것), 기술 모형은 사람들이 실제로 행하는 것을 알려주고(예컨대, 손을 씻지 않기 십상이다), 처방 모형은 합리적이고 현실적인 권장 행위를 하도록 시도한다(예컨대, 음식에 의한 병원균의 확산을 상당히 억제할 수 있는 손 세정제를 접근하기 쉽게 제공하고 사용할 것을 요구한다). 처방 모형은 의사결정 지식(즉, 사람들이 실제로 행하는 것과 아울러 당위적으로 행해야만 하는 것)을 일상생활에서 사용하여 구체적인 증진을 도모할 수 있는 현실적인 방법을 제안한다. 세 가지 유형의 모형 모두가 유용하지만, 상이한 이유에서 그렇다.

이 책의 내용

이 책은 판단과 의사결정에서 고전에 해당하는 연구와 오늘날의 기초연구 모두를 포괄하고 있다. 또한 사회심리학과 응용심리학(예컨대, 의학, 법학, 경제학, 마케팅, 환경과학, 개인적 삶의 결정 등에서 초미의 관심을 끌고 있는 주제를 다루고 있는 영역)으로 대표되는 핵심 하위분야뿐만 아니라, 발달심리학, 비교문화심리학, 인지신경과학, 정서과학 등의 분야에 걸친 연구 조망도 통합하고 있다. 저자는 다양한 연구영역을 두루 살펴봄으로써, 판단과 의사결정 과정에 대한 보다 완벽하고 다면적인 견해를 조장할 것을 희망하고 있으며, 특히 판단과 의사결정 과정이 실험실을 넘어선 문제 맥락에 내포되어 있을 때 그러하다. 이에 덧붙여서 이 책은 판단과 의사결정에서 다음과 같은 다섯 가지 핵심 문제를 중심으로 구성되어 있다. 사람들은 어떻게 사건의 가능성을 판단하는가? 사람들은 어떻게 과거에 대한 판단을 하며 미래에 관한 결정을 하는가? 사람들은 어떻게 시간과 돈 그리고 기회라는 자원의 사용을 선택하는가? 사람들은 어떻게 자신이 살고 있는 세상을 이해하고 이러한 이해가 판단에 어떤 영향을 미치는가? 사람들은 사회집단의 일원으로서 어떻게 판단하는가?

제1부 : 가능성 판단하기

어떤 사람이 10년 내에 결혼할 가능성은 얼마나 되는가? 그 사람이 살아있는 동안 특정 국가의 독재정권이 붕괴될 가능성은 얼마나 되는가? **제2장(가용성과 대표성)**에서는 사람들이 불확실한 상황에서 어떻게 이러한 사건의 가능성을 판단하는지를 묻는 것으로 시작한다. 문제의 사건이 상대적으로 독특한 것이고 과거 사건들은 확률을 계산하는 데 적절한 데이터를 제공해주는 데 충분하지 않기 때문에 확률에 기반한 예측을 내놓을 수 없을 때, **불확실성**(uncertainty)이 존재하게 된다(Knight, 1921). 예컨대, 지금부터 25년 후에 누가 캐나다 수상이 될 것인지에 관한 확률을 계산하는 것은 불가능하다. 충분한 관련 정보가 아직 가용하지 않기 때문이다. 제2장에서는 우선 그러한 물음에 대해서 불완전한 관련 정보만을 가지고 신속하게 답하기 위하여 사람들이 취하는 몇몇 심적 지름길에 대한 실험 증거를 살펴볼 것이다. 이 주제에 대한 기념비적 연구를 살펴보는 것에 덧붙여서, 사람들이 어떻게 사건의 가능성을 판단하는지에 관한 대안 이론들도 평가할 것이다. 또한 심적 지름길의 사용이 발달과정에서 어떻게 전개된다고 주장하고 있는지도 추적해볼 것이다. 마지막으로 사람들이 살아가면서 수행하는 이러한 가능성 판단의 몇 가지 건강과 관련된 중요성, 대인관계에서의 중요성, 그리고 사회적 중요성을 살펴볼 것이다.

이에 덧붙여서, 가능성을 판단할 때 처음에 주어진 정보가 어떤 중요한 역할을 담당하는가? **제3장(판단에서 정박점 효과와 초두효과)**에서는 여러분이 받는 최초 정보가 어떻게 사람들이 가지고 있을 가능성이 높은 성격 유형의 판단 그리고 사건이 일어날 가능성의 판단에 편파적인 영향을 미치는 것인지에 대한 기념비적 연구와 오늘날의 연구 모두를 살펴볼 것이다. 또한 최초 정보가 어떻게 의사의 질병 진단에 영향을 미치는지 그리고 판매와 마케팅 전략을 주도하는지도 살펴볼 것이다. 마지막으로 판단에서 최초 정보에 비합리적인 가중치를 부여하지 않도록 도움을 줄 수 있는 구체적인 전략을 살펴볼 것이다.

제2부 : 과거와 미래의 판단

특정 시점에서 볼 때, 미래는 상당한 불확실성과 엄청난 복잡성을 견지한다. 일어날 가능성이 있는 사건의 수가 무한하기 때문이다. 반면에 바로 그 시점에서 과거는 고정되어 있으며 상대적으로 단순하다(적어도 미래와 비교해서 그렇다는 말이다). 그럼에도 사람들은 과거 생각을 지금 현재 생각하고 있는 것과 분리하는 데 상당한 어려움을 겪기 십상이다. **제4장(후견편향)**은 특정 시점이 이미 과거가 되어버린 후에 사람들이 그 시점에서의 지식 상태를 얼마나 잘 재생해낼 수 있는지를 이해하는 데 초점을 맞춘다. 후견편향의 강력한 증거가 존재한다. 즉, 사람들은 과거에도 자신의 지식 상태가 매우 확실하였으며 실제로 예측하였던 것보다 미래를 더 정확하게 예측할 수 있었다고 잘못 생각한다. 제4장에서는 동기, 기억, 인과추리 등을 포함하여, 어떤 심적 과정이 후견편향의 토대를 이루는지에 대한 여러 가지 설명을 논의하고, 이 편향과 밀접하게 관련된 수많은 추리편향을 검토하며, 후견편향의 발달과정과 문화 간 차이를 살펴볼 것이다.

사람들은 일상생활을 영위하면서 특정 행위에 얼마나 많은 위험이 수반되는지도 판단한다. 즉, 그 행위의 비용과 이득을 평가하고, 그 행위를 취하는 것이 잠재적 비용을 무릅쓸 만큼의 가치가 있는지를 결정한다. 혹자는 **위험**(risk)이 관련 데이터가 가용한 사건의 가능성을 판단하는 것이라는 의미에서 불확실성과 차별화될 수 있다고 주장해왔다(Knight, 1921). 즉, 그러한 데이터는 행위가 잠재적 비용과 이득을 초래할 확률을 추정할 수 있게 해준다는 것이다. 예컨대, 금년에는 독감 예방주사를 맞지 않기로 결정하는 것, 스노보드를 타러가는 것, 자동차를 운전하는 것, 설탕이 첨가된 소다수를 마시는 것 등은 모두 사람들의 웰빙에 어느 정도 위험성을 수반하고 있는데, 과거 기록과 부정적 결과의 빈도를 추적한 대규모 역학조사로 인해서 위험성의 정도를 알 수 있다. **제5장(위험지각)**에서는 사람들이 이득에 대비하여 위험에 어떤 가중치를 부여하는지 그리고 사람들이 도출하는 결론이 합리적인 경향이 있는지를 개관한다. 일상 삶에서 사람들이 판단을 개선하는 데 도움을 줄 수 있는 규범적인 위험성 평가 방법들도 개관한다.

제6장(예측)에서는 계속해서 사람들이 어떻게 특정 개인(예컨대, 그 사람의 미래 수행과 행동 등)과 특정 사건(예컨대, 내일 날씨, 내년 윔블던대회에서 우승할 테니스 선수 등)을 예측하는지 살펴본다. 여러분이라면 자신의 건강상태를 진단하는 일을 의사에게 맡기겠는가, 아니면 컴퓨터 결정 지원 시스템에 맡기겠는가? 여러분이 응원하는 스포츠 팀에서 새로운 선수를 선발하는 일을 전문적인 스카우트 담당자에게 맡기겠는가, 아니면 통계 데이터베이스에 근거하여 작동하는 정교한 알고리즘에 맡기겠는가? 대부분의 사람은 전문가의 직관을

선호하지만, 통계적 방법이 정확한 예측을 하는 데 있어서 더 우수한 경향이 있다는 사실을 시사하는 증거를 살펴본다. 또한 이 장에서는 미래의 승진 가능성에 대한 감정에서부터 내일 날씨에 이르기까지, 어떤 일이든 매사를 예측하고자할 때 사람들이 범하는 체계적 편향도 논의한다. 그리고 삶의 마지막 의사결정에 초점을 맞추고(예컨대, 삶을 마감할 시간이 되었을 때 사람들이 자신을 의학적으로 어떻게 다루어주기를 원할 것인지를 예측하고자 시도한다), 그러한 연구결과를 의료 행위에 적용해본다.

제3부 : 자원에 대한 결정

사람들이 스스로 사용할 수 있는 자원(돈, 시간, 기회를 포함하지만 이것에만 국한되지 않는다)과 그 자원을 배분하는 방식에 영향을 미치는 요인이 제3부의 핵심이다. **제7장(선택과 심적 회계)**은 마음과 두뇌에 관한 연구라는 맥락에서 선택의 문제(예컨대, 어떤 제품을 구입할 것인지, 어떤 방식으로 시간을 보낼 것인지 등)를 따져보는 것으로 시작한다. 주어진 선택 문제의 특성이 궁극적으로 어떻게 사람들이 내리는 결정에 영향을 미치는 것인지를 평가한다. 환경 자체가 가능성이 매우 높은 선택에 제약을 가하며 영향을 미친다고 할 때, 도대체 완벽한 선택의 자유가 존재할 수 있는지를 물음할 것이다. 또한 사람들이 더 건강한 선택을 하도록 유도하기 위해서 환경에 처치를 가하는 것이 칭찬받을 가치가 있는 처방 모형인지 아니면 그렇게 하는 것은 사람들의 선택 자유를 제약하는 비윤리적인 행위인지를 따지는 복잡하게 얽히고설킨 문제도 살펴볼 것이다. 제7장의 후반부에서는 일반인들의 심적 회계, 즉 사람들이 자신의 개인 자원을 심리적으로 어떻게 추적하고 분류하는 것인지에 초점을 돌린다. 심적 회계의 기술 모형을 합리적이고 규범적이라고 주장하는 경제학 이론과 비교하며, 사람들의 재정 관리를 개선시키는 방법을 개발하는 데 있어서 둘 간의 차이가 어떤 함의를 가지고 있는지를 살펴본다.

　　제8장(기대효용이론)과 **제9장(틀만들기 효과와 전망이론)**에 걸쳐서는 중요한 보편목적 선택 모형들을 살펴본다. 적어도 몇몇 연구자는 그 모형들 중에서 세 가지 선택 모형(즉, 기대가치이론, 기대효용이론, 다중속성효용이론)이 규범 모

형이라고 주장해왔지만, 기대효용이론은 기술 모형이라고 가정하기도 하였다. 이에 덧붙여서 중요한 기술 모형들(즉, 단일 원인 의사결정, 강건한 만족하기, 전망이론 등)을 다룬다. 전망이론은 심리학, 행동경제학, 회계학을 포함하여 다양한 학문영역에 걸쳐서 영향력을 행사해왔기 때문에, 제8장의 대부분을 이 이론의 주장을 상세하게 살펴보고 이 이론을 검증한 실험들을 개관하고 평가하는 데 할애한다.

제4부 : 세상 이해하기

사람들이 어떻게 판단하고 결정하는지를 올곧게 이해하기 위하여, 과거에 학습한 내용과 지식을 어떻게 기억에 저장하고 체제화하는지, 그리고 그 체제화가 어떻게 판단에 영향을 미치는지를 살펴본다. **제10장(스키마와 틀 이론)**은 유아기와 아동기의 핵심 지식 영역을 세부적으로 다룬 기초연구로부터 시작한다. 사람들이 지식을 마음에 저장하고 체제화하는 스키마, 스크립트, 그리고 광의적 틀걸이에 관한 고전적인 인지이론을 다룬다. 그런 다음에 틀 이론이 배심원의 결정과 임상적 추리와 같이 복잡한 판단을 이해하는 데 있어서 무엇을 알려주는지를 살펴본다.

제11장(공변, 유관성, 그리고 원인 판단하기)에서는 사회심리학, 인지심리학, 비교심리학 분야에서 수행한 인과추리에 관한 풍부하면서도 다양한 문헌을 개관한다. 이웃집 아이는 가정형편이 어려움에도 불구하고 어떻게 학업성적이 그토록 우수한가? 여러분은 암에 대한 유전자 치료법이 어떻게 작동하는 것이라고 생각하는가? 무기를 소지하지 않은 혐의자에게 총을 쏜 경찰관을 기소해야 하겠는가? 어떤 요인이 군사 쿠데타 시도로 이끌어가는가? 인간의 추리는 대부분 인과추리라고 주장해왔다. 인과추리에서 사람들은 가용한 증거와 사전 지식에 근거하여 어떤 일이 왜 또는 어떻게 일어난 것인지를 밝혀내고자 시도하게 된다. 사람들이 어떻게 매우 단순한 인과정보와 통계정보를 사용하여 인과관계를 추론하는 것인지 그리고 어떻게 상이한 유형의 인과성을 구분하는 것인지를 살펴본다. 예컨대, 사람들이 비극을 야기한 사람과 그 비극적 사건이 일어나는 것을 용납하거나 허용한 사람을 어떻게 구분하여 판단하는지를 살펴본다.

세상이 작동하는 방식에 대한 이해는 관찰한 것을 설명하기 위한 가설을 도출하는 것 그리고 그 가설을 검증하기 위한 정보를 찾는 것도 수반한다. 사람들에게 가설을 검증하기 위한 규범적 접근으로서 과학적 연구방법을 금과옥조로 삼아야 한다고 가르치기 십상이다. **제12장(가설검증과 확증편향)**에서는 과학적 방법의 기원과 철학으로 되돌아가서 그 논리를 비판적으로 살펴본다. 현대과학은 일반적으로 반증적 접근, 즉 가설에 반하는 증거를 찾으려는 접근방법에 가치를 부여하고 있지만, 특정 조건에서는 확증적 접근이 실제로 바람직하다고 주장해온 연구자들도 있다. 과학자 자신도 스스로 깨닫지 못한 채 확증적 접근을 채택하는 경우가 있다. 이 사실이 과학에 의미하는 바가 무엇이며 그 증거를 어떻게 해석할 것인지를 논의한다. 그런 다음에 가설검증에 관한 판단과 의사결정 연구가 실세계에서의 추리 오류를 이해하는 데 어떤 도움을 주는지를 살펴본다. 예컨대, 연구결과는 재판에서 법적 증거를 해석할 때 사람들이 치명적인 오류를 범하는 이유 그리고 의료전문가가 어떻게 오진을 하게 되는지를 설명하는 데 도움을 준다.

이에 덧붙여서, 사람들은 아무런 증거도 없이 특정 신념을 형성하고 유지할 수 있으며, 그 과정이 어떻게 전개되는 것인지가 **제13장(신념)**의 핵심이다. 우선 미신, 마술적 사고, 초자연적 신념 등의 발생기원을 살펴본다. 이것들은 정의상 구체적 증거가 없음에도 사람들이 견지하는 신념이다. 또한 음모이론의 발생과 유지도 심도 있게 살펴본다. 마지막으로 기억과 집행기 제어에 관한 연구를 살펴볼 것인데, 이 연구는 사람들이 어떤 정보가 거짓이라는 사실을 깨달은 후에도 그 오정보가 어떻게 계속해서 판단에 영향을 미치는지를 설명하는 데 도움을 줄 수 있으며, 무엇보다도 신념이 어떻게 형성되는지를 설명하는 데 도움을 준다.

제5부 : 사회에서의 판단과 의사결정

이 책의 마지막 장인 **제14장(도덕 판단과 협력)**에서는 사람들이 어떻게 도덕 판단을 하는지를 논의하고 유기적인 사회에서 사람들이 어떻게 협력행동을 수행하는 것인지를 살펴본다. 개인적 정체성 형성에서 도덕성의 역할, 그리고 한 개인의 일생, 성별, 문화, 사회경제적 수준, 연령 등에 걸친 도덕성 발달을 깊이 있게 살펴본다. 인지신경과학과 심리학의 연구가 입증하는 바와 같이, 도덕 판단에서 감정의 역할을 논의하며, 사람들이 어떻게 자신을 위한 행위와 자신이 속한 집단을 위한 행위 중에서 하나를 선택하는 것인지를 살펴본다.

요약

판단과 의사결정 분야에서는 기초과학과 응용과학이 복잡하게 얽혀 있으며 상호의존적이다. 사람들이 판단하고 결정하는 방식의 연구는 건강, 재산, 관계, 시간 활용, 개인적 웰빙 등을 개선하고 최적화하려는 연구이기도 하다. 이 책에서는 단순한 일상적인 결정에서부터 평생에 걸쳐 영향을 미치는 결정에 이르기까지 그리고 개인적 결정에서부터 집단, 회사, 국가 등이 내리는 결정에 이르기까지 모든 것과 연관되어 있는 한에 있어서 의사결정에 관한 기술 모형, 규범 모형, 처방 모형들을 살펴본다.

더 읽을거리

Evans, J. S. B., & Stanovich, K. E. (2013). Dual-process theories of higher cognition: Advancing the debate. *Perspectives on Psychological Science, 8*(3), 223–241.

Kahneman, D. (2011). *Thinking, fast and slow.* London, UK: Macmillan. [생각에 관한 생각(2012). 이진원 역. 김영사.]

제 **1** 부

가능성
판단하기

가용성과 대표성 **2**

학습목표

이 장을 마무리하게 되면, 여러분은 다음을 수행하였을 것이다.

- 사람들이 어떻게 불확실한 조건에서 한 사건의 가능성을 판단하느냐는 보편적 물음을 살펴 보았다.
- 사람들이 가능성을 판단하기 위하여 어떻게 가용성 발견법, 대표성 발견법, 다른 관련 발견 법 등과 같은 심적 지름길을 택하는지에 관한 증거를 살펴보았다.
- 이러한 증거를 이해하는 대안적 방법들을 비판적으로 평가하였다.
- 가용성 발견법 연구가 건강 관련 추리를 이해하는 통찰을 제공해줄 수 있는지를 물음하였다.
- 가용성 발견법의 사용이 일생에 걸쳐 변하는지, 만일 변한다면 어떻게 변하는지를 평가하 였다.
- 대표성 발견법 연구와 사회적 판단에서의 고정관념 연구 간의 관계를 평가하였다.
- 인간행동 연구 자체를 조성하고 그 연구에 영향을 미치는 데 있어서 대표성 발견법의 역할 을 살펴보았다.

핵심용어

- 가용성(availability)
- 가용성 발견법(availability heuristic)
- 개수 가용성 가설(availability-by-number hypothesis)
- 교접 규칙(conjunction rule)
- 교접 오류(conjunction fallacy)
- 기저율(base rate)
- 대표성(representativeness)
- 대표성 발견법(representativeness heuristic)
- 문자 유목 가설(letter-class hypothesis)
- 발견법(heuristic)

- 상대적 출현빈도 판단(relative frequency-of-occurrence judgment)
- 속도 가용성 가설(availability-by-speed hypothesis)
- 원형(prototype)
- 작은 수 법칙(law of small numbers)
- 접속가능성(accessibility)
- 집합크기 판단(set-size judgment)
- 큰 수 법칙(law of large numbers)
- 회귀 빈도 가설(regressed-frequencies hypothesis)
- WEIRD

대니얼 핸들러(Daniel Handler, 2000)는 인기 있는 허구적 아동용 도서 시리즈인 레모니 스니켓의 위험한 대결(*Lemony Snicket's A Series of Unfortunate Events*)의 세 번째 연재물에서 새로운 후견인인 조세핀 앤트휘슬 이모에게 맡겨진 삼형제 고아 이야기를 쓰고 있다. 아이들은 새로운 후견인이 다양한 뿌리 깊은 공포를 가지고 있다는 사실을 알게 된다. 그녀는 문의 손잡이를 두려워하는데, 손잡이가 박살나서는 파편이 자신의 눈으로 들어갈 수도 있기 때문이다. 냉장고도 무서워하는데, 어느 날 냉장고가 쓰러지면서 그녀를 심각하게 깔아뭉갤 수 있기 때문이다. 문간에 깔아놓은 매트를 두려워하는데, 그 위를 지나가다가 넘어지면 그 과정에서 목이 부러지면 치명적일 수 있기 때문이다. 이러한 공포가 얼핏 괴상망측한 것처럼 보일 수 있겠지만, 그녀가 행하고 있는 판단 유형은 모든 사람들도 일상적으로 하고 있는 판단의 거울상과 같은 것이라는 사실을 생각해보라. 각 경우에 등장인물은 세상에서 벌어지고 있는 사건의 확률이나 빈도를 직관적으로 판단하고 있는 것이다. 물론 대부분의 사람은 그녀와 똑같은 확률에 도달하지는 않을 것이다. 사람들은 앞서 언급한 사건들이 일어날 가능성은 지극히 낮다고 판단한다는 사실을 전제할 때, 이 등장인물은 그 확률을 과대추정하였다고 생각한다.

이 장과 다음 장에서는 사람들이 어떻게 그러한 판단, 즉 한 사건이 발생할 가능성이나 어떤 사실이 참일 가능성의 판단을 수행하는지 알아본다. 이 영역의 연구에서 중요한 한 가지 목표는 사람들이 그러한 판단을 내리기 위하여 어떤 유형의 정보를 사용하는지를 정확하게 밝혀내려는 것이었다. 특히 문제의 사건이 독특한 것이어서 기존 데이터에 의존해서 그 확률을 계산하기 어려운 불확실한 조건에서 말이다(제1장 참조). 예컨대, 만일 이 세상에 존재하는 문 손잡이가 과거에 산산조각이 나서 파편이 얼마나 자주 어떤 사람의 눈으로 들어갔는지에 관한 접속가능한 데이터베이스를 가지고 있지 않다면, 마음으로만 접속할 수 있는 다른 정보에 근거하여 그 가능성을 판단할 수밖에 없다.

트버스키와 카네먼(1973, 1974)은 최초로 사람들이 **발견법**(heuristic)[1], 즉 불

확실한 조건에서 판단할 때 사용하는 빠르고 쉬운 주먹구구식 규칙에 의존하는 경향을 나타내기 십상이라고 제안하였다. (제3장에서 발견법의 대안적 정의도 살펴볼 것이다.) 발견법의 적용은 확률을 계산하는 것보다 훨씬 효율적일 수 있다. 특히 과거에 관한 데이터가 접속가능하지 않거나 부재할 때 그렇다. 트버스키와 카네먼(1973, 1974)이 이러한 초기 연구에서 제기한 두 가지 중요한 물음은 (1) 이러한 발견법이 정확하게 무엇이며, (2) 어떤 상황에서 사람들이 그 발견법을 사용하느냐는 것이었다. 이중과정 모형이라는 체제화 틀걸이(제1장 참조)에서는, 이 장과 다음 장에서 개관하는 발견법(즉, 가용성 발견법, 대표성 발견법, 그리고 정박점과 조정 발견법)을 유형 1 추리로 범주화할 수 있다. 즉, 발견법의 사용은 극도로 직관적이다. 나아가서 다른 조건에서는 유형 2 추리를 적용함으로써 발견법의 영향을 압도할 수도 있다. 이러한 발견법들을 언제 어떻게 사용하는지를 밝히는 작업이 오랫동안 판단과 의사결정 분야를 주도하였기 때문에, 이 장과 다음 장에서 그 발견법들을 면밀하게 개관하고 살펴보는 데 많은 시간을 할애할 것이다.

가용성 발견법

트버스키와 카네먼은 1973년에 가용성: 빈도와 확률을 판단하는 발견법(*Availability: A heuristic for judging frequency and probability*)이라는 제목의 기념비적인 논문을 발표하였다. 이들은 **가용성 발견법**(availability heuristic)을 다음과 같이 느슨하게 정의하였다. "누군가 사례 또는 연합된 내용이 마음에 떠오르기 쉬운 정도에 근거하여 빈도나 확률을 추정할 때는 언제나 그 사람이 가용성 발견법을 사용한다고 말할 수 있다"(p. 208). 여러분이 어떤 사건의 발생 가능성이나 어떤 진술이 참일 가능성을 판단하고자 시도하고 있다고 가정해보라. 우선 그 사건이나 진술의 사례가 얼마나 용이하게 마음에 떠오르는지를 말해보라. 여러분은 몇몇 사례를 기억해내고자 시도하고 그것이 얼마나 신속하게 마음에 떠오르는지 확인하거나, 아니면 단지 얼마나 많은 사례를 마음에 떠올릴 수 있는지에 근거하여 그렇게 할 수 있겠다. 그런 다음에 추론의 도약을 시도한다. 즉, 사례들을 마음에 떠올리기 쉬울수록(또는 보다 많은 사례를 떠올릴 수 있을수록), 그 사건이나 진술이 발생하거나 참일 가능성이 크다고 **추론하는** 것이다. 예컨대, 문 손잡이가 산산조각 나서 파편 하나가 누군가의 눈으로 들어간 실세계 사례를 하나도 인출해낼 수 없다는 사실은 이것이 지극히 드물고 진귀한 사건일 것이라고 추론하도록 이끌어간다.

또 다른 사례로 여러분이 직장에서 새로운 인물을 소개받았는데, 그 사람이 새로운 동료인지 아니면 새로 부임한 상사인지를 아직 확신하지 못하고 있다고 가정해보라. 만일 여러분이 아주 최근에 직장에서 신참 직원들과 새로운 상사 간의 관계를 치열하게 묘사한 영화를 관람하였다면, 바로 그 시점에서는 그 영화를 아주 오래전에 관람하였을 때보다 새로운 인물이 새로 부임한 상사일 가능성이 더 높다고 생각하기 십상일 것이다. 즉, 새롭게 저장하였기에 접속가능성이 매우 높은 영화의 기억이 피상적으로만 관련된 사례의 가능성 판단에 영향을 미친다. 세 번째 사례를 살펴보자. 2주 간격을 두고, 두 명의 상이한 친구가 모두 여러분에게 자신의 부모님이 이혼하기로 결정하였다고 말하였다고 가정해보라. 아마도 오늘날의 이혼율에 대한 여러분의 추정치는 한 달 전보다 높아졌을 수 있다. 그 이유는 단지 마음에 쉽게 떠올릴 수 있는 아주 최근의 이혼 사례가 기억에 자리잡고 있기 때문이다.

가용성 발견법이라는 표현이 무엇인가 부적절한 명칭이라는 사실이 흥미롭다. 기억 연구문헌에서 **가용성**(availability)이라는 용어는 전통적으로 마음에 존재하는 기억흔적을 지칭하는 데 사용해온 반면, **접속가능성**(accessibility)은 이러한 기억흔적을 의식적으로 자각할 수 있도록 얼마나 용이하게 인출할 수 있는지를 지칭한다(MacLeod & Campbell, 1992; Tulving & Pearlstone, 1966). 따라서 혹자는 가용성 발견법에 기저하는 인지과정은 사례의 접속가능성(즉, 사례를 마음에 떠올리기 용이한 정도)이라고 주장해왔다. 여기서도 기본 아이디어는 사람들이 세상 사건의 가능성을 추론하기 위하여 접속가능성에 관한 직관을 사용한다는 것이다.

가용성 발견법은 사람들이 완벽한 정확성에 필요한 모든 정보를 받는 경우조차도 판단을 왜곡하는 것으로 보인다. 트버스키와 카네먼(1973)은 한 가지 기념비적 연구에서 연예인의 이름을 담은 두 목록과 공인의 이름을 담은 두 목록을 작성하였다. 각 목록 쌍에서 한 목록은 그 당시 매우 유명한 여성의 이름(예컨대, 엘리자베스 테일러) 19개와 어느 정도 알려진 남성의 이름(예컨대, 윌리엄 풀브라이트) 20개를 담고 있었다. 다른 목록은 매우 유명한 남성의 이름(예컨대, 리처드 닉슨) 19개와 어느 정도 알려진 여성의 이름(예컨대, 라나 터너) 20개를 담고 있었다. 미국인 참가자들이 사전에 녹음한 메시지를 통해서 각 목록을 경청한 다음에 두 가지 과제 중에서 하나를 수행하였다. 어떤 참가자는 회상 과제를 수행하였는데, 읽어준 모든 이름을 기억해내고자 시도하는 것이었다. 나머지 참가자는 **집합크기 판단**(set-size judgment) 과제를 수행하였는데, 각 목록에서 남성이 많았는지 아니면 여성이 많았는지를 보고하는 것이었다. 일반적으로 집합크기 판단 과제는 얼마나 많은 사람이 특정 집단이나 범주에 속해 있는지를 추정하는 것이다(Marley, Hunt, & Parr, 2000). 회상 과제를 수행한 대부분의 참가자는 덜 알려진 이름보다는 유명한 이름을 더 많이 기억해냈다. 이에 덧붙여서 평균적으로 유명한 이름을 유명하지 않은 이름보다 더 많이 회상하였다. 마찬가지로, 빈도 판단 과제(즉, 집합크기 판단 과제)를 수행한 참가자 대부분도 각 목록에서 더 유명한 이름의 성별이 더 많이 있었다고 추정하였다(Tversky & Kahneman, 1973). 트버스키와 카네먼(1973)은 이러한 데이터에 근거하여 사람들의 빈도(집합크기) 판단은 이름을 마음에 떠올릴 수 있는 용이성이나 빈도에 근거하는 것으로 보인다고 주장하였다.

또 다른 기념비적 연구에서도 유사한 결과가 드러났다. 트버스키와 카네먼(1973)은 미국 대학생들에게 다섯 개의 자음(K, L, N, R, V)을 한 번에 하나씩 보여주었다. 각 문자(예컨대, K)를 제시할 때마다, 참가자에게 그 문자가 영어 단어(적어도 문자의 수가 세 개 이상인 단어)에서 첫 번째 위치에 나타나는 경우가 많은지 아니면 세 번째 위치에 나타나는 경우가 많은지를 판단하도록 요구하였다. 일반적으로 이러한 유형의 과제를 **상대적 발생빈도 판단**(relative frequency-of-occurrence judgment) 과제라고 부르며, 참가자의 과제는 특정 사건이나 항목이 다른 사건이나 항목에 비해서 얼마나 자주 발생하는지를 추정하는 것이다(Marley et al., 2000). 트버스키와 카네먼(1973)은 사람들이 가용성 발견법을 사용하여 이러한 가능성 판단을 수행할 것이라는 가설을 세웠다. 즉, 사람들이 특정 문자(예컨대, K)가 세 번째 위치에 나타나는 단어를 생각할 수 있는 용이성과 비교하여 그 문자로 시작하는 단어를 생각할 수 있는 용이성을 따져보고는 각 경우의 빈도를 판단할 것이라고 가정하였다. 참가자 중에서 69%는 다섯 자음 중에서 적어도 세 개에서 첫 번째 위치에 출현할 가능성이 더 높다고 판단하였다. 단지 31%만이 다섯 개 중에서 적어도 세 개에서 세 번째 위치의 가능성이 더 높다고 판단하였다. 이러한 차이는 통계적으로 상당히 강력한 것이었다. 물론 후자의 집단만이 정확하게 판단한 것이지만 말이다. 트버스키와 카네먼(1973)은 의도적으로 첫 번째 위치보다는 세 번째 위치에 나타나는 경우가 더 많은 다섯 개의 자음을 선택하였던 것이다.

수많은 후속연구는 다양한 유형의 판단에 걸쳐 가용성 발견법에 관한 부가적 증거를 제공해왔다. 상이한 유형의 사건이 자신의 미래에 발생할 가능성의 예측을 포함하여, 자기(self)에 대한 판단은 가용성 발견법의 영향을 강력하게 받는 판단의 한 가지 사례이다. 매클로드와 캠프벨(MacLeod & Campbell, 1992)은 만일 가용성 발견법이 존재한다면, 기억에서 사례를 인출하는 용이성을 변화시키는 처치는 어느 것이라도 사람들의 가능성 판단(예컨대, 미래 사건의 가능성 판단)을 변화시킬 것이라는 가설을 세웠다. 이들은 호주 대학생 표본을 대상으로 이 가설을 검증하였다. 정적 기분이나 부적 기분을 유도하는 것이 사람들로 하여금 각각 긍정적 기억이나 부정적 기억을 인출하기 쉽게 만든다는 사실(예컨대, Bower, 1981)은 익히 알려져 있기 때문에, 기분 처치를 사용하여 그 가설을 검증할 수 있었다. 참가자들의 현재 기분을 기저선으로 측정한 후에, 행복한 기분이나 불행한 기분을 유도하는 표준적인 기분 처치 기법을 실시하였다. 구체적으로 참가자에게 삶에 대한 16가지 긍정적 진술(예컨대, 홀로 서기를 할 수 있는 삶의 진술)이나 16가지 부정적 진술(예컨대, 성공에 대한 희망이 전혀 없는 삶의 진술)을 읽고, 그 진술을 사용하여 자신의 기분을 조성하도록 요구하였다. 참가자의 처치 전후 기분 평가는 처치가 기분을 의도한 방향으로 변화시키는 데 성공적이었음을 확인해주었다.

기분 처치가 작동해야 이 가설을 검증할 수 있었다. 따라서 참가자에게 두 가지 과제를 수행하도록 요구하였다. 첫 번째 과제에서는 참가자에게 구체적 유형의 행복한 사건(예컨대, 멋진 칭찬을 듣는 것)과 불행한 사건(예컨대, 열띤 언쟁을 벌이는 것)을 한 번에 하나씩 제시하였다. 각각을 제시할 때, 참가자는 자신의 삶에서 그러한 사건 유형의 정확한 사례를 기억해낼 수 있으면 가능한 한 빨리 버튼을 눌렀다(예컨대, '멋진 칭찬을 듣는' 사건 유형의 경우에는 참가자가 학기말 보고서에 지극히 고무적인 서면 평가를 받았던 사건을 회상하고는 가능한 한 빨리 버튼을 누르게 된다). 두 번째 과제에서는 참가자에게 동일한 사건을 다시 제시하고는 향후 6개월 내에 그러한 구체적 유형의 행복한 사건과 불행한 사건 각각이 다시 발생할 가능성을 예측해보도록 요구하였다. 가용성 발견법의 핵심 검증은 참가자가 행복한 사건이나 불행한 사건을 회상하는 데 걸리는 시간이 미래에 동일한 유형의 사건이 다시 일어날 가능성의 예측 정도와 부적 상관을 보이는지에 달려 있었다. 연구자들이 찾아낸 것이 바로 이것이었다. 실제로 검증하였던 두 사건 유형 모두에서 회상 시간과 예측 정도는 부적 상관을 나타냈다. 즉, 기억의 접속가능성이 높을수록(짧은 반응시간이 이것을 반영한다), 그 사건이 가까운 미래에 발생할 가능성이 높다고 생각하였다. 이것은 자신의 미래 삶에 대한 가능성 판단에서 가용성 발견법을 사용한다는 사실을 직접적으로 입증한 것이다.

슈워츠와 동료들(Schwarz, Bless, Strack, Klumpp, Rittenauer-Schatka, & Simons, 1991)은 한 걸음 더 나아가서, 가용성 발견법이 가능성 판단뿐만 아니라 자신의 성격 평가에도 영향을 미친다고 제안하였다. 연구자들은 독일 대학생들을 다음과 같은 네 가지 과제 중 하나에 무선 할당하였다. 한 집단에게는 편안하게 느끼며 적극적으로 행동하였던 12가지 상황을 생각하고 기술할 것을 요구하였다. 두 번째 집단에게는 6가지 상황에 대해서만 동일한 작업을 하도록 요구하였다. 세 번째 집단에게는 불편하게 느껴서 적극적으로 행동하지 못하였던 12가지 상황을 기술하도록 요구하였으며, 마지막 네 번째 집단에게는 오직 6가지 상황에 대해서만 동일한 작업을 하도록 요구하였다. (연구자들은 선행연구를 통해서 어떤 유형의 상황이든지 간에 사람들이 12가지를 생성하는 것은 매우 어려우며, 6가지만을 생성하는 것은 꽤나 용이하다는 사실을 발견하였다.) 그런 다음에 참가자들에게 자신의 적극성 대 소극성 그리고 편안함 대 불편함의 정도를 평정하도록 요구하였다. 결과를 보면, 적극적 상황을 6가지만 기술한 사람이 12가지를 기술한 사람보다 자신을 더 적극적이라고 평가하였으며, 소극적인 상황을 6가지 기술한 사람이 12가지를 기술한 사람보다 더 소극적(덜 적극적)이라고 평가하였다(Schwarz et al., 1991). 더욱 일반적으로 표현하면, 연구

생각상자 2.1

연습문제 : 대륙별 인구 비율

인터넷을 뒤져보지 말고, 전 세계 인구 중에서 현재 각 대륙에 살고 있는 사람의 백분율을 추정하여, 다음 빈칸에 적어보라 : 아프리카(____%), 북미(____%), 중남미(____%), 카리브해 지역(____%), 아시아(____%), 유럽(____%), 오세아니아(____%).

이제 '대륙별 인구 비율'이란 문구로 인터넷을 탐색해보라. 여러분의 추정치를 실제 백분율과 비교해보라.

실제 인구분포의 어떤 측면이 여러분을 놀라게 만들었는가? 어떤 분포를 기대하였으며, 어떤 요인이 여러분의 기대에 영향을 미쳤다고 생각하는가?

자들은 회상의 내용과 접속가능성 모두가 자신에 대한 평가에 영향을 미친다는 사실을 찾아냈다.

가용성 발견법 : 대안적 견해

가용성 발견법의 증거는 많은 연구 분야에서 빈번하게 인용해왔으며 일반적으로 널리 인정받아왔다(Sedlmeier, Hertwig, & Gigerenzer, 1998). 그렇다고 하더라도 그 증거에 대한 몇 가지 비판적 분석도 있어왔다. 상대적으로 덜 알려져 있지만, 이러한 분석은 트버스키와 카네먼이 최초로 입증한 이 현상을 살펴보는 몇 가지 흥미진진한 대안적 방법을 제안하고 있다. 예컨대, 로피스와 오든(Lopes & Oden, 1991)은 사람들이 자음은 단어의 세 번째 위치보다 첫 번째 위치에 나타날 가능성이 더 높다고 생각한다는 트버스키와 카네먼(1973)의 기념비적 연구결과에 대한 대안적 설명을 내놓았다. 구체적으로 로피스와 오든(1991)은 트버스키와 카네먼(1973)이 사용한 자음 표본(K, L, N, R, V)은 대표적인 표본이 아니라고 주장하였다. 이들은 영어 알파벳의 20개 자음 중에서 (K, L, N, R, V를 포함하여) 8개, 즉 40%만이 단어의 첫 번째 위치보다 세 번째 위치에 더 자주 나타난다는 사실을 지적하였다. 아마도 트버스키와 카네먼(1973) 연구의 참가자들은 자신이 받았던 자음 표본이 전집을 대표하지 못한다는 사실을 깨닫지 못한 채, 그 자음 표본도 세 번째 위치보다는 첫 번째 위치에 나타날 가능성이 더 높다고 가정하였을 수 있다. 비록 그러한 가정이 잘못된 것일 수 있다고 하더라도, 판단이 가용성 자체의 영향을 받는 것과는 별개의 문제인 것이다.

세들마이어와 동료들(Sedlmeier, Hertwig, & Gigerenzer, 1998)은 로피스와 오든(1991) 연구에 토대를 둔 한 가지 두드러진 후속 비판을 내놓았으며, 이들은 사람들이 단어의 빈도를 판단하는 네 가지 가설을 대비적으로 검증할 것을 제안하였다. 이들은 가용성 발견법에 대한 트버스키와 카네먼의 기술은 다음과 같은 두 가지 가설 중 하나를 시사하는 것일 수 있다고 주장하였다. 하나는 **개수 가용성 가설**(availability-by-number hypothesis)로, 빈도 판단을 내리기에 앞서 얼마나 많은 사례를 회상할 수 있는지를 헤아려보는 것이다. 다른 하나는 **속도 가용성 가설**(availability-by-speed hypothesis)로, 사례들을 얼마나 용이하고 빠르게 회상할 수 있는지를 헤아려보는 것이다.

반면에 세들마이어와 동료들(1998)은 자신의 **문자 유목 가설**(letter-class hypothesis)에서 사람들은 특정 문자가 단어의 첫 번째 위치 대 세 번째 위치에 출현할 가능성을 판단할 때, 독일어와 영어에서는 일반적으로 모음이 단어의 첫 번째 위치에 나타나는 경우보다 자음이 그 위치에 나타나는 경우가 훨씬 보편적이라는 사실에 근거하였을 수 있다고 제안하였다. 트버스키와 카네먼(1973)은 자음만을 사용하였기 때문에, 이러한 주장이 그 연구와 직접적으로 관련된 것은 아니지만, 더욱 일반화해보면 문자 유목 가설은 사람들이 단어의 가능성에 대해서 판단하는 방식을 기술해줄 수도 있다.

마지막으로, 사람들이 상이한 사건들을 빈도에 따라서 순위를 매기는 데는 꽤나 정확하지만, 일반적으로 고빈도 사건의 확률은 과소추정하고 저빈도 사건의 확률은 과대추정하는 경향이 있다는 사실이 잘 알려져 있다(Greene, 1984; Varey, Mellers, & Birnbaum, 1990). 즉, 고빈도 사건과 저빈도 사건 모두에 대한 사람들의 추정치는 평균으로 회귀하는 경향이 있지만, 고빈도 사건이 저빈도 사건보다 더 빈번하다는 사실을 여전히 알고 있다. 이러한 결과에 바탕을 두고, 세들마이어와 동료들(1998)은 자신의 두 번째 가설인 **회귀 빈도 가설**(regressed-frequencies hypothesis)을 개발하였다. 구체적으로 이들은 사람들이 글을 읽거나 말을 들을 때, 단어에서 문자들이 나타나는 위치의 빈도를 추적하며 그 빈도 기억은 평균으로 회귀하는 경향이 있다고 제안하였다.

독일 대학생을 대상으로 수행한 일련의 실험에서 세들마이어와 동료들(1998)은 우선 이러한 네 가지 가설에 대한 구체적인 수치 예측을 마련하였다. 개수 가용성 가설은 사람들이 회상할 수 있는 사례의 수에 근거하여 빈도를 판단한다는 것이기 때문에, 특정 문자가 첫 번째(또는 두 번째) 위치에 있는 단어의 사례를 얼마나 많이 회상할 수 있는지를 알아보기 위한 예비실험을 실시하였다. 만일 이 가설에 발맞추어 빈도를 판단한다면, 학생들의 빈도 판단은 회상한 단어의 수와 정적 상관을 나타내어, 많은 단어의 회상은 높은 빈도 판단을 예측할 수 있어야만 한다. 마찬가지로 속도 가용성 가설은 사람들이 사례를 회상할 수 있는 속도에 근거하여 빈도를 판단한다는 것이기 때문에, 연구자들은 학생들이 특정 문자가 첫 번째(또는 두 번째) 위치에 있는 단어를 얼마나 빨리 떠올리는지를 측정하였다. 만일 속도 가용성 가설이 타당하다면, 반응시간은 빈도 판단과 부적 상관을 보여야 한다. 보다 구체적으로 표현하면, 짧은 반응시간이 높은 빈도 판단을 예측할 수 있어야만 한다.

세들마이어와 동료들(1998)은 자신의 두 가지 가설에 대해서도 동일한 방식으로 예측을 내놓았다. 문자 유목 가설은 특정 문자가 단어의 두 번째 위치보다 첫 번째 위치에 나타날 가능성이 더 큰지를 추론할 때 첫 번째 위치의 문자가 자음인지 아니면 모음인지를 고려한다는 것이었다. 독일어에서 단어의 첫 번째나 두 번째 위치에 나타나는 모음의 27%는 첫 번째 위치에 그리고 73%는 두 번째 위치에 나타난다. 반면에 자음의 경우에는 72%가 첫 번째 위치에 그리고 28%가 두 번째 위치에 나타난다. 평균으로의 회귀가 70% 이루어진다고 가정할 때, 문자 유목 가설의 예측은 다음과 같은 것이었다. 문자가 자음일 때는 첫 번째 위치일 가능성이 57%이며, 모음일 때는 첫 번째 위치일 가능성이 43%이다.

마지막으로 회귀 빈도 가설은 사람들이 단어의 상이한 위치에 있는 문자의 빈도를 추적하며, 그 빈도의 지각은 평균으로 회귀하는 경향이 있다는 것이었다. 따라서 세들마이어와 동료들(1998)은 독일어 단어의 첫 번째와 두 번째 위치에 나타나는 각 문자의 실제 빈도를 취하고 70%의 회귀를 가정함으로써 이 가설에 대한 예측을 추정하였다.

세들마이어와 동료들(1998)은 네 가설 각각이 예측하는 결과패턴을 계산한 후에, 사람들에게 한 번에 하나의 문자를 제시하고는 그 문자가 단어의 첫 번째와 두 번째 위치 중에서 어느 곳에 더 자주 등장하는지를 판단하는 선택 과제를 수행하도록 요구하였다. 사람들의 판단은 두 가지 가용성 가설의 예측과 대략 50%의 경우에 일치한 반면에, 문자 유목 가설과는 대략 70%의 경우에 일치하였으며, 회귀 빈도 가설과는 거의 80%의 경우에 일치하였다. 따라서 세들마이어와 동료들(1998)은 선택 과제에서 사람들의 실제 결정은 다른 세 가설보다는 회귀 빈도 가설의 예측과 가장 정확하게 대응된다고 주장하였다. 흥미를 끄는 부가적인 결과를 보면, 이 가설이 다른 세 가설보다 데이터를 더 잘 예측하지만, 네 가지 가설 중에서 어떤 것도 사람들이 가능성을 판단한 개별 문자 모두에 걸친 데이터와 일관성 있게 잘 대응하지는 못하였다. 데이터가 어떤 가설도 지지하지 않았다고 하더라도, 단 하나의 요인만이 판단에 영향을 미칠 가능성은 지극히 낮다는 사실을 명심하는 것이 중요하다. 이에 덧붙여서, 고전적인 집합크기 과제와 출현빈도 과제가 반드시 일상생활에서 수행하는 판단과 높은 관련성을 갖지는 않을 수 있다는 사실에도 주목하기 바란다. 상기한 연구와 아울러, 다양한 현실 영역에서 전개되는 의사결정이라는 맥락에서 수행한 보다 많은 연구를 살펴보는 것이 필요하다.

건강 관련 의사결정에서 가용성 발견법

가용성 발견법의 영향은 건강전문가와 환자 모두가 수행하는 가능성 판단에서도 나타난다는 주장이 있어왔다. 건강관리가 발견법 연구를 위하여 특히 유용한 영역인 까닭은 임상가의 빈도 판단을 정확한 빈도(즉, 기록이 남아있는 기저율)와 비교함으로써, 발견법의 적용가능성을 결정할 수 있는 복잡하고도 중요한 영역을 제공해주기 때문이다. 의학적 의사결정에서 가용성 발견법의 영향에 대한 비판적 개관을 보면, 실제 결정 시나리오에서 의사결정을 관찰한 연구의 100%에서 발견법을 지지하는 증거가 나타났다(Blumenthal-Barby & Kreiger, 2015). 가용성 발견법은 확률을 판단하는 손쉬운 주먹구구식 규칙으로서, 건강전문가로 하여금 신속한 판단을 내리게 해줄 수 있지만, 그 판단이 항상 이상적인 것은 아닐 수 있다. 도슨과 아크스(Dawson & Arkes, 1987)는 한 가지 예시적 사례에서 느낌이 좋지 않고 복부 통증을 경험하면서 여러 날을 지낸 한 의사의 사례를 기술하였다. 그 의사는 맹장염으로 진단받았으며, 수술을 받고 회복한 후에는 훨씬 좋아졌다. 그런데 병원으로 되돌아온 후에 그 의사는 복부 통증을 호소하는 많은 환자를 즉각 맹장염으로 진단하고는 외과수술을 의뢰하였다. 복부 통증을 느끼는 많은 사람이 수술을 받을 필요가 없다는 사실(대신에 예컨대, 복부에 가스가 차게 만드는 음식을 적게 먹을 필요가 있을 수도 있겠다)을 깜빡하고 망각한 의사는 환자의 맹장염 가능성과 외과수술 필요성을 판단할 때 자신의 직접적인 경험이라는 매우 접속가능한 기억의 영향을 강력하게 받았던 것으로 보인다.

의학 분야에서의 경험연구 결과는 진단에서 나타나는 가용성 발견법과 일치하고 있다. 물론 전반적인 이야기는 조금 더 복잡하지만 말이다. 예컨대, 마미드와 동료들(Mamede, van Gog, van den Berge, Rikers, van Saase, van Guldener, & Schmidt, 2010)은 독일에서 발견법의 사용이 진단 정확도를 떨어뜨리는 경우조차도, 1년차와 2년차 병원 레지던트들이 가용성 발견법에 의존하는지를 평가하는 실험을 수행하였다. 첫째, 레지던트들에게 여섯 명의 환자 사례에 대해서 이미 내린 진단의 정확성을 평가하도록 요구하였다. 그런 다음에 여덟 명의 새로운 환자 사례를 살펴보고 그 사례들을 스스로 진단해보도록 요구하였다. 새로운 환자 여덟 명의 정확한 진단은 어느 것도 앞선 여섯 명의 환자에서 보았던 진단과 동일하지 않았지만, 여덟 명 중에서 네 명은 앞선 여섯 명 환자에서 보았던 것과 중복되는 증상을 가지고 있었다. 예컨대, 처음의 여섯 사례 중에서 염증성 장질환으로 진단된 사례를 보았던 몇몇 레지던트에게 새로운 여덟 사례 중에서 셀리악병을 앓고 있는 사례를 진단해보도록 요구하였다. 염증성 장질환과 셀리악병은 모두 설사와 의도하지 않은 체중 감소 등을 포함한 몇 가지 증상을 공유하고 있다. 비록 다른 많은 증상을 사용하여 둘을 구분할 수 있지만 말이다. 이경우에 중요한 물음은 레지던트들이 연구를 시작할 때 보았던 여섯 사례와 증상이 중복되지 않는 네 명의 새 사례보다 중복되는 증상을 가지고 있는 네 명의 새사례를 정확하게 진단할 가능성이 낮아지겠느냐는 것이었다.

흥미롭게도 마미드와 동료들(2010)은 2년차 레지던트들이 가용성 발견법에 의존하는 것처럼 보인다는 결과를 얻었다. 이들은 앞서 보았던 사례와 중복되는 유사한 증상을 가진 사례를 오진하는 경향을 보였던 것이다. 1년차 레지던트는 이러한 경향성을 보이지 않았다. 이 사실은 마미드와 동료들(2010)에게 그리 놀라운 것이 아니었다. 이 사실은 체계적이고 분석적인 추리와 대비되는 직관적 추리에 의존하는 정도가 의학 전문성과 함께 증가하며, 경험이 많은 의사일수록 가용성 발견법에 더 크게 의존한다는 사실을 시사하는 것이기 때문이다. 이 것이 정말로 참인지를 밝히기 위해서는 후속 연구가 필요하다. 이에 덧붙여서, 대안 모형이 가용성 발견법보다 이러한 데이터를 보다 잘 설명하는지를 평가하기 위한 부가적인 연구가 필요하다.

일생에 걸친 가용성 발견법

발달 연구는 가능성이나 빈도를 판단하는 데 있어서 가용성 발견법의 사용이 비교적 이른 시기부터 시작된다는 생각과 궤를 같이 하고 있다. 데이비스와 화이트(Davies & White, 1994)는 7세와 10세 아동을 대상으로 수행한 연구에서, 트버스키와 카네먼(1973)의 기념비적 연구에서와 마찬가지로, 이름의 유명세가 아동의 집합크기 판단에도 영향을 미치는지를 살펴보았다. 아동의 가능한 지식 기반에 맞추기 위하여 데이비스와 화이트(1994)는 텔레비전 프로그램과 신문에서 묘사하는 만화 주인공(인간과 동물)들의 이름을 수집하였다. 우선 개별 아동 집단에게 만화 주인공 이름을 예전에 들어본 적이 있는지를 평가하도록 요구하는 예비조사를 실시하였다. 이러한 예비 데이터는 이 연령의 집단에게 그 이름이 얼마나 유명한지를 결정할 수 있게 해주었다. 연구자들은 처음에 수집한 143가지 이름을 기반으로 두 개의 짧은 목록을 만들었다. 한 목록은 유명한 사람 주인공 이름 9개와 덜 유명한 동물 주인공 이름 10개를 포함하였으며, 다른 목록은 유명한 동물 주인공 이름 9개와 덜 유명한 사람 주인공 이름 10개를 포함하였다. 두 연령집단의 아동에게 한 목록을 보여주고는 그 목록에 들어있던 이름을 가능한 한 많이 회상하도록 요구하였다. 여기서도 논리는 유명한 이름이 덜 유명한 이름보다 기억에서의 접속가능성이 더 높아야 한다는 것이었다. 마지막으로 동일한 아동들에게 목록에 사람 이름과 동물 이름 중에서 어느 것이 더 많았는지를 판단하도록 요구하였다.

결과는 두 집단 아동 모두에게서 가용성 발견법이 이러한 최종 판단에 영향을 미쳤음을 시사하였다(Davies & White, 1994). 구체적으로 아동들은 첫 번째 목록이 동물 이름보다 사람 이름을 더 많이 포함하고 있었으며, 두 번째 목록은 사람 이름보다 동물 이름을 더 많이 포함하고 있었다고 잘못 판단하였다. 실제로는 그 반대가 참이었음에도 불구하고 말이다. 가용성 발견법은 10세 아동 집단보다도 7세 아동 집단의 판단에 더욱 강력한 영향력을 미친 것으로 나타났는데, 데이비스와 화이트(1994)는 7세 아동 집단이 실제로 10세 아동 집단보다 유명한 이름을 더 많이 기억해냈기 때문이라는 사실을 지적하였다. 즉, 이들의 연구에서 가용성 발견법의 강도는 이름의 접속가능성만으로 설명할 수 있으며, 반드시 두 아동집단 간 연령차의 영향을 받을 필요는 없다.

가용성 발견법 자체는 생의 초기에 나타난다고 하더라도, 접속가능한 정확한 정보 내용은 평균적으로 세대나 연령집단에 따라서 차이날 수 있다. 예컨대, 초우와 에지(Chou & Edge, 2012)는 미국 대학생들이 페이스북을 사용하는 시간이 자신의 삶과 비교하여 친구들의 삶이 어떤지를 판단하는 데 영향을 미치는지를 물음하였다. 물론 사람들이 일반적으로는 자신의 긍정적인 측면을 보여주고자 애를 쓴다는 사실이 잘 알려져 왔지만(Snyder, 1974), 페이스북은 면대면 상호작용을 특징짓는 많은 미묘한 비언어 단서를 차단시키며, 단지 각자가 공개적으로 제시하고자 선택한 것만을 보여준다(Chou & Edge, 2012). 연구자들은 학생들이 페이스북을 사용한 햇수가 길수록, 다른 사람들이 자신보다 더 행복하다고 생각하며 삶은 공정하다는 데 덜 동의한다는 결과를 얻었다. 이에 덧붙여서, 개인적으로는 알지 못하는 페이스북 친구가 많을수록, 다른 사람들이 자신보다 더 좋은 삶을 영위한다고 느꼈다. 반면에 매주 친구를 직접 만나서 함께 어울림으로써 면대면 상호작용하는 시간이 많을수록, 다른 사람들이 자신보다 더 좋은 삶을 영위한다거나 행복하다는 데 동의하지 않는 정도가 높았다.

초우와 에지(2012)는 페이스북에 상당한 시간을 할애하는 것은 사람들로 하여금 페이스북 친구의 긍정적 사건을 불균형적으로 많이 지각하고 저장하도록 이끌어갈 수 있다고 생각하였다. 따라서 긍정적 사건의 불균형적으로 높은 가용성이 사람들로 하여금 다른 사람의 삶이 전반적으로 자신의 것보다 좋으며 행복하다고 판단하도록 이끌어갈 수 있다. 가용성 발견법 사용에 뒤따르는 부정적 효과의 가능성을 놓고 볼 때, 자신을 어떤 정보 출처에 노출시킬 것인지를 보다 신중하게 따져보는 것이 중요하겠다.

대표성 발견법

가용성(또는 접속가능성)은 사람들이 불확실한 상황에서 가능성을 판단하는 데 사용하는 정보 유형 중 하나일 뿐이다. 이 장의 서두에서 보았던 낯선 사람을 소개받는 사례를 회상해보라. 여러분은 방금 직장에서 새로운 사람을 소개받았는데, 그 사람이 동료인지 아니면 상사인지를 알지 못하고 있다. 어느 것의 가능성이 더 높은지를 판단하기 위하여 여러분이 이미 기억에 저장하고 있는 전형적인 상사의 표상을 사용한다고 해보자. 만일 전형적인 상사의 심적 표상이 여러분보다 젊기보다는 나이를 먹은 사람이라면, 그 새로운 사람이 여러분보다 늙었는지 아니면 젊었는지를 추정하고는 '동료'나 '상사' 중에서 어느 표지를 붙이는 것이 더 적절할 것인지에 관해 추론 비약을 시도할 것이다. 물론 전형적인 상사에 대한 여러분의 심적 표상은 이것보다 더 상세한 것일 수 있다. 여러분이 '상사'라는 단어를 들을 때, 마음에 떠오르는 이미지가 정장을 갖추고 말끔하며 전통적인 외모를 갖춘 60대의 인물인데, 새로운 사람은 20대이고 스포츠 셔츠를 입고 있으며, 새까만 머리숱에 코걸이를 하고 있다면, 여러분은 그 사람이 동료일 가능성이 상사일 가능성보다 크다고 판단할 것이다. (물론 여러분이 틀릴 수도 있으며, 이 사실도 역시 발견법의 본질을 예증한다. 발견법은 정확한 것으로 판명날 수 있는 매우 신속한 판단을 가능하게 해주지만, 개별 사례에 따라서는 총체적 난국으로 이끌어갈 수도 있다.)

이 사례에서 여러분은 **대표성 발견법**(representativeness heuristic)에 근거하여 판단을 내린 것이다. 대표성 발견법이란 "사건 A가 사건 B보다 대표적인 것으로 보이면 언제나 A가 B보다 가능성이 높다고 판단하는 것이다"(Kahneman & Tversky, 1972, p. 431). 카네먼과 트버스키(1972)는 한 걸음 더 나아가서 **대표성**(representativeness) 자체를 정의하기가 까다롭지만, 본질적으로 다음과 같은 두 가지 기준에 따라서 생각할 수 있다고 제안하였다. 첫째, 대표성이란 한 사례가 유목 구성원들과 얼마나 유사한지를 지칭한다(예컨대, 새 인물의 외모가 모든 상사의 유목과 얼마나 유사한가?). 여기서도 새 인물의 외모가 모든 상사의 유목과 얼마나 유사하다고 지각하느냐는 상사 일반에 대한 여러분 자신의 심적 표상에 달려 있다는 사실에 주목하기 바란다. 카네먼과 트버스키(1972)에 따르면, 이러한 유사성 판단은 새 인물이 특정 유목의 구성원일 가능성에 대한 여러분 판단의 토대를 이룬다. 사람을 판단할 때는 심적 표상이 유목에 관한 고정관념이기 십상이며, 사람이 아니라 사물과 생명체를 판단할 때는 그 표상을 **원형**(prototype) 또는 그 유목의 평균 표상이라고 생각할 수 있다.

둘째, 대표성은 사람들이 무작위성(randomness)을 어떻게 생각하는지를 반영할 수 있다(Kahneman & Tversky, 1972). 사람들에게 정상적인 동전을 연속해서 던졌을 때 나타날 수 있는 무작위적 연속을 만들어보도록 요구하면, 어떤 것이든 반복적인 패턴을 포함해서는 안 된다고 생각하는 경향이 있다(예컨대, '앞뒤뒤앞뒤뒤앞뒤뒤'의 순서는 무작위적이지 않다고 생각할 수 있다). 또한 사람들은 정상적인 동전을 상당히 여러 번 던지게 되면, 궁극적으로 거의 같은 수의 앞면과 뒷면이 나올 것도 기대한다. 더욱 중요한 사실은 상대적으로 작은 대표적 표본도 거의 동일한 수의 앞면과 뒷면을 가져야 한다고 기대한다는 점이다(예컨대, '앞앞앞앞앞앞앞앞'은 정상적인 동전 던지기 결과를 대표하는 것으로 지각하지 않는다; Tversky & Kahneman, 1971). 이러한 신념을 **작은 수의 법칙**(law of small numbers)이라고 부른다. 그렇지만 각 동전 던지기는 서로 독립적이기 때문에, 위의 두 가지 순서가 일어날 가능성은 동일하다. 트버스키와 카네먼(1971)은 작은 수의 법칙을 **큰 수의 법칙**(law of large numbers)과 대비시키고 있는데, 대규모 표본(예컨대, 수천억 번의 동전 던지기)은 전집(예컨대, 지금까지 발생하였던 모든 동전 던지기)을 대표할 수 있다고 합리적으로 기대하는 것이다. 마찬가지로 사람들은 작은 수의 법칙에 따라서 매우 작은 표본(예컨대, 9번의 동전 던지기)도 전집을 대표해야 한다고 가정하지만, 실제로는 결코 그래야만 하는 것이 아니다.

톰 문제

대표성 발견법은 수많은 상이한 연구 패러다임에 걸쳐서 입증되어 왔다. 카네먼과 트버스키(1973)는 이제 고전이 되어버린 연구에서 미국 대학생들을 세 가지 실험조건 중 하나에 무선 할당하였다. 한 집단에게는 대학원의 다음과 같은 9가지 상이한 전공분야를 생각해보도록 요구하였다.

- 경영학
- 컴퓨터과학
- 기계공학
- 인문학과 교육학
- 법학
- 문헌정보학
- 의학
- 물리학과 생명과학
- 사회과학과 사회복지학. (Kahneman & Tversky, 1973, p. 238)

참가자에게 9개 영역 각각에 현재 등록하고 있는 대학원 신입생의 백분율을 추정해보도록 요구하였다. 즉, 각 분야를 전공하려는 미국 대학원생의 **기저율**(base rate)을 추정하도록 요구하였다.

두 번째 집단에게는 "톰"이라는 이름을 가진 특정 학생의 성격 기술문을 제시하였다. 그 학생은 다음과 같이 기술되었다.

> 톰은 비록 진정한 창의성은 결여하고 있지만 지능이 높다. 그는 질서와 명확성의 욕구 그리고 모든 것들이 제자리를 차지하고 있는 깔끔하고도 잘 정돈된 시스템의 욕구를 가지고 있다. 그의 글쓰기는 다소 따분하고 기계적이며, 때로는 진부한 말장난과 공상과학 유형의 상상력으로 생동감을 갖기도 한다. 그는 강력한 유능성 욕구를 가지고 있다. 그는 다른 사람을 잘 고려하지 않고 공감하지도 않으며 다른 사람들과 어울리는 것도 즐기지 않는 것으로 보인다. 자기중심적이기는 하지만, 깊은 도덕심을 가지고 있다(Kahneman & Tversky, 1973, p. 238).

그런 다음에 이 집단의 참가자들은 톰이 각 영역의 전형적인 대학원생과 유사한 정도에 순위를 매겼다. 다시 말해서 톰이 각 영역의 대학원생에 대한 자신의 심적 표상을 얼마나 대표하고 있는지를 판단하였다.

세 번째 집단도 톰에 관한 동일한 기술문을 읽었다. 그런 다음에 그 기술문은 톰이 고등학생일 때 작성한 것이며, 현재는 대학원에 등록하고 있다는 이야기를 들었다. 이 집단에게는 톰이 각 전공영역에 등록하고 있을 가능성이 얼마나 된다고 생각하는지에 근거하여 9개 영역의 순위를 매기도록 요구하였다. 핵심 물음은 톰이 대학원의 특정 전공영역에 속할 가능성 판단(세 번째 집단에서 측정하였다)을 지각한 기저율(첫 번째 집단에서 측정하였다) 또는 대표성(두 번째 집단에서 측정하였다)이 예측하는지 여부였다.

결과는 무척이나 강력한 것이었다. 즉, 톰이 대학원의 각 전공영역에 속할 가능성 판단과 톰이 각 전공영역의 대학원생을 대표한다고 생각하는 정도 간에는 거의 완벽한 정적 상관이 있었다(Kahneman & Tversky, 1973). 반면에 기저율은 가능성 판단과 정적 상관을 보이지 않았다. 실제로 기저율과 가능성 판단 간에는 강력한 부적 상관이 있었다. 그 이유는 부분적으로 톰의 기술문이 예컨대, 인문학이나 사회과학을 전공하는 학생들과 전혀 유사하지 않다고 판단하였지만, 실제로는 이 두 전공분야가 가장 높은 기저율을 가지고 있다고 지각하였기 때문이었다. 카네먼과 트버스키(1973)는 사람들이 가능성 판단을 내릴 때 기저율 지식은 무시하고 대표성에 근거하는 것을 선호한다고 제안하였다. 물론 참가자들은 자신들이 사용하기를 실험자가 원하였기 때문에 그 기술문을 제공하였을 것이라는 가정에 근거하여 그렇게 판단하였을 가능성이 있다. 이 장의 뒷부분에서 이 가능성을 다시 살펴볼 것이다.

린다 문제

트버스키와 카네먼(1983)은 대표성 발견법의 후속 검증에서 캐나다 대학생들에게 다음과 같은 기술문을 제시하였다.

> 린다는 31세이며, 미혼이고 외향적이며 매우 총명한 여성이다. 그녀는 철학을 전공하였다. 학생일 때, 차별과 사회정의 문제에 깊은 관심을 가지고 있었으며, 반핵 데모에 참여하기도 하였다. (p. 297)

그런 다음에 학생들에게 다음 두 선택지에서 가능성이 더 높은 것 하나를 선택하도록 요구하였다.

린다는 은행 출납계원이다.

린다는 여성 운동에 적극적인 은행 출납계원이다. (Tversky & Kahneman, 1983, p. 299)

트버스키와 카네먼(1983)은 **교접 규칙**(conjunction rule)을 인용하면서 정답은 첫 번째 진술이 두 번째 진술보다 가능성이 높은 것이라고 주장하였다. 두 가지 사건이 함께 일어날 확률은 어느 것 하나만의 확률보다 높을 수 없다. 린다 사례에서 그녀가 은행 출납계원이면서 동시에 여성 운동가일 확률은 그녀가 단지 은행 출납계원일 확률보다 높을 수 없다. 은행 출납계원 집합은 여성 운동가인 은행 출납계원을 포함하고 있다는 사실을 깨닫는다면 그 이유는 자명해진다. 즉, 은행 출납계원 집합은 또 다른 어떤 특징을 갖추고 있든지 간에 모든 은행 출납계원을 포괄하고 있다. 따라서 여성 운동가가 아닌 출납계원이 적어도 한 명은 있다고 가정한다면, 출납계원 집합은 여성 운동가이기도 한 출납계원 집합보다 크게 된다. 그럼에도 불구하고, 이 연구 참가자의 82%는 "린다는 여성 운동에 적극적인 은행 출납계원이다"라는 진술이 "린다는 은행 출납계원이다"보다 가능성이 더 높다고 생각하였으며, 트버스키와 카네먼(1983)은 이 결과를 **교접 오류**(conjunction fallacy)라고 불렀다.

그렇지만 여러분도 알아차렸을 것이지만, 사람들은 이 맥락에서 "린다는 은행 출납계원이다"라는 진술을 읽고는 "린다는 은행 출납계원이지만, 여성 운동에는 적극적이지 않다"를 의미하는 것으로 매우 합리적으로 해석하였을 수 있다. 만일 이러한 가정을 하였다면, 교접 규칙을 적용해서는 안 된다. 즉, 참가자들은 단지 모든 출납계원 중에서 더 많은 사람이 여성 운동가인지를 판단하고 있었을 수 있다. 트버스키와 카네먼(1983)은 또 다른 버전의 연구를 수행함으로써 이 가능성을 배제하였다. 이 버전의 연구에서는 "린다는 은행 출납계원이다"라는 첫 번째 진술을 "린다는 여성 운동에 적극적인지에 관계없이 은행 출납계원이다"라는 진술로 대체하였다. 그럼에도 대다수의 참가자는 여전히 "린다는 은행 출납계원이며 여성 운동에 적극적이다"라는 진술이 "린다는 여성 운동에 적극적인지에 관계없이 은행 출납계원이다"보다 가능성이 더 높다고 판단하였으며, 이 결과도 교접 오류를 입증하는 것이었다.

또한 트버스키와 카네먼(1983)은 사람들이 연결사(예컨대, '또는', '그리고')를 형식논리에서(그리고 자신들의 연구에서) 사용하는 것과는 다른 방식으로 사용하기 십상이라는 사실도 인정하였다. 이 문제에 대처하기 위하여 1980년에 미국 대학생들에게 전설적인 스웨덴 테니스 선수였던 브욘 보그가 다음 해에 윔블던 결승에 오른 것을 상상해보도록 요구하였다. 참가자들에게 그러한 미래의 가상적인 결승전 결과를 예측해보도록 요구하였다. 이 문제를 제시하였던 시점에, 보그는 윔블던에서 막 다섯 번째 우승을 차지하였으며, 남자 테니스계에서 가장 뛰어난 선수로 평가받고 있었다. 보그가 첫 세트를 지는 사건과 첫 세트는 졌지만 결승전을 승리로 마무리한 사건 중에서 어느 것의 가능성이 높은지를 판단해보도록 요구하였을 때, 참가자들은 두 번째 사건의 가능성이 더 높다고 판단함으로써, 대표성 발견법을 지지하였다. 그렇지만 트버스키와 카네먼(1983)은 참가자들이 보그가 첫 세트는 졌지만 결승전을 승리로 마무리한다는 두 번째 선택지를 연구자들의 의도와는 다른 방식으로 읽은 것에 불과한 것인지가 궁금하였다. 예컨대, 사람들은 이것이 보그가 첫 세트를 졌거나 또는(OR) 결승전을 승리한 것을 의미하는지, 보그의 첫 세트 패배가 결승전을 승리로 마무리하게 된다는 사실을 함축한다는 것을 의미하는지, 아니면 결승전을 승리로 마무리한다면 첫 세트를 패배한다는 사실을 의미한다고 생각할 가능성이 있었다. 이러한 해석은 어느 것이든 사람들의 판단이 엄밀하게 따져서 정확한 것이며 반드시 표상에 근거한 결과는 아니라는 사실을 의미할 수 있다.

이러한 가능성을 배제하기 위하여, 트버스키와 카네먼(1983)은 새로운 미국 대학생 집단에게 또 다른 5세트 경기의 가상적 결과를 묘사한 시나리오를 제시하였다. 예컨대, 한 시나리오에서는 보그가 첫 세트를 지고, 둘째와 셋째 세트를 이기며, 넷째 세트를 진 후, 다섯째 세트를 이겨서 경기를 승리로 마무리하는 것으로 기술하였다. 그런 다음에 참가자들에게 시나리오 중에서 어느 것이 "보그가 첫 세트는 지지만 경기를 이기게 된다"는 진술과 일치하는지를 판단해보도록 요구하였다. 그 결과, 이 진술과 일관성을 유지한다고 판단한 유일한 시나리오는 두 조건을 모두 만족하는 것, 즉 보그가 첫 세트를 지고 동시에 경기를 승리로 마감하는 것이었다. 이러한 결과에 근거하여 트버스키와 카네먼 (1983)은 연구자들이 의도하였던 교접 문장의 의미를 사람들이 실제로 이해하였다고 주장하면서, 사람들이 가능성을 판단하는 데 대표성 발견법을 사용하였다는 주장을 고수하였다.

대표성 발견법 : 대안적 견해

그렇지만 허트윅과 기거렌저(Hertwig & Gigerenzer, 1999)는 대표성 발견법에 대한 사려 깊은 대안적 견해를 제시함으로써, 린다 문제에 대한 트버스키와 카네먼(1983)의 해석에 도전장을 내밀었다. 이들이 제기한 핵심 물음은 린다에 대한 어떤 진술의 개연성(probable)이 더 큰지를 판단하도록 요구받았을 때 사람들이 '개연성'이라는 단어를 어떻게 해석하는지에 관한 것이었다(Hertwig & Gigerenzer, 1999). 트버스키와 카네먼(1983)에게는 사람들이 그 단어를 수학적 의미로 해석한다는 사실을 의미하였다(예컨대, '확실성', '빈도' 등에 해당하는 것). 반면에 허트윅과 기거렌저(1999)는 사람들이 '개연성'이라는 단어를 비수학적 의미로 해석하는 경향이 있지 않을까 의심하였다(예컨대, '가능성', '대응성', '적용가능성' 등에 해당하는 것). 만일 사람들이 '개연성'이라는 단어를 비수학적 의미로 해석하는 경향이 있다면, 즉 은행 출납계원이면서 여성 운동 활동가인지 여부가 단지 출납계원인 것보다 린다에게 더욱 '적용가능'한지를 판단하도록 요구하는 것이라고 믿는다면, 그들의 판단 자체에는 잘못된 것이 없다.

이 가능성을 검증해보기 위하여 허트윅과 기거렌저(1999)는 우선 독일 대학생들에게 린다 문제에 대한 반응을 내놓도록 요구하였다. 그런 다음에 '개연성'이라는 단어의 수학적 해석과 비수학적 해석의 목록을 보여주고는, 어느 것이 린다 문제에서 의도한 의미를 반영하고 있는지를 지적해보도록 요구하였다. 전반적으로 볼 때, 반응의 18%는 수학적인 것이었으며, 대부분은 비수학적인 것이었다. 린다 문제에 전형적인 반응을 내놓은(즉, 린다가 출납계원이면서 여성 운동에 적극적이라는 것이 단지 출납계원인 것보다 개연성이 더 크다고 판단하는 것) 15명의 학생 중에서, 12명이 '개연성'이라는 단어에 수학적 의미를 부여하지 않았다. 허트윅과 기거렌저(1999)는 트버스키와 카네먼(1983) 연구에서 대표성 발견법을 사용한 것처럼 보이는 것이 실제로는 '개연성'의 비수학적 의미를 추론한 사람들이 내놓은 합리적 반응에 귀속될 수 있다고 제안하였다. 이 연구는 후속 논의와 물음을 위한 흥미진진한 길을 터놓아주었다. 린다 문제 이외에도 대표성 발견법에 대한 많은 시범이 있어왔기 때문에, 이러한 대안적 설명이 얼마나 광범위하게 적용될 수 있는지를 결정지으려면 부가적인 연구가 필요하다.

대표성 발견법과 고정관념

위에서 기술한 대표성 발견법에 관한 고전적 연구문헌은 고정관념이 어떻게 다른 사람에 대한 판단에 영향을 미치는지에 관한 사회심리학 연구와 밀접하게 연계되어 있다. 보던하우전과 와이어(Bodenhausen & Wyer, 1985)는 초기 연구에서 고정관념 자체가 발견법, 즉 다른 사람의 행동을 이해하는 데 사용하는 신속한 주먹구구 규칙과 동일한 방식으로 작동한다고 제안하였다. 한 연구에서는 미국 대학생들에게 유죄선고를 받은 두 범인의 사례 중에서 하나를 제시하였다. 한 사례에는 남미계가 아닌 백인 상류층 여성에 대한 미국인의 고정관념을 유발하기 위하여 '매사추세츠 케임브리지의 애쉴리 챔벌레인'이라는 이름을 붙였다. 다른 사례에는 남미계 남성의 고정관념을 유발하기 위하여 '뉴멕시코 알버커키의 카를로스 라미레스'라는 이름을 붙였다. 예비실험을 보면, 동일 전집의 또 다른 표본의 미국 대학생들이 '애쉴리'가 폭행보다는 위조 범죄를 저질렀을 가능성이 더 크다고 생각하였다(이 결과를 통해서 사람들이 그녀의 사례를 어떻게 고정관념화할 가능성이 큰지를 확인하였다). 마찬가지로 '카를로스'는 위조보다는 폭행 범죄를 저질렀을 가능성이 큰 것으로 예상하였다. 이에 덧붙여서 보던하우전과 와이어(1985)는 저지른 범죄와 사람들의 고정관념이 일치할 때, 그 고정관념이 애쉴리와 카를로스의 가능성 높은 미래 행동에 관한 판단의 일차적 토대로 작동한다는 사실을 찾아냈다. 즉, 애쉴리가 폭행 범죄를 저질렀다는 이야기를 읽었을 때보다 위조 범죄를 저질렀다는 이야기를 읽었을 때, 그녀가 장차 동일한 범죄를 저지를 가능성이 더 크다고 생각하였다. 마찬가지로 카를로스가 위조 범죄를 범하였다는 이야기를 읽었을 때보다 폭행 범죄를 저질렀다는 이야기를 읽었을 때, 그가 폭행 범죄를 다시 저지를 가능성이 크다고 생각하였다. 다른 합리적인 설명으로 그 행동을 설명하는 경우조차도(예컨대, "삶에서 엄청난 좌절을 경험하고 있다") 여전히 미래 행동을 예측하기 위하여 고정관념과 일치하는 행동에 의존하였다.

보던하우전과 와이어(1985)는 자신의 결론과 대표성 발견법 간에 개념적 중첩이 존재한다고 직설적으로 주장하지는 않았지만, 둘이 적어도 한 가지 측면에서는 근본적으로 꽤나 유사하다는 사실이 명확하다. 둘 모두에 있어서 기본 아이디어는 사람들이 특정 집단에 전형적이라고 생각하는 방식으로 특정인이 행동할 가능성을 판단할 때, 그 특정 집단에 대한 표상(예컨대, '애쉴리 챔벌레인'이라는 이름과 여성이며 비교적 부유하고 비남미계 백인 간에 존재한다고 생각하는 유사성)을 사용한다는 것이다. 일반적으로 고정관념에 관한 광범위한 연구문헌은 대표성에 관한 가정이 사람들의 일상적 판단에 영향을 미치는 방식을 이해하는 데 막강한 기여를 할 수 있는 것으로 보인다.

대표성 발견법과 WEIRD 심리학 연구

마지막으로 대표성 발견법이 어떻게 판단과 의사결정 그리고 인간의 다른 행동과 인지를 밝히려는 연구자들의 논리를 주도할 수 있는지를 살펴보는 것이 중요하다. 인간 마음에 관한 연구를 수행하는 대다수의 연구자는 서구 산업국가에서 연구를 수행하며, 이들은 필연적으로 대표성 가정의 영향을 받을 수밖에 없는 것으로 보인다. 즉, 인간 행동과 인지에 관한 대다수 연구에서, 서구의(Western), 교양 있으며(Educated), 산업사회의(Industrialized), 부유한(Rich), 민주주의(Democratic) 국가(즉, **WEIRD**; Henrich, Heine, & Norenzayan, 2010)의 사람들이 전형적인 인간을 대표하며, 이러한 사람들로부터 나머지 세계의 사람들을 추론할 수 있다는 가정을 해오기 십상이었다.

헨리히와 동료들(Henrich, Heine, & Norenzayan, 2010)은 심리학을 비롯한 관련 분야(예컨대, 시지각, 도덕 추리, 범주화 등)의 수많은 영역들을 광범위하게 개관하면서, 연구결과는 그 연구를 수행한 전집(예컨대, 국가)에 따라 다를 수 있다고 보고하였다. 예컨대, 뮐러-라이어 착시와 같이 널리 알려진 시각 착시가

WEIRD 사회의 생활환경과 차이를 보이는 환경에서 생활하는 전집에서는 나타나지 않는다. 또한 여러 국가에 걸쳐 수행한 매우 유사한 연구들의 결과를 비교할 때, WEIRD 국가에서 수행한 연구의 결과는 극단적인 아웃라이어이기 십상이다. 예컨대, 헨리히와 동료들(2010)은 여러 국가에 걸친 경제적 의사결정에 관한 연구를 개관하였는데, 공정 거래에 관한 일반인의 견해가 국가에 따라 극단적으로 차이를 보인다는 사실이 지극히 명백해 보인다. 이 결과를 비롯한 수많은 결과에 근거하여 연구자들은 WEIRD 연구 참가자들이 실제로 세상의 인간 전집을 전혀 대표하지 못함에도 불구하고, 연구자들은 그 참가자들이 대표성을 갖는다고 가정해오기 십상이었다고 주장하였다.

마찬가지로 심리학을 비롯한 관련 분야의 대다수 연구자도 WEIRD 사회에서 생활하며 연구하는 WEIRD 전집의 구성원일 가능성이 크다. 이 연구자들이 연구 주제로 선택한 인간행동에 관한 물음조차도 WEIRD 전집에 관한 이들의 관찰과 결과에 근거하고 있다고 보는 것이 합리적이겠다(Henrich et al., 2010). 베니스와 메딘(Bennis & Medin, 2010)은 WEIRD 전집을 연구하기 위하여 WEIRD 문화 내에서 특별히 고안한 과제에서 그들이 아웃라이어로 반응을 보이는 것이 합리적이라고 볼 때, WEIRD 사람들이 특별히 인간을 대표하지 못하는 것은 아니라는 사실을 지적하였다. 만일 비WEIRD 문화에서 비WEIRD 전집을 연구하기 위한 과제를 고안한다면, 여러 전집에 걸쳐 확장할 때 그 전집도 명백한 아웃라이어인 것처럼 보인다는 사실을 발견한다고 해서 전혀 놀라운 일이 아닐 것이다. 아무튼 이 연구가 전하는 전반적 메시지는 명백하다. 즉, 인간 행동에 관한 연구를 수행할 때, 연구하고 있는 전집의 대표성, 선택한 연구물음, 그리고 무엇보다도 데이터로부터 도출하는 결론에 관하여 어떤 가정을 하는지가 중요하다. 제12장에서 과학적 물음의 논리를 다시 살펴본다.

논의를 위한 물음

1. 헨리히와 동료들(2010)은 연구자들이 WEIRD 사회의 연구 참가자가 반드시 인간을 대표한다고 가정하지 않는 것이 중요하다고 주장하였다. 가용성 발견법과 대표성 발견법에 관한 문헌에서 보면, (모두는 아니라고 하더라도)

많은 연구 참가자가 WEIRD 대학생이라는 더욱 협소한 표본이었다는 사실에 주목하기 바란다. 여러분은 일반 성인이라는 보다 광의적 표본이 어떤 것이든 이 장에서 논의한 연구의 결과를 변화시킬 수 있다고 생각하는가? 만일 그렇다면, 어떻게 그리고 왜 변화가 일어나겠는가?

2. 교접 오류에 대한 카네먼과 트버스키(1983)의 증거에 대한 허트윅과 기거렌저(1999)의 도전을 다시 한 번 생각해보라. 여러분은 논쟁의 어느 편이 더 강력하다고 생각하는가? 그리고 그 이유는 무엇인가? 이 논쟁에는 여전히 살펴보아야 할 어떤 물음이 남아있는가?

3. 카네먼과 트버스키(1983)와 허트윅과 기거렌저(1999)의 원 논문을 읽으면서 교접 오류 논쟁을 계속해서 따라가보라. 각 연구팀은 다른 팀이 다루지 않은 어떤 논제를 살펴보았는가?

더 읽을거리

Henrich, J., Heine, S. J., & Norenzayan, A. (2010). The weirdest people in the world? *Behavioral and Brain Sciences, 33*(2-3), 1-75.

Hertwig, R., & Gigerenzer, G. (1999). The "conjunction fallacy" revisited: How intelligent inferences look like reasoning errors. *Journal of Behavioral Decision Making, 12*, 275-305.

Tversky, A., & Kahneman, D. (1973). Availability: A heuristic for judging frequency and probability. *Cognitive Psychology, 5*(2), 207-232.

Tversky, A., & Kahneman, D. (1983). Extensional versus intuitive reasoning: The conjunction fallacy in probability judgment. *Psychological Review, 90*(4), 293-315.

3 판단에서 정박점 효과와 초두효과

학습목표

이 장을 마무리하게 되면, 여러분은 다음을 수행하였을 것이다.

- 사람들이 불확실한 상황에서 어떻게 직관적으로 가능성 판단을 내리느냐는 핵심 물음을 다시 살펴보았다. 구체적으로 처음에 받아들인 정보가 그러한 판단에 불균형적으로 영향을 미치는지를 살펴보았다.
- 판단에 대한 초두효과와 정박점과 조정 효과의 경험적 증거를 비판적으로 평가하였다.
- 사람들이 새로운 증거를 설명하기 위하여 어떻게 자신의 신념을 최신의 것으로 갱신하는지를 설명하는 영향력 있는 인지과정 모형인 신념 조정 모형의 주장을 이해하고 평가하였다.
- 정박점의 본질과 그것을 제시하는 방식을 포함하여 정박점의 한계 조건(즉, 제한점)을 살펴보았다.
- 정박점 효과가 실험실을 벗어난 판단에서도 일익을 담당하는지, 담당한다면 어떤 역할을 담당하는지, 그리고 어떤 결과를 초래하는지를 평가하였다.
- 정박점 효과를 제거하기 위한 잠재적 방법 그리고 가능한 미래 연구 방향을 살펴보았다.

핵심용어

- 교차양상 정박점 효과(cross-modal anchoring effect)
- 교차척도 정박점 효과(cross-scale anchoring effect)
- 발견법(heuristic; 갱신한 정의)
- 선택적 접속가능성 모형(selective accessibility model)
- 속성 대체(attribute substitution)
- 수치 점화 이론(numeric priming theory)
- 신념 조정 모형(belief-adjustment model)
- 정박점(anchor)
- 정박점과 조정(anchoring-and-adjustment)
- 초두효과(primacy effect)

여 러분이 학교를 졸업하고 몇 년 동안 직장생활을 해오고 있으며, 여러분의 재정을 가능한 한 잘 관리하고자 시도하고 있다고 가정해보라. 작은 아파트를 소유하고 있는데, 이득 실현을 위해서 처분하고자 생각하고는 부동산 시장에 내놓으려고 계획하고 있다. 그런데 인터넷에서 판매 가격을 선택하는 최선의 전략에 관하여 갈등을 일으키는 정보를 발견한다. 제안 가격, 즉 팔겠다고 내놓은 가격이 여러분 아파트의 실제 가격에 대한 사람들의 판단을 좌지우지하여 결국에는 지불할 의사가 있는 액수에 영향을 미치겠는가? 아파트를 살펴볼 사람을 많이 끌어들인다는 점에서 낮은 가격 제시가 최선의 전략이겠는가, 아니면 높은 가격 제시가 최종적으로 판매 가격을 높이는 데 도움을 주겠는가?

아니면 멀리 떨어져 있는 절친 한 명이 짧은 휴가기간 동안 여러분을 초대하였다고 가정해보라. 여러 시간의 여행 끝에 여러분은 기차에서 내리고 역 입구에서 친구를 기다리고 있다. 몇 분이 지나간다. 여러분은 신문 가판대로 다가가서 12월 20일이라는 날짜가 적힌 신문 한 장을 산다. 날짜를 들여다보면서, 여러분은 친구가 나타날 때까지 얼마나 기다려야 할까를 생각한다. 방금 숫자 20을 읽은 것이 얼마나 오랫동안 기다려야만 할 것인지를 직관적으로 추정하는 데 영향을 미치겠는가? 예컨대, 20분부터 시작한 다음에, 그 친구는 과거에 일반적으로 시간을 잘 지켰다는 사실을 고려하여, 여러분은 20분보다 더 짧은 시간을 기다려야 할 것이라고 추측하겠는가? 아니면 숫자 20은 신문에 인쇄된 날짜에 불과하며 친구의 도착과는 전혀 무관하다는 사실을 완벽하게 자각하고 있기 때문에, 그 숫자는 여러분의 추정치에 결코 영향을 미치지 않겠는가?

마지막으로 여러분이 꿈꾸어오던 직장의 구직면접 기회를 획득하고는 그 중대사를 준비하고 있다고 가정해보라. 조부모에서부터 택시 운전사에 이르기까지 모든 사람은 첫인상이 중요하다고 말한다. 만일 이것이 사실이라면, 첫인상을 형성할 때 면접자 마음에는 정확하게 무슨 일이 일어나는 것인가? 이러한 초기 심적 표상은 면접자가 여러분에 대해서 새롭고 부가적인 정보를 처리하는 데 어떤 영향을 미치겠는가? 이러한 심적 표상은 궁극적으로 여러분이 유능하거나 근면하거나 아니면 일자리에 안성맞춤일 가능성에 대한 면접자의 판단에 어떤 영향을 미치겠는가? 이러한 사례들 각각에서 그리고 이 장 전체에 걸쳐, 우리는 불확실한 조건에서의 가능성 판단에 처음에 제시한 정보가 편파적인 영향을 미치는지, 만일 그렇다면 어떤 영향을 미치는지를 다룬다. 제2장에서 살펴보았던 가용성 발견법과 대표성 발견법에서와 마찬가지로, 가능성 판단에 대한 초기 정보의 효과는 이중과정 모형의 체제화 틀걸이에서 유형 1 추리로 기술해왔다(Kahneman, 2003, 2011; 제1장). 이 장 후반부에서는 원치 않을 때 그러한 효과를 상쇄하기 위하여 유형 2 추리를 동원할 수 있는 방법들도 살펴볼 것이다.

초기 연구 : 인상형성에서 초두효과

널리 알려진 바와 같이, 1946년에 솔로몬 애쉬(Solomon Asch)는 사람들이 다른 사람에 대한 인상을 즉각적이고도 매우 용이하게 형성할 수 있다는 사실을 관찰하였으며, 한 개인에 대해 알고 있는 다양한 사실로부터 어떻게 그 사람의 총체적 인상을 통합하게 되는 것인지를 물음하였다. 예컨대, 어떤 사람이 활기차고 현실적이며 이기적이라는 이야기를 들을 수 있다. 이 특질 목록은 그 사람에 대한 전반적 인상을 형성하는 데 도움을 주며, 어떤 유형의 사람인지 그리고 그 사람이 보편적으로 어떻게 행동할 것인지에 관하여 추론하도록 이끌어간다.

　애쉬(1946)는 동일한 특질 집합은 그 사람의 특질에 관해 알게 되는 순서에 관계없이 항상 동일한 전반적 인상을 초래하는 것인지 아니면 그 순서가 중요한 것인지를 물음하였다. 그는 한 집단의 참가자에게 특질들을 다음의 순서대로 들려주었다 : 지적이다, 근면하다, 충동적이다, 비판적이다, 고집스럽다, 시기심이 있다. 또 다른 집단은 정반대 순서로 동일한 특질들을 들려주었다 : 시기심이 있다, 고집스럽다, 비판적이다, 충동적이다, 근면하다, 지적이다. 그런 다음에 이 사람에 대한 전반적인 인상을 기술해보도록 요구하였다. 애쉬(1946)에 따르면, 참가자의 기술은 처음 제시한 특질이 다른 특질들을 해석하는 배경 맥락이 된다는 사실을 시사하였다. 구체적으로, 처음에 그 사람이 지적이고 근면하다는 사실을 들었던 사람은 즉각적으로 그 사람이 꽤나 뛰어난 사람일 가능성이 높다고 생각하였으며, 뒷부분의 부정적인 특질을 들을 때는, 아마도 처음의 긍정적인 특질의 결과일 것이라고 기술하는 경향이 있었다. 예컨대, 참가자들은 그 사람이 똑똑하고, 자신이 무엇을 말하고 있는지를 알고 있으며, 다른 사람이 언제 이해하지 못하는지를 알고 있기 때문에, 비판적이고 고집스런 경향이 있다고 말할 수 있다. 반면에 처음에 시기심이 있고 고집스럽다는 이야기를 들은 참가자는 그 사람이 성공적이지 못하고 전반적으로 적응력이 떨어지며, 아마도 부정적인 특질들이 긍정적인 특질을 압도해버릴 것이라고 생각하는 경향이 있었다.

또한 애쉬(1946)는 그 사람이 목록에서 언급하지 않은 다른 많은 특질(예컨대, 재치있다, 잘생겼다 등)도 가지고 있을 것이라고 생각하는지를 참가자들에게 물었다. 이 과제에서도 참가자의 판단은 때때로 그 사람의 특질을 들었던 순서에 따라서 꽤나 극단적인 차이를 보였다. 판단이 차이를 보일 때는, 일반적으로 '지적이다'로 시작하는 순서가 '시기심이 있다'로 시작하는 순서보다 긍정적 특질을 더 많이 부여하도록 이끌어갔다. 예컨대, '지적이다'로 시작하는 순서를 들었던 참가자의 52%가 그 사람은 재치도 있을 것이라고 생각한 반면, '시기심이 있다'로 시작하는 순서를 들었던 참가자의 경우에는 21%만이 그 특질('재치있다')을 부여하였다. 그리고 전자의 74%가 그 사람은 잘생겼을 것이라고 생각한 반면, 후자의 35%만이 그렇게 생각하였다. 두 순서 조건의 참가자는 모두 동일한 특질 목록을 들었으며, 단지 제시하는 순서에서만 차이가 있었다는 사실을 명심하기 바란다. 이 결과는 특정인에 대한 사람들의 총체적 인상이 특질의 제시순서에 영향을 받을 뿐만 아니라, 전반적인 긍정성이나 부정성이라는 측면에서 총체적 인상과 어울리는 다른 특질의 존재를 기꺼이 추론한다는 사실을 시사한다.

한 가지 남아있는 중요한 물음은 사람들이 순서는 조작된 것이라는 사실을 깨달을 때도 여전히 순서의 영향을 받는지 아니면 그 초두효과를 극복하는지 여부였다. 이 물음에 답하기 위하여 애쉬(1946)는 이 실험의 참가자 내 버전도 실시하였는데, 동일 참가자들에게 두 순서 버전을 모두 읽고, 각 버전을 읽은 후에 동일한 판단을 해보도록 요구하였다. 흥미롭게도 동일한 특질 목록을 두 가지 상이한 순서대로 읽은 24명의 참가자 중에서 14명이 두 버전에 걸쳐 그 사람에 대한 인상이 변하였다고 보고하였다. 한 참가자는 이렇게 언급하였다. "목록을 상이한 순서로 읽는 것이 상이한 유형의 사람을 생각나게 만들었어요. 이 사람이 더 똑똑하고, 호감이 가며, 박력이 있고, 활기차며, 고집스럽네요"(Asch, 1946, p. 271). 즉, 사람들은 초두효과의 영향력을 자각하는 것으로 보였지만, 그것을 상쇄시키지는 못하였다. 반면에 인상의 변화를 보고하지 않았던 참가자들은 특질의 전체 목록을 다 듣기 전에는 어떤 판단도 내리지 않으려고 애를 썼다고 보고하는 경향이 있었다. 이러한 후자의 결과는 초두효과를 극복하는 전략이 가능함을 시사한다.

앤더슨과 배리오스(Anderson & Barrios, 1961)는 애쉬(1946)의 핵심 결과를 반복하면서, 다른 사람에 대해 듣는 첫 번째 특질이 그 사람에 대한 전반적인 호오도(好惡度) 평정에 강력하게 편중된 영향력을 행사한다는 사실을 보여주었다. 이러한 **초두효과**(primacy effect)가 어떻게 출현하는지를 더욱 면밀하게 살펴보기 위하여, 노만 앤더슨(Norman H. Anderson, 1965)은 한 개인을 기술하는 긍정 특질과 부정 특질을 제시하는 순서를 체계적으로 변화시키는 엄격하게 통제된 실험설계를 사용하였다. 일련의 실험 조건에서 세 가지 긍정 특질과 세 가지 부정 특질을 제시하였는데, 긍정 특질들을 끊어지지 않은 채 연속해서 제시하였다. 긍정 특질의 연속은 첫 번째 위치에서 시작하거나(세 번째 위치에서 끝난다), 두 번째(네 번째 위치에서 끝난다), 세 번째(다섯 번째 위치에서 끝난다), 또는 네 번째(여섯 번째 위치에서 끝난다) 위치에서 시작하였다. 또 다른 일련의 실험 조건에서는 정반대로 세 가지 부정 특질을 동일한 방식으로 연속해서 제시하였다. 참가자들은 특질들을 살펴보고는 조건 별로 그 사람이 얼마나 호의적이라고 생각하는지 그리고 얼마나 좋아한다고 생각하는지를 리커트 9점 척도에서 판단하였다.

결과는 비교적 명쾌한 선형 초두효과를 보여주었다. 즉, 각 조건에서 연속적으로 제시하는 세 가지 긍정(또는 부정) 특질의 영향력은 첫 번째 위치에 제시하였을 때 가장 강력하고 그 위치가 뒤로 갈수록 약해졌는데, 그 영향력은 출현 위치가 변함에 따라 일정하게 감소하였다. 앤더슨(1965)은 가중평균 모형이 이러한 데이터 패턴을 설명할 수 있다고 제안하였다. 즉, 세 가지 긍정(또는 부정) 특질의 가중치 또는 중요성은 제시 순서에 따라서 체계적으로 감소한다는 것이다. 한 특질을 순서의 앞에서 언급할수록, 사람들이 최종적으로 형성하는 전반적 인상에 더 많은 영향을 미친다(Anderson, 1965).

애쉬(1946)가 지적한 바와 같이, 사람들이 판단을 내릴 때 채택하는 전략은 초두효과가 발생할 것인지를 결정할 수 있다. 랠프 스튜어트(Ralph H. Stewart, 1965)는 애쉬(1946)의 결과를 확장하여, 미국 대학생들에게 앤더슨(1965) 과제의 수정 버전을 수행하도록 요구하였다. 모든 참가자는 특정인을 기술하는 72개 특질 목록을 평정하였다. 절반의 목록에 대해서는 하나의 특질을 제시할 때마다 (리커트 9점 척도를 사용하여) 연속해서 그 사람에 대한 호오도를 평정하였다. 다른 절반의 목록에 대해서는 모든 특질을 제시한 후에 단 한 번만 호오도를 평정하였다(선행연구들이 사용한 방법이다). 그리고 각 특질 목록에 있어서는 모든 긍정 특질을 우선 제시한 후에 동일한 수의 부정 특질을 제시하거나 그 반대의 순서로 제시하였다. 마지막으로 스튜어트(1965)는 찾아낸 효과를 반복해서 얻을 수 있는지 검증하기 위한 반복연구를 수행하였다. 그 결과, 사람들이 모든 특질을 제시받은 후에만 단 한 번의 호오도 평정을 할 때는 두 실험 모두에서 초두효과가 나타났다. 반면에 각 특질을 제시할 때마다 반복적으로 호오도 평정을 할 때는 초두효과가 더 이상 신뢰롭게 나타나지 않았으며, 실제로는 **최신효과**(recency effect)가 나타났다(이러한 최신효과는 첫 번째 실험에서만 나타났으며, 두 번째 실험에서는 반복되지 않았다).

종합적으로 볼 때, 앤더슨(1965)과 스튜어트(1965) 연구는 사람들의 전반적인 호오도 판단에서 초기에 제시하는 특질의 신뢰할 만한 초두효과가 나타난다는 사실을 확증하였다. 그렇지만 어느 연구도 사람들이 초기에 제시하는 특질이 나중에 제시하는 특질의 의미를 해석하는 방식을 변화시킨다는 애쉬(1946)의 또 다른 주장은 직접 다루지 않았다. 호가스와 아인혼(Hogarth & Einhorn, 1992)은 자신들의 **신념 조정 모형**(belief-adjustment model)을 가지고 이러한 아이디어를 검증하였는데, 이 모형은 초기 증거를 가지고 인상을 형성한 후에 새로운 정보가 들어옴에 따라서 갱신한다는 아이디어에 근거한 신념 갱신에 관한 기술적이고 보다 보편적인 모형이다. 이 모형에 따르면 다음과 같은 세 가지 하위처리과정, 즉 (1) 증거를 부호화하는 방식(즉, 현재 가지고 있지만 변할 수 있는 사전 신념에 비추어 증거를 부호화하는지, 아니면 일정한 값에 비추어 부호화하는지 여부), (2) 증거를 받아들일 때마다 조금씩 처리하는지, 아니면 모든 증거를 받아들인 후에만 한꺼번에 처리하는지 여부, 그리고 (3) 조정이나 갱신 과정을 수행하는 방식이 사람들의 전반적 판단에 영향을 미친다(Hogarth & Einhorn, 1992). 이러한 하위처리과정 각각을 보다 상세하게 살펴보도록 하자.

부호화 과정에서 사람들은 사전 신념[즉, **정박점**(anchor)]에서 출발하며, 새로운 증거를 받아들일 때마다 기존 신념의 맥락에서 그 증거를 부호화한다 (Hogarth & Einhorn, 1992). 그런 다음에 자신의 즉각적인 목표를 달성하는 데 새로운 정보를 적용한다. 만일 목표가 그 증거를 사용하여 어떤 가설을 검증하려는 것이라면(예컨대, 상사는 특정 입사 지원자가 적임자라는 가설을 가지고 있다고 가정해보라), 새로운 증거는 고려하고 있는 가설을 확증하거나 반증하는 것으로 부호화한다(예컨대, 그 지원자는 마땅한 경험을 가지고 있거나 그렇지 않다). 따라서 그 새로운 증거는 가설에 포함된 신념(그 후보자가 업무에 적임자인지 여부)을 증가시키거나 감소시키게 된다. (가설검증은 제12장에서 상세하게 논의한다.) 만일 증거가 주어졌을 때 무엇인가를 추정하려는 것이 목표라면(예컨대, 특정인을 얼마나 좋아할지를 헤아려보는 것), 그 추정치는 증거와 그 사람에 대해서 이미 견지하고 있는 호감도(즉, 정박점) 간의 관계에 따라서 오르내리게 된다. 만일 증거가 약간만 긍정적이고(예컨대, 그 사람은 보통사람보다 단지 약간만 더 미소짓는다) 이미 그 사람을 상당히 좋아하고 있다면, 그 증거는 실제로 호감도를 약간 떨어뜨리게 된다. 만일 증거가 약간 긍정적이고 이미 그 사람을 상당히 싫어하고 있다면, 그 증거는 호감도를 증가시키게 된다(예컨대, 그 사람을 단지 약간만 싫어하게 된다).

호가스와 아인혼(1992)에 따르면, 증거를 처리하는 방식(즉, 신념 조정 모형에서 두 번째 하위처리과정)도 중요하다. 즉, 선행 절에서 보았던 것처럼 (Stewart, 1965), 증거를 조금씩이라도 받아들일 때마다 처리하는지 아니면 모든 증거를 받아들인 후에 단 한 번만 처리하는지가 중요하다. 첫 번째 경우에 사람들의 전반적 판단(예컨대, 그 사람을 얼마나 좋아하는지의 판단)은 최초의 증거를 정박점으로 삼은 다음에, 새로운 증거가 들어올 때마다 그에 따라서 조금씩이라도 조정한다. 두 번째 경우에도 인상은 자동적으로 최초의 증거를 정박점으로 삼은 다음에, 나머지 증거가 그 증거의 종합 또는 요약에 근거하여 단 한 번의 조정을 주도한다. 호가스와 아인혼(1992)은 후자의 처리방식이 전자의 처리방식보다 계산적으로 더 부담스러우며, 사람들은 현재 충분한 계산을 수행할 만한 인지자원을 가지고 있지 못하다는 사실을 깨닫게 되면, 첫 번째 처리방식으로 전환한다고 제안하였다.

마지막으로 조정 하위처리과정 자체도 중요하다. 호가스와 아인혼(1992)은 대비 가정(contrast assumption)을 설정하였는데, 정박점과 새로운 정보의 대비 정도가 사람들의 추정치에 그 증거가 얼마나 큰 영향을 미칠 것인지를 예측해준다고 제안하였다. 예컨대, 어떤 가설에 대해 사람들의 사전 신념(즉, 정박점)이 약간 긍정적인데 매우 부정적인 증거가 들어오게 되면, 그 증거가 사람들의 입장에 영향을 미치지만(가설의 지지 정도가 떨어진다), 그렇게 극단적이지는 않다. 반면에, 사람들의 사전 신념이 이미 매우 긍정적인데 매우 부정적인 증거가 제시된다면, 처음 입장(정박점)과 새로운 증거 간의 상당한 대비가 사람들의 입장에 더욱 극단적인 영향을 미칠 것이라고 예상할 수 있다(Hogarth & Einhorn, 1992). 강력하게 긍정적인 증거의 경우에는 상반된 결과가 일어날 것이라고 예측하였다. 즉, 강력한 긍정 증거는 강력하게 긍정적인 사전 신념보다 약하게 긍정적인 사전 신념에 더 많은 영향을 미친다는 것이다. 요컨대, 신념 조정 모형은 초기 증거가 후속 증거를 평가하는 출발점을 제공한다고 제안하고 있으며, 정박점과 조정 효과에 관한 문헌에서 동시에 반영되어 있는 생각이기도 하다.

초기 연구 : 정박점과 조정의 기념비적 시범

사람들에게 어떤 문제에 수치로 답을 추정하도록 요구할 때도, 마찬가지로 정보를 제시하는 순서의 영향을 받는다. 즉, 처음에 제시하는 정보의 영향을 훨씬 더 많이 받는다. 트버스키와 카네먼(1973)은 신속한 추정에 관한 기념비적 연구에서 이스라엘 고등학생들에게 5초 내에 다음 산술문제에 답하도록 요구하였다. 어떤 학생들에게는 $1 \times 2 \times 3 \times 4 \times 5 \times 6 \times 7 \times 8$의 값을 추정하도록 요구하였으며, 다른 학생들에게는 $8 \times 7 \times 6 \times 5 \times 4 \times 3 \times 2 \times 1$의 값을 추정하도록 요구하였다. 첫 번째 집단은 중앙값이 512인 추정치를 내놓았으며, 두 번째 집단은 중앙값이 2,250인 추정치를 내놓았다. 트버스키와 카네먼(1973)이 처음에는 그 결과를 학생들이 가용성 발견법을 사용하였음을 시사한다고 해석하였으나, 나중에는 자체적으로 독자적인 발견법인 **정박점과 조정**(anchoring-and-adjustment)을 입증하는 것으로 재해석하였다(Tversky & Kahneman, 1974). 이들은 이 발견법을 "사람들이 최초 값에서 출발하여 최종 답을 내놓기 위하여 그 값을 조정하는 방식으로 추정하는" 발견법으로 정의하였다(Tversky & Kahneman, 1974, p.

생각상자 3.1

정박점과 조정은 발견법인가?

카네먼과 프레더릭(Kahneman & Frederick, 2002)에 따르면, 엄밀하게 따져서 정박점과 조정은 더 이상 **발견법**(heuristic)으로 분류되지 않는다. 이들은 트버스키와 카네먼(1974)의 기념비적 논문에서 명확한 정의를 결코 내놓지 않았다고 설명하면서, 발견법이라는 용어의 새로운 정의를 내놓았다. 이들은 구체적으로 "판단 대상의 특정한 표적 속성을 그 대상의 또 다른 속성, 즉 마음에 즉각적으로 떠오르는 발견적 속성으로 대치함으로써 그 표적 속성을 평가할 때 발견법이 판단을 매개한다."고 주장하였다(p. 53). 다시 말해서, 사람들이 상대적으로 용이한 물음에 답하는 방식으로 어려운 물음에 답하고자 시도할 때 발견법이 판단에 영향을 미치고 있다고 말할 수 있다는 것이다.

이 정의에 따르면, 제2장에서 기술한 대표성과 가용성은 모두 발견법이다. 여러분이 복잡한 확률 판단(예컨대, 조용한 사람인 알렉스가 사서일 가능성을 추정하는 것)을 하도록 요구받았다고 가정해보라. 만일 여러분이 생각하기 어려운 확률 정보(예컨대, 사서의 기저율 추정치, 조용한 인물이라는 사실을 알고 있을 때 그 사람이 사서일 가능성의 추정치 등)를 용이하게 가용한 정보(예컨대, 예전부터 알고 있던 두 명의 조용한 사서를 손쉽게 마음에 떠올릴 수 있다면, 여러분은 비교적 높은 추정치를 내놓을 수 있다)로 대체한다면, 가용성 발견법이 작동하게 된다. 만일 여러분이 위와 같은 복잡한 확률 정보를 대표성 정보(예컨대, 사서는 내성적인 사람이라는 고정관념을 가지고 있고, 알렉스가 조용한 사람이어서 그에 따라서 판단을 내린다)로 대체한다면, 대표성 발견법이 판단에 영향을 미친다고 말하게 된다. 따라서 여러분이 (의도적이든 아니면 부지불식간에든) **속성 대체**(attribute substitution)를 시도할 때, 즉 생각하기 쉬운 속성으로 판단하려는 속성을 대체할 때, 여러분의 판단이 발견법의 영향을 받는다고 말할 수 있다.

새로운 정의에 근거하여, 카네먼과 프레더릭(2002) 그리고 카네먼(2003)은 애초에 트버스키와 카네먼(1974)이 세 번째 발견법으로 명명하였던 정박점과 조정을 발견법으로 분류해서는 안 된다고 제안하였다. 정박점과 조정은 속성 대체를 수반하기보다는 판단하는 속성의 특정 값을 보다 가능한 것으로 만드는 작업을 수반한다. 예컨대, 아프리카 국가의 유엔 회원국 비율을 추정할 때, 사람들은 10% 정도로 낮을 것이라고 결코 생각하지 않았을 것이지만, 행운의 수레바퀴가 그 숫자를 제시할 때는 그 수치가 하한에 해당할 가능성이 더 높은 것처럼 보였을 것이다. 카네먼과 프레더릭(2002)은 감정 발견법(Slovic et al., 2007; 1, 5, 14장도 참조)을 세 번째 핵심 발견법으로 기술해야 한다고 제안하였다. 이 발견법에서는 판단을 내릴 때 사람들의 부정적이거나 긍정적인 감정을 다른 정보로 대체하게 된다. 그렇다고 하더라도, 정박점과 조정은 특정 값을 일시적으로 현저한 것으로 만들어서는 판단에 강력한 영향을 미치는 극도로 강건한 현상으로 남아있다(Kahneman, 2003).

1128). 그리고 최초의 정박점으로부터 충분한 조정이 이루어지지 않을 때 이 발견법에 의존하는 것이 문제를 일으킬 수 있으며, 그러한 문제는 꽤나 빈번하게 발생할 수 있다는 사실을 지적하였다. 실제로 위의 산술문제에서 답은 40,320이라는 사실을 지적하는 것도 가치 있는 일이겠다. 두 집단의 학생들이 모두 정답을 극단적이리만치 과소추정하였다는 사실은 두 조건 모두 40,320보다는 훨씬 작은 정박점(즉, 각각 1과 8의 정박점)을 제공하였기 때문이라고 쉽게 설명할 수 있다.

더욱 심각한 사실은 정박점 값이 과제와 관계가 있다고 생각할 아무런 이유가 없는 경우조차도 그 값이 판단에 영향을 미친다는 점이다. 이 사실은 사람들이 행운의 수레바퀴(wheel of fortune) 과제에서 내리는 판단이 입증하고 있는데(Tversky & Kahneman, 1974), 이 과제는 정박점이 판단에 영향을 미치기 위해서 반드시 과제와 관련될 필요조차 없음을 보여주었다. 이 연구에서는 참가자에게 백분율에 근거한 여러 가지 비율 추정치(예컨대, 유엔 회원국 중에서 아프리카 국가의 백분율)를 내놓도록 요구하였다. 각 추정치를 내놓기에 앞서, 우선 실험자가 '행운의 수레바퀴'를 돌리게 되는데, 0과 100 사이의 한 숫자에서 멈추게 된다. 각 참가자는 우선 자신의 추정치가 그 숫자보다 높은지 아니면 낮은지를 말해야만 하였으며, 그런 다음에 구체적인 추정치를 내놓았다. 행운의 수레바퀴가 제공하는 숫자가 임의적인 것임에도 불구하고, 이 정박점은 여전히 사람들의 추정치에 영향을 미쳤다. 예컨대, 유엔 회원국 중에서 아프리카 국가의 백분율을 추정할 때, 행운의 수레바퀴가 출발점으로 10을 제공하였던 참가자들은 평균 25를 추정하였다. 반면에, 행운의 수레바퀴가 65를 제공하였던 참가자들은 평균 45를 추정하였다.

정박점과 조정 : 조정 과정의 이해

위에서 제시한 고전적 결과에 대한 한 가지 대안적 설명은 조정 과정 자체가 실제로는 존재하지 않을 수 있다는 것이다(Chapman & Johnson, 2002). 이러한 대안적 설명, 즉 **선택적 접속가능성 모형**(selective accessibility model)에 따르면, 실제로 일어나는 일은 정박점 값이 주어질 때, 그와 연합된 정보도 일시적으로 더욱 접속가능하게 된다(Bahník & Strack, 2016; Strack & Mussweiler, 1997). 예컨대, 만일 두바이에 있는 부르즈 칼리파의 높이를 추측해보려고 시도하고 있으며 숫자 15를 제시받았다면, 여러분은 상대적으로 작은 빌딩에 대한 많은 기억을 인출하고는 정답(830미터)에 훨씬 못 미치는 추정치에 도달할 수 있다. 즉, 추정하는 데 도움을 얻기 위해서 기억에서 인출하는 정보는 정박점과 일치하는 정보일 가능성이 높다. 따라서 여러분의 추정치는 그 정박점 방향으로 심각하게 편향된다. 여러분도 알 수 있는 바와 같이, 이러한 설명을 시도하면, 정박점으로부터의 조정이 실제로 일어나지 않을 수도 있다.

그렇지만 에플리와 길로비치(Epley & Gilovich, 2001)는 조정이 일어나는지 여부는 여러분에게 정박점이 주어지는지(예컨대, 실험자가 어떤 값을 제안한다) 아니면 여러분 스스로 정박점을 내놓는지에 달려 있다고 제안하였다. 정박점이 주어졌을 때는 우선 그것 자체가 정답인지를 살펴보아야 한다. 반면에 스스로 내놓은 정박점에 대해서는 사람들이 상이하게 생각할 수 있다. 예컨대, 보드카의 빙점을 추정하도록 요구받았다고 가정해보라(Epley & Gilovich, 2001). 아마도 여러분은 우선적으로 손쉽게 물의 빙점(0℃/32℉)에 관한 기억을 떠올릴 것이다. 이 경우에는 여러분이 스스로 정박점을 생성한 것이다. 또한 여러분은 이미 다른 많은 정보와 함께, 알코올의 빙점이 물의 빙점보다 낮다는 사실도 알고 있을 수 있다. 여러분이 실제로 추정치에 관해서 추리하고 있는 유일한 시점은 보드카의 빙점이 물의 빙점보다 얼마나 낮을 것인지를 궁리할 때이다. 여러분은 지금까지 한 번도 보드카의 빙점을 알고 있으며 기억에서 그 정보를 직접 인출할 수 있다고 생각해본 적이 없었다(즉, 여러분은 0℃/32℉라는 정박점이 정답이 아니며 조정해야만 한다는 사실을 항상 알고 있었다). 따라서 에플리와 길로비치(2001)는 물의 빙점 예에서처럼 스스로 정박점을 생성할 때는, 트버스키와 카네먼(1974)이 애초에 제안한 바와 같이, 정박점 효과가 그 정박점으로부터의 불충분한 조정에서 유래한다고 제안하였다.

이 주장을 검증하기 위하여, 에플리와 길로비치(2001)는 미국 대학생들에게 네 가지 추정을 해보도록 요구하였다. 이들은 두 가지 추정이 학생들로 하여금 자동적으로 정박점을 내놓도록 만들 것이라고 예상하였다. 예컨대, "워싱턴은 어느 해에 대통령으로 선출되었습니까?"라는 질문이 미국 대학생들로 하여금 자동적으로 미국이 독립을 선언한 1776년을 생각하도록 이끌어갈 것이라고 예상할 수 있다. 워싱턴은 미국의 최초 대통령이었기 때문이다(p. 392). 또한 이 학생들은 워싱턴이 독립선언 전이 아니라 후에 대통령이 되었다는 사실을 알고 있다고 예상하는 것도 합리적이다. 이것은 미국 어린이들이 초등학교에서 보편적으로 배우는 사실이기 때문이다.

다른 두 추정은 실험자가 제공하는 정박점과 함께 제시하였다(예컨대, "고래의 평균 길이는 얼마입니까?" [21미터]). 네 가지 추정 각각을 내린 후에, 참가자들은 각 추정치로 결정하게 된 과정을 설명하였다. 자기생성 정박점(예컨대, 1776년)이 떠올랐다고 보고한 참가자는 거의 모두가 조정 과정을 보고하였다(94%). 실험자가 정박점을 제공한(예컨대, 21미터) 추정에서는, 유의하게 적은 수의 참가자만이 조정 과정을 명시적으로 언급하였다(22%).

정확하게 언제 조정 과정이 일어난다고 예상할 수 있는지 그리고 그 과정의 명확한 본질이 무엇인지는 여러 해에 걸쳐 논쟁을 불러일으켜 왔다(Wilson, Houston, Etling, & Brekke, 1996). 전통적인 '불충분한 조정' 설명은 사람들이 정박점으로부터 출발하여 조정하지만 정확할 만큼 충분하게 조정하지 않는 경향이 있다는 것이다(Tversky & Kahneman, 1974). 다른 연구자들은 롤라 로페스(Lola L. Lopes, 1985)의 주장에 근거하여, 평균 내기 과정이 조정을 가장 잘 설명할 수 있다고 제안해왔다. 즉, 어떤 것이든 새로운 값은 기존 값과 통합되어 추정치는 둘 사이에 놓이게 된다는 것이다(Wilson et al., 1996). 물론 사람들이 그러한 평균을 자동적으로 계산한다고 기대하는 것이 심리학적으로 그럴듯하지 않을 수도 있지만 말이다. 반면에 쾃트로니와 동료들(Quattrone, Lawrence, Finkel, & Andrus, 1984)은 본질적으로 추정치가 수긍할 수 있는 범위 내에 들어가도록 정박점으로부터 추정치를 이동시키는 것이라고 제안하였다. 조정에 기저하는 정확한 계산에 관해서는 이렇게 미세한 변형들이 존재하지만, 모든 제안은 자기생성 정박점이 가장 빈번하게 조정 과정을 촉발하며, 정박점의 제약을 받는 적절한 추정치에 도달하려는 시도를 수반한다는 근본적인 주장을 공유하고 있다.

정박점과 조정 : 한계 조건

정박점과 조정은 쉽게 입증할 수 있다손 치더라도, 정박점의 영향이 특히 강력하거나 약한 정확한 조건을 확인해내는 것은 어려운 과제로 남아있다. 앞서 보았던 것처럼, 트버스키와 카네먼(1974)의 최초 시범을 보면, 수행하려는 판단(예컨대, 유엔 회원국인 아프리카 국가의 수)과 무관한 무작위 숫자(예컨대, 행운의 수레바퀴에서 나온 숫자)조차도 정박점 효과를 초래한다. 그렇지만 이 연구만을 가지고는 정박점과 판단 간의 무관련 정도가 판단에 영향을 미치는 정도를 예측할 수 있는지는 여전히 불투명하다. 그렇기 때문에, 후속연구의 한 가지 핵심 주제는 정박점과 조정에 한계 조건이 존재하는지를 평가해보려는 것이었다.

극단적이거나 타당해보이지 않는 정박점

극단적 정박점, 즉 너무나 높거나 낮아서 절대적으로 타당해보이지 않는 정박점조차도 사람들의 추정에 영향을 미치는 것으로 밝혀져 왔다. 스트랙과 머스와일러(Strack & Mussweiler, 1997)는 독일 대학생들에게 다양한 판단에서 타당해보이는 정박점과 타당해보이지 않는 정박점을 모두 제시하였다. 그에 앞서 예비연구를 통해 어느 값이 사람들의 평균 추정치의 1 표준편차 내에 들어가는지 그리고 어느 값이 평균에서 10 표준편차 이상 벗어나있는지를 결정하였다. 전자를 타당해 보이는 정박점으로 그리고 후자를 타당해 보이지 않는 (극단적인) 정박점으로 사용하였다. 예컨대, 참가자들에게 모한다스 간디가 몇 세까지 생존하였는지를 추정할 때, 64세나 79세라는 그럴듯한 정박점이나 9세나 140세라는 그럴듯하지 않은 정박점을 제시하고는 간디의 연세가 그 숫자보다 높다고 생각하는지 아니면 낮다고 생각하는지를 말해보도록 요구하였다. 그런 다음에 간디 연세의 추정치를 내놓도록 요구하였다. 스트랙과 머스와일러(1997)는 전반적으로 강력한 정박점 효과를 발견하였다. 더욱 놀랍게도, 정박점 효과는 그럴듯한 정박점과 그럴듯하지 않은 정박점 간에 아무런 차이가 없었다. 두 유형의 정박점이 모두 판단에 영향을 미쳤던 것이다.

다른 연구들도 그럴듯한 정박점과 그럴듯하지 않은 정박점이 모두 판단에 영향을 미친다는 결과를 반복하였다. 물론 몇몇 연구는 그럴듯함이 효과의 강도를 조절한다는 사실을 보여주었기는 하지만 말이다. 예컨대, 채프먼과 존슨(Chapman & Johnson, 1994)은 정박점 극단성과 정박점 효과의 강도 간의 관계에 관한 여러 가지 가설들을 검증하였다(보다 종합적인 개관을 보려면, Chapman & Johnson, 2002를 참조하라). 한 가지 가설은 정박점이 극단적일수록 판단에 미치는 영향이 크다는 것이었다(즉, 선형 함수). 두 번째 가설은 정박점이 극단치에 가까울수록, 효과의 증가는 약화되어 정박점 효과가 점근선에 도달한다는 것이었다. 마지막으로 세 번째 가설은 극단적 정박점은 대비효과를 초래한다는 것이었다. 즉, 극단적인 정박점은 그럴듯하지 않기 때문에, 판단이 정박점과 반대방향으로 편향된다는 것이었다.

채프먼과 존슨(1994)은 미국 대학생들에게 일련의 로또(예컨대, 22.91달러를 딸 가능성이 53%인 로또 또는 67.13달러를 딸 가능성이 47%인 로또)를 제공하는 방법으로 세 가설을 검증하였다. 각 로또에서 참가자들에게 극단적이거나(즉, 4.37달러나 83.02달러와 같이, 로또에서 딸 수 있는 범위를 넘어서는 액수), 합리적인(즉, 30.58달러나 56.30달러와 같이 딸 수 있는 범위의 액수) 정박점을 제시하였다. 우선 참가자들은 바로 그 정박점 액수나 그 정박점보다 많은 액수나 아니면 그 정박점보다 적은 액수로 그 로또를 팔아치울 것인지를 결정하였다. 그런 다음에 그 로또를 교환하는 대가로 받아들일 최젓값을 보고하였다. 결과를 보면, 결과 패턴이 두 번째 가설과 가장 일치하였다. 즉, 극단적인 정박점이 판단에 영향을 미치지만, 그 효과는 합리적인 정박점에 비해서 약하다.

역치하로 제시한 정박점

정박점과 조정 효과는 강건한 것이기에(Furnham & Boo, 2011), 의식적으로 지각하지 못하는 정박점에서도 그 효과가 나타날 것인지를 물음하게 되었다. 만일 참인 것으로 밝혀진다면, 자각하지도 못한 채 그러한 효과가 사람들의 판단을 좌지우지한다는 흥미진진한 함의를 가질 수 있다. 선행연구는 사람들이 정박점을 보고 있지만 의도적으로 어떤 비교를 하도록 요구하지 않을 때도 그 효과가 일어날 수 있음을 시사하였다(Wilson et al., 1996). 정박점의 한계 조건을 탐구한 다른 연구를 보면, 반드시 판단 직전에 정박점을 제시해야 하는 것은 아니었다. 널리 알려진 어떤 수치가 질문에 대한 직접적인 답이 아닌 경우조차도 사람들은 그 수치의 영향을 받는다. 예컨대, 미국 대학생들에게 조지 워싱턴이 미국의 초대 대통령으로 당선된 연도를 판단하도록 요구할 때, 미국인에게 널리 알려져 있는 연도(독립선언서에 서명한 연도인 1776년)를 정박점으로 삼은 다음에, 이것보다 몇 년 늦은 연도로 조정한다는 사실을 보여준 에플리와 길로비치(2001)의 연구를 회상해보라. 이 연구에서 어떻게 자신의 답에 도달하였는지를 설명해보도록 요구하였을 때, 대부분의 학생은 정박점과 조정 과정을 기술하였다(Epley & Gilovich, 2001).

따라서 머스와일러와 잉글리시(Mussweiler & English, 2005)는 정박점 효과의 한계 조건을 더욱 밀어붙이기 위하여, 역치하로 제시하는 정박점조차도 판단에 영향을 미칠 수 있는지를 직접적으로 검증하였다. 이들은 독일 대학생들이 어떤 추정치를 궁리하고 있는 동안에 특정 정박점을 역치하 점화자극으로 제시하였다. 이 연구에서 참가자들에게 질문의 답을 생각하고 있는 동안 컴퓨터 화면 중앙을 응시하고 있도록 요구하였다. 질문을 화면에 3초 제시한 다음에("독일의 연평균 기온은 얼마입니까?"), 무의미철자 배열(예컨대, 'MBUTGEPL')을 60초 동안 제시하였다. 무의미철자 배열을 제시하는 동안, 6초마다 정박점 값 하나(5 또는 20)를 15밀리초 동안 제시하였다(15밀리초는 너무 순간적이어서 의식적으로는 받아들일 수 없는 시간이다). 그런 다음에 참가자들은 처음에 제시한 질문에 대한 반응으로 자신의 추정치를 내놓았다. 또 다른 독일 대학생을 대상으로 수행한 예비실험에서, 머스와일러와 잉글리시(2005)는 정박점으로 점화하지 않았을 때 이 질문에 대한 반응은 평균 섭씨 13.6도라는 결과를 얻었다. 연구자들은 이 평균을 중심으로 낮은 정박점 값과 높은 정박점 값(즉, 5와 20)을 선택한 것이다.

참가자들이 역치하 정박점을 자각하였는지를 7가지 질문을 가지고 검증해보았는데, 우선 연구에서 어떤 특이사항을 알아차렸는지를 묻고는 점차 연구의 목적을 드러내는 구체적인 내용을 질문하였다. 예컨대, 마지막 질문에서는 화면에 문자열을 제시하였을 때 숫자도 제시하였다고 알려주고는, 그 숫자를 보았는지 그리고 그 숫자가 무엇이었는지를 말할 수 있는지를 물었다. 단 두 명의 참가자만이 '문자열이 깜빡거리는 것처럼' 보였다는 의심을 보고하였다. 이러한 두 참가자의 데이터를 포함하든 아니면 제외하든 관계없이, 참가자들이 낮은 역치하 정박점 조건보다 높은 역치하 정박점 조건에서 온도를 유의하게 더 높게 판단하였다(각각 평균 12.8℃와 14.9℃). 후속연구는 다른 판단(예컨대, 자동차 가격 추정)에서도 이러한 결과가 반복됨을 보여주었다(Mussweiler & English, 2005).

역치하 정박점 효과에 대해 가장 가능성이 높은 설명은 아마도 정박점이 점화 자극으로 작동한다는 것이겠다. 즉, 제시한 정박점 값의 접속가능성이 일시적으로 높아진다는 것이다(Reitsma-van Rooijen & Daamen, 2006). 정박점의 **수치 점화 이론**(numeric priming theory)에 따르면, 사람들이 정박점 값과 이미 점화되었거나 활성화된 관련성이 큰 다른 값 간의 어떤 가중평균에 해당하는 추정치를 떠올리게 된다(Reitsma-van Rooijen & Daamen, 2006). 추정치에 영향을 미치기 위해서는 정박점을 점화시키기만 하면 되며, 반드시 의식적으로 따져보아야만 하는 것은 아니라는 것이 수치 점화 이론의 가정이다. 많은 값들이 점화될 수 있다. 예컨대, 독일인에게 독일의 연평균 기온을 추정해보도록 요구할 때, 그 사람은 자동적으로 지난 1년에 걸쳐 독일에서 경험하였던 다양한 온도를 활성화시킬 수 있다. 반응할 시간 여유를 제공하게 되면, 정박점과 함께 꽤나 다양한 온도를 활성화시키고는 종합하여 최종 추정치를 산출할 수 있다. 이렇게 다양한 값이 활성화되었을 때는 역치하 정박점이 추정치에 큰 영향을 미치지 않을 것이라고 예상할 수 있다. 반면에 추정치를 내놓을 시간 여유가 없을 경우에는 소수의 값만을 활성화시키고는 이를 종합하여 추정치를 내놓게 된다. 이러한 조건에서는 역치하 정박점이 추정치에 상대적으로 강력한 영향을 미칠 것이라고 예상할 수 있다.

네덜란드 대학생들에게 어려운 추정치를 내놓도록 요구함으로써 이러한 주장을 검증해보았다(Reitsma-van Rooijen & Daamen, 2006). 즉, 어떤 학생들에게는 시간 압박을 받으면서 추정하도록 요구하고, 다른 학생들에게는 시간 압박을 가하지 않았다. 구체적으로는 참가자들에게 어느 나라에 폐를 손상시키는 전염병이 돌았다고 알려주고는 다음 해에도 그 전염병이 다시 창궐할 가능성이 얼마나 될 것인지를 추정하도록 요구하였다. 높거나 낮은(즉, 10% 또는 90%) 정박점을 역치하(17밀리초)로 반복적으로 제시하고는 즉각적으로 고정점과 무의미철자 배열(예컨대, *MJFqRe*)로 차폐시켰다. 그 결과, 정박점의 처치(높음 대 낮음)와 시간 압박(있음 대 없음)이 상호작용하여 참가자의 추정치에 영향을 미쳤다. 즉, 시간 압박이 있을 때는 낮은 정박점보다 높은 정박점에 대해서 유의하게 높은 추정치를 내놓았다(각각 20%와 39%). 시간 압박이 없을 때는, 정박점의 높고 낮음이 추정치에 유의하게 차별적인 영향을 미치지 않았다(높은 정박점에서는 평균 26%이고, 낮은 정박점에서는 평균 32%이었다). 즉, 수치 점화 이론이 예측한 바와 같이, 역치하로 제시한 정박점은 시간 압박이 있을 때에만 추정치에 영향을 미쳤다.

보다 최근에, 오펜하이머와 동료들(Oppenheimer, LeBoeuf, & Brewer, 2008)은 정박점이 보편적인 의미에서의 큰 것과 작은 것(즉, 반드시 특정 수치와 결부되지 않은 크고 작음)을 점화시켜 다양한 영역에 걸친 판단에 영향을 미칠 수 있는지를 물음하였다. 이들은 이러한 가설적 효과를 **교차양상 정박점 효과**(cross-modal anchoring effect)라고 명명하였다. 한 실험에서는 미국 대학생들에게 상호 무관한 것처럼 보이는 개별 과제가 각 페이지마다 들어있는 종이묶음을 주었다. 이 묶음에서는 두 가지 과제가 관심의 대상이었다. 한 과제에서는 참가자에게 세 개의 선분을 가능한 한 정확하게 복사하도록 요구하였다. 오펜하이머와 동료들(2008)은 참가자별로 페이지에 수평으로 제시하는 선분이 모두 길거나(8.89cm) 짧도록(2.54cm) 처치를 가하였다. 그런 다음에 묶음의 다음 페이지에서는 미시시피강의 길이를 추정하도록 요구하였다(실험자의 가설을 숨기기 위하여 다른 여러 추정과제가 뒤따랐다). 결과를 보면, 긴 선분을 그리도록 요구하였던 참가자가 짧은 선분을 그린 참가자보다 유의하게 긴 추정치를 내놓았다(평균 추정치는 각각 1,950km와 115km이었다).

오펜하이머와 동료들(2008)은 후속연구에서 그 효과가 교차양상적으로 나타나는지를 보다 직접적으로 검증하였다. 구체적으로 길이 정박점(즉, 길다 대 짧다)이 다른 영역(예컨대, 기온, 즉 길이 정박점이 기온 추정치가 높거나 낮도록 영향을 미치는지 여부)에서의 추정에 영향을 미치는지를 물음하였다. 연구자들은 캘리포니아 샌프란시스코 거리에서 모집한 사람들에게 첫 번째 연구에서와 동일한 과제를 실시하였는데, 다만 길이 추정치 대신에 하와이 호놀룰루의 7월 평균 기온을 추정해보도록 요구하였다. 그 결과, 긴 선분을 보았던 사람들이 짧은 선분을 보았던 사람들보다 호놀룰루의 7월 평균 기온을 유의하게 높게 추정하였다(각각 평균 추정치가 화씨 88°와 84°이었다). 이러한 결과에 근거하여 오펜하이머와 동료들(2008)은 비록 교차양상 정박점 효과가 단일양상 정박점 연구에서처럼 강력한 것은 아니라고 하더라도, 사람들이 교차양상 정박점 효과를 나타낸다고 주장하였다.

마찬가지로 스트랙과 머스와일러(1997)는 정박점과 수행할 판단이 모두 동일한 차원을 지칭할 때 정박점 효과가 강력해진다는 사실을 보여주었다. 예컨대, 잘 알려진 지형지물의 높이를 추정하도록 요구받았다고 가정해보라. 이 판단에서 제공한 정박점도 너비가 아니라 높이에 관한 것일 때 정박점 효과가 더 강력하다. (너비를 추정하도록 요구받았을 때도 마찬가지이다. 정박점이 높이가 아니라 너비에 관한 것일 때 정박점 효과가 더 크다.) 동일한 차원을 지칭한다고 해서 정박점이 반드시 판단과 관련된 것임을 보장해주는 것은 아니라는 사실에 유념하기 바란다.

한 걸음 더 나아가서, 다른 연구는 **교차척도 정박점 효과**(cross-scale anchoring effect)의 증거를 보여주었다. 가상적으로 신용카드 결제를 하고 있는 사람은 고전적인 정박점 효과를 나타낸다. 즉, 최소 결제액을 명세하지 않았을 때보다 명세하였을 때 더 작은 액수를 선택한다(Navarro-Martinez et al., 2011; Stewart, 2009). 해리스와 스피켄브링크(Harris & Speekenbrink, 2016)는 청구서의 최소 결제액을 액수로 표현하거나(예컨대, 1937.28달러의 청구서에 대한 38.74달러의 최소 결제액) 아니면 백분율로 표현하도록(예컨대, 1937.28달러의 2%) 처치를 가함으로써, 상이한 척도로 표현한 동일한 정박점이 여전히 결제 결정에 정박점 효과를 초래하는지 검증하였다. 오펜하이머와 동료들(2008)의 결과에서와 마찬가지로, 두 가지 유형의 정박점 모두가 사람들로 하여금 정박점 효과를 나타내도록 이끌어갔으며, 동일척도 정박점(예컨대, 38.74달러)이 교차척도 정박점(예컨대, 2%)보다 더 강력한 효과를 나타냈다.

종합적으로, 이 절에서 기술한 연구결과는 추정치에 대한 정박점의 영향이 전통적으로 생각하였던 것보다 훨씬 더 광범위하다는 사실을 시사한다. 추정치에 영향을 미치기 위해서 정박점을 반드시 의식적으로 지각할 필요는 없으며, 수행하는 추정과 동일한 유형의 측정이나 척도일 필요도 없다.

일상에서의 정박점 효과

의료진단에서 정박점 효과

실험실에서 밝혀낸 광범위한 정박점 효과를 놓고 볼 때, 핵심 물음의 하나는 이것이 실제로 사람들의 삶에서 중요한 판단에 영향을 미치겠느냐는 것이다. 예컨대, 정박점이 환자의 가능한 진단 중에서 하나를 결정하는 의사에게 영향을 미치겠는가? 아서 엘스타인(Arthur Elstein, 1999)은 의료진단에서 새로운 정보가 여러 가지 진단에 대한 의사의 가능성 판단에 어떤 영향을 미쳐야만 하는지에 대한 규범 모형을 제안하였다. 이 모형은 의사들이 고려하고 있는 진단의 선행 확률로부터 출발해야만 한다고 규정하고 있다. 즉, 그 진단은 일반적으로 얼마나 희귀하거나 보편적인지를 물어야 한다는 것이다. 의사는 (예컨대, 발표된 연구데이터에서) 선행 확률을 찾아보거나 아니면 (예컨대, 자신의 경험에 근거하거나 노련한 동료에게 자문을 구함으로써) 어떨 것인지에 대한 합리적인 추정을 해야만 한다. 그런 다음에 의사는 특정 환자에 관하여 더 많은 정보를 얻기 위한 가용한 진단검사를 실시해야 한다(Elstein, 1999). 만일 그 검사가 100%의 진단 정확도를 가지고 있지 않다면(100% 정확도의 경우에는 그 검사 자체가 답을 내줄 수 있기 때문에 어떤 계산도 필요하지 않다), 검사가 제공하는 증거의 강도를 감안해야만 한다. 구체적으로 검사의 결과(예컨대, 양성 대 음성)와 검사의 정확도(예컨대, 만일 특정 질병을 가지고 있다면, 얼마나 정확하게 그것을 탐지해내는가? 질병을 가지고 있지 않다면, 얼마나 정확하게 그 사실을 보여주는가?)를 알아야 할 필요가 있다. (의료진단에서 이러한 계산의 보다 상세한 논의를 보려면 제5장을 참조하라.)

엘스타인(1999)은, 아무리 이 진단추리 모형이 합리적이고 단순명료한 것처럼 보일지라도 다음의 두 핵심단계, 즉 (1) 진단의 사전 확률을 산출하는 단계와 (2) 검사의 강도를 평가하는 단계 각각에서 의사의 진단 오류가 발생할 수 있다는 사실을 지적하였다. 그는 의사들이 첫 번째 단계에서 종종 잘못된 정박점으로부터 출발한다는 사실을 지적하였다. 예컨대, 진단의 진정한 사전 확률을 알지 못할 때 출발점을 결정하기 위하여 대표성이나 가용성에 의존한다는 것이다 (Elstein, 1999). 그렇게 하는 것이 많은 경우에는 도움이 되기도 하지만, 실패할 염려가 없는 것은 결코 아니다. 이에 덧붙여서 두 번째 단계에서 검사 결과가 진단에 영향을 미치는 정도는 그 결과를 진단 과정의 초기에 얻은 것인지 아니면 후기에 얻은 것인지에 달려 있을 수 있다.

의사가 환자를 처음에 진찰하면서 가능한 진단의 목록을 생성하는 초기 진단과정에서는 정박점과 조정도 작동할 수 있다. 예컨대, 고리니와 프라베토니 (Gorini & Pravettoni, 2011)는 의사가 환자를 처음에 진찰하는 동안 가장 현저한 증상(예컨대, 눈에 뜨이는 피부 발진)에 이끌리기 십상이라는 사실을 지적하였다. 주의를 끄는 증상이 정박점으로 작용하여, 후속 검사와 다른 정보가 상이한 진단을 시사함에도 불구하고 의사의 최종 진단 결정에 편파적인 영향을 미칠 수 있다.

스파냐르스와 동료들(Spaanjaars, Groenier, van de Ven, & Witteman, 2015)은 여전히 진단 과정에 초점을 맞추고는, 가능한 진단을 지적하는 진료의뢰서를 읽는 것이 의사의 최종 진단에 편파적인 영향을 미치는지 물음하였다. 이 연구에서는 의사가 우울증이나 불안신경증의 진단을 시사하는 진료의뢰서를 읽은 후에 명백한 우울증의 사례사를 읽었다. 중간 수준의 전문성(즉, 2~10년의 임상경험)을 갖춘 의사는 진료의뢰서가 시사하는 진단을 향한 정박점 효과를 보여준 반면, 노련한 의사(즉, 11~50년의 임상경험)는 그렇지 않았다. 스파냐르스와 동료들(2015)은 경험이 많지 않은 의사만이 우울증과 신경증 모두가 가능한 진단이라고 느꼈기 때문에 이런 일이 일어난 것은 아닐까 짐작하였다. 실제로 그러한 것인지를 알아내기 위해서는 후속연구가 필요하다.

이 결과는 수행하는 판단과 연관된 영역에서 전문성을 갖추는 것이 낮은 정박점 효과를 예측한다고 보고한 윌슨과 동료들(1996)의 고전적 연구결과와 상응한다. 그렇지만 스파냐르스와 동료들(2015)은 실제적인 관점에서 볼 때 자신들의 연구결과가 상황에 따라서 미숙련 의사에게 좋은 소식일 수도 있고 나쁜 소식일 수도 있다는 사실을 지적하였다. 이들의 결과는 진료의뢰서가 의사를 정확한 진단(즉, 우울증)으로 이끌어갈 때는, 미숙련 의사만이 그 정보의 도움을 받으며, 정확한 진단에 매달릴 가능성이 더 높다는 사실을 시사한다. 다른 인지적 지름길과 마찬가지로, 정박점 효과의 작동은 추리하는 사람을 정확 반응에서 멀어지게 할 때에만 해를 끼치게 된다.

아무튼 의사는 후속 정보를 염두에 두고 있는 진단과 일치하도록 지나치게 왜곡시키기도 한다. 코스토포울로우와 동료들(Kostopoulou, Russo, Keenan, Delaney, & Douiri, 2012)은 한 가지 멋들어진 연구에서 영국의 임상 가정의들에게 여러 가지 사례연구를 살펴보도록 요구하였다. 각 사례는 한 가지 존재하는 문제점(예컨대, 피로)으로 시작한 다음에 두 가지 흔한 진단 중 하나(예컨대, 당뇨병이나 우울증)로 이끌어가도록 의도한 정보단서가 뒤따랐다. 그런 다음에 가정의들에게 보충 정보단서를 제시하였다. 가정의들은 세 가지 사례연구 각각에서 어떤 진단의 가능성도 증가시키지 않는 중립 단서(예컨대, 지난 수개월에 걸친 약간의 체중 감소)를 보았다. 마지막 세 번째 사례연구 말미에서만, 처음 진단과는 상반된 진단을 지지하는 몇 가지 부정적 정보단서도 보았다.

이 연구에서 가정의들에게 각 정보단서(예컨대, 약간의 체중 감소)를 보았을 때, 우선 그 단서가 다른 진단에 비해 한 가지 진단(예컨대, 당뇨병이나 우울증)을 얼마나 많이 지지하는지 아니면 어느 것도 지지하지 않는지를 평가하도록 요구하였다. 그런 다음에 가정의들은 지금까지 사례에 대해서 알고 있는 사실을 고려하여 각 진단의 가능성을 평가하였다. 가정의들이 최초 단서에 뒤따른 정보단서의 의미를 얼마나 왜곡시켰는지를 알아보기 위하여, 연구자들은 또 다른 가정의 집단에게 최초의 단서나 제시한 문제점을 보지 않은 채, 각 단서가 각 진단을 얼마나 지지하는지를 평가해보도록 요구하였다. 이것을 각 단서의 기저선 평가로 사용하였다. 연구자들은 각 단서의 기저선 평가에서 각 가정의가 각 단서를 평가한 절댓값을 빼는 방식으로 왜곡의 정도를 산출하였다. 그런 다음에 연구자들은 그 수치에 정적 유인가나 부적 유인가를 할당하였다(즉, 만일 가정의들이 그 정보를 보기 직전에 자신들이 편향되어 있었던 진단을 강력하게 지지한다면 정적 유인가를 갖는 것이고, 그 방향이 반대라면 부적 유인가를 갖는 것이다). 결과를 보면, 가정의들은 자신들이 선호하고 있던 가설을 지지하는 방향으로 정보를 유의하게 왜곡시켰다. 이에 덧붙여서, 새로운 정보를 받을 때 특정 진단을 강력하게 신뢰하고 있었을수록, 그 정보의 의미를 더 많이 왜곡시켰다(Kostopoulou et al., 2012). 종합적으로 볼 때, 이 결과는 정박점이 정확한 진단에서 벗어나 있을 때는 의사결정이 심각하게 부정적인 영향을 받을 수 있다는 사실을 시사한다.

부동산 가격에서 정박점 효과

의사결정에서 정박점 효과의 놀라운 사례가 부동산 영역에서도 나타난다. 주택은 전형적으로 한 개인의 자산에서 상당한 비율을 차지하며, 때로는 한 가정의 순수 자산 이상의 것이기 때문에(Flavin & Yamashita, 2002), 이 문제는 주택소유자와 구매자에게 상당한 시사점을 갖는다. 흥미롭게도 사회적 통념은 주택의 판매 가격을 매기는 데 있어서는 반드시 단 하나뿐인 최선의 전략이 존재하지 않는다는 사실을 보여준다. 단지 주택의 진정한 가치라고 생각하는 가격을 매기면 된다는 생각은 가격이 시장주도적이라는 가정, 즉 주택가격은 주택의 자질(예컨대, 위치, 크기 등)에서 합리적으로 유도된다는 가정에 근거한다(Bucchianeri & Minson, 2013). 이 견해는 사람들이 일반적으로 제시가격을 가지고 인위적으로 구매행동을 조장하려는 모든 시도를 배제하고 실제 주택 가치만큼만 지불하고자 한다는 사실을 시사한다. 반면에, 주택을 시세보다 낮은 가격으로 시장에 내놓는 이유는 그렇게 함으로써 소위 '입찰 경쟁'을 촉발시켜 가격이 올라갈 것이라고 기대하기 때문이다. 입찰 경쟁에서는 잠재적 구매자들이 우선 저렴한 것처럼 보이는 가격에 끌리게 되며, 다른 입찰자들을 물리치기 위해서 제시가격보다 높은 가격을 제안하게 된다. 다른 잠재적 구매자들도 누군가 입찰 가격을 제안하였다는 사실을 알게 되면, 그 가격은 합리적인 것이 확실하다고 생각하고는 자신의 입찰 가격을 제안하게 되는 소위 '군집' 행동(herding behavior)을 나타내게 된다(Bucchianeri & Minson, 2013). 반면에 주택을 시세보다 높은 가격으로 내놓는다는 생각은 상대적으로 극단적인 정박점을 구축하려는 것이다. 구매자들이 정박점으로부터 불충분하게 하향 조정을 해서, 덜 극단적인 정박점이나 적절한 제시가격으로 시장에 내놓았을 때보다 더 높은 가격을 제안할 것이라는 희망에서 말이다(Bucchianeri & Minson, 2013).

우선, 주택을 시세보다 높은 가격으로 부동산 시장에 내놓을 때 일어날 수 있는 효과, 그리고 잠재 구매자(예컨대, 대학생)와 전문가(예컨대, 부동산 중개인)가 제시가격을 정박점으로 사용하는 취약점을 보이는지를 생각해보자. 노스크래프트와 닐(Northcraft & Neale, 1987)은 이미 고전이 되어버린 연구에서, 경영대학원생들과 노련한 부동산 중개인에게 판매하려고 내놓은 주택 하나를 방문하도록 요구하였다. 이들에게는 20분 동안 주택과 주변지역을 둘러볼 수 있게 허용하였다. 또한 주택의 중요한 자질들을 설명한 목록, 주변지역에 판매하려고 내놓은 다른 주택들의 목록, 그리고 지난 6개월 동안 주변지역과 도시 전체에서 매매가 이루어진 부동산 가격의 목록을 포함한 포트폴리오를 제공하였다. 이 연구에서 결정적인 처치는 그 주택의 제시가격이었다. 그 주택의 (실제) 평가 가치는 74,900달러이었지만, 연구자들은 그 가격보다 높거나 낮은 가격을 목록에 제시하도록 처치를 가하였다. 네 가지 참가자간 조건에서, 연구자들은 주택 가격을 실제 가치보다 4% 높거나 낮은 가격을 제시하거나(중간 정도의 정박점), 12% 높거나 낮은 가격을 제시하였다(극단적인 정박점). (부동산 중개인을 참가자로 모집하는 것이 어려워서 표본 크기가 작았기 때문에, 이들에게는 극단적인 정박점만을 제시하였다.)

모든 참가자에게 (1) 그 주택의 평가 가치, (2) 적절한 제시가격, (3) 주택 판매자에게 합리적인 가격, 그리고 (4) 판매자가 받아들일 수 있는 최저 가격을 추정해보도록 요구하였다. 학생들은 네 가지 판단 모두에서 정박점의 영향을 받았다. 이들이 제안한 가격은 일반적으로 높은 극단적 정박점을 보았을 때 가장 높았으며, 다른 정박점을 보았을 때는 그에 비례해서 낮았다(예컨대, 낮은 극단적 정박점을 보았을 때 가장 낮았다). 부동산 중개인도 네 가지 판단 모두에서 명백한 정박점 효과를 나타냈다. 흥미로운 사실은 높은 극단적 정박점을 보았던 참가자들이 주택의 실제 가치에 꽤나 근접한 가격을 내놓은 반면에, 낮은 극단적 정박점을 보았던 참가자들은 실제 가치보다 낮은 가격을 추정하는 경향이 있었다는 점이다. 그렇기는 하지만, 부동산 중개인보다는 학생들이 판단할 때 제시가격(즉, 정박점)을 고려하였다고 보고할 가능성이 유의하게 높았다. 즉, 학생들이 부동산 중개인보다 정박점을 의도적인 추리 전략으로 채택하는 경우가 훨씬 많았다.

부동산 매매에 관한 대규모 분석은 잠재적 구매자/판매자와 부동산 중개인이 모두 제시가격을 정박점으로 사용하기 십상이라는 생각을 지지하고 있다 (Bucchianeri & Minson, 2013). 연구자들은 미국 3개 주에서 지난 5년 동안 이루어진 14,000회 이상의 부동산 거래 데이터베이스를 사용하여, 시세보다 높은 가격을 제시하였을 때 주택의 실제 매매가격이 작기는 하지만 매우 신뢰롭게 증가하였다는 사실을 찾아냈다. 매매가격이 증가한 정도는 중간 수준의 정박점(즉, 시세보다 10~20% 높은 제시가격)일 때보다 극단적인 정박점(즉, 시세보다 20% 이상 높은 제시가격)일 때 더 높았다. 주택의 품질, 주택을 팔고자 내놓은 시점, 매매가 이루어진 시점, 주택이 위치한 지역(즉, 우편번호), 부동산 중개 사무소 등과 같은 요인은 분석에서 모두 통제하였기 때문에, 이 결과가 그러한 가외요인에 의한 것은 아니었다. 연구자들은 상대적으로 판매할 물건은 적고 잠재적 구매자는 많은 뜨거운 시장에서조차 군집행동 효과가 일어난다는 어떤 증거도 발견하지 못하였다(Bucchianeri & Minson, 2013). 따라서 이들의 분석은 시세보다 높은 가격으로 내놓는 것이 우수한 주택 판매 전략이라는 사실을 강력하게 시사한다.

위와 같은 증거에도 불구하고, 부동산 중개인은 시세보다 낮은 가격으로 주택을 내놓을 것을 권하는 경향이 있다는 사실이 흥미를 끈다(Bucchianeri & Minson, 2013). 또 다른 연구에서는 지역의 중개인들에게 그 지역에서 팔고자 내놓은 6개 주택을 살펴보고 판매자에게 권할 제시가격을 내놓도록 요구하였다. 70%의 경우에 중개인들은 낮은 가격 제시를 권하였다. 물론 이 결과가 좋은 것인지 아니면 나쁜 것인지는 입장에 따라 다르다. 시세보다 낮은 가격이 구매자에게는 바람직하고, 판매자에게는 바람직하지 않다. 그렇지만 일반적으로 말해서 매매가격을 극대화하려는 판매자는 극단적으로 높은 정박점(시세보다 매우 높은 가격)을 설정해야만 하는 것으로 보인다.

정박점의 역효과

정박점 효과가 바람직한 것인지 여부는 바라다보는 입장과 상황에 따라 다를 수 있기 때문에, 사람들에게 필요할 때 그 효과 자체를 상쇄시킬 수 있는 방법을 제공하는 것은 나름 가치 있는 일이다. 흥미로운 사실은 정박점 효과를 제거하기가 지극히 어렵다는 점이다. 예컨대, 사람들에게 그 효과를 알려주는 것만으로는 판단에 미치는 정박점의 효과를 약화시키기에 불충분하다(Chapman & Johnson, 2002). 화이트와 서베니우스(Whyte & Sebenius, 1997)도 개인이 추정하든 아니면 집단이 추정하든 관계없이, 정박점 효과는 강건하게 나타나며, 판단 영역에 대한 다양한 수준의 전문성에 걸쳐 나타나는 경향이 있다는 사실을 발견하였다.

정박점 효과를 약화시키도록 도와주려는 한 가지 시도는 사람들에게 결정 지원 시스템을 제공하는 것이다. 조지와 동료들(George, Duffy, & Ahuja, 2000)은 사람들이 부동산 시장에서 제시가격의 정박점 효과에 대응하면서 주택 가치를 추정하는 것을 도와주려는 결정 지원 시스템을 개발하였다. 이들의 연구에서는 학생들에게 주택에 관한 다양한 정보(예컨대, 사진, 방, 크기, 편의시설 등)를 제공하고는 앞 절에서 기술하였던 노스크래프트와 닐(1987) 연구의 참가자들이 수행하였던 것과 동일하게 주택 가치에 대한 네 가지 추정치를 내놓도록 요구하였다. 정박점(제시가격)은 높거나 낮았으며, 결정 지원 시스템은 참가자의 추정치가 제시가격에 지나치게 근접할 때(즉, 정박점의 10% 이내 또는 20% 이내) 참가자들에게 경고신호를 보내거나 보내지 않았다. 그 결과, 결정 지원 시스템을 사용하는 참가자는 선행연구에서와 같이 강력한 정박점 효과를 보여주었다. 추정치가 정박점에 근접할 때 경고신호를 받았던 참가자는 그렇지 않았던 참가자보다 추정치를 더 빈번하게 변경하였다. 그렇지만 이들이 궁극적으로 정박점 효과를 나타내는 정도는 감소하지 않았다.

몇몇 증거는 단지 정적 감정을 경험하는 것도 사람들이 피상적이거나 발견법 기반 추리에 의존하는 정도를 감소시켜 정박점 효과를 감소시킬 수 있다는 사실을 시사한다. 에스트라다와 동료들(Estrada, Isen, & Young, 1997)은 의사들을 작은 과자봉지를 받는 집단과 그렇지 않은 집단에 무선 할당하는 방법으로 정적 감정에 처치를 가하였다. 그런 다음에 한 환자의 사례연구를 살펴보고는 어떤 진단에 도달하는 과정을 큰 소리로 말하면서 생각하도록 요구하였다. 별도의 평정자가 진단에 대한 의사들의 생각을 글로 옮긴 것을 읽고 그 의사들이 정박점 효과를 나타낸 정도를 평가하였다. 의사가 초기에 잘못된 진단을 언급하였으며 명백한 증거가 상이한 진단을 지적하고 있음에도 불구하고 (예컨대, 또 다른 진단검사 실시를 지시함으로써) 조정하는 데 실패할 때, 정박점 효과로 간주하였다. 큰 소리로 말하면서 추리하는 과제에서 정적 감정 상태에 있던(즉, 과자봉지를 받았던) 의사가 통제 조건의 의사보다 유의하게 작은 정박점 효과를 나타냈다(Estrada et al., 1997). 정박점 효과의 특정 자질 자체를 다루기보다는 발견법 전반에 의존하는 정도를 감소시키는 보편적 개입에 초점을 맞춘 후속연구가 필요하겠다.

논의를 위한 물음

1. 이 장에서 논의한 연구에 근거할 때, 만일 구직 면접을 받으러 간다면, 여러분이 제공하는 첫인상이 면접자의 마음에 구체적으로 어떤 영향을 미치겠는가? 첫인상을 만드는 과정을 여러분에게 이득이 되도록 만들 수 있는 방안이 있는가? 만일 있다면 그것은 무엇인가?

2. 이 장에서 논의한 연구로부터 얻을 수 있는 핵심 교훈은 정박점과 조정 효과가 극도로 신뢰로우며 강건하다는 것이다. 그렇다면 여러 영역(예컨대, 의료, 부동산 등)에서 논의한 효과가 사람들의 삶에 영향을 미칠 가능성이 있는가? 여러분의 답이 어떤 것이든, 이 장에서 논의한 연구에 의존하여 그 답을 정당화해보라.

3. 어떤 조건이나 상황에서 정박점이 바람직하지 않은 것인가? 실제로 이 효과가 바람직한 조건이나 상황이 존재하는가?

4. 마지막 절에서 논의한 연구는 정박점 효과를 제거하는 것이 쉽지 않음을 시사한다. 그 효과를 감소시킬 수 있는 어떤 새로운 기법이나 처치를 제안하고, 그것이 효과적인지를 검증하도록 설계한 연구 하나를 간략하게 기술해보라.

더 읽을거리

Asch, S. E. (1946). Forming impressions of personality. *The Journal of Abnormal and Social Psychology, 41*(3), 258-290.

Chapman, G. B., & Johnson, E. J. (2002). Incorporating the irrelevant: Anchors in judgments of belief and value. In T. Gilovich, D. Griffin, & D. Kahneman (Eds.), *Heuristics and biases: The psychology of intuitive judgment* (pp. 120-138). Cambridge, UK: Cambridge University Press.

Tversky, A., & Kahneman, D. (1973). Availability: A heuristic for judging frequency and probability. *Cognitive Psychology, 5*(2), 207-232.

제**2**부

과거와
미래의 판단

후견편향 **4**

학습목표

이 장을 마무리하게 되면, 여러분은 다음을 수행하였을 것이다.

- 사람들이 어떤 조건에서는 후견편향과 암묵적인 결정론적 판단을 초래하면서 과거의 지식 상태를 재생하게 되는 인지과정과 동기과정을 살펴보았다.
- 후견편향을 측정하는 여러 가지 방법을 평가하였다.
- 후견편향과 다른 중요한 현상들, 예컨대 역후견편향, 시각적 후견편향, 결과편향, 인식적 자기중심성 또는 '지식의 저주' 효과 등과의 개념적 관계를 대응시켰다.
- 후견편향 개념을 일상 상황에 적용하고 잠재적인 문화 간 차이점과 유사점을 살펴보았다.

핵심용어

- 가상 패러다임(hypothetical paradigm)
- 결과편향(outcome bias)
- 결정론(determinism)
- 기억 패러다임(memory paradigm)
- 단서값(cue value)
- 마음이론(theory of mind)
- 선택적 활성화, 재구성과 정박점(SARA) 모형 [Selective Activation, Reconstruction and Anchoring(SARA) model]
- 시각적 후견편향(visual hindsight bias)

- 암묵적 결정론(creeping determinism)
- 역후견편향(reverse hindsight bias)
- (후견편향의) 인과 모형 이론(causal model theory)
- 인식적 자기중심성(epistemic egocentrism)
- 지식의 저주 효과(curse of knowledge effect)
- 최선을 취하는 피드백 후 재구성(RAFT) 모형 [Reconstruction After Feedback with Take the Best(RAFT) model]
- 확률 단서(probability cue)
- 후견편향(hindsight bias)

지금까지 보았던 것처럼, 사람들이 미래와 미지의 사건을 예측하고자 시도하는 한 가지 중요한 방법은 여러 가지 상이한 결과가 발생할 가능성이 얼마나 되는지를 비공식적으로 판단해보는 것이다. 중요한 선거를 몇 달 또는

며칠 앞두고, 유권자와 뉴스 전문가들은 어느 후보가 당선될 가능성이 가장 높은지에 관한 여론을 형성한다. 한 중요 기업이 구조조정 과정에서 일자리를 줄일 때, 주식 투자자는 그 구조조정이 기업의 수익에 어떤 영향을 미칠 것인지를 예측하고자 시도한다. 두 사람이 데이트를 하고 있을 때, 당사자들은 (그리고 때로는 제3자들은) 그 관계가 지속될 가능성이 얼마나 되는지를 생각한다.

이 장을 주도하는 핵심 물음은 사건이 실제로 어떻게 전개되었는지를 알고 난 후에, 사람들은 자신의 과거 판단을 얼마나 잘 기억해내는지 그리고 그러한 판단을 내렸던 시점에 어떤 지식을 가지고 있었는지를 얼마나 잘 기억해내는지에 관한 것이다. 예컨대, 2013년 앙겔라 메르켈이 독일 총리로 재선된 후에 그리고 펩시콜라의 2012년 조기 구조조정이 단기적인 손실을 초래한 것으로 밝혀진 후에, 이러한 사건의 가능성에 대해서 예측을 내놓았던 사람들이 자신의 예측을 얼마나 잘 기억해내었는가? 유명한 볼리우드[2] 여배우인 실파 쉐티와 기업가인 라지 쿤드라가 결혼하였다는 사실이 보도된 후에, 쉐티의 팬들은 이러한 사건이 정말로 일어날 것을 얼마나 정확하게 예견할 수 있었는가?

후견편향이란 무엇이며 어떻게 연구하는가?

비공식적으로는 **후견편향**(hindsight bias)을 특정한 결과가 발생할 것을 줄곧 알고 있었다고 생각하는 잘못된 판단으로 기술하기 십상이다. 공식적으로는 바루크 피쉬호프(Baruch Fischhoff, 1975)가 최초로 기술한 바와 같이, 후견편향의 정의에는 여러 가지 중요한 성분이 들어 있다. 첫째, 일단 결과가 실제로 발생한 후에는 특정 결과의 확률(예컨대, 한국은 2002년 이전의 월드컵 본선에서 단한 시합도 이겨본 적이 없었다는 사실을 놓고 볼 때, 2002년 월드컵에서 한국이 준결승전까지 진출할 확률)에 대한 사후 판단이 상향 이동한다. 다시 말해서 실제 결과를 알고 난 후에 그 결과가 일어날 가능성에 대한 과거 판단을 기억해내고자 시도할 때, 사람들이 기억해내는 판단은 실제 결과와 일치하는 방향으

---

2. 볼리우드(Bollywood)는 인도 뭄바이의 옛 지명인 봄베이와 미국 할리우드의 합성어로 양적으론 세계 최대를 자랑하는 인도의 영화 산업계를 지칭하는 표현이다.-역주

로 이동하는 경향이 있다. 실제 결과를 알지 못하는 다른 사람의 입장에서 판단을 내리고자 시도할 때도 똑같은 일이 벌어진다. 사람들은 개인적으로 알고 있는 실제 결과로부터 완전히 자유로울 수 없는 것으로 보인다. 둘째, 일단 특정 결과가 발생하고 나면, 사람들은 그 결과가 꽤나 필연적이었다고, 즉 과거에도 항상 그러한 결과가 일어났었다고 판단하는 경향이 있다. 나중에 **암묵적 결정론**(creeping determinism; Fischhoff, 1975)이라고 부르는 이 현상을 상세하게 논의할 것이다. 셋째, 사람들은 자신의 판단이 사건 발생 후에 변화되었다는 사실을 의식적으로 자각하지 못하는 경향이 있다.

최초의 후견편향 연구는 사람들의 현재 사건에 대한 판단에 초점을 맞추었다. 1972년 2월 당시에 미국 대통령이었으며 반공 정책으로 널리 알려져 있던 리처드 닉슨이 미국과 중국 간의 관계를 정상화하고 통상을 트기 위하여 중국을 공식 방문하였다. 피시호프와 베이스(Fischhoff & Beyth, 1975)는 이 사건을 후견편향을 최초로 검증할 기회로 삼았다. 닉슨의 중국 방문이 있기 직전에 이스라엘 대학생들에게 여러 가지 결과(예컨대, 닉슨 대통령과 마오쩌둥 주석이 적어도 한 번 회동하는 사건; 미국이 중국과 영구적인 외교관계를 구축하는 사건 등)가 발생할 가능성이 얼마나 되는지를 평정하도록 요구하였다. 방문이 이루어지고 몇 주가 지난 후에, 동일한 학생들에게 사건이 일어나기 전에 답하였던 것을 기억해내도록 요구하였다. 또한 어떤 일(예컨대, 닉슨과 마오가 실제로 적어도 한 번 이상 회동하였는지 여부)이 실제로 일어났다고 믿는지도 보고하도록 요구하였다. 후견편향을 검증하는 이 방법, 즉 사람들에게 결과를 알기 전에 자신이 내렸던 가능성 판단을 나중에 회상해보도록 요구하는 방법을 **기억 패러다임**(memory paradigm)이라고 부른다. 피시호프와 베이스(1975)는 사건이 발생한 후, 애초의 가능성 판단에 대한 사람들의 회상은 자신들이 실제 결과라고 믿고 있는 쪽으로 이동한다는 사실을 찾아냈다.

또한 피시호프(1975)는 **가상 패러다임**(hypothetical paradigm)이라고 알려진 대안적 방법을 사용하여서도 후견편향을 입증하였다. 이스라엘 대학생 집단에게 한 사건(예컨대, 1814년에 벌어진 영국과 구르카족[3] 간의 전투)에 대한 긴 이야

---

3. 네팔의 중부 및 서부 산악지대에 거주하면서 농경과 목축을 주업으로 생활하는 매우 용맹스러운 부족. 구

기를 읽은 다음에 여러 가지 결과(예컨대, 영국의 승리; 구르카족의 승리; 평화 협정을 맺거나 맺지 않은 교착상태 등)의 가능성을 예측해보도록 요구하였다. 두 번째 집단에게는 긴 이야기에 덧붙여 명확한 결과를 알려준 다음(예컨대, 구르카족이 전투에서 승리하였다고 확실하게 알려주었다), 마치 실제 결과를 알지 못한다고 가정하고 동일한 결과의 가능성을 평가해보도록 요구하였다. 피시호프(1975)는 결과를 알고 있는 사람(즉, 결과를 알고 난 후에 확률 판단을 내리는 사람)이 결과를 알지 못한 사람(즉, 사전에 확률 판단을 내리는 사람)보다 실제 결과에 근접한 확률을 내놓는다는 결과를 얻었다. 즉, 사건을 알고 난 후에 판단하는 사람은 가능성 판단에서 실제 결과에 대한 지식을 배제하지 못하는 것으로 보였다. 더욱 놀라운 사실은 자신들이 그렇게 하고 있다는 것을 자각하지 못하는 것처럼 보였다는 점이다. 자기중심적 과잉확신만으로는 이 결과를 충분히 설명할 수 없다. 피시호프(1975)는 사람들이 사전에 정확한 확률 판단을 내리는 다른 사람들의 능력도 과대추정한다는 사실을 찾아냈다.

피시호프(1975) 그리고 피시호프와 베이스(1975)는 삶에서 사건이 발생하기에 앞서 결과를 예측하는 것은 매우 어렵기 십상이라는 사실을 보여주었다. 복잡한 상황에서 가용한 증거는 다양한 결과가 가능함을 지적하기 십상이다. 그렇지만 만연하는 후견편향은 사람들이 놀라운 결과에 대비하도록 준비하는 데 어려움을 겪는다는 사실을 시사하고 있다. 사실에서 크게 벗어난 예측을 할 때, 사람들은 결과를 예측하는 것이 정말로 어렵다는 직접 경험을 교훈삼아, 앞으로는 예측에 더욱 신중해져야만 한다. 그럼에도 불구하고 사람들은 자신이 실제로 "내내 알고 있었다고" 엉터리로 믿는 경향을 보이면서, 잘못된 예측을 옆으로 제쳐둘 가능성이 훨씬 더 높다.

후견편향 현상은 오랜 세월에 걸쳐 놀라우리만치 강건한 것으로 밝혀져 왔다(Phol, Bender, & Lachmann, 2002). 피시호프(1975) 그리고 피시호프와 베이스(1975)가 최초로 시범을 보인 이래로 현재에 이르기까지(개관을 보려면 Roese & Vohs, 2012를 참조하라), 광범위하게 다양한 측정과 실험 패러다임에 걸쳐 근본

르카족 병사들은 1814년 치열한 산악전 끝에 마침내 영국군에게 패하였으나, 제1차 세계대전 중에는 영국의 용병(傭兵)으로 활약하여 네팔의 국제적 지위를 높이는 데 이바지하였다.-역주

적인 결과가 변한 적이 없었다. 지금까지 논의한 기념비적인 후견편향 연구들은 현재의 사건이나 일화에 초점을 맞추었으며, 오늘날에도 여전히 널리 사용하는 접근방법이다. 사건이나 일화는 사람들이 실생활에서 직면하는 유형의 문제와 대응될 수도 있지만, 실험통제를 극대화하기 위하여 다른 유형의 실험재료도 사용해왔다(Phol, 2007). 어떤 연구는 피시호프(1977)의 고전적인 질문인 "압상 트는 (a) 술인가 (b) 보석인가?"와 같이, 두 가지 대안이 있는 강제선택 질문을 사용 한다. 참가자에게 한 가지 반응을 선택한 다음에, 예컨대 100%(절대적으로 확 신한다)에서부터 50%(완전한 추측이다)에 이르는 척도에서 그 반응의 확신도를 평정하도록 요구한다. 다른 연구에서는 참가자가 "하라레는 짐바브웨의 수도 이다"와 같은 주장에 대해서 참-거짓 판단을 내린 다음에 확신도 평정을 하게 된다. 또 다른 연구는 참가자에게 "중국 만리장성의 길이는 얼마입니까?" 또는 "호주 국토의 몇 퍼센트가 숲으로 덮여 있습니까?"와 같이 알지 못하는 양에 대 한 수치 추정치를 내놓도록 요구한다. 이렇게 광범위한 실험재료와 종속측정치 가 후견편향의 신뢰도와 강건성을 확립하는 데 일조해왔다.

암묵적 결정론

철학에서 **결정론**(determinism)은 어떤 일이 일어날 때, 특정 상황에서는 그 발생 이 완벽하게 필연적이라는 명시적 신념을 지칭한다. 반면에 후견편향에서 암묵 적 결정론이라는 아이디어는 일단 어떤 일이 일어났다는 사실을 알고 나면, 그 일이 일어났다는 사실을 알지 못할 때에 비해서 상대적으로 더 필연적인 것처럼 보인다는 것이다. 피시호프(1975)는 이러한 방식으로 암묵적 결정론이라는 개 념이 철학의 결정론보다는 덜 엄격한 것임을 의도하였다. 물론, 피시호프(1975) 의 실험에서도 사후에 판단을 내리는 사람(마치 실제 결과를 모르는 것처럼 행 세하며 판단하는 사람)은 사전에 판단을 내리는 사람(정말로 실제 결과를 알지 못하는 사람)보다 다른 가능한 결과에 낮은 가능성을 부여하는 경향이 있었다. 피시호프(1975)의 암묵적 결정론이라는 아이디어는 수많은 후속연구에 걸쳐서 견지되어 왔으며, 추리하는 사람에게 직접적인 중요성을 갖는 사건에 초점을 맞 춘 연구에서조차 그러하였다.

생각상자 4.1
올림픽 유치 경쟁

2012년 6월, 올림픽 게임이 시작되자 204개 국가에서 10,820명의 선수들이 런던으로 모여들었다. 이 행사의 준비는 이미 8년여 전부터 시작되었다. 거대한 경기장을 건설하고 복잡하기 그지없는 개회식과 폐회식을 계획하기 전부터, 올림픽 게임은 전 세계의 도시들이 국제올림픽위원회(IOC)에 상당한 지원금과 함께 상세한 지원신청서를 제출하는 고된 과정으로부터 시작되었다. 각 도시는 위원회에 그러한 거대 이벤트를 해낼 수 있다는 사실을 전달하기 위하여 최선을 다하였다. 2004년 5월 18일, 2012년 올림픽 개최지가 되겠다고 신청한 9개 도시인 하바나, 이스탄불, 라이프치히, 런던, 마드리드, 모스크바, 뉴욕, 파리, 그리고 리우데자네이루는 다섯 도시가 최종 심사를 받을 IOC 목록에 포함되었다는 사실을 알게 되었다. 라이프치히는 비록 경쟁 도시들 중에서 규모가 가장 작았지만, IOC의 거의 모든 평가 항목에서 좋은 점수를 받았다(소도시이기 때문에 단지 사회기반시설만이 부족한 상태였다. 라이프치히는 도시 전체를 본질적으로 올림픽촌으로 전환하는 대담한 계획을 발표함으로써 이 사실을 장점으로 제안하고자 시도하였다). 발표에 들어가면서, 라이프치히가 최종 결선 후보의 하나가 될 가능성이 매우 높다고 생각하게 되었다.

그렇지만 라이프치히의 많은 시민에게는 너무나 실망스럽게도, 하바나, 이스탄불, 리우데자네이루, 그리고 마지막으로 라이프치히가 최종 후보지 목록에서 탈락하고 말았다. 라이프치히의 중앙시장 광장에서 초조하게 기다리면서 그 결정을 들었을 때, 시민들은 라이프치히가 6위를 차지하여 아깝게 최종 후보지에 들지 못하였다는 사실을 알게 되었다. **라이프치히에게 정말로 기회가 있었는가? 이 결과는 상황을 감안할 때 필연적이었는가?**

블랭크와 네슬러(Blank & Nestler, 2006)는 암묵적 결정론[연구자들은 이것을 '필연성 인상(necessity impression)'이라고 불렀다. 암묵적 결정론과 마찬가지로, 이 용어는 사람들이 돌이켜보는 과정에서 상황을 감안할 때 그러한 결과가 필연적으로 일어날 수밖에 없었다는 인상을 형성할 수 있다는 보편적 아이디어를 반영하고 있다.]을 검증하기 위하여 라이프치히의 상황에 초점을 맞춘 시의적절한 연구를 실시하였다. 연구자들은 라이프치히 시민에게 뉴스가 발표되기에 앞서 최종 결과의 필연성에 관한 여러 가지 진술(예컨대, "어느 것도 최종 결정에 영향을 미칠 수 없다", "예상치 못한 사건이 여전히 결정 결과에 영향을 미칠 수 있다" 등) 그리고 뉴스가 발표된 후에 최종 결과의 필연성에 관한 진술(예컨대, "어느 것도 결정에 영향을 미칠 수는 없었다", "예상치 못한 사건이 결정 결과에 영향을 미쳤을 수 있다")을 평가하도록 요구하였다. 이 모든 진술에 대한 라이프치히 시민들의 반응은 결과가 알려진 후에 유의하게 더 결정론적인 것이 되었다. 다시 말해서, 돌이켜보면서 시민들은 결과가 결코 달라질 수 없었다고 더욱 강력하게 믿게 되었던 것이다.

후견편향이 어떻게 발생하는지를 설명하는 이론들

후견편향이 어떻게 발생하는지를 설명하고자 시도하는 이론들은 개략적으로 (1) 인지이론과 (2) 동기이론이라는 두 가지 광의적 범주로 분할할 수 있으며, 인지이론은 다시 기억 모형과 인과 모형 이론으로 재분할할 수 있다.

인지이론 : 기억 모형

몇몇 인지이론은 후견편향이 어떻게 발생하는지를 설명하기 위하여 인간 기억 시스템에 대한 기존의 처리 모형을 채택한다. 여러분도 예상하는 바와 같이, 기억 모형은 기억 패러다임을 사용하는 후견편향 연구에 근거하고 있다(앞에서 기술한 바와 같이, 이 패러다임에서는 사람들에게 결과를 알기에 앞서 자신들이 내놓은 가능성 판단을 회상해보도록 요구한다). 일반적으로 기억 모형은 사람들이 사실에 앞서 자신이 내놓은 판단에 대한 기억을 항상 똑바로 인출할 수는 없기 때문에 후견편향이 발생한다고 제안한다. 오히려 사람들은 때때로 기억을 재구성할 필요가 있으며, 잘 알려진 바와 같이 재구성 과정은 왜곡에 취약하다(Schacter, Guerin, & St. Jacques, 2011).

예컨대, **SARA**(Selective Activation, Reconstruction and Anchoring; **선택적 활성화, 재구성과 정박점**)로 널리 알려져 있는 후견편향 기억 모형은 기억이 항목 특정적 정보단위의 연합망으로 구성되어 있다는 아이디어에 근거하고 있다(Pohl, Eisenhauer, & Hardt, 2003). 이 모형은 사람들에게 알지 못하는 수치에 관한 질문(예컨대, "넬슨 만델라가 남아공의 대통령이 되었을 때 연세가 몇이었는가?")에 답하도록 요구하면, 질문의 표현 자체가 기억에서 연합되어 있는 정보단위를 활성화시킨다고 제안한다. 예컨대, 이 질문을 들으면 사람들은 자동적으로 대통령으로 당선되는 개략적인 평균 연령에 관한 일반지식과 흰 머리의 만델라 사진을 보았던 또 다른 기억을 회상하기도 한다. 정답(예컨대, 75세)을 제시하면, 그 정답에 매우 적절한 정보(예컨대, 흰 머리의 넬슨 만델라 심상)가 더욱 강력하게 활성화된다. 따라서 나중에 자신이 사전에 내놓았던 추정치를 재구성하도록 요구하면, 재구성한 추정치는 그 순간에 가장 강력하게 활성화된 정보, 즉 정답과 대응하는 것으로 판명된 정보의 영향을 크게 받게 된다. SARA에 따르면, 사건이 발생한 후에는 사람들의 추정치가 정답에 가까운 방향으로 이동하여 후견편향을 나타내는 이유가 바로 이것이다.

RAFT(Reconstruction After Feedback with Take the Best; **최선을 취하는 피드백 후 재구성**)라고 알려진 또 다른 기억기반 모형은 후견편향이 단지 적응적 학습과정(Hawkins & Hastie, 1990)의 부산물로 발생하는 것이라고 가정한다(Hoffrage, Hertwig, & Gigerenzer, 2000). RAFT는 두 가지 대안 중에서 하나를 강제 선택해야 하는 물음에서 사람들이 어떻게 후견편향을 나타내는지를 보여주기 위한 것인데, 이 물음에서는 어떤 특정 수치에 근거하여 두 가지를 서로 비교하는 것이다(예컨대, "독일 함부르크와 하이델베르크 중에서 어느 도시가 더 큰가?"). 이 모형에 따르면, 사건이 발생한 후에 내리는 판단은 3단계 과정을 거친다. 첫째, 사람들은 기억에서 애초의 추정치를 회상하고자 시도한다. 그 기억을 제대로 인출할 수 없는 경우에는, 다시 한 번 판단을 내리는 방식으로 기억을 재구성하고자 시도하게 된다(Erdfelder & Buchner, 1998도 참조). 둘째, 또다시 판단을 내리기 위해서, 사람들은 처음 판단을 내릴 때 사용하였던 **확률단서**(probability cue)와 **단서값**(cue value)을 회상하고자 시도한다. 확률단서란 사람들이 내리고자 시도하고 있는 판단과 상관된 정보를 말한다. 예컨대, 한 가지 확률단서는 분데스리가 프로축구팀을 보유하고 있는 도시는 인구가 많을 가능성이 높다는 것이다. 또 다른 확률단서는 대규모 전시장을 보유하고 있는 도시는 인구가 많을 가능성이 높다는 것이다. 단서값이란 비교하고 있는 각 항목과 연합된 정보를 말한다. 예컨대, 어떤 사람은 함부르크가 분데스리가 축구팀을 보유하고 있고 하이델베르크는 그렇지 않다고 어느 정도 확신하고 있을 수 있다. 셋째, 일단 질문에 대한 정답을 알게 되면(예컨대, 함부르크의 인구가 하이델베르크보다 더 많다), 지식베이스에서 단서값은 의식하지 않은 상태에서 자동적으로 정답에 더욱 근사하게 대응하도록 갱신된다. 예컨대, 이제 함부르크가 더 많은 인구를 가지고 있다는 사실을 알게 되었기에, 사람들은 함부르크가 분데스리가 축구팀을 보유하고 있으며 하이델베르크는 그렇지 않다고 더욱 확신할 수 있다고 느낄 수 있다. 따라서 처음의 판단을 재생하고자 시도할 때, 사람들은 실제로 갱신된 확률단서(예컨대, 강화된 확신도)를 가지고 작업하고 있으면서도 그 확률단서를 갱신하였다는 사실을 자각하지 못할 수 있다. 이러한 사건이 발생할 때마다, 처음의 반응에 대해 재구성한 기억은 정답의 방향으로 편향되어 후견편향을 보일 수 있다.

인지이론 : 인과 모형 이론

후견편향에 기저하는 심적 과정에 관한 세 번째 인지이론은 가상 패러다임을 사용한 연구에서 사람들이 어떻게 후견편향을 보이는지를 설명하려는 목적을 가지고 있다(이 연구도 결과를 알지 못하는 사람의 판단을 결과를 알고 있는 사람의 판단과 비교하는 것이지만, 이 경우에는 마치 결과를 알지 못하는 것처럼 생각한 채 판단하도록 요구하는 것이다). 가상 패러다임은 앞선 반응의 기억을 수반하지 않기 때문에, 앞에서 논의하였던 기억 모형들은 이 패러다임에서 어떻게 후견편향이 발생하는지를 설명할 수 없다. 이러한 간극을 메우기 위하여, 피시호프(1975)의 원래 아이디어가 후견편향의 **인과 모형 이론**(causal model theory)을 위한 장(場)을 마련하였고, 바서만과 동료들(Wasserman, Lempert, & Hastie, 1991)이 처음 소개하였으며 호킨스와 해스티(Hawkins & Hastie, 1990), 휠즐과 키르클러(Hölzl & Kirchler, 2005), 마크 페조(Mark V. Pezzo, 2003), 그리고 네슬러와 동료들(Nestler, Blank, & von Collani, 2008)이 보고한 아이디어를 통해서 더욱 모양새를 갖추게 되었다. 다시 한 번, 사람들에게 어떤 사건이나 일화(예컨대, 1814년 영국과 구르카족 간의 전투)에 관한 이야기를 읽은 후에 여러 가지 대안 결과(예컨대, 영국의 승리, 구르카족의 승리, 평화협정을 맺거나 맺지 않은 교착상태)의 가능성을 예측하도록 요구하였다고 가정해보라. 구르카족이 전투에서 승리하였다고 명시적으로 알려주면, 그 결과를 알고 있는 사람은 구르카족이 승리하였다는 사실을 보다 타당한 것으로 만들어주는 전투 부분(예컨대, 구르카족이 게릴라 전략을 사용하였다)을 마음속에서 집중 조명한다고 가정해보자. 바서만과 동료들(1991)은 인과적으로 맞아떨어지는 이러한 유형의 정보를 가용하게 만들어주는 것은 사람들이 결과로 이끌어가는 상식적인 인과적 연계를 형성할 수 있게 해주어서, 돌이켜 생각할 때 결과가 더욱 필연적인 것처럼 만들어버린다고 제안하였다.

이에 덧붙여서 네슬러와 동료들(2008)은 가상 패러다임에서 영국-구르카족 전투와 같은 시나리오를 읽을 때, 사람들은 자연스럽게 어째서 그러한 결과가 발생하였는지(예컨대, 구르카족이 전투에서 승리한 이유)를 설명하려는 동기를 갖게 된다. 다시 말해서, 사람들은 이해를 부여하는 단계별 과정을 거친다(Pezzo, 2003). 첫째, 사람들은 결과의 잠재적 원인들(예컨대, 구르카족의 게릴라 전략 사용)을 찾으려고 시도하는데, 네슬러와 동료들(2008)은 이 과정을 인과적 선행사건 탐색이라고 불렀다. 그런 다음에 사람들은 인과적 선행사건의 평가에서 그러한 잠재적 원인들이 정말로 결과를 잘 설명하는지 아닌지를 보다 신중하게 생각한다. 만일 하나 또는 그 이상의 원인이 결과를 잘 설명한다고 생각하게 되면, 암묵적 결정론이 작동하기 시작하여 사람들이 후견편향을 보이게 된다.

한 걸음 더 나아가서 욥치크와 김(Yopchick & Kim, 2012)은 사건(예컨대, 전투)의 기술이 결과의 잠재적 원인을 확실하게 제거하면 사람들이 후견편향을 보이지 않는다는 사실을 찾아냄으로써, 가상 패러다임에서 후견편향이 일어나려면 인과추리가 필요하다는 아이디어를 지지하고 있다. 즉, 단순히 결과를 아는 것만으로는 후견편향이 일어나기에 충분하지 않다. 가상 패러다임에서 그럴듯하고 적절한 원인을 제공할 때에만 비로소 후견편향이 명백하고도 신뢰롭게 나타난다.

동기이론

일반적으로 말해서, 사람들이 기억이나 인과적 신념의 갱신과정을 거친다는 의미에서 후견편향은 무엇보다도 인지요인이 주도한다는 전반적인 합의에 도달해 왔다(Pezzo, 2011). 그렇지만 후견편향은 비록 정도는 덜 하더라도 개인적 동기에도 의존한다. 예컨대, 사람들은 자신의 사후 판단을 실제 결과의 방향으로 조금씩 이동시킴으로써, 개인적으로 해박한 사람이라는 자기상을 강화하려는 동기를 가질 수 있다(Pezzo & Pezzo, 2007). 일레인 월스터(Elaine Walster, 1967)는 동기가 후견편향에 영향을 미치는 또 다른 방법을 확인하였는데, 그는 사람들이 중요한 사건을 제어하고 있는 것처럼 느끼려는 욕구를 가지고 있다고 제안하였다. 월스터는 사람들에게 중대한 결정(예컨대, 주택 구입 결정)에 관한 이야기를 읽도록 요구한 다음에 그 결정의 결과를 알려주었다(예컨대, 약간이거나 상당한 액수의 손실이나 이득). 자신은 그 결과를 예측할 수 있었음을 확신한다고("나는 줄곧 그 결과를 알고 있었다.") 평가한 사람이 더욱 극단적이거나 중요한 결과에 대해서 더 높은 확신도를 나타냈다.

또한 자기위주편향 또는 성공은 내적 요인에 귀인하고 실패는 외적 요인에 귀인하는 사람들의 경향성이 후견편향을 방해하거나 악화시킬 수 있다고도 생각해볼 수 있다(Miller & Ross, 1975). 만일 결과가 자신에게 긍정적인 것이라면, 자기위주편향이 그 긍정적 결과를 자신의 훌륭한 장점에 귀인시킴으로써 후견편향이 강화될 수밖에 없다(즉, 만일 결과가 자신이 제어할 수 있는 범위에 들어있다면, 그 결과가 초래되는 것을 보았을 것임에 틀림없다). 반면에 만일 결과가 부정적이라면, 자기위주편향이 바람직하지 않은 결과를 자신의 제어를 넘어선 외적 요인에 귀인시킴으로써 후견편향은 약화될 수밖에 없다(즉, 만일 결과가 자신이 제어할 수 있는 범위를 넘어선다면, 그 결과가 다가오는 것을 보지 못하였을 수 있다).

이러한 마지막 사례, 즉 부정적 사건이 자기위주편향을 유발하여 후견편향을 압도한다는 사례를 연구한 최초의 연구자들 중에 마크와 멜러(Mark & Mellor, 1991)가 있었다. 이들은 직장에서 해고된 노조 근로자들을 모집하였는데, 대부분은 해고 당일이나 해고한 주가 되어서야 비로소 통보를 받았던 사람들이었다. 또한 해고된 적이 없는 노조 근로자와 노조원이 아닌 지역사회 구성원이라는 두 비교집단도 모집하였다. 세 집단은 모두 여러 가지 인구학적 변인(예컨대, 연령, 성별, 교육수준 등)에서 비슷하였다. 연구에 참가한 모든 사람에게 자신이 속한 지역 노동조합에서 최근의 해고에 대한 예측가능성을 평정하도록 요구하였다(따라서 모든 사람은 동일한 유목의 해고를 평정하고 있었다). 모든 사람은 다음의 세 가지 선택지 중에서 하나를 선택하였다. (1) "나는 해고가 다가오는 것을 확실히 알지 못하였다.", (2) "나는 확신하지 못하지만, 해고가 닥치지 않을까 의심하였다.", (3) "나는 줄곧 해고가 다가오는 것을 알고 있었다." 마크와 멜러(1991)는 지역사회 구성원이 가장 정확한 선견지명을 가지고 있다고 보고하였으며("나는 줄곧 해고가 다가오는 것을 알고 있었다."), 해고에서 살아남은 노조 근로자가 그 뒤를 이었으며, 해고당한 노조원이 마지막이라는 ("나는 해고가 다가오는 것을 확실히 알지 못하였다.") 사실을 찾아냈다. 다시 말해서 해고의 직접적인 영향을 받았던 사람이 해고가 다가오는 것을 알았다고 주장할 가능성이 가장 낮았다. 즉, 가장 적은 후견편향을 보였다. 마크와 멜러(1991)는 해고가 실제로 해고당한 사람에게서 자기위주 편향을 활성화시켰으며, 이러한 자기위주편향은 강력한 것이어서 그렇지 않았더라면 발생하였을 수도 있는 후견편향을 상쇄시키거나 억제하였다고 주장하였다.

마지막으로 놀라운 사건을 이해하려는 동기가 후견편향에 영향을 미칠 수 있다. 예컨대, 페조(2003)는 결과가 예상한 것일 때보다 매우 놀라운 것일 때, 그 결과가 발생한 이유를 이해하려는 사람들의 동기가 더 높아진다는 사실을 지적하였다. 시험에 대비하여 매우 열심히 공부하고 여유만만하며 잘 준비하였다는 느낌을 갖고 있던 학생이 형편없는 성적을 받아들고는 화들짝 놀라서 그 이유를 이해하고 설명하고자 시도하게 된다. 만일 여러분이 이러한 계통의 생각이 후견편향에 대한 인과 모형 이론과 잘 맞아떨어진다는 점에 주목하였다면, 절대적으로 옳은 것이다. 페조(2003)는 한 걸음 더 나아가서, 결과가 놀라운 것이어서 이해과정을 밟도록 사람들을 동기화시킬 때, 만일 결과에 관한 합리적인 설명을 찾아낸다면 사람들이 후견편향을 보일 것이라고 제안하였다. 역으로 만일 결과가 전혀 놀라운 것이 아니라면 설명을 찾아볼 필요가 없으며 후견편향도 일어나지 않는다는 것이다.

페조(2003)는 이러한 예측을 검증하기 위하여 대학 농구시합을 관전하고 있는 사람들에게 시합이 끝나기 전에 결과를 예측해보도록 요구하였다. 전반적으로 홈팀을 응원하는 사람들이 자기 팀의 승리를 강력하게 예측하였다. 홈팀이 실제로 승리한 후에는(팬의 입장에서는 놀라운 결과가 아니기에 그 결과를 이해하려는 욕구가 촉발되지 않는다), 후견편향을 보이지 않았다. 반면에 방문팀 지지자는 사전에 홈팀이 승리할 것이라고 예상하지 않았기 때문에 예측한 바와 같이, 홈팀이 승리하였을 때 후견편향을 나타냈다. 아마도 방문팀 지지자에게는 그 결과가 상대적으로 놀라운 것이기 때문일 것이다. 일단 결과가 드러나면, 놀라움으로 인해 동기화된 방문팀 지지자는 홈팀이 승리한 이유에 관해서 생각하고는 마침내 자신의 앞선 판단을 이동시키게 된다(Pezzo, 2003).

페조와 페조(2007)는 한 걸음 더 나아가서 자신들이 '동기화된' 이해 모형이라고 명명한 모형에서 자기상을 유지하려는 동기가 이해과정 자체를 주도할 수 있다고 제안하였다. 결과가 부정적이면서 동시에 자기와 관련된 것일 때(예컨대, 공항에서 X선 감시기를 다루고 있는 직원이 여행객 가방에 들어있는 커다란 칼을 탐지하지 못하였다), 그 사람(예컨대, 공항직원)은 결과에 대한 비난의 화살을 자신에게 돌리지 않는 설명만을 선택적으로 탐색하게 된다. 이 모형에 따르면, 이러한 설명 탐색에는 여러 가지 상이한 결과가 나타날 가능성이 있다. (1) 만일 직원이 자신과는 무관한 상황원인을 찾아내는 데 성공한다면(예컨대, 부당할 정도로 길고 피곤한 작업시간이 막바지에 이르렀거나, 몇몇 동료가 주변에서 큰 소리로 논쟁을 벌이고 있었다), 후견편향을 보일 것이다. 어떤 원인을 찾아내는 것은 그 결과가 필연적이었다는 지각을 강화하기 때문이다(Tykosinski, 2001). (2) 이러한 탐색의 두 번째 가능한 결과는 직원이 합리적인 외부 원인을 찾을 수는 없지만, 자기방어 차원에서 여전히 어떤 가능한 내부 원인을 배제할 수 있는 경우이다("나는 주의를 집중하고 있었기 때문에, 주의를 기울이지 않았기 때문일 수는 없다."). 이 경우에 후견편향이 일어날 것이라고 예상해서는 안 된다. 자기위주편향이 후견편향의 출현을 간섭하며, 아마도 직원은 어느 누구라도 그것을 탐지하지 못하였을 것이라고 결론 내릴 수 있다. (3) 세 번째 가능한 결과는 직원이 합리적인 외적 원인을 찾을 수 없어서 내적 원인을 인정하고("내가 주의 깊게 살피지 않았다", "내가 일을 제대로 해내지 않고 있었다."), 결과에 대한 비난을 받아들이는 경우다. 이 경우에는 직원이 후견편향을 보일 것이다("내가 부주의하였기에, 지나가는 무기를 깜빡 놓친 것은 꽤나 필연적인 일이었다."; Pezzo & Pezzo, 2007).

후견편향과 관련된 현상들

여러 연구영역에 걸쳐서 수많은 중요한 심리현상이 후견편향과 밀접하게 관련되어 있으며, 이제 후견편향 원리에 꽤나 익숙해졌기 때문에 적어도 어느 정도는 그 현상들을 비교적 용이하게 이해할 수 있다. 이러한 현상에는 무엇보다도 역후견편향, 시각적 후견편향, 결과편향, 인식적 자기중심성(지식의 저주 효과라고도 알려져 있다) 등이 포함된다.

역후견편향

특정 조건에서는 **역후견편향**(reverse hindsight bias)이 발생하는 것으로 알려져 왔다. 사건의 결과를 알고 난 후에, 사람들이 후견편향을 보이는 대신에 그 반대되는 현상을 나타내는 경우가 있다. 즉, "나는 그런 결과가 나타날 것이라고 꿈에도 생각해보지 못하였다"고 편향적으로 믿는 것이다. 역후견편향에서, 사건이 일어난 후에 실제 결과에 대한 사람들의 가능성 추정치는 결과를 전혀 알지 못하는 사람이 내놓는 추정치보다도 더욱 낮게 된다. 즉, 후견편향을 보이는 데 실패할 뿐만 아니라, 판단이 실제로 반대방향을 향하고 있는 것이다.

특정 조건에서는 역후견편향이 출현한다는 사실을 비교적 잘 예측할 수 있다. 예컨대, 예상하지 못한 사건은 역후견편향을 초래할 수 있는데, 아마도 놀라움이라는 요소 때문일 것이다. 구체적으로 오피르와 마주르스키(Ofir & Mazursky, 1997)는 극단적으로 놀라운 사건의 경우에는 사람들이 역후견편향을 보이는 반면에, (지금까지 논의하였던 연구에서와 같이) 놀라움의 정도가 보통이거나 미약한 사건의 경우에는, 고전적인 후견편향을 보인다고 제안하였다. 한 연구에서는 우선 모든 참가자가 심장 우회수술을 받는 환자 이야기를 읽고 그러한 수술을 받는 사람의 2%가 수술 때문에 사망한다는 사실을 알게 되었다. 그런 다음에 참가자의 1/3에게는 그 환자가 수술 후에 사망하였다고 알려주고는, 실제 결과를 알지 못한다고 가정하고는 수술의 성공 가능성을 판단하도록 요구하였다. 또 다른 1/3의 참가자에게는 그 환자가 수술 후에 사망하였다고 알려주고는, 그 결과가 얼마나 놀라운 것인지를 평정해보도록 요구하였다. 나머지 1/3의 참가자에게는 결과를 알려주기에 앞서 수술의 성공 가능성을 평정해보도록 요구하였다. 물론 모든 참가자가 결과에 엄청나게 놀랐으며, 사전에 수술의 성공가능성을 평정한 참가자와 비교할 때 결과를 알고 난 후에 판단하였던 참가자들은 수술이 유의하게 더 성공적일 것이라고 예상함으로써, 역후견편향을 나타냈다(Ofir & Mazursky, 1997).

우선 무엇이 사건을 놀라운 것으로 만드는가? 위의 사례에서 보았던 것처럼,

발생할 사전 확률이 극히 낮은(2%) 결과는 매우 놀라운 것이 된다. 사전 확률은 알지 못하더라도 인과 요인이 사람들로 하여금 어떤 결과를 예상하도록 이끌어 갈 수 있는 다른 경우에는, 다른 결과가 발생할 때 상당한 놀라움을 유발한다. 욥치크와 김(2012)의 연구에서는 사람들에게 가상 사건이나 일화(예컨대, 1998 년에 재판에 회부된 이중 살인사건)를 읽게 한 다음에, 두 가지 가능한 결과(예 컨대, 기소한 검사가 재판에서 이기거나 지는 결과)의 가능성을 판단하도록 요 구하였다. 판단에 앞서 그럴듯하고 관련되어 있으며 인과적일 가능성이 높은 진술을 제공하고(예컨대, 살인에 사용한 무기가 발견되었다) 그 진술에 근거할 때 결과(예컨대, 기소한 검사가 재판에서 이겼다)가 이해될 수 있으면, 사람들 이 후견편향을 나타냈다. 그렇지만 만일 동일한 인과적 진술을 판단에 앞서 제 시하고 그 진술에 근거하여 예상한 결과가 정반대이면, 역후견편향이 나타났 다. 다시 말해서, 인과적 요인들이 실제 결과보다 발생하지 않은 결과로 이끌어 갈 때, 역후견편향을 보이게 될 것이라고 예상할 수 있다.

시각적 후견편향

지금까지 논의한 모든 연구방법의 본질을 감안할 때 그러해 보이는 것처럼, 후 견편향 현상이 본질상 전적으로 언어적인 것인지를 물음할 수 있겠다. 번스타 인과 동료들(Bernstein, Atance, Loftus, & Meltzoff, 2004)은 우선 사람들에게 컴 퓨터 화면에 제시하는 그림을 재인하고 명명하도록 요구하였다. 그 그림은 일 반 대상(예컨대, 물고기)의 선그림, 즉 라인드로잉이었으며, 처음에는 희미하게 보여준 다음에 점진적으로 정확하게 초점을 맞추어나갔다. 이 연구에서는 동일 한 사람이 어떤 대상들은 예견 조건에서 보았고 다른 대상들은 후견 조건에서 보았다. 예견 조건에서 대상을 보고 있을 때는 사람들이 각 그림을 희미한 것에 서부터 선명한 것의 순서대로만 보았으며, 그 대상을 알아차리는 순간 이름을 말하였다. 후견 조건에서 대상을 보고 있을 때는 처음에 명확하게 초점을 맞춘 대상을 보고 이름을 말하도록 하였다. 그런 다음에 희미한 것에서부터 선명한 것의 순서대로 그림을 제시하면서, '어니'라는 이름의 동료가 그 그림을 보고 있다고 상상하도록 요구하였다. 후견 조건의 사람들에게 '어니'가 그 대상을 재

인하였다고 믿는 순간 이름을 말하도록 요구하였다. 번스타인과 동료들(2004)
은 사람들이 신뢰롭게 **시각적 후견편향**(visual hindsight bias)을 보인다는 사실을
찾아냈다. 즉, 대상이 무엇인지를 이미 알고 있는 사람은 예견 조건에서 자신이
재인하였던 것보다 가상 동료인 '어니'가 보다 희미한 수준에서 그 대상을 재인
할 것이라고 생각하는 경향이 있었다. 놀라울 것도 없이, 이러한 발견을 "나는
줄곧 알고 있었어!" 효과라는 별명으로 불러왔다.

결과편향

심장 문제로 어쩔 수 없이 대단한 직장에서 물러날 수밖에 없는 어떤 사람에 관
한 이야기를 듣는다고 가정해보라. 만일 그 사람이 특정 유형의 심장 우회수술
을 받는다면, 이 수술을 받는 사람의 8%가 생존하지 못하기는 하지만, 기대수
명은 증가할 수 있다. 그 사람의 주치의는 우회수술을 실시하기로 결정한다. 이
제 (후견편향 연구에서와 같이) 수술의 성공 가능성을 판단하도록 요구하는 대
신에, 수술을 실시하기로 결정하는 데 있어서 주치의 추리과정의 자질을 판단하
도록 요구한다고 가정해보라. 즉, 주치의 판단이 타당한 것처럼 보이는가?

 한 단계 더 나아가보자. 여러분이 주치의 추리의 자질을 판단하기에 앞서, 그
환자가 실제로는 수술을 받은 후에 사망하였다는 사실을 알게 되었다고 가정해
보라. 이제 주치의 추리의 자질이 다른 것처럼 보이는가? 만일 그렇다면, 여러
분의 판단은 이미 고전이 되어버린 배론과 허쉬(Baron & Hershey, 1988) 연구의
참가자들의 것과 다르지 않다. 그렇지만 결과를 알고 있거나 알지 못하거나 관
계없이 이것은 정확하게 동일한 추리과정이라는 사실을 명심하기 바란다. 다시
말해서, 주치의 추리과정 자체가 결과에 따라서 결코 상이한 자질을 가질 수는
없다. 가용한 정보에 근거하여 주치의가 문제를 철저하게 추리할 당시에는 타
당한 결정이었기 때문이다.

 배론과 허쉬(1988)는 이 현상을 **결과편향**(outcome bias)이라고 불렀다. 결과편
향이란 구체적으로 어떤 결정의 자질을 판단할 때 그 결정의 자질과는 전혀 무
관한 방식으로 결과를 고려하는 사람들의 경향성을 지칭한다. 연구자들은 예
지력을 갖는 것이 훌륭한 의사결정에 필요한 특질이라고 주장하는 것은 사리에

맞지 않는다는 사실을 지적하였다. 사전에 알고 있는 것에 근거할 때 판단이 타당한 것이라면, 결과를 안 다음에 동일한 판단을 비난하는 것은 어불성설이다. 배론과 허쉬(1988)는 나쁜 결과가 반드시 나쁜 의사결정을 반영한다는 단순한 결정규칙을 지나치게 적용하는 것도 타당하지 않다고 주장하였다.

결과편향은 기업 CEO, 세금 감사역, 정치인, 정보요원 등의 의사결정을 평가하는 것을 포함하여 수많은 상이한 맥락에서 나타날 수 있다. 특히 정치인이 근소한 차이로 선거에서 패배하거나, CEO가 회사를 구할 수도 있는 거래를 성사시키지 못하거나, 세금 감사역이 수입의 상당 부분을 숨기고 있는 사람을 찾아내지 못하거나, 정보요원이 다가오는 대규모 테러 공격을 알아채지 못할 때처럼, 결과가 상당히 부정적일 때 결과편향이 현저하게 나타날 수 있다. 그리고 스포츠 경기가 끝난 후에 패배한 팀의 플레이와 감독의 작전을 뒤늦게 정당하지 못한 방식으로 따따부따하는 사람들이 있게 마련이다.

인식적 자기중심성/지식의 저주 효과

가상 패러다임을 사용하는 후견편향 과제는 사람들이 가지고 있는 **마음이론**(theory of mind), 즉 다른 사람은 자신과는 상이한 마음을 가지고 있다는(그리고 상이한 지식을 가지고 있다는) 사실의 이해에 크게 의존한다(Birch & Bernstein, 2007). 특별히 마음이론을 검증하도록 설계한 과제에서는 사람들에게 다른 사람, 특히 쓸모없는 낡은 정보만을 알고 있는(즉, 사람들이 알고 있는 것과 동일한 최신의 정보를 알지 못하는) 사람의 입장에서 질문에 답하도록 요구한다. 이러한 의미에서 마음이론 과제와 가상 패러다임의 후견편향 과제는 모두 더 이상 존재하지 않는다는 사실을 알고 있는 상황에 관한 추리를 수반한다(Stanovich & West, 2008). 가상 패러다임의 후견편향 과제의 경우에, 더 이상 존재하지 않는 상황이란 결과를 알지 못하는 상황이다(Fischhoff, 1975). 마음이론 과제에서 더 이상 존재하지 않는 상황이란 아동이 구슬을 어디엔가 숨겼을 때와 같이, 숨긴 장소나 대상의 존재에 관한 것이거나(Baron-Cohen, Leslie, & Frith, 1985), 아니면 닫혀 있는 과자상자에 실제로 과자가 들어있는지에 관한 것이기 십상이다(Perner, Leekam, & Wimmer, 1987). 이에 덧붙여서, 마음이론

과제와 가상 패러다임의 후견편향 과제는 모두 현재 상황을 알지 못하는 사람의 견지를 수반한다. 가상 패러다임의 후견편향 과제에서 그 사람은 과거의 자신이며, 마음이론 과제에서 그 사람은 또 다른 가상의 인물이다. 가상 패러다임의 후견편향 과제가 마음이론 과제와 상당 부분 중첩된다는 점에서, 이 장에서 논의한 연구에서 시범 보인 후견편향은 마음이론의 실패를 시범 보이는 것으로도 해석할 수 있다.

마음이론 문헌의 핵심 결과는 대략 4.5세 이상인 어린 아동들이 고전적인 마음이론 과제를 통과할 수 있다는 사실을 놓고 볼 때(Leslie, 1987), 이러한 주장이 얼핏 놀라운 것처럼 보일 수 있다. 그렇지만 실제로는 성인들조차도 원래의 마음이론 과제를 보다 어렵게 만든 버전에서 완벽하게 수행하는 데 어려움이 있다는 사실이 잘 알려져 있다. 이 현상을 **인식적 자기중심성**(epistemic egocentrism; Roysman, Cassidy, & Baron, 2003) 또는 **지식의 저주 효과**(curse of knowledge effect; Birch & Bloom, 2007)라고 부른다. 인식적 자기중심성과 지식의 저주 효과에 관한 연구들을 보면, 성인에게 다른 사람의 조망을 취하도록 요구할 때, 다른 사람이 실제 상황과 일치하지 않는 신념을 가지고 있을 가능성을 과소추정하는 경향이 있다는 사실을 알 수 있다. 즉, 다른 사람이 거짓 신념을 가지고 있을 가능성을 과소추정한다. 상황에 대한 정확한 신념은 자신에게만 제공되었고 다른 사람에게는 제공되지 않았다는 사실을 확실하게 알고 있는 때조차도 이러한 일이 발생한다. 실제로 버치와 블룸(Birch & Bloom, 2007)은 어떻게 거짓 신념이 상황에 대한 그럴듯한 배경지식과 관련되는 것인지를 쉽게 설명할 수 있을 때에만 지식의 저주 효과가 성인에게서도 나타난다는 사실을 보여주었다. 이 결과는 후견편향의 인과 모형 이론과 잘 맞아떨어지는데, 인과 모형 이론은 결과를 선행 사건들과 인과적으로 용이하게 연계시킬 수 있는 정도가 사람들로 하여금 후견편향을 나타내도록 이끌어간다는 사실을 시사한다.

일생에 걸친 후견편향

일생에 걸친 후견편향 연구가 상당히 드물기는 하지만, 수행한 연구들은 남녀노소 할 것 없이 어느 누구도 후견편향에서 자유롭지 못하다는 사실을 시사한다. 폴과 동료들(Pohl, Bayen, & Martin, 2010)은 9세 아동, 12세 아동, 그리고 성인들에게 기억 패러다임의 예견 과제와 후견 과제를 수행하도록 요구하였다. 우선 참가자들은 알지 못하는 양에 관한 다양한 질문(예컨대, "코끼리의 임신기간은 몇 달입니까?)에 답하였다. 예견 판단을 측정하기 위하여 절반의 질문에 대한 자신의 답만을 회상하도록 요구하고는(예컨대, 여러분의 앞선 답은 무엇이었습니까?) 정답을 알려주지 않았다. 후견 판단을 측정하기 위해서는 다른 절반의 질문에 대한 정답을 제공하고는 처음의 추정치를 회상하도록 요구하였다(예컨대, 정답은 21개월입니다. 여러분의 앞선 답은 무엇이었습니까?). 이 과제가 강력한 검증이 되도록 만들기 위해서, 참가자들에게 자신의 답을 확실하게 기억해내고 정답이 회상에 영향을 미치지 못하게 하도록 명시적으로 요구하였다. 그럼에도 불구하고, 세 집단은 모두 후견편향을 나타냈다. 즉, 후견 과제에서는 이들의 추정치가 정답의 방향으로 이동하였지만, 예견 과제에서는 그렇지 않았다. 9세 아동 집단이 다른 두 집단보다 자신은 실제로 줄곧 정답을 알고 있었다고 더 강력하게 믿었다.

이와 유사하게 베이엔과 동료들(Bayen, Erdfelder, Bearden, & Lozito, 2006)은 기억 패러다임의 후견 과제에서 젊은 성인(즉, 대학생)과 노령 성인(즉, 실버타운에 거주하는 노인)의 수행을 비교하였다. 한 연구에서는 사람들에게 나중에 실시할 검사를 위해 정답을 기억하고 또한 원래 반응을 보고하도록 요구하였다. 다른 연구에서는 정답을 기억하도록 요구하지는 않은 채, 원래 반응만을 보고하도록 요구하였다. 그 결과를 보면, 젊은 성인이 노령 성인보다 후견편향을 더 많이 나타내거나 덜 나타낼지 여부는 정답도 기억하고자 시도하는지에 달려 있었다. 정답을 기억하고자 시도할 때는, 노령 성인이 젊은이보다 후견편향을 더 많이 나타냈다. 베이엔과 동료들(2006)은 연령에 관계없이 모든 성인은 정답을 기억하도록 요구받는 것이 원래 반응을 보고하는 것과 무관하며, 원래 반응을 보고할 때는 정답을 억제하거나 억압할 필요가 있다는 사실을 알고 있다고 제안하였다. 따라서 이 결과가 시사하는 바는 노령 성인이 정보(즉, 정답을 기억하도록 요구할 때 정확한 반응)를 억제/억압하는 데 있어서 젊은이만큼 유능하지 않지만, 정보(즉, 정답을 억제하고자 시도하지 않을 때 원래 반응)에 접속하는 데 있어서는 젊은이들과 비교할 때, 그러한 결손을 가지고 있지 않다는 점이다.

오늘날까지 일생에 걸친 후견편향을 다룬 가장 종합적인 단일 연구에는 3~15세 아동, 18~29세 젊은 성인, 그리고 61~95세 노인이 포함되었다 (Bernstein, Erdfelder, Maltzoff, Peria, & Loftus, 2011). 연구자들은 전 연령대에 흥미를 부여하면서도 적절하다고 생각하는 언어적 후견편향 과제를 마련하였다. 대부분의 후견 과제는 언어적이기 때문에, 나이 든 아동과 성인에게 실시하는 것과 동일한 언어과제를 3세 아동에게도 실시하기는 지극히 어렵다는 점에 주목하기 바란다. 예컨대, 번스타인과 동료들(2011)은 학령전 아동의 결과는 조심해서 해석해야 한다는 사실을 지적하였다. 모든 질문의 답이 1과 100 사이의 값을 갖는데, 표본에서 가장 어린 아동들은 30 이상을 일관성 있게 셀 수 없었기 때문이다. 이 문제를 상쇄시키기 위하여, 연구자들은 앞 절에서 논의하였던 시각적 후견편향 과제도 사용하였다. 시각적 후견편향 과제는 참가자에게 단지 자신이 어느 시점에 선그림을 재인하고 이름 붙일 수 있는지를 말하도록(또는 '어니'라는 또래가 그 그림을 언제 확인해낼 수 있는지를 추측하도록) 요구할 뿐이다.

흥미를 끄는 결과는 일생에 걸쳐 사람들이 후견편향을 나타내는 정도를 U자형 함수로 기술할 수 있다는 것이다. 가장 어린 아동(3~4세)이 매우 강력한 후견편향을 나타냈으며 원래 반응의 회상을 후견 반응으로 완벽하게 대체한 유일한 집단이었다. 학령전 아동도 자신(또는 가상의 또래)이 줄곧 알고 있었다고 일관성 있게 주장하는 유일한 집단이었다. 번스타인과 동료들(2011)은 후견편향이 자신의 학습속도에 대한 어린 아동의 평가를 방해할 수 있는 한 가지 방식을 밝히고 있다는 점에서 이 결과가 교육장면에서 특히 중요하다고 주장하였다. 즉, 만일 어린 아동이 과거에 한 번도 들어본 적이 없는 정보도 항상 알고 있었다고 느낀다면, 배울 것이 거의 없다는 착각을 유지할 가능성이 더 높게 된다는 것이다.

나이 든 아동과 젊은 성인에게 있어서도 후견편향이 여전히 존재하지만 덜 강력하였다. 흥미롭게도 후견편향의 정도가 5세부터 29세 사이에 꽤나 안정적으로 남아있었다. 그렇지만 노인은 나이 든 아동과 젊은 성인이 나타낸 것보다 더 강력한 후견편향을 나타냈다. 연구자들은 노인이 원래 반응을 회상하는 데 더

욱 자주 실패함으로써 자신의 추정치를 재구성할 필요성이 더 잦게 된다고 제안
하였다(Bernstein et al., 2011). 앞에서 보았던 바와 같이, 재구성 과정에서 왜곡
이 일어날 가능성이 특히 높다.

전 세계에 걸친 후견편향

후견편향의 문화 간 비교 연구도 드물기는 하지만, 지금까지 수행한 연구들은
흥미진진한 결과를 제시해왔다. 폴과 동료들(Pohl, Bender, & Lachman, 2002)
은 유럽, 북미, 아시아, 호주 등에서 참가자를 모집함으로써 광범위하게 다양한
국가의 표본에 걸쳐 후견편향을 검증하고자 시도하였다. 연구자들은 가상 패러
다임에서 20가지 알지 못하는 양을 묻는 질문(예컨대, "얼마나 많은 유형의 곤
충이 남극에 서식하는가?")을 선택하였는데, 가능한 한 모든 문화에 걸쳐 동
등하게 관련되도록 하였다. 흥미롭게도 그 결과는 후견편향이 거의 보편적이
며(독일과 네덜란드에서만 나타나지 않았다), 대부분의 국가와 대륙에 걸쳐 발
생 정도가 거의 동일한 것으로 나타났다. 선행연구에서는 독일 참가자들도 여
러 차례 후견편향을 보였으며(예컨대, Blank & Nestler, 2006; Hoffrage et al.,
2000) 이 연구에서 네덜란드 표본은 단 6명만을 포함하였기 때문에, 폴과 동료
들(2002)은 독일과 네덜란드의 결과는 우연히 나타난 것일 수 있으며 그렇게 작
은 표본(즉, 낮은 검증력)으로는 어떤 효과도 드러내기 어렵다고 가정하는 것이
합리적인 것으로 보인다고 제안하였다.

그렇지만 특정 조건에서는 후견편향의 문화 간 차이가 여전히 존재할 수 있
다. 특별한 흥미를 끄는 가설은 집단주의 문화(예컨대, 한국, 멕시코, 중국, 케
냐)의 사람들이 복잡한 것에 주의를 기울이면서 상황을 보다 전체적으로 조망
한다고 주장해온 것이다(Choi & Nisbett, 2000). 그렇기 때문에 집단주의 문화
의 사람은 개인주의 문화(예컨대, 미국, 캐나다, 영국, 독일)의 사람보다 놀라운
결과를 더욱 용이하게 이해한다는 것이다. 최와 니스벳(2000)은 한국과 북미 참
가자들에게 어떤 사건이나 일화에서 일어날 가능성이 거의 없는 결과를 제시함
으로써 이 가설을 검증하였다. 그 결과를 보면, 한국 참가자들이 덜 놀랐다고
보고하였으며, 그에 따라서 북미 참가자들보다 더 많은 후견편향을 나타냈다.

최와 니스벳(2000)의 가설에 따라, 후견편향의 강도에서 집단주의자와 개인주의자 간의 차이는 이해과정이 편향을 주도하는 사례에서만 발생한다고 기대할 수 있다. 하이네와 레먼(Heine & Lehman, 1996)은 캐나다와 일본 참가자에게 가상 패러다임과 기억 패러다임 모두에서 어떤 사실의 주장(예컨대, "간은 사람 신체에서 가장 큰 기관이다.")을 사용하는 후견편향 과제를 제시하였다. 전반적으로 볼 때, 캐나다 참가자와 일본 참가자 모두가 후견편향을 보였으며, 두 집단은 유의한 정도의 차이를 보이지 않았다. 그리고 이 절에서 기술한 거의 모든 연구사례에서, 후견편향이 거의 항상 나타났다. 비록 문화가 편향의 강도를 조절할 수는 있다고 하더라도 말이다.

결론

후견편향 연구가 특별히 중요한 까닭은 어떤 의미에서 사람들이 과거와 미래에 관하여 어떻게 생각하는지에 관한 연구이기 때문이다. 호킨스와 해스티(1990)는 "과거 사건은 미래 사건과 비교할 때 단순하고 이해할 수 있으며 예측가능한 것으로 보인다."고 언급하였다(p. 311). 과거 사건은 실제로 일어난 사건(예컨대, 레이는 금년도 업적평가에서 승진하였다)의 구속을 이미 받고 있다는 점에서 더 단순할 수밖에 없다. 반면에 미래는 일어날 수 있는 모든 가능한 사건의 집합을 포함한다. 2012년에 출시한 영화 〈맨 인 블랙 3(Men in Black 3)〉에서 그리핀이라는 외계인은 가능한 모든 대안적 미래를, 마치 이미 일어났던 것처럼, 동시에 그리고 상세하게 지각할 수 있는 능력을 가지고 있다(그리핀은 "엄청난 골칫덩어리이지만, 다 때가 있는 게지요."라고 언급한다). 비록 그처럼 상세하게 가능한 미래를 예측할 수는 없지만, 사람들은 그렇게 애를 쓰지 않고도 주어진 상황에서 가능한 합리적인 결과의 범위가 존재한다는 사실을 즉각적으로 이해한다(예컨대, 레이가 승진할지도 모른다. 레이는 승진에서 제외될지도 모른다. 레이는 해고될지도 모른다. 레이는 연봉이 오르겠지만 승진은 못할지도 모른다). 관건은 지금은 과거가 되었지만 한때는 미래의 특징이었던 불확실성의 경험을 돌이켜보면서 정확하게 회상할 수 있느냐는 것이다.

또한 후견편향 연구는 근본적으로 사람들이 자신의 과거 지식상태를 재현하는 것을 얼마나 힘들어하는지에 관한 연구로도 해석할 수 있다. 앞에서 보았던 것처럼, 사람들이 지금 가지고 있는 지식이 항상 과거 지식의 회상을 채색하는 것으로 보인다. 이 경향성은 다양한 범위의 심적 현상에 걸쳐 나타난다. 일생에 걸쳐 그리고 많은 다양한 국가에 걸쳐 일관성 있게 나타난다(물론 이 경향성이 나타나는 정도는 어떤 심적 과정이 편향을 주도하는지에 달려 있을 수 있지만 말이다). 다음에 후속하는 두 장에서는 사람들이 어떻게 미래의 가능한 사건들을 판단하는지 그리고 이러한 판단이 지금 이 순간의 선택에 어떤 영향을 미치는지를 살펴본다.

논의를 위한 물음

1. 후견편향을 측정하는 다음과 같은 상이한 방법을 비교하라. (1) 가상 패러다임과 기억 패러다임. (2) 사건/일화, 두 대안 중 강제 선택, 주장, 알지 못하는 양. (3) 언어과제와 시각과제. 각 방법의 장점과 단점은 무엇인가? 어떤 한 가지 방법이 다른 방법들은 알려주지 못하는 것을 알려주는가?

2. 이 장에서 인식적 자기중심성 또는 지식의 저주 효과가 후견편향과 중복되는 몇 가지 방식을 개관하였다. 만일 차이가 있다면, 후견편향이 정확하게 이 현상과 다른 것은 무엇인가?

3. 이 장에서 정상적인 기억과정이 어떻게 많은 후견편향 현상을 설명할 수 있는지를 살펴보았다. 모든 연구내용을 감안할 때, 후견편향을 순수하게 기억에 기반한 현상으로 기술할 수 있겠는가? 만일 그렇다면, 각 증거는 어떻게 기억의 작동을 반영하는가? 만일 그렇지 않다면, 어떤 증거가 기억 자체와는 무관하거나 관련이 거의 없는 심적 과정을 반영하는가?

4. 이 장을 읽고 나서 돌이켜보건대, 여러분은 사람들이 후견편향을 보인다는 것이 놀라운가, 아니면 줄곧 그 사실을 알고 있었는가?

더 읽을거리

Fischhoff, B. (1975). Hindsight ≠ foresight: The effect of outcome knowledge on judgment under uncertainty. *Journal of Experimental Psychology: Human Perception and Performance*, *1*(3), 288-299.

Pezzo, M. V. (2011). Hindsight bias. A primer for motivational researchers. *Social and Personality Psychology Compass*, *5*(9), 655-678.

Roese, N. J., & Vohs, K. D. (2012). Hindsight bias. *Perspective on Psychological Science*, *7*(5), 411-426.

위험 지각 **5**

학습목표

이 장을 마무리하게 되면, 여러분은 다음을 수행하였을 것이다.

- 사람들이 어떻게 위험을 판단하는지, 이득에 대비하여 위험에 어떤 가중치를 부여하는지, 그리고 어떤 요인이 위험 지각에 영향을 미치는지에 관한 증거를 살펴보았다.
- 통계 정보의 제시가 통계학 지식의 결여와 결합할 때 어떻게 위험 지각을 왜곡시킬 수 있는지를 비판적으로 생각해보았다.
- 진단검사를 실시하여 어떻게 위험을 평가하도록 사람들을 교육시킬 것인지를 보다 잘 이해하였고, 자연 빈도를 사용하여 결과의 가능성을 계산하는 것과 베이스정리를 사용하여 그 가능성을 계산하는 것의 상대적 용이성을 비교하였다.
- 위험에 관한 통계 정보를 현명하게 사용하는 소비자가 되는 방법에 관한 부가적인 구체적 아이디어를 개발하였다.
- 위험에 대한 이판사판 결정에서 불합리한 판단의 잠재적 원인 그리고 불합리한 판단을 완화시킬 수 있는 방법을 살펴보았다.

핵심용어

- 긍정오류(false positive)
- 미확인 위험(unknown risk)
- 베이스정리(Bayes' Theorem)
- 상대적 위험(relative risk)
- 알려진 위험(known risk)
- 위험 지각(risk perception)
- 위험-수익 분석(risk-benefit analysis)
- 이판사판 의사결정(high-stakes decision)
- 자연빈도(natural frequency)
- 절대적 위험(absolute risk)
- 조건확률(conditional probability)
- 치명적 위험(dread risk)
- 합리적(rational)
- 현상유지편향(status quo bias)

그런데 이 세상에서 죽음과 세금을 제외하면 확실하게 말할 수 있는 게 아무것도 없다.
(미국 정치가이자 발명가였던 벤저민 프랭클린이 1789년 11월 13일에 쓴 편지에서)

매일의 뉴스는 언제든지 일어날 가능성이 있는 바람직하지 않은 사건이나 상황을 끊임없이 상기시킨다. 온 세상이 갑자기 정전사태에 직면할 수 있다. 예상치 않은 교통사고가 그 사고만 아니었더라면 특별할 것도 없는 날에 한 사람의 삶을 갑자기 변화시킬 수 있다. 쓰나미가 수많은 노숙자를 양산하고 위험하기 짝이 없는 비위생적인 조건에 직면시킬 수 있다. **위험 지각**(risk perception) 연구자들은 사람들이 어떻게 위험, 즉 관련된 과거 데이터가 가용한 불행한 사건의 가능성을 판단하는지를 물음한다(Knight, 1921). 사람들이 어떻게 부정적인 사건과 결과 그리고 상황의 위험을 추정하고자 시도함으로써 불확실한 미래를 가능한 한 많이 제어하고자 시도하며, 받아들이기 힘들 정도로 위험하다고 느낄 때 그러한 바람직하지 않은 사건을 피하기 위하여 어떤 단계적 조치를 취하는지를 물음한다. 또한 위험지각심리학은 사람들이 어떤 유형의 위험을 기꺼이 받아들이는지 그리고 얼마나 많은 위험을 받아들이려는 경향이 있는지도 기술하며, 사람들의 비공식적인 위험 지각이 어떻게 증거와 항상 일치하지 못하는 것인지를 집중 조명한다. 직장의 위해 환경에는 강력하게 반대하는 사람이 안전띠를 매지 않은 채 운전하는 것이나 흡연이나 운동하지 않은 것 등은 무시하기도 한다. 후자 행동이 특정한 작업환경보다 삶을 조기에 마감하게 만들 가능성이 훨씬 더 높은데도 말이다.

위험 대 수익

공공정책 입안자들은 **위험-수익 분석**(risk-benefit analysis)을 수행하기 십상인데, 이 분석에서는 특정 조치를 취할 것인지를 결정하기 위하여 잠재적 위험을 잠재적 수익에 대비시켜 평가한다. 신약이 어떤 사람에게는 심각한 질병을 예방해주지만 다른 많은 사람에게는 상당한 부작용을 초래한다는 사실을 연구결과가 보여줄 때, 그 신약을 시판해야만 하겠는가? 효율성이 매우 높은 핵발전소에 적절한 안전장치를 설치하면 안전사고나 노심용융의 위험이 무시할 정도로 낮아진다는 사실을 감안할 때, 그 핵발전소를 건설해야만 하겠는가? 비록 치명적인 교통사고가 조금 늘어날 가능성이 있지만, 수백만 명의 통근자가 목적지에 보다 신속하게 도달할 수 있다는 사실을 놓고 볼 때, 주요 고속도로의 제한속도를 높여야만 하겠는가?

어떤 행위의 사회적 수익과 그 행위를 수행함으로써 초래될 것이라고 예상되는 사고사 간의 균형을 맞추기 위하여 위험 – 수익 분석을 실시할 수 있다는 사실을 깨달은 최초 인물 중 한 사람이 챈시 스타(Chancey Starr, 1969)였다. 스타(1969)는 그 행위의 금전 가치라는 측면에서의 사회적 수익(행위에 들이는 돈 또는 행위를 함으로써 벌어들이는 돈) 그리고 그 행위에 따른 시간당 예상되는 사망자 수라는 측면에서 위험을 추정하였다. 예컨대, 자동차를 가지고 편리하게 특정 목적지에 도달할 수 있는 수익을 치명적인 교통사고의 위험에 대비하여 고려해볼 수 있다. 탄광에서 일함으로써 봉급을 받는 수익을 탄광사고로 사망할 위험에 대비하여 평가할 수 있다. 스타(1969)의 분석은 어떤 행위에 따른 위험이 증가할수록, 사람들은 그 행위를 수행하는 데 돈을 지불할(또는 요구할) 의사가 기하급수적으로 증가한다는 사실을 시사하였다. 또한 흥미롭게도 사람들은 시간당 금전 가치가 동일한 비자발적인 행위(예컨대, 방부제가 들어간 음식 먹기)보다 자발적 행위(예컨대, 스키 활강)의 위험을 받아들일 용의가 대략 1,000배나 높다는 사실도 시사하였다.

그렇지만 다른 방법론적 접근을 사용한 연구들의 결과는 보다 복잡한 양상을 시사하였다. 스타(1969)의 접근법은 사회적 수익과 위험의 추정치로 구체적인 행동을 사용하였다는 점에서 장점을 갖는다. 즉, 특정 행위의 수행에 대해서 실제로 지불하거나 벌어들이는 돈과 (가능한 한 정확하게 수집한) 그 행위의 수행이 초래하는 실제 사망률 측정치에 근거하였다. 이것이 중요한 까닭은 사람들의 행위가 반드시 수행할 가능성이 있다고 생각하거나 말하는 행위와 일치하지 않기 때문이다. 그렇지만 이 접근법의 단점은 대안 행위를 제시한다면 그 행위에 대한 사람들의 태도가 어떻게 변할지를 알려줄 수 없다는 점이다. 한 사람이 특정 수준의 사망 위험이 있는 탄광에서 일하고 있지만, 몇몇 부가적인 안전조치가 사망 위험을 절반으로 줄일 수 있다는 사실을 깨닫지 못하고 있다고 가정해보라. 일단 부가적인 안전조치를 제시하게 되면, 그 사람은 탄광회사가 그러한 안전조치를 취해야만 한다고 강력하게 느낄지도 모른다.

　실제 상황뿐만 아니라 이상적인 상황도 고려할 수 있을 때 사람들이 어떻게 위험을 생각하는지를 알아내기 위하여, 다른 연구자들은 사람들에게 다양한 행위(예컨대, 등산, 운전, 살충제 사용 등)의 수익과 위험을 직접 판단하도록 요구하고는 위험의 인내수준을 계산하는 상이한 접근을 시도하였다(Slovic, Fischhoff, & Lichtenstein, 1982). 직접 질문하는 이러한 접근방법은 사람들에게 각 행위가 가지고 있어야만 한다고 믿는 안전수준 그리고 위험을 감소하기 위한 새로운 규칙과 규제의 시행에 관한 선호도를 물을 수 있는 기회를 제공하였다. 피시호프와 동료들(Fischhoff, Slovic, Lichtenstein, Read, & Combs, 1978)은 초기의 획기적인 연구에서, 사람들은 가장 위험한 행위가 가장 안전한 행위에 비해서 10배 이상 위험하지 않도록 그러한 행위에 대한 규칙과 규제를 신중하게 증가시킴으로써 대부분의 위험을 낮추려고 한다는 사실을 찾아냈다. 이 연구의 결과가 시사하는 바는, 사람들이 스타(1969)의 추정치(즉, 위험이 증가함에 따라 수익은 기하급수적으로 증가해야 한다는 사실을 보여주는 추정치)는 실제 상황이 아니라 이상적인 상황을 기술한다고 믿고 있다는 것이었다. 반대로, 사람들은 실세계에서는 한 행위의 수익에 대비한 위험이나 그 반대의 경우도 예측할 수 있는 방법이 없다고 느꼈다. 예컨대, 사람들은 어떤 것이든 위험성이 높은 행위가 높은 수익을 가져올 가능성이나 낮은 수익을 초래할 가능성이나 다르지 않다고 믿었다. 그렇지만 사람들로 하여금 높은 수익 행위가 높은 위험 수준을 받아들이고 낮은 수익 행위가 높은 수준의 위험을 발생하지 않도록 규칙과 규제를 실시해야만 한다고 느꼈다. 예컨대, 아동 예방접종의 엄청난 사회적 수익을 전제할 때 상당히 높은 수준의 위험을 받아들이는 것을 지지하고 또한 사람들이 지극히 낮은 임금을 받으면서 안전하지 않은 조건에서 근무해야만 하는 상황을 제거하는 조치를 취해야만 한다는 생각도 지지하였다.

　이에 덧붙여서, 수익과 위험 판단에 초점을 맞춘 초기 연구를 보면, 사람들이 위험을 얼마나 기꺼이 받아들일지를 결정할 때 고려하는 잠재적 위험의 두 가지 핵심 특징이 존재한다는 사실을 알 수 있다. 첫째는 위험을 이해한다고 느끼는 정도와 관련이 있다. 예컨대, 어떤 위험은 새롭고 과학적으로 충분히 이해되지 않았으며, 관찰이 불가능하고, 그 위험에 노출된 사람들이 그 사실을 알지 못한다. 폴 슬로비치(Paul Slovic, 1987)는 이 차원의 상단에 위치한 위험을 **미확인 위험**(unknown risk)이라고 불러왔다. 이러한 위험의 사례에는 살균하기 위하여 먹거리를 방사선에 노출시키는 것과 같이 새로운 테크놀로지가 제기하는 위험 그리고 에볼라와 같이 아직 제대로 이해하지 못하는 질병 등이 포함된다. 반대로 **알려진 위험**(known risk)은 오래되었고 충분한 연구가 진행되었으며, 관찰가능하고 노출되었던 사람들이 그 사실을 알고 있는 위험(예컨대, 여행객이 민간 항공기를 이용하기로 결정하는 것이 야기하는 위험)이다.

사람들의 위험 지각에 영향을 미치는 잠재적 위험의 또 다른 특징은 그 잠재적 위험이 사람들에게 치명적이라는 느낌을 얼마나 많이 갖게 하느냐는 것이다. 이 차원의 상단 끝에 위치하는 위험을 연구문헌에서는 **치명적 위험**(dread risk)이라고 부른다. 즉, 이러한 위험은 파멸적일 잠재성을 가지고 있고, 많은 사망자를 초래하며, 제어할 수 없는 것으로 생각하고, 위험과 수익이 사람들 사이에 공평하게 분포하는 것으로 생각하지 않는 것이다(Slovic, 1987). 사람들이 치명적이라고 강력하게 특징짓는 위험에는 원자력발전소 위험과 생화학테러 위험 등이 포함된다. 치명적 위험 차원의 하단 끝에 위치하는 위험은 그러한 느낌을 수반하지 않는 특징을 갖는다(예컨대, 매일 운전해서 출근하는 것이나 매년 독감 예방주사를 맞는 것이 야기하는 위험). 미카 젠코(Micah Zenko, 2012)에 따르면, 2001년부터 2012년 사이에 매년 평균 29명의 미국인이 테러로 사망하였다. 이 수치는 매년 위에서 떨어지는 텔레비전이나 가구에 맞아서 사망하는 미국인의 수와 맞먹는다. 그럼에도 불구하고, 사람들은 치명적이라는 느낌을 강하게 받는다.

치명적 위험

슬로비치와 동료들(Slovic et al., 1982; Slovic, 1987)은 치명적 위험에 대한 자신들의 연구에 기초하여, 무엇이 사람들로 하여금 위험을 감소시키는 행동을 나타내도록 동기화시키는지를 기술하는 이론을 개발하였다. 어떤 행위나 테크놀로지에 느끼는 치명성이 높을수록 더 위험하다고 느끼며, 위험을 감소하도록 더 엄격하게 규제하기를 원한다. 특히 무엇이든 재앙이 발생할 가능성이 조금이라도 있는 상황(예컨대, 원자력발전소 근방에 사는 것)을 피하려는 욕구가 상당히 강한 반면, 덜 부정적인 결과가 발생할 수 있는 가능성이 훨씬 높은 상황(예컨대, 매일 차를 몰고 출근하는 상황)을 피하는 것에는 상대적으로 거의 유념하지 않는 것으로 보인다(Gigerenzer, 2004). 흥미 있는 사실은 치명적 위험의 심리적 위력은 주로 일반인에게 발현된다는 점이다. 위험을 평가하는 분야의 전문가는 행위나 테크놀로지에서 예상되는 사망률의 영향을 더 많이 받는다(Slovic, 1987). 즉, 통계적인 의미에서, 전문가는 위험 지각에서 더 **합리적**(rational)이다. 반면에 일반인은 치명성의 지각 그리고 위험에 관한 적절한 지식을 결여하고 있다는 느낌에 의해서 좌지우지된다. 통계 지식을 결여하고 있는 일반인은 정서를 행위의 안내자로 사용하며, 이해하지 못한다고 느끼는 치명적 위험 상황을 그저 회피함으로써 안전의 측면에서 오류를 범하는 경향이 있다. 그럼에도 불구하고 공공정책을 수립할 때는 일반인들이 생각하는 것이 거의 항상 문제가 된다. 물론 전문가의 자문을 받겠지만, 대부분의 경우에 일반대중의 신념이나 지각과 상응하지 못하는 공공정책(예컨대, 지구온난화에 대처하는 정책)을 수립하기는 어렵다(Weber, 2006). 최종 결과는 위험을 최적 수준으로 조절하기보다는 공포를 감소하도록 공공정책을 마련하기 십상이다. 어떤 의미에서 이것은 충격적이다. 현재 시행하고 있는 정책보다 더 많은 생명을 구할 수도 있는 정책을 시행하는 데 필요한 통계정보를 손에 쥐고 있기 십상이기 때문이다. 사람들의 정서적 안녕을 고려하는 것도 중요하지만, 상보성이 존재한다는 사실도 논의할 가치가 있는 것이다.

앞에서 보았던 것처럼, 부정적 감정이나 정서(예컨대, 공포나 걱정의 경험)가 사람들이 치명적 위험으로부터 자신을 과잉보호하려는 경향성에 기저하는 강력한 동기요인일 수 있다. 그런데 그 이면을 들여다보면, 흥미롭게도 사람들이 특정 위험에 부정적 감정을 느끼지 않을 때는 상대적으로 그 위험에 무관심한 경향이 있다(Peters & Slovic, 2000). 후자의 상황을 멋들어지게 예시하는 한 가지 사례는 지구온난화를 늦추려는 정부 정책을 실시하기 어려운 것을 들 수 있다. 과학자들은 이미 오래전부터 지구온난화의 위험에 압도적인 합의에 도달하였지만(Ding, Maibach, Zhao, Roser-Renouf, & Leserowitz, 2011), 최근까지도 그 정책을 실시하려는 의미 있는 시도를 취한 국가는 거의 없다(Weber, 2006). 엘키

웨버(Elke U. Weber, 2006)는 유형 1 추리와 유형 2 추리의 구분에 근거하여, 대부분의 경우에 일반인들이 접하는 지구온난화 정보는 추상적이고 통계적인 형식을 취하고 있다고 제안하면서, 이것이 불균형적으로 유형 1보다는 유형 2 추리에 더 많은 영향을 미치는 경향이 있다고 주장하였다. 예컨대, 일반대중을 목표로 삼는 보고서는 지구의 역사에 비추어볼 때 최근 기온과 해수면이 높아진 사실을 강조한다. 웨버가 제안하는 두 번째 부분도 역시 중요하다. 즉, 웨버는 추상적이고 수치 정보가 주도하는 유형 2 추리는 공포와 불안이 주도하는 유형 1 추리보다 변화를 위한 과감한 조치를 취하도록 사람들을 동기화시킬 가능성이 훨씬 낮다고 제안하였다. 웨버(2006)에 따르면, 많은 경우에 빙하가 녹아내리면서 주변 생명체의 파멸을 초래하는 실제 현상을 개인적으로 관찰해온 기후변화 전문가들은 지구온난화가 심각하게 불안을 유발하는 현상이라고 믿고 있기 때문이다. 즉, 기후변화 전문가들이 받고 있는 정보에는 유형 1 추리에 영향을 미치고 변화를 위한 조치를 취하도록 동기화시킬 가능성이 매우 높은 직접적이고 생생한 경험을 포함하고 있다. 반면에 대부분의 일반대중은 이러한 직접 경험을 하지 못하였기에, 유형 1 추리가 촉발되지 않는다(Weber, 2006).

　이 주장에 대한 부가적인 지지증거는 개인적으로 지구온난화를 경험하였다고 (예컨대, 계절, 날씨, 호수면 수위, 동식물, 또는 강설량 등의 변화를 관찰함으로써) 믿는 일반인들도 개인적으로 지구온난화를 경험하였다고 믿지 않는 사람들에 비해서 지구온난화의 위험 추정치를 상향조정한다는 사실을 보여주는 최근 연구에서 유래한다(Akerlof, Maibach, Fitzgerald, Cedeno, & Neuman, 2013). 위험 추정치의 이러한 차이는 두 집단의 정치 성향, 인구학 변인(예컨대, 성별, 가계소득, 교육. 인종, 민족 등), 또는 기후변화를 제어하려는 국가정책의 효율성에 대한 개인적 신념 등으로 설명할 수 없다. 흥미로운 사실은, 비록 연구참가자의 27%만이 개인적으로 지구온난화를 경험하였다고 보고하였음에도 불구하고, 그 사람들이 가장 빈번하게 기술하는 증거 유형(예컨대, 짧아진 겨울, 높아진 폭풍 빈도 등)을 미국 국립해양대기청(NOAA)이 기록한 실제 기후데이터가 지지하고 있다는 점이다(Akerlof et al., 2013).

　많은 연구자는 치명적 위험을 회피하려는 극단적인 성향이 사람들로 하여금 실제로는 더 위험하고 죽음을 초래할 가능성이 더 높은 행위에 매달리도록 이끌

어갈 수 있다는 사실을 지적해왔다. 2001년 9월 11일에 테러리스트들이 네 대
의 미국 민항기를 공중 납치하여, 두 대는 뉴욕 세계무역센터의 쌍둥이 빌딩으
로 돌진시키고, 세 번째 비행기는 미국의 수도 워싱턴에 위치한 군사령부인 펜
타곤 근처로 몰고 갔다. 네 번째 비행기는 승객들이 재탈환하여 농촌지역에 추
락하였는데, 전체 공격은 최소한 3,250명의 희생자를 초래하고 말았다. 테러 공
격은 여러 날에 걸쳐 미국의 뉴스보도를 주도하였으며, 그로 인하여 미국인의
머리에 매우 현저하게 자리 잡아 가용성 발견법을 촉발할 가능성이 있었다. 따
라서 위험 지각 연구자들이 던진 한 가지 물음은 9/11 공격 후 테러의 치명적 위
험에 대해 치솟은 공포가 그날 이후 얼마나 많은 사망자를 초래하였냐는 것이
었다.

9/11 테러라는 재앙을 염두에 두더라도, 통계적으로는 비행기가 가장 안전
한 여행수단으로 남아있다. 그런데 데이비드 마이어스(David G. Myers, 2001)
는 9/11 테러가 종식된 후에도 또 다른 조종(弔鐘)이 울렸을지도 모른다고 생
각하였다. 구체적으로 그는 수많은 사람이 테러의 치명적 위험을 피하기 위하
여 비행기와 기차 여행을 회피하고는, 통계적으로 훨씬 더 위험한 교통수단, 즉
자동차 운전을 선택하였는지를 물음하였다. 실제로 시백과 플래너건(Sivak &
Flannagan, 2003)은 미국 민항기의 평균 운항거리만큼 차를 운전할 때, 사망 위
험은 비행기 승객으로 사망할 위험보다 무려 65배나 높다고 추정하였다! 이 추
정치는 2001년 9월 11일의 사망자 수까지 포함시킨 것이다. 시백과 플래너건
(2003)에 따르면, 자동차 운전의 위험에 비견하려면 9/11 테러 규모의 재앙적인
비행기 사고가 거의 매달 발생해야만 한다.

기거렌저(2004)는 만일 다음과 같은 세 가지 간접증거, 즉 2001년 9월 11일
직후 몇 달 동안 (1) 비행기 여행의 감소, (2) 자동차 여행의 증가, (3) 자동차 사
고 사망자의 증가를 동시에 찾게 된다면, 마이어스(2001)의 생각을 지지할 것이
라고 생각하였다. 미국 운수부와 항공운송협회의 데이터는 처음 두 가지 증거
를 제공하였다. 즉, 9/11 테러 이후 3개월에 걸쳐, 비행기 승객의 월간 여행거리
는 극적으로 감소하고 자동차를 운전한 월간 여행거리는 극적으로 증가하였다.
세 번째 증거를 위해서 기거렌저(2004)는 1996~2000년 사이에 매달 치명적인
자동차 사고 수치를 찾아서, 그 수치를 2001년의 매달 치명적 자동차 사고 수치

와 비교하였다. 2001년의 마지막 4개월(즉, 9/11 테러 직후)에 발생한 치명적인 자동차 사고 수치는 지난 5년의 마지막 4개월의 평균을 극적이라고 할 만큼 뛰어넘었으며, 항상 지난 5년 사이에 가장 높은 사고 수치에 대응하거나 그 수치를 압도하였다. 기거렌저(2004)는 2001년 9월 11일 직후, 매달 추돌사고의 초과분에 치명적 추돌사고당 평균 사망자 수를 곱하여, 비행기 테러를 피하기 위하여 자동차를 운전함으로써 대략 350명의 미국인이 부가적으로 더 많이 사망하였을 수 있다고 추정하였다. 이러한 두 번째 조종(弔鐘)이 일반대중의 귀에는 들리지도 않은 채 지나가버리고 말았지만, 이것은 상이하면서도 때로는 더 치명적인 위험을 끌어들이는 대가를 지불하면서조차, 쉽게 머리에 떠오르는 치명적 위험을 회피하려는 강력한 동기의 매혹적이면서도 동시에 충격적인 결말인 것이다.

기거렌저(2004)의 분석을 스페인에서 반복한 연구결과는, 비록 치명적 위험의 회피가 보편적 경향일지도 모르지만, 이러한 회피의 실제 결과가 문화와 국가에 걸쳐서 항상 동일한 것은 아닐 수도 있음을 보여준다. BBC에 따르면, 2004년 3월 11일에 테러리스트들이 스페인 마드리드에서 통근열차에 폭탄을 투척하여 191명이 사망하고 1,800여 명이 부상당하였다. 기거렌저의 것과 유사한 분석에서, 알레한드로 로페스-루소(Alejandro López-Rousseau, 2005)는 마드리드 기차 공격 후에 통근열차의 회피가 자동차 사고로 인한 사망자 수의 증가를 초래하였는지를 물음하였다. 흥미롭게도 로페스-루소(2005)는 데이터가 첫 번째 조건을 충족시킨다는 사실을 찾아냈다. 즉, 3/11 공격 직후, 스페인 사람들의 열차 통근이 실제로 줄어들었다. 그렇지만 나머지 두 조건은 어느 것도 충족시키지 않았다. 3월 11일 이후, 스페인 사람들은 자동차 운전도 줄였으며, 지난 몇 해에 비해 동일한 기간 동안 자동차 사고 사망자 수도 실제로 감소하였다. 다시 말해서, 스페인 사람들은 기차 테러의 치명적 위험을 회피하였지만, 그 위험을 자동차 사고의 위험으로 대치하지 않았던 것이다.

후자의 두 결과가 2004년 스페인과 2001년 미국에서 차이나는 이유는 순전히 추측의 문제로 남아있지만, 그 가능성들은 꽤나 흥미를 끈다. 로페스-루소(2005)는 미국인들이 미국이라는 풍토에서 테러를 경험하는 데 상대적으로 익숙하지 않은 반면, 스페인은 수십 년에 걸쳐 테러에 직면해왔기 때문에 더 이상

테러를 치명적 위험으로 취급하지 않는다고 추측하였다. 그렇지만 이 설명은 스페인 사람들이 3/11 테러 이후에 실제로 기차 테러의 치명적 위험을 회피하여, 전년도의 동일한 기간에 비해 기차 여행의 거리가 감소하였다는 사실을 인정하지 않는 것처럼 보인다. 또한 로페스-루소(2005)는 미국이 스페인보다 더 자동차를 선호하는 문화라는 사실을 확인하였는데, 이 사실이 테러 이후 스페인에서 자동차 여행이 증가하지 않은 이유를 보다 직접적으로 설명하는 것처럼 보인다. 또 다른 가능한 설명은 스페인에서 치명적 위험의 충격이 기차 여행에만 국한하는 것이 아니라 통근을 위한 모든 이동을 포함하도록 확장되었을지도 모른다는 것이다. 미국과 스페인에서 상이한 결과가 초래된 이유를 결정하기 위해서는 후속연구에서 상이한 경험적 접근이 필요하겠지만, 이 시점까지의 분석은 치명적 위험의 회피가 보편적인 것처럼 보인다는 사실을 시사하고 있다. 물론 그러한 회피의 결과가 문화와 상황에 따라 다를 수 있지만 말이다.

한 가지 합리적이면서도 미해결의 물음은 미국과 스페인에서 비행기 여행과 기차 여행의 회피가 부분적으로 테러 공격 직후 몇 주 또는 몇 달에 걸쳐 미국에서는 운행한 비행기 편수가 줄었으며 스페인에서도 운행한 기차 편수가 줄었기 때문이며, 전적으로 사람들이 자발적으로 테러의 치명적 위험을 회피하였기 때문은 아닐 수도 있지 않느냐는 것이다. 즉, 만일 비행기나 기차가 가용하였더라면, 사람들이 더 많이 비행기와 기차를 탈 수도 있었다는 것이다. 프래거와 동료들(Prager, Asay, Lee, & von Winterfeldt, 2011)의 보다 최근 분석이 이 물음을 다루었다. 이들은 2005년 7월 7일 영국에서 52명의 사망과 770명 이상의 부상을 초래하였던 자살폭탄 공격 직후에 런던 시민의 지하철 이동패턴을 연구하였다. 통계분석에서 프래거와 동료들(2011)은 공격 직후 시설 파괴에 따른 운행 서비스의 감소뿐만 아니라 경제적 조건, 날씨, 그리고 런던 학생들이 공격 직후에 여름방학을 맞이하였다는 사실도 고려하였다. 그러함에도 불구하고, 이들은 82%의 사람이 런던 지하철을 이용한 이동을 줄였다는 사실을 그 어떤 요인으로도 설명할 수 없었다. 오히려 치명적 위험(이 경우에는 테러의 위험)의 회피가 다른 어떤 요인에 앞서 사람들의 이동패턴에 강력한 영향을 미치는 것으로 보인다. 전반적으로 사람들의 치명적 위험 회피에 관한 연구는 특정 유형의 위험에 대한 공포가 사람들로 하여금 자신의 생존 가능성을 최적화하지 않는 방식으로 행동하도록 이끌어갈 수 있음을 시사한다.

수치로 위험을 이해하기

만일 사람들이 적절한 통계정보를 깨닫기만 한다면, 통계적으로 위험성이 더 큰 행동을 회피하고 덜 위험한 행동을 선호하면서 실제보다 훨씬 더 합리적으로 행동할 것이라고 생각하려는 유혹이 없지 않다. 그렇지만 광범위한 연구결과는 사람들에게 수치로 나타낸 위험정보를 제공하는 경우조차도, 그 정보를 사용하기가 매우 어려우며(Reyna, Nelson, Han, & Dieckmann, 2009) 그 정보를 깡그리 무시하기 십상(Kunreuther et al., 2002)이라는 사실을 보여주고 있다. 이 현상을 입증한 몇 가지 빼어난 연구는 병원에서 실시하는 선별검사 결과를 이해하는 데 사람들이 겪는 어려움에 초점을 맞추고 있다(Reyna, Lloyd, & Whalen, 2001). 한 가지 예증 사례로 생각상자 5.1에 소개한 가상적 사례를 생각해보라.

사람들은 어떻게 수치로 위험을 생각하는가? 이 절에서 보게 되겠지만, 사람들의 위험 지각은 위험정보를 수치로 제시하는 형식의 영향을 강력하게 받는다(Miron-Shatz, Hanoch, Graef, & Sagi, 2009). 예컨대, 한나(생각상자 5.1 참조)는 여러 차례에 걸쳐서 그녀의 아기가 (1) 다운증후군의 평균 위험률보다 8배 높고, (2) 다운증후군을 나타낼 백분율이 1%가 되지 않으며, (3) 다운증후군을 나타낼 가능성이 1/125이라는 사실을 듣는다. 위험 지각에 관한 연구문헌에서 취할 세 가지 요점이 있다. 첫째는 이러한 형식은 동일한 상황을 기술하는 데 있어서 수학적으로 모두 정확하다는 점이다. 의사가 환자에게 검사결과를 알려 줄 때 이러한 형식을 상호 교환적으로 사용하기 십상이며, 특정 의사가 다른 표현과는 꽤나 달라 보이는 한 가지 기술방식을 사용하는 이유가 바로 이것이다.

두 번째 요점은 각각의 형식이 꽤나 차별적인 감정반응을 유발하며, 이 사실이 아이의 위험 수준에 관한 사람들의 추론을 주도하여서는 매우 다른 결정으로 이끌어갈 수 있다는 점이다. 즉, 어떤 형식도 수학적으로 잘못된 것이 없지만, 사람들은 다른 형식에 비해 특정 형식을 정확하게 처리하는 데 어려움을 겪는다. 그렇기 때문에, 다른 형식에 비해 특정 형식에서 위험의 왜곡된 인상을 형성할 가능성이 더 높다. 예컨대, 여러분도 추측할 수 있는 바와 같이, 첫 번째

생각상자 5.1

한나의 사례 : 선별검사 결과 해석하기

30세 여성인 '한나'가 첫 임신을 하였다고 가정해보라. 산부인과 정기검진에서 아직 태어나지 않은 아이의 유전적 비정상인 다운증후군을 선별하는 일반 혈액검사를 그녀에게 제안한다. 혈액검사가 한나와 아이에게 신체적 해를 끼칠 가능성은 없다. 한나는 선별검사에 동의하고 혈액을 채취한다. 1주일 후에, 주치의가 검사결과를 가지고 전화를 건다. 그녀의 아이가 다운증후군 고위험군에 속한단다. 한나는 이것이 무엇을 의미하는지 확실하지 않다. 아이가 다운증후군을 가지고 있는가? 아니면 아이가 어느 정도 다운증후군의 가능성을 가지고 있는 것인가? 의사는 설명한다. "아기가 다운증후군을 가지고 있을 수도 있고 그렇지 않을 수도 있어요. 아이는 우리가 생각하는 것 이상으로 다운증후군을 나타낼 가능성이 높지만, 그 가능성이 그렇게 높은 것은 아닙니다. 정확하게 말해서 혈액검사 결과를 놓고 볼 때, 아이가 다운증후군을 가지고 있을 위험성이 당신 연령대 여성의 아이보다 거의 8배 높습니다."

한나는 유전 전문가와 상의해보라는 주치의의 권고를 받아들인다. 유전 전문가는 주치의 설명이 옳지만, 한나가 검사 결과를 다음과 같은 방식으로 들여다볼 수도 있다고 설명한다. 즉, 한나의 아이가 다운증후군을 가질 가능성은 1% 미만이다. 정확하게는 1/125의 가능성이다. 반면에 한나 연령대 보통 여성이 다운증후군 아이를 가질 가능성은 1/1,000 이다. 아이가 다운증후군을 가지고 있는지를 확실하게 찾아내는 방법이 있다. 양수검사라고 부르는 또 다른 진단검사를 실시하는 것인데, 이 검사는 자궁에서 약간의 양수를 채취해야 한다. 그런데 불행하게도 이 절차가 완벽하게 건강할 가능성이 99%도 넘는 아이를 뜻하지 않게 유산시킬 가능성이 1/200이라고 유전 전문가는 경고한다. 그렇지만 양수검사가 아이에게 해를 끼칠 가능성(1/200)보다 한나가 다운증후군 아이를 가질 가능성(1/125)이 더 크기 때문에, 유전 전문가는 확실한 진단을 위하여 양수검사를 받을 것을 권고한다.

한나는 이러한 절차에 불편함을 느끼지만, 불확실한 느낌을 혐오하고, 아이가 태어나려면 아직도 5개월이 남아있다. 그녀는 검사결과를 기술하는 모든 수치를 어떻게 생각해야 좋은 것인지 그리고 어떻게 해야 할지 확신이 서지 않는다. *만일 여러분이 한나라면, 어떻게 하겠는가? 그리고 그 이유는 무엇인가?*

기술문(단지 한나의 아이가 다운증후군을 나타낼 가능성이 평균 위험성보다 8배 높다고 말하는 것)은 한나가 다운증후군 아이를 갖게 될 위험성이 매우 높다고 느끼게 만든다. 반면에 나머지 두 기술문은 완벽하게 건강한 아이를 갖게 될 가능성이 실제로 매우 높다고 느끼게 만든다.

세 번째이자 마지막 요점은 연구자들이 위험정보를 매우 정확하게 전달하고 처리할 수 있는 방법들을 밝혀왔다는 점이다. 이 연구는 건강, 개인적 결정, 사업결정 등을 개선하는 데 강력한 함의를 갖는다. 그렇기는 하지만, 이 연구를 실험실 밖에서 구현하는 것은 이제 막 시작되었다. 의학에서 변화가 느린 까닭은(많은 영역에서는 변화 자체가 존재하지도 않는다) 부분적으로 증거를 깨닫지 못하고 있기 때문이다(Smith, 2011). 당분간은 의료 서비스 소비자들이 의학의 통계정보를 적확하게 이해하고 사용하며 탐색하는 방법을 스스로 찾아야 한다. 불행하게도 대부분의 사람은 선별검사와 진단검사의 의미를 충분히 이해하지 못하기 때문에, 적절한 정보를 알지도 못한 채 중요한 건강 결정을 내리고 있다(Siegrist, Cousin, & Keller, 2008).

건강 통계정보의 현명한 소비자가 되기

건강정보 소비자에게 한 가지 결정적인 무기는 통계정보를 계산하는 방법에 관한 기초지식 그리고 그 정보를 가장 잘 이해할 수 있게 해주는 형식으로 변환하는 방법에 관한 지식이다. 기거렌저와 그레이(Gigerenzer & Gray, 2011) 그리고 동료들은 "사람들에게 상대적 위험도 대신에 절대적 위험도 … 그리고 조건확률 대신에 자연빈도"(Gigerenzer, Gaissmaier, Kurz-Milcke, Schwartz, & Woloshin, 2008, p. 53)를 제시할 때, 훨씬 용이하게 건강 위험성을 정확하게 판단한다는 사실을 보여주는 상당한 양의 연구를 축적해왔다. 각각을 하나씩 살펴보기로 하자.

상대적 위험도 대신에 절대적 위험도를 생각하기

1990년대 중반에 새로운 경구피임약을 사용하는 여성 7,000명당 2명에서 다리나 폐에 위험하며 치명적일 수도 있는 혈전이 발생하였다는 사실을 보여주는 연구들이 수행되었다. 반면에 기존 피임약을 사용하는 여성의 경우에는 7,000명당 1명에서만 그러한 혈전이 발생하였다. 흥미를 끄는 사실은 영국 약물안전위원회가 대중매체에 이러한 결과를 통보하는 긴급발표를 할 때 선택한 방법이다. 구체적으로 위원회는 새로운 피임약이 생명을 위협하는 혈전 사고를 '두 배' 증가시켰다고 발표하였던 것이다(Gigerenzer et al., 2008). 물론 이것은 완벽하게 참이다. 실제로 두 명은 한 명의 두 배이다. 그렇지만 여러분도 예상하겠지만, 일반대중에게 그러한 혈전의 전반적인 희귀성은 언급하지 않은 채 '두 배 증가'라는 통계치만을 제공하였을 때, 자연스러운 귀결은 불균형적인 대중의 공포였다. 여성들은 새로운 피임약 사용을 두려워하였으며, 당연히 임신할 가능성이 더 높아져서 많은 여성이 원치 않은 임신으로 막을 내리게 되었다.

앤 푸레디(Ann Furedi, 1999)는 대규모 통계분석을 통해서, 정보를 발표하는 형식이 영국 잉글랜드와 웨일즈 지방에서 공포가 유발된 해에만도 대략 13,000건의 불필요할 수도 있었던 부가적인 낙태수술을 초래하였다고 추정하였다. 흥미로운 사실은 임신과 낙태가 새로운 경구피임약과 연관된 혈전 발생률보다는 치명적일 수도 있는 혈전의 높아진 비율과 관련되어 있다는 점이다(Gigerenzer et al., 2008). 만일 일반대중에게 동일한 정보를 상이한 형식으로 알렸다면 그러한 일이 일어났을 가능성은 지극히 낮아 보인다. 구체적으로 기존 피임약을 사용한 7,000명 중에서는 1명에게 혈전이 발생한 반면, 새로운 피임약을 사용한 7,000명 중에서는 2명에게 발생하였다고 알렸다면 말이다(Gigerenzer et al., 2008).

기거렌저와 동료들(2008)은 이러한 두 형식에서의 핵심 차이가 첫 번째 형식('두 배 증가')은 **상대적 위험**(relative risk)의 증가를 알려주는 반면, 두 번째 형식('7,000명 중 두 명 대 7,000명 중 한 명')은 **절대적 위험**(absolute risk)의 증가를 알려준다는 것임을 지적하였다. 이 경우에 기존 약과 비교해서 새로운 경구피임약을 사용할 때, 심각한 혈전 발생의 상대적 위험은 100% 증가한다. 그렇지만 절대적 위험은 여전히 꽤나 미약하다. 새로운 피임약을 사용하는 7,000명의 여성 중에서 단지 부가적인 한 명에게 혈전이 발생할 것으로 예상하게 된다. 독자의 시선을 끄는 표제를 달고 싶어 하는 대중매체는 연구결과를 가장 선정적인 방식으로 기사화하려고 애를 쓰며, 자신이 발표한 연구의 영향력을 높이고 싶어 하는 논문의 저자들도 똑같은 짓에 취약하기 십상이다. 대중매체와 연구자는 공통적으로 상대적 위험 증가라는 측면에서 연구결과를 제시하는데, 이렇게 하는 것이 즉각적으로 주의를 끌어들이고 공포를 유발하는 효과를 나타낸다.

이에 덧붙여서, 제약회사가 약품 효과에 관한 데이터를 상대적 위험 증가의 측면에서 제시하고(예컨대, "이 약품은 심장마비의 가능성을 36%나 감소시킨다."), 부작용에 관한 데이터를 절대적 위험 증가의 측면에서 제시하는 것(예컨대, "이 약품을 사용하지 않았던 사람 100명 중에서 부정맥을 경험한 사람은 5명이며, 이 약품을 사용한 100명 중에서는 7명이 부정맥을 경험하였다.")도 전혀 이례적이지 않다. 이러한 형식의 제시방법은 자신의 제품을 사람들이 가능한 한 가장 긍정적으로 지각하도록 만들어주면서도 여전히 완벽하게 정당한 방법이 된다(물론 다소 고의적으로 오도하는 효과가 있지만 말이다).

몇몇 연구자는 그러한 통계적 처치에 대처하는 최선의 방어책은 소비자가 통계에 더욱 해박해지는 것, 즉 통계가 무엇인지 그리고 어떻게 해석해야 하는 것인지를 이해하는 것이라고 주장하며(Gigerenzer et al., 2008), 이 경우에는 절대적 위험과 상대적 위험 간의 차이를 아는 것이다. 예컨대, 이 절 앞부분의 정보를 읽었기 때문에, 광고가 아스피린 복용이 심장마비 위험을 절반으로 줄인다고 주장하더라도, 여러분은 신중하게 반응하기에 충분한 지식을 가지고 있어야만 한다. (여러분은 즉각적으로 다음과 같이 질문을 던질는지도 모르겠다. 아스피린을 복용하지 않는 1,000명 중에서 얼마나 많은 사람이 심장마비를 일으킬 것이라고 예상하는가? 그리고 아스피린을 복용하는 1,000명 중에서 얼마나 많은 사람이 심장마비를 일으키는가?) 마찬가지로, 이 절의 시작부분에서 소개한 하나의 경우에, 다운증후군 아이가 태어날 가능성 1/125은 8/1,000과 등가적이며, 이렇게 바꾸어 놓으면 동일 연령대 보통 여성의 가능성 1/1,000과 쉽게 비교할 수 있다. 즉, 그녀의 위험성은 실제로 평균보다 높지만, 그 가능성은 여전히 매우 낮다.

조건확률 대신에 자연빈도를 생각하기 : 유방촬영술 문제

일반대중만이 위험에 관한 확률정보를 이해하는 데 어려움을 겪는 유일한 성인은 아니다. 데이비드 에디(David M. Eddy, 1982)가 처음으로 수행한 다소 충격적인 연구를 보면, 이 연구에 참가한 대다수 의사들도 표준적인 유방암 선별검사인 유방촬영술의 결과를 어떻게 정확하게 해석하는지를 이해하지 못하였다. 그는 의사들에게 유방촬영술 결과를 조건확률이나 백분율을 사용하여 제시하였는데, 이것은 의학교육과 의학 교과서에서 전형적으로 사용하는 형식이다.

조건확률(conditional probability)이란 Y가 발생하였을 때 X의 확률이며, P(X|Y)로 나타낸다. 예컨대, P(딜리가 범죄를 저질렀다|전남편은 딜리가 범죄를 저질렀다고 비난한다). 이 경우에는 유방촬영술 결과가 양성일 때 실제로 유방암일 확률을 P(유방암|유방촬영술 결과가 양성)로 표현한다.

에디(1982)는 의사들에게 다음과 같은 정보를 제시하였다 : 정례적인 유방암 선별검사를 받는 여성의 1%에서 실제로 유방암이 발생한다. 유방암 여성 중에서 유방촬영술 결과가 양성일 가능성은 80%이다(즉, 유방암을 성공적으로 탐지할 가능성이 80%이다). 유방암이 없는 여성 중에서 유방촬영술 결과가 양성일 가능성은 10%이다[즉, **긍정오류**(false positive)의 가능성이 있다].

그런 다음에 의사들에게 한 여성의 유방촬영술 결과가 양성이라고 가정하도록 요구하였다. 이제 그녀가 정말로 유방암 환자일 가능성은 얼마인가? 에디(1982) 연구에서, 100명의 의사 중에서 95명이 이 확률을 70%에서 80% 사이로 추정함으로써, 대부분이 정말로 유방암일 확률과 유방촬영술 결과가 양성일 확률을 혼동하였다. 아무튼 정답은 극적일 정도로 그 확률이 낮다. 정답을 내놓기 위해서는 다음과 같은 두 가지 중요사항을 명심해야 한다. 첫째, 유방암의 기저율(1%)을 고려할 필요가 있다(생각상자 5.2도 참조하라). 둘째, 촬영술 결과가 양성일 때 유방암일 확률[P(유방암|양성)]은 유방암일 때 촬영술 결과가 양성일 확률[P(양성|유방암)]과 동일하지 않다는 사실을 유념하는 것이 중요하다. 확률을 수학적으로 이해하는 한 가지 방법은 **베이스정리**(Bayes' Theorem)를 사용하는 것이며, 여기서 ~암은 유방암이 존재하지 않는다는 사실을 나타낸다.

$$P(암|양성) = \frac{P(양성|암) \times P(암)}{P(양성|암) \times P(암) + P(양성|\sim암) \times P(\sim암)}$$

에디(1982)는 의사들에게 유방암의 전반적 확률[P(암)]은 1% 또는 .01이라는 사실도 알려주었다. 따라서 유방암이 없을 확률[P(~암)]은 99% 또는 .99이다. 유방암일 때 양성일 확률[P(양성|암)]은 80% 또는 .80이고, 유방암이 실제로는 없는데도 양성일 확률[P(양성|~암)]은 10% 또는 .10이라는 사실도 알고 있다. 이 모든 수치를 위의 수식에 대입하여, (.80×.01)을 (.80×.01+.10×.99)로 나누

면, 대략 .075 또는 7.5%가 된다. 즉, 유방촬영술 결과가 양성인 여성이 실제로 유방암일 가능성은 불과 7.5%에 불과한 것이다!

만일 이러한 계통의 추리와 계산이 직관적으로 이해하기 매우 쉽다면, 여러분은 지극히 소수에 해당한다. 연구는 사람들이 일반적으로 조건확률 추리를 직관적으로 전혀 간단하지 않게 생각한다는 사실을 끊임없이 보여주었다. 방금 위에서 보았던 것처럼, 환자에게 유방촬영술 결과가 무엇을 의미하는지 설명해야 할 의무가 있는 의사와 같이 특정 영역의 전문가들조차도 결과가 양성일 때 암의 가능성을 엄청나게 과대추정하였다. 이제 긍정적인 부분을 살펴보자. 머릿속에서 조건확률을 **자연빈도**(natural frequency; 예컨대, 1,000명당 여성의 수)로 전환하는 것은 의사뿐만 아니라 일반 성인도 이러한 유형의 문제를 이해하고 해결하기 쉽게 만들어준다(Hoffrage & Gigerenzer, 1998). 다시 말해서, '여성의 80%'라고 생각하는 대신에, 1,000명당 800명으로 생각하는 것이다. 에디(1982)의 원래 문제로 되돌아가서 확률을 다음과 같이 자연빈도로 변환해보자. 정례적으로 유방암 선별검사를 받는 여성 1,000명당 10명이 실제로 유방암을 가지고 있다(1,000명의 1%는 10명이다). 10명의 유방암 환자 중에서, 8명은 유방촬영술 결과가 양성이다(10명의 80%는 8명이다). 유방암을 가지고 있지 않은 나머지 990명 중에서 99명이 양성 반응을 보인다(990명의 10%는 99명이다). 이것은 원래의 1,000명 중에서, 총 107(8 + 99)명이 양성 반응을 보인다는 사실을 의미한다. 그렇지만 107명 중에서 8명만이 실제로 유방암 환자이다(간단하게 암산해보면, 양성 반응을 보일 때 유방암 환자일 확률은 8/107 = .075 또는 7.5%가 되며, 이것은 베이스정리가 내놓은 것과 동일한 결과이다).

실험실 연구에서 진단검사 결과의 의미를 생각하기에 앞서 조건확률을 자연빈도로 전환하도록 의사들을 훈련시키는 것은 지극히 성공적이었다. 호프리지와 기거렌저(Hoffrage & Gigerenzer, 1998)는 이러한 증거를 토대로, 의과대학에서 훈련받은 의사들이 임상장면에서 베이스정리를 기억해내고 적용하기를 암암리에 희망하기보다는 백분율과 조건확률을 자연빈도로 신속하게 전환하도록 가르쳐야만 한다고 제안하였다. 실제로 피터 세들마이어(Peter Sedlmeier, 1997)는 백분율을 자연빈도로 전환하도록 가르치는 것이 베이스정리를 적용하도록 가르치는 것보다 훨씬 정확한 추리로 이끌어가며, 이러한 차이는 훈련을 받고 5주

생각상자 5.2

기저율 무시 : 택시 문제

마야 바-힐렐(Maya Bar-Hillel, 1980)은 다음과 같은 문제를 참가자들에게 제시하였다.

리버시티에는 운행하는 택시의 색깔에 따라서 블루와 그린이라고 부르는 두 택시회사가 있다. 택시의 85%가 블루이고 나머지 15%가 그린이다. 택시 한 대가 야밤에 뺑소니 사고에 연루되었다. 나중에 한 목격자가 그 택시는 그린이었다고 증언하였다. 법원은 (사건 당일과 동일한) 야간 시각조건에서 블루택시와 그린택시를 구분하는 목격자의 능력을 검증하였다. 목격자는 각각의 색깔을 80% 정확하게 확인해낼 수 있었지만, 20%의 경우에는 다른 색깔로 혼동하였다. 목격자의 주장을 놓고 볼 때, 사고에 연루된 택시가 그린일 확률은 얼마나 된다고 생각하는가?

단지 목격자가 얼마나 정확한 경향이 있는지에 관한 정보(대략 80%의 정확성)를 받아들여서 그 정보가 정답이라고 생각하면 되는 간단한 문제인 것처럼 보일 수 있다. 실제로 바-힐렐(1980) 연구에서 참가자의 36%가 그렇게 하였으며, 단지 10%만이 정답에 가까운 쪽으로 이동하였다. 문제는 80%라는 수치만을 사용하는 것은 그 도시에 그린택시(15%)보다 블루택시(85%)가 더 많다는 사실, 즉 블루택시와 그린택시의 기저율을 무시한다는 데 있다. 기저율이 중요한 까닭은 무엇인가? 모든 것을 다음과 같이 자연빈도로 전환시켜 보자.

그 도시에서 100대의 택시당 85대는 블루이며 15대는 그린이다.

만일 목격자가 80%의 경우에 정확한 색깔을 보고하고 20%의 경우에 다른 색깔로 혼동한다면, 85대의 블루택시를 볼 때, 68대(85×.80)는 블루라고 정확하게 말하며 17대(85×.20)는 그린이라고 잘못 말하게 된다.

15대의 그린택시 중에서는 12대(15×.80)는 그린이라고 정확하게 말하며 3대(15×.20)는 블루라고 잘못 말하게 된다.

따라서 100대 중에서, 29대(12+17)를 그린으로 확인하고 그중에서 12대만을 정확하게 확인하게 된다. 12/29＝.41이기 때문에, 사고에 연루된 택시가 그린일 확률은 80%가 아니라 41%이다.

유방촬영술 문제에서도 보았던 바와 같이, 한 가지 핵심은 이러한 확률 판단을 내릴 때 기저율에 주목하고 사용하는 것으로 보인다. 자연빈도를 사용하는 것은 베이스정리를 급하게 동원하거나 아니면 많은 경우에 계산기를 두드리지 않고도 기저율이 중요한 까닭을 이해하게 해주는 한 가지 사용자 친화적 방법일 뿐이다.

가 지난 후에도 여전히 존재한다는 사실을 찾아냈다. 그럼에도 불구하고 오늘날까지도 백분율을 자연빈도로 전환하도록 훈련받은 의사는 그렇게 많지 않다(Wegwarth & Gigerenzer, 2011). 생각상자 5.2에서 확률을 자연빈도로 전환시키는 것이 추리 용이성을 극적으로 증가시킨다는 사실을 보여주는 또 다른 잘 알려진 사례를 보라.

이판사판 의사결정

지금까지 논의하였던 위험 유형의 대부분은 낮은 기저율과 극도로 심각하고 삶을 변화시킬 가능성이 있는 결과라는 특징을 가지고 있다. 예컨대, 테러리스트의 건물 공격을 받을 위험, 정례적 선별검사에서 암으로 판명될 위험, 심각한 유전적 장애가 있는 아이를 낳을 위험 등이다. 연구문헌에서는 그러한 위험에 대처하기 위한 결정을 **이판사판 결정**(고위험 결정; high-stakes decision)이라고 부른다. 이판사판 결정은 매우 심각하고 엄청난 재정적 손실이나 정서적 상실의 잠재성이 있으며 일단 내렸던 결정을 바꿀 때의 비용도 매우 심각한 선택 문제로 정의한다.

쿤로이더와 동료들(Kunreuther, Meyer, Zeckhauser, Slovic, Schwartz, Schade, Luce, Lippman, Krantz, Kahn, & Hogarth, 2002)은 사람들의 이판사판 결정이 기대효용이론(제8장)을 적용하여 계산한 것과 같은 규범적 결정에서 일탈하게 되는 다음과 같은 여섯 가지 핵심 이유를 종합적으로 개관하였다. (1) 사람들은 이판사판의 손실을 초래하는 드문 결과가 마치 0의 확률을 가지고 있는 것처럼 행동하여 그 결과에 전혀 대비하지 않기 십상이다. 그렇지만 규범적으로는 그러한 결과(예컨대, 스포츠 경기에서 테러리스트의 공격)의 바람직하지 않은 정도가 매우 높기 때문에, 발생할 수도 있는 미미한 확률에도 대처하기 위하여 어느 정도의 시간과 비용을 할애하는 것이 합리적이다. (2) 수많은 연구를 보면, 의사결정자는 근시안적이고, 보다 현저해 보이는 가까운 미래에 대한 염려에 과도한 가중치를 부여하며, 먼 미래에 대해서는 상대적으로 거의 주의를 기울이지 않는 경향이 있다는 사실을 알 수 있다(Kunreuther, Onculer, & Slovic, 1998). 그러한 근시안적 태도는 예컨대, 지구온난화에 대응하는 행위의 결여에도 기여한

다. 심지어 지구온난화가 궁극적으로 지극히 부정적인 결말을 초래할 것이라고
믿는 사람조차도 그렇다. (3) 감정이나 정서가 이판사판 결정을 오락가락하게
만드는 결정적 요인이다. 특히 결정이 복잡하며 많은 상보성을 수반하고 있을
때 그리고 최적 행위가 즉각적으로 명확하지 않을 때 그렇다. 이러한 경우에 감
정 발견법(제1장, 4장, 14장도 참조)이라고 알려진 이러한 보편적 경향성이 결
정에 편향적으로 기여할 수 있다(Finucane, Alhakami, Slovic, & Johnson, 2000).
(4) 이판사판 의사결정 상황은 스트레스를 유발하는데, 이 스트레스가 의사결
정을 체계적인 방식으로 변화시키는 것으로 밝혀져 왔다. 예컨대, 스트레스는
사람들이 더욱 단순한 발견법을 사용하도록 이끌어가는 경향이 있다. 그렇기
는 하지만 결정이 스트레스 상태에서 실제로 덜 규범적인지는 아직 명확하지 않
다(Kunreuther et al., 2002). (5) 이판사판 결정은 매우 드물기 때문에, 사람들이
사전에 그 결정에 관하여 추리하는 직접적인 경험을 갖고 있기 어려우며 사회적
단서에 크게 의존하는 경향이 있다. 예컨대, 사람들은 이미 작동중인 절차를 따
르거나 유사한 상황에서 다른 사람의 행위에 대해 알고 있는 대로 행동하는 경
향이 있다. 그렇지만 사람들은 이미 내렸던 형편없는 결정을 반복할 수 있기 때
문에 다른 사람의 행위를 그대로 뒤좇는 것은 위험하다. (6) 이판사판 결정에 직
면하거나 아니면 보다 보편적으로 말해서 어떤 어려운 결정에 직면할 때, 사람
들은 **현상유지편향**(status quo bias)에 굴복하기 십상이다(제7장도 참조). 즉, 아
무것도 하지 않기로 결정하는 것이다. 그렇지만 많은 경우에 합리적인 행위는
철저한 무반응보다 높은 기대효용을 갖기 십상임에도 불구하고, 사람들은 재
앙을 초래할 수도 있는 결과를 상쇄시킬 기회를 흘려보내고 만다(Kunreuther et
al., 2002).

아마도 이판사판 결정을 그토록 어렵게 만드는 것은 학습할 여지가 거의 없다
는 점이겠다. 그토록 재앙을 초래하는 부정적 결과는 지극히 드물기 때문에, 살
펴볼 과거 사례가 거의 없으며, 많은 경우에 사람들은 자신의 결정을 검증할 수
있는 피드백을 결코 받지 못한다. 예컨대, 지극히 미미한 확률의 대량 총기사건
을 예방하기 위하여 초등학교에 설치한 새로운 보안체계를 학교건물에 침입하
려고 시도하는 무장 폭력범을 통해서 검증할 수 있을 가능성은 거의 없다. 그
렇기는 하지만 장기간에 걸쳐 여러 학교의 사례를 종합함으로써 피드백을 받을

수도 있다. 예컨대, 궁극적으로는 지역의 인구밀도와 폭력범죄율과 같은 부가
적인 요인을 통제한 후에, 전국에 걸쳐 보안체계를 갖춘 학교가 그렇지 않은 학
교보다 실제로 더 안전한지를 평가할 수 있다. 쿤로이더와 동료들(2002)은 인간
추리의 비규범적 경향성을 참작한 의사결정의 규범 모형을 사용하여 그러한 이
판사판 결정을 내리는 사람에게 제공할 처방 모형을 개발할 수 있다는 점을 지
적하였다. 그러한 처방 모형을 사용하고 통계와 확률적 사고에 더욱 숙달하는
것은 위험에 관한 결정을 최적화하는 데 도움을 줄 수 있다(Gigerenzer & Gray,
2011).

결론

앞에서 보았던 것처럼, 사람들은 몇 가지 중요한 방식에서 위험에 매우 합리적
으로 접근하는 경향을 보인다. 사람들은 어떤 행위의 위험이 증가한다면, 수익
은 기하급수적으로 증가해야 한다고 생각한다. 만일 위험과 수익이 이러한 관
계를 가지고 있지 않다면, 위험을 상쇄하기 위한 적절한 안전을 담보하는 규제
를 실시해야 한다고 생각한다.

그렇지만 사람들의 위험정보 처리가 규범적이지 않은 여러 가지 결정적 측면
들도 존재한다(제1장 참조). 사람들은 치명적 위험, 즉 대규모 재앙을 초래할
가능성이 있는 위험과 제대로 이해하지 못하고 있는 위험을 비합리적으로 지나
치게 두려워함으로써, 그 위험을 피하기 위하여 더욱 위험한 행위를 취하기도
한다. 사람들은 위험정보를 제공하는 형식의 영향을 강력하게 받는다. 상대적
위험과 조건확률을 혼란스러워하지만, 절대적 위험과 자연빈도는 꽤나 잘 이해
한다. 마지막으로 이판사판 결정에 직면할 때는 규범적 판단을 내리지 못하기
십상이다.

대부분의 경우에 위험 지각 연구는 확률과 위험에 대한 이해가 어떻게 결정과
행동을 주도하는지에 초점을 맞춘다. 다음 장에서는 사람들이 미래사건, 예컨
대, 심각한 열대성 폭풍의 시작이나 심신을 황폐화시키는 심리장애의 일화 또는
자신의 미래 직업에 대한 느낌 등을 예측하기 위하여 어떻게 가용한 정보를 사
용하는지를 살펴본다.

논의를 위한 물음

1. 만일 여러분이 한나(생각상자 5.1)의 상황에 처한다면, 어떻게 하겠는가? 그리고 그 이유는 무엇인가? 사람들이 더 좋은 의료 결정을 내리도록 도와주기 위해서 그 해결책을 임상장면에 구현하는 독창적인 방식을 생각해보라.

2. 기거렌저와 그레이(2011)는 의사와 기자 등을 위하여 초 · 중 · 고등학교에서 통계학을 반드시 가르쳐야 한다고 강력하게 주창한다. 여러분은 이러한 제안을 어떻게 생각하는가? 통계학에 대한 심층적인 이해가 사람들을 일상생활에서 더 우수한 위험정보 소비자로 만들어주겠는가? 만일 목표가 일생을 통해 사람들이 더 우수한 의료결정을 내리도록 도와주는 것이라면, 이러한 교과목에 어떤 내용을 포함해야 하겠는가?

3. 이 장을 모두 읽은 후에, 택시 문제(생각상자 5.2)의 해결책을 여러분 스스로 내놓아보라. 기저율 정보가 결정적인 까닭은 무엇인가? 사람들이 그 정보를 무시하는 경향을 보이는 까닭은 무엇이라고 생각하는가?

더 읽을거리

Gaissmaier, W., Gigerenzer, G. (2012). 9/11, Act II: A fine-grained analysis of regional variations in traffic fatalities in the aftermath of the terrorist attacks. *Psychological Science, 23,* 1449-1454.

Gigerenzer, G., Gaissmaier, W., Kurz-Milcke, E. Schwartz, L. M., & Woloshin, S. (2008). Helping doctors and patients make sense of health statistics. *Psychological Science in the Public Interest, 8,* 53-96.

Slovic, P. (1987). Perception of risk. *Science, 236,* 280-285.

예측 **6**

학습목표

이 장을 마무리하게 되면, 여러분은 다음을 수행하였을 것이다.

- 예측 판단의 두 처방 모형, 즉 전문가 직관(임상적 직관이라고도 부른다) 대 통계적 예측을 면밀하게 살펴보았다.
- 임상 진단과 의학적 진단, 범죄 프로파일, 야구선수의 성적, 일기예보 등을 포함한 다양한 영역에 걸친 경험연구에서 임상적 직관과 통계적 예측의 정확성을 비교하였다.
- 감정 예측과 시점 간 선택과 관련되어 왔던 다양한 의사결정 편향을 탐구하였으며, 이것이 일상생활의 판단에 영향을 미칠 가능성을 살펴보았다.
- 삶을 마감하는 의사결정에 수반된 개념적, 현실적, 윤리적 어려움 그리고 이 논제의 이해가 어떻게 예측 연구를 발전시킬 수 있는지를 비판적으로 생각해보았다.
- 결정지원시스템과 가상현실 환경에 내포된 아바타 등을 포함하여 예측을 증진시키도록 설계된 현대적 개입 프로그램의 현재 효능성과 미래 장래성을 평가하였다.

핵심용어

- 감정 예측(affective forecasting)
- 결정지원시스템(decision support system)
- 고통완화간호(palliative care)
- 맹목 경험주의(blind empiricism)
- 범죄자 프로파일 분석(criminal profiling)
- 사망 유언(living will)
- 설명적 사전 지시(instructional advance directive)
- 세이버메트릭스(sabermetrics)
- 시간 절감(temporal discounting)
- 시점 간 선택(intertemporal choice)

- 안면타당도(face validity)
- 임상적 직관(clinical intuition)
- 정서 소멸(emotional evanescence)
- 정점 - 말미 규칙(peak-end rule)
- 초점주의(focalism)
- 충격편향(impact bias)
- 통계적 예측(statistical prediction)
- 투사편향(projection bias)
- MMPI; MMPI-2

임상적 직관 대 통계적 예측

베스트셀러인 머니볼(Moneyball: The Art of Winning an Unfair Game, M. Lewis, 2004)은 야구통계 분석법인 **세이버메트릭스**(sabermetrics)를 사용하여 개별 선수의 미래 수행을 예측하는 내용을 담고 있다. 마이클 루이스(Michael Lewis, 2004)가 기술하고 있는 바와 같이, 드래프트에서 미국 메이저리그 야구 팀이 야구선수를 선발하는 전통적인 방법은 전문 스카우트의 직관적 판단에 의 존해왔다. 전문 스카우트는 대학생이기 십상인 선수를 찾아가서 그 선수의 성 적, 평판, 신체적 외양 등을 포함한 다양한 측면을 주의 깊게 살펴본다. 또한 그 선수의 과거 성적에 관한 정보도 가지고 있다. 전문 스카우트는 이 정보를 염두 에 두고 어느 선수가 메이저리그에서도 계속해서 우수한 성과를 보일 가능성이 높은지에 관한 전반적이고 직관적인 인상을 형성한다.

반면에 세이버메트릭스에 기반하여 선수의 미래성과를 예측하는 것은 직관에 덜 의존한다. 실제로 이 방법을 사용하면 선수를 개인적으로 관찰하지 않고도 결정을 내릴 수 있다. 개별 선수의 수행 통계치를 포함한 거대한 데이터베이스 를 분석하여, 어떤 특질이 메이저리그에서의 성공을 가장 잘 예측하는지를 결정 하는데, 그 특질은 선수의 대학이나 고등학교 시절의 성적에 반영되어 있다. 예 컨대, 통계분석은 선수의 출루율이 메이저리그에서 가장 중요한 성공 예측요인 임을 시사하였다(Lewis, 2004). 세이버메트릭스 접근에서는 그러한 예측요인을 보유하고 있는지에만 근거하여 선수를 선발한다. 예컨대, 선수가 전형적인 운 동선수의 외모를 갖추었는지에 관계없이 높은 출루율을 선호하게 된다.

야구계에는 어떤 방법이 우수한지에 대한 논쟁이 여전히 매우 활발하게 진행 되고 있으며, 흥미롭게도 유사한 논쟁이 다른 많은 영역에서도 오래전부터 있 어왔다. 여러분이 살고 있는 지역에서 경찰이 연쇄살인을 저지르고 있는 범인 을 체포하고자 애쓰고 있다는 뉴스를 읽는다고 가정해보라. 지역민을 안심시키 기 위하여 경찰은 살인범의 가능성이 높은 다음 행보나 개인적 특징을 예측하 기 위하여 범죄자 프로파일러를 사건에 투입하였다고 발표한다. **범죄자 프로파 일 분석**(criminal profiling)에서는 범인의 행동 성향과 정신과적 증상과 함께 연 령, 교육수준 등을 포함한 인구학적 특정을 추론하기 위하여 해결되지 않은 범죄의 특성을 사용한다. 프로파일러는 어떤 접근방법을 채택해야만 하겠는가? 많은 가능성 중에 프로파일러 사이에서 한 가지 매우 보편적인 접근방법은 우선 체포하지 못한 범인이 저질렀던 범죄의 사례 파일을 읽어보는 것이다. 그런 다음에 프로파일러는 자신의 전문지식에 근거하여 범인의 특징에 관한 예측을 내놓는다. 많은 프로파일러는 직관에 의존하여 이러한 판단을 내린다(Homant & Kennedy, 1998 참조). 프로파일러에게 있어서 대안적 가능성은 사례 파일의 자질들(예컨대, 위치, 희생자에 관한 사실 등)을 컴퓨터 프로그램에 집어넣는 것이다. 그 프로그램은 수십 년에 걸친 광범위한 전국 범죄 데이터베이스에 근거하여 현재의 사례 파일을 과거 사례의 자질들과 비교한다. 만일 프로그램이 과거 사례들에서 나타났던 자질 패턴과 유사한 패턴을 탐지하면, 과거 사례들에 근거하여 예측을 내놓게 된다. 실제로 몇몇 프로파일러는 유사한 과거 범죄행위에 관한 대규모 데이터베이스를 사용하여 그러한 통계분석을 실시한다(예컨대, Kocsis, Cooksey, & Irwin, 2002).

아니면 여러분이 새로운 내담자를 만나고 있는 정신과의사이며, 그 내담자에게 어떤 정신과적 진단이 가장 적합한지를 알아낼 필요가 있다고 가정해보라. 만일 문제가 있다면 말이다. 범죄자 프로파일 분석 상황에서와 마찬가지로, 정신과의사가 이 임상 사례에 접근할 수 있는 많은 방법이 존재한다. 그렇지만 여기서도 이러한 예측을 하는 것에 관한 두 가지 상이한 접근방법 간의 대비를 살펴보도록 하자. 한편으로는 정신과의사가 내담자의 이야기를 듣고, 질문을 하며, 점차적으로 내담자의 증상과 가능성이 있는 예후에 관한 직관적 견해를 형성한다. 그 견해는 과거 환자를 진단해온 의사의 경험, 과거의 임상훈련, 그리고 현 내담자에 관한 직관적 평가 등의 결합에 근거한 것이겠다. 이와는 반대로, 의사는 내담자에게 표준화된 질문지에 답하도록 요구하기도 한다. 내담자의 반응은 동일한 질문지에 응답하였던 수많은 다른 사람들의 반응과 비교할 수 있다. 그런 다음에 의사는 과거의 경험연구에서 특정 장애를 나타내는 것으로 나타났던 문항들에서의 반응패턴을 살펴볼 수 있다.

야구 상황, 범죄자 프로파일 분석 상황, 그리고 임상적 진단 상황은 모두 접근방법에서 한 가지 대비점을 예시하고 있다. 일반적으로 **임상적 직관**(clinical intuition)은 특정 영역에서 경험이 많고 전문성을 갖춘 사람이 개별 사례에 관하여 직관적으로 예측하는 접근방법을 말한다(Dawes, 1994; Meehl, 1954/1996). 즉, 전문가가 가용한 정보를 살펴보면서 스스로 판단을 내린다. 종합적인 주장 은 전문가가 개별 사례의 역동성을 이해할 수 있으며(예컨대, 상이한 측면들이 어떻게 함께 어울리는가?), 일단 사례를 이해하게 되면 보다 정확한 예측을 할 수 있게 된다는 것이다(Meehl, 1973). 즉, 전문가는 직관에 근거하여 사례의 어 떤 자질이 예측하는 데 가장 중요한지를 결정한다는 것이다. 이와 대조적으로 **통계적 예측**(statistical prediction)은 오직 경험적 증거와 대규모 표본에서 추출한 데이터와의 통계적 비교에만 근거하여 특정 사례를 예측하는 접근방법을 말한 다(Dawes, 1994; Dawes, Faust, & Meehl, 1989; Meehl, 1954/1996). 여기서 직 관적 의사결정자는 통계분석이나 데이터로부터 예측을 계산하는 데 사용하는 수학공식에 자리를 내주게 된다. 이 접근방식을 지지하는 연구자들의 종합적 주장은 가장 정확한 예측은 대체로 경험적 데이터에서 나온다는 것이다.

폴 밀(Paul E. Meehl, 1954/1996)은 임상적 직관과 통계적 예측의 상대적 정 확성에 관한 유명한 저서를 통해서, 이 논쟁의 미묘한 분석을 실시하였다. 임상 적 직관 견해에 강력하게 동조하는 임상 심리치료자이었던 밀은 동시에 통계 기 반 접근방법을 내세우는 것으로 널리 알려진 미네소타대학교의 한 연구소에서 활동하는 심리측정 전문가이기도 하였다(Meehl, 1954/1996, 1986). 이렇게 이 례적인 조망을 갖추고 있던 그는 각 접근방식의 상이한 장점과 취약점에 대해 서 진정으로 균형 잡힌 논의를 제공하고자 시도하였다. 임상가가 내담자를 일 대일로 만나 상담하는 임상적 직관 접근방식은 내담자에 관한 풍부한 정보를 제공하며, 이 정보로부터 인과적 이야기를 구성할 수 있다(제11장 참조; Meehl, 1954/1996). 이와는 반대로, 통계적 접근은 개별 내담자를 유사한 다른 사람들 에 관한 정보 데이터베이스와 비교할 수 있게 해준다. 또한 유용할 가능성이 있 는 대규모 정보를 이용할 수도 있게 해준다(Meehl, 1954/1996). 그렇다면 통계 적 예측이 임상적 직관보다 더 우수한지 아니면 덜 우수한지를 평가하는 최선 의 방법은 한 접근방식의 정확도를 다른 접근방식의 것과 대비시킨 경험연구를 살펴보는 것이겠다. 흥미롭게도 그러한 연구들은 통계적 예측 접근방식을 압도 적으로 선호하는 것으로 나타났다(Grove, Zald, Lebow, Snitz, & Nelson, 2000). 밀(1986)은 다음과 같이 적고 있다.

사회과학에서 질적으로 다양한 수많은 연구들이 이 논제에서처럼 한결같이 동일한 방향을 가리키고 있다는 사실에는 논쟁의 여지가 없다. 축구시합 결과에서부터 간질환 진단에 이르기까지 모든 것을 예측하는 90가지 연구를 밀어붙이고 있으며, 미약하나마 임상가를 지지하는 경향성을 보여주는 연구의 수를 한 손으로 꼽기도 어렵다면, 어떤 이론적 차이점을 논쟁거리로 삼든지 간에 현실적인 결론을 내릴 때가 된 것이다(Meehl, 1986, p. 374).

행동과학과 의학 영역에서 예측 연구들을 대상으로 수행한 그로브와 동료들(Grove, Zald, Lebow, Snitz, & Nelson, 2000)의 메타분석은 이러한 보편적 주장을 더욱 지지한다. 1966년부터 1994년 사이에 수행한 총 136가지 연구 중에서, 46%는 통계적 예측의 상당히 높은 정확도를 나타냈으며, 48%는 두 접근방식 간에 정확도에서 아무런 차이를 보이지 않았고, 단지 6%만이 임상적 직관의 유의한 장점을 나타냈다. 연구의 출판시기, 훈련 유형, 경험 수준, 그리고 수행하는 특정 예측(예컨대, 의료 진단이나 예후, 미래의 직업이나 학업수행, 미래의 범죄행위 등)은 핵심 결과와 아무런 관련이 없었다. 이 메타분석에 포함된 대부분의 연구는 임상적 직관 접근보다 통계적 예측을 위한 정보를 덜 사용하였다는 점도 지적할 필요가 있겠다. 어떤 경우에는 두 개의 변인만으로 구성한 공식조차도 많은 정보를 제공받고 직관적 결정을 내린 전문가보다 더 정확한 예측을 내놓았다.

그렇다손 치더라도 사람들이 임상적 직관을 통계적 예측으로 대체하고 완전히 폐기처분하기는 매우 어려운 것으로 보인다. 특히 의학 진단과 사법제도(예컨대, 가석방 결정)와 같이 위험성이 높은 영역에서 그렇다. 밀(1986) 자신은 내담자를 접할 때 직관적으로는 임상적 직관 접근방식보다 통계적 접근방식을 선호하기가 어려웠지만, 경험적 데이터가 주어지면 자신의 생각을 '극복해야만 하는 비합리적 생각'(p. 375)으로 간주하였다. 따라서 이 분야에서 수행해온 많은 연구에도 불구하고, 의사와 판사 그리고 배심원을 완벽하게 대체하는 알고리즘과 데이터베이스를 아직은 보기 어렵다. 로빈 도스(Robyn M. Dawes, 1994)가 지적한 바와 같이, 때로는 알고리즘과 데이터베이스가 엉터리로 판명된 예측을 생성하기도 한다. 이러한 오류는 사람들의 직관과 명백하게 배치될 때(즉, 합리적인 인간이라면 누구나 범할 수 있는 오류일 때) 특히 현저하게 보일 수 있다.

기계가 저지르는 오류의 유형이 인간의 오류와 동일한 것일 필요는 없기 때문에, 기계의 오류는 그러한 예측을 내리는 데 있어서 전반적으로 기계가 인간만큼 유능하지 않다는 잘못된 인상을 더욱 굳건하게 만들고 있다.

대안적 해결책이 필요하며, 한 가지 합리적인 방향은 어떻게 하면 임상가들이 통계정보를 보다 효율적으로 종합하게 될지를 살펴보는 것이었다. 웨스틴과 와인버거(Westen & Weinberger, 2004)는 이 분야의 연구자들이 공식에서 임상가들을 완전히 배제해야만 한다고 주장하는 것은 잘못이라고 제안하였다. 밀(1954/1996) 그리고 도스와 동료들(Dawes, Faust, & Meehl, 1989)은 통계적 예측이 데이터를 종합하는 한 가지 방법이라고 명백하게 정의하였으며, 그렇기 때문에 전문성을 갖춘 임상가라면 통계적 예측을 완벽하게 이용할 수 있어야만 한다. 즉, 이 논쟁을 시작한 사람들은 임상가 자신이 생래적으로 형편없는 의사결정자라고 결코 주장한 적이 없다. 오히려 임상가가 사용할 수 있는 여러 가지 상이한 방법을 비교하고 있었던 것이다. 웨스틴과 와인버거(2004)는 진정한 논쟁은 직관을 더 많이 사용하는 임상가(또는 비전문가)와 통계적 예측을 더 많이 사용한 임상가(또는 비전문가) 중에서 누가 더 정확한 결정을 내리는지에 초점을 맞추어야만 한다고 제안하였다. 이에 덧붙여서 어떤 시점에서는 통계적 예측이 임상적 판단과 중첩되기 십상이라는 사실도 지적하였다. 예컨대, 요인분석을 수행하는 통계학자는 데이터에서 출현하는 요인의 의미를 해석하고 있는 것이다(바로 직관이다). 심지어 MMPI-2(Butcher et al., 1989) 문항에 반응할 때조차도, 사람들은 각 문항에 관한 자신의 생각과 감정을 직관적으로 판단하고 있는 것이다.

다른 연구자들은 이러한 논쟁과 맥을 같이 하는 더욱 현실적인 해결책을 지적해왔다. 즉, 영역 전문가가 통계적 예측을 사용하기 위하여 스스로 그러한 예측을 수행할 필요는 없으며, 그러한 예측을 전문가에게 제공하면 된다는 것이다. 그렇게 되면 전문가는 두 접근방식의 조합을 사용할 수 있으며, 그 과정에서 통계적 예측이 생성한 것을 볼 수 있지만 최종 결정권한은 전문가에게 있다. 예컨대, 의학에서 컴퓨터기반 **결정지원시스템**(decision support system)은 환자의 특성과 증상을 데이터베이스에 들어있는 과거 사례들과 비교하도록 설계한 소프트웨어이다(Hunt, Haynes, Hanna, & Smith, 1998). 결정지원시스템은 그 환자

생각상자 6.1
정신건강에서 통계적 예측 : MMPI와 MMPI-2

아마도 지금까지 임상 진단에서 통계적 예측 접근방식의 가장 잘 알려진 사례는 *미네소타 다면 성격검사의 원판*(**MMPI**, Hathaway & McKinley, 1940)과 개정판(**MMPI-2**, Butcher, Dahlstrom, Graham, Tellegen, & Kreammer, 1989)일 것이다. 이 검사는 명백하게 정신건강과 관련된 문항과 어떤 측면에서든 정신건강과 확실하게 관련되지 않은 문항[즉, 측정하려는 것을 측정하지 않는 것처럼 보인다는 점에서 **안면타당도**(face validity)가 결여된 문항]을 모두 포함하고 있는 대규모 질문지이다. *MMPI* 원판에서 후자의 유형에 해당하는 유명한 사례는 사람들에게 미국 대통령이었던 워싱턴과 링컨 중에서 누구를 선호하는지를 묻는 것이다. (이 문항은 지나치게 미국문화에 국한되기 때문에 *MMPI-2*에서는 제외되었다. Butcher, Atlis, & Hahn, 2003.) 기본 아이디어는 문항의 내용이 무엇인지는 실제로 중요하지 않다는 것이다. 중요한 점은 그 문항에 대한 답이 특정 성격특질이나 장애를 *통계적으로 예측하느냐*는 것이다. 만일 어떤 문항에 대한 사람들의 반응이 행동이나 장애를 예측하는 데 도움을 준다면, 비록 표면적으로는 의미가 없다고 하더라도 그 문항은 유용하다. 이것이 때때로 **맹목 경험주의**(blind empiricism)라고 부르는 검사 제작법에 기저하는 근본 철학이다.

오늘날의 *MMPI-2*(1989)에는 567문항이 있으며, 각 문항에 대해서 참이거나 거짓이라고 반응한다(Drayton, 2009). 맹목 경험주의 접근방식에 따라서, 특정 심리장애나 성격특질(예컨대, 우울증, 조현병, 낮은 자존감, 가족불화 등)을 가지고 있는 사람의 반응과 '규범적'(즉, 통제) 반응을 구분하는 데 도움을 줄 수 있는 문항들을 포함시켰다(Butcher et al., 2003). 규범적 반응은 미국의 여섯 지역에서 2,600명에게 검사 문항에 응답하도록 요구함으로써 결정하였다. 붓처와 동료들(1989)은 미국의 인구학적 분포에 비례하도록 성별과 인종에 걸쳐서 참가자의 규범적 표본을 모집하고자 노력하였다. 몇몇 검사 문항은 거짓 반응(예컨대, 실제보다 잘 적응하고 있는 것처럼 보이고자 거짓말하는 것, 정신질환을 과장하고자 거짓말하는 것 등)을 예측하도록 고안되었다. 이에 덧붙여서, 몇몇 문항의 안면타당도가 결여되어 있다는 점은 사람들이 검사결과를 의도적으로 조작할 가능성을 낮추는 데 일조한다(Drayton, 2009). 현실적인 관점에서 볼 때, *MMPI-2*가 안면타당도를 결여하고 있다는 사실이 임상장면에 적용하는 데 문제가 되겠는가? 만일 그렇다면 또는 그렇지 않다면, 그 이유는 무엇인가?

에 대한 권장사항과 진단을 제공하며, 의사는 자신의 판단을 내리는 데 그 권장사항과 진단을 고려할 수 있다. 실제로 체계적으로 개관을 시도한 연구를 보면, 많은 결정지원시스템이 임상가의 판단에 이로운 영향을 미친다(Garg et al.,

2005). 임상적 판단에 긍정적인 영향을 미치는 결정지원시스템의 몇 가지 구체적인 자질도 확인되었다. 특히 임상적 판단에 상당히 긍정적인 효과를 미치는 결정지원시스템을 전산화하여, 임상가가 결정을 내리는 바로 그 시점에 자동적으로 워크플로우에 나타나도록 구축함으로써, 진단과 권장조치를 모두 제공한다(Kawamoto, Houlihan, Balas, & Lobach, 2005).

예측, 전문성, 그리고 피드백

연구문헌에서 일관적이면서도 놀라울 수 있는 결과는 임상가들이 경험을 통해서 항상 더 정확해지지는 않는다는 사실이다. 실제로 하워드 가브(Howard N. Garb, 1998)는 임상경험과 예측의 타당도 간의 관계를 개관하면서, 일반적으로 둘은 관련이 없다고 제안하였다. 특히 경험이 풍부한 노련한 임상가의 판단을 대학원 수련생이나 비교적 경험이 적은 임상가의 판단과 비교할 때, 일반적으로 아무런 차이도 나타나지 않는다. 심리장애 위험성의 임상판단과 장차 범행 가능성의 임상판단을 포함하여 다양한 임상적 직관에 걸쳐, 정확도에 대한 경험의 효과가 없다는 사실은 유효하다(Garb, 1998).

아인혼과 호가스(1978)는 경험이 반드시 정확성으로 이끌어가지 않는 한 가지 핵심 원인은 학습이 이루어지려면 성과에 대한 피드백이 반드시 필요하기 때문이라고 제안하였다. 특히 임상가의 주의를 타당하지 않은 예측요인으로부터 타당한 예측요인으로 돌리게 만드는 교정 피드백이 결정적이다(Einhorn & Hogarth, 1978; 제12장 참조). 예컨대, 목구멍 통증과 함께 발생하는 몇몇 패혈성 인두염 사례를 본 의대생은 목구멍 통증이 패혈성 인두염의 한 가지 예측요인이라는 잘못된 생각을 갖기 시작할 수 있다. 만일 그 학생의 지도교수가 그 생각을 명백하게 부정하거나, 그 학생이 목구멍 통증은 전혀 없으면서 검사에서 인두염 양성 반응을 보이는 모순적인 환자를 경험한다면, 그러한 교정적 피드백이 잘못된 견해를 수정하도록 이끌어갈 수 있다. 반면에 그러한 교정 피드백을 받지 않은 채 경험을 쌓게 되면, 그 학생은 개선될 여지가 없게 된다. 그 학생은 정보가 쌓여감에 따라 정확도는 전혀 증가하지 않은 채 잘못된 자신감만 얻게 된다(Oskamp, 1965).

흥미롭게도 날씨 예측(일기예보) 영역에서는 경험이 더 정확한 예측으로 이끌어가는 것으로 나타난다. 날씨를 예측할 때는, 피드백이 빈번하면서도 일관적이고 가차 없이 제공된다. 예측을 한 후에 날씨가 어떻게 나타나는지를 알아보려면 잠시 기다리기만 하면 된다. 또한 일기예보자는 매일 예측을 함으로써 상당한 양의 경험을 축적하며, 오랜 세월에 걸친 매시간 대기조건과 그에 따른 날씨에 관한 기록 덕분에 기저율 정보에도 쉽게 접속할 수 있다(Monahan & Steadman, 1996). 예컨대, 스튜어트와 동료들(Stewart, Roebber, & Bosart, 1997)은 일기예보자의 기온 예측은 매우 정확하며(강우량 예측은 일반적으로 기온 예측만큼 정확하지 않지만 말이다), 12시간 후의 예측과 24시간 후의 예측이 정확도에서 차이가 거의 없다는 사실을 보여주었다. 또한 이들은 일기예보자 간에 일치하는 정도가 다른 영역(예컨대, 임상적 예측)에서 전형적으로 볼 수 있는 것보다 높다는 사실을 찾아냈다. 일기예보자는 전문가 예측의 전형으로 추앙받기 십상이었으며, 혹자는 일기예보자의 강점에 초점을 맞춘 영역 간 훈련을 요구해왔다(Monahan & Steadman, 1996).

미래의 자기에 관한 예측

개인적인 결정에서는 미래에 어떤 것에 얼마나 많은 가치를 부여할 것인지를 정확하게 판단할 수 있는 능력이 현재 최선의 결정을 내리는 데 중차대한 함의를 갖는다. 예컨대, 말년에 암에서 자유로운 것에 얼마나 많은 가치를 부여할 것인지에 대하여 명확한 통찰을 가지고 있는 것은 지금 어떤 음식을 먹을 것인지 그리고 운동을 할 것인지에 관한 결정에 영향을 미칠 수밖에 없다. 물론 사람들이 합리적이라면 말이다. 그렇다면 사람들은 향후 무엇에 가치를 부여할 것인지를 얼마나 잘 예측하는가? 자신에 관하여 예측할 때, 사람들이 가장 정확할 것이라고 생각할 수 있다. 일생을 통하여 자신의 생각, 행동, 감정을 끊임없이 의식적으로 경험하는 것이 추론의 근거가 되는 상당한 직접경험을 구성하니까 말이다.

카네먼과 스넬(Kahneman & Snell, 1992)의 초기 연구는 사람들이 비교적 가까운 미래에 특정 경험을 얼마나 좋아하게 될지를 얼마나 정확하게 예측할 수 있는지를 측정하였다. 이 연구에서 참가자들은 실험실에서 1인분의 저지방 순수 요구르트를 먹고 얼마나 좋아하는지를 평가하였다(평균적으로는 약간 싫어한다고 평가하였다). 그런 다음에 참가자들은 집에서 7일 연속해서(매일 저녁식사를 마친 후 적어도 2시간이 지난 후에) 그 요구르트를 먹고, 먹을 때마다 얼마나 좋아하는지를 평정할 것을 약속하였다. (실험실에 왔던) 첫 번째 날에는 연구의 두 번째 날과 여덟 번째 날에 그 요구르트를 얼마나 좋아할지도 예측하였다. 예측 평정치를 두 번째 날과 여덟 번째 날의 실제 평정치와 비교함으로써, 시간 경과에 따른 사람들의 예측 정확도를 살펴볼 수 있다. 흥미롭게도 요구르트를 실제로 좋아하는 정도는 실험실에서 처음 먹었을 때보다 두 번째 날에 훨씬 낮았지만, 여덟 번째 날이 될 때까지 안정적으로 증가하였다(Kahneman & Snell, 1992). 이와 대조적으로 참가자들은 두 번째 날도 첫 번째 날과 동일한 정도로 요구르트를 좋아할 것이지만, 여덟 번째 날이 될 때까지 점점 덜 좋아하게 될 것이라고 예측하였다. 이러한 예측은 실제 결과와는 거의 완벽하게 역전된 것이다. 카네먼과 스넬(1992)은 정박점 효과(제3장 참조)가 둘째 날의 예측을 주도하였다고 생각하였다. 즉, 참가자들이 실험실에서 요구르트를 맛보았던 최초의 경험으로부터 충분하게 조정하는 데 실패하였을 것이라는 생각이다.

어떤 것을 미래에 얼마나 좋아할지에 관한 사람들의 예측은 지극히 제한된 조건(예컨대, 다음 날과 1주일 후에 단 하나의 음식을 얼마나 좋아할지를 예측하는 조건)에서조차 표적에서 크게 벗어날 수 있다는 사실은 대단히 흥미롭다. 그런데 사람들이 자신의 호오도, 감정, 가치 등에 관하여 내리는 매우 중요한 몇몇 예측은 훨씬 더 먼 미래에 관한 것이며, 훨씬 더 복잡할 가능성이 크고, 어떤 것들은 지금까지 한 번도 경험해보지 못한 것일 수도 있다. 예컨대, 수년 내에 현재의 직장에서 해고되거나 애인과의 이별을 경험하는 것은 여러분을 얼마나 슬프게 만들겠는가? 예상하지 않았던 약간의 유산을 물려받는 것은 여러분을 얼마나 행복하게 만들겠는가? 이러한 것을 판단할 때는 여러분이 **감정 예측**(affective forecasting), 즉 미래에 일어날 수도 있는 사건이 여러분을 어떻게 느끼도록 만들 것인지에 관한 예측을 수행하고 있는 것이다.

연구결과는 가상적인 먼 미래의 사건이 전반적으로 긍정 감정을 경험하게 만들 것인지 아니면 부정 감정을 경험하게 만들 것인지를 예측하는 데 있어서 사람들이 꽤나 유능하다는 사실을 시사한다(Wilson & Gilbert, 2005). 반면에 상당한 양의 연구는 그 사건이 얼마나 오랫동안 그리고 얼마나 강렬하게 그렇게 느끼도록 만들 것인지를 예측하는 데 있어서는 사람들이 꽤나 어려움을 겪는다는 사실을 보여주었다(Wilson & Gilbert, 2005). 어떤 미래 사건이 얼마나 강렬하게 그리고 얼마나 오랫동안 특정 방식으로 느끼도록 만드는지를 과대추정할 가능성이 높겠는가 아니면 과소추정할 가능성이 높겠는가? 두 가지가 모두 발생하는 것으로 나타났지만, 과대추정이 훨씬 더 보편적이며, 이러한 현상을 **충격편향**(impact bias)이라고 부른다(Gilbert, Driver-Linn, & Wilson, 2002). 어떤 미래 사건이 여러분을 얼마나 오랫동안 얼마나 강렬하게 특정 방식으로 느끼도록 만드는지를 과대추정하는 것의 문제점은 여러분을 그 사건이 일어나도록 만들거나(만일 긍정적인 것이라면) 예방하도록(만일 부정적인 것이라면) 편파적으로 동기화시킨다는 것이다. 그런데 그 사건은 여러분이 생각하는 것만큼 미래 감정에 영향을 미칠 가능성이 크지 않다(Wilson & Gilbert, 2005). 따라서 만일 여러분이 그 사건을 촉진하거나 차단하기 위하여 정상궤도에서 벗어난다면, 시간을 낭비하는 것이 될 수 있다. 나아가서 여러분이 느끼는 정서의 강도는 시간이 경과하면서 잦아들게 되는데, 이 현상을 **정서 소멸**(emotional evanescence)이라고 부른다(Wilson, Gilbert, & Centerbar, 2003).

충격편향의 주요 원인 중 하나가 **초점주의**(focalism)일 수 있는데, 이것은 사람들이 구체적으로 가능한 미래 사건을 생각할 때, 그 사건 자체가 자신의 감정에 얼마나 영향을 미칠 것인지를 과대추정하고 동일한 시점에서 일어날 수도 있는 다른 상황과 사건이 자신의 감정에 미칠 영향을 과소추정하는 것이다(Wilson & Gilbert, 2005). 다시 말해서, 특정 사건(예컨대, 예상치 않게 어느 날 유산을 물려받는 것)에 주의를 기울일 때, 돈 자체에만 초점을 맞추고는 다른 사건들(예컨대, 싫어하는 예전의 친구와 먼 친척이 난데없이 나타나서는 돈을 달라고 끈질기게 요구하는 것; 세금 때문에 골치 썩는 것 등)을 고려하지 못하게 될 수 있다.

충격편향의 두 번째 핵심 원인은, 윌슨과 길버트(Wilson & Gilbert, 2003)에 따르면, 사건에 의미를 부여하는 과정이다(예컨대, 제4장, 10장, 11장도 참조). 윌슨과 길버트(2005)는 미래 사건이 개인적으로 매우 연관된 것이기는 하지만 쉽게 설명할 수 없을 때(예컨대, 예상치 않게 재산을 물려받는 것), 사람들이 특히 충격편향에 취약하다고 주장하였다. 사람들은 그러한 사건이 주의를 끌며(예컨대, 모든 주의가 운이 좋았다는 사실에 쏠린다), 정서적으로(예컨대, 행복감) 반응하도록 만들 것이라고 예상할 수 있다. 그렇게 되면 사람들은 그 사건을 이해하고자 시도하게 된다(예컨대, 누가 자신에게 유산을 남겼는가? 그리고 그 이유는 무엇인가?).

가장 결정적인 아이디어는 일단 사건이 어떻게 발생하였는지를 궁리하여 의미를 부여하게 되면, 그 사건에 대해서 덜 강하게 느끼게 된다는 것이다. 즉, 일단 사건에 의미를 부여하게 되면, 정상적이고 일반적이며 예상하였던 것처럼 보이게 된다(Wilson & Gilbert, 2005). 사건이나 행동에 의미를 부여하여 설명할 수 있을 때, 그 사건과 행동을 더욱 정상적인 것으로 판단하게 되는 일반적 경향성을 '이해의 사건 정상화' 효과라고 불러왔으며, 정신건강 평가에서도 언급해왔다(Meehl, 1973). 일단 다른 사람의 괴상하거나 무질서한 행동을 이해하였다고 믿게 되면, 사람들은 그것을 더욱 정상적인 것으로 판단한다(Ahn, Novick, & Kim, 2003). 사람들이 다른 사람의 무질서한 행동을 만족스럽게 설명함으로써 잘 이해하게 되면, 그 사람을 덜 부정적으로 느낀다고 보고하는데, 이것은 충격편향과 일치하는 것이다(Weine, Kim, & Lincoln, 2016). 요컨대, 사람들이 미래를 설계할 때 충격편향을 자각하도록 만드는 것이 중요하다. 충격편향 지식은 그 편향을 벌충하여 더욱 적합한 결정을 내릴 수 있게 해줄 수 있다(Wilson & Gilbert, 2005).

삶을 마감할 시점에서의 의사결정

내과의사인 아툴 가완디(Atul Gawande, 2014)는 그의 저서 어떻게 죽을 것인가?(*Being Mortal*)에서 말기 환자의 이야기와 삶의 끝자락에서 겪는 의사결정 갈등을 연관시키고 있다. 가완디가 소개하는 한 사례에서 환자는 척추로 퍼져나간 악성 암으로 마비되었으며, 화학요법도 효과가 없었다. 환자에게 한 가지 선택이 제시되었다. 통증을 완화하는 약물을 투여하면서 병이 진행되도록 내버려두거나 아니면 척추 주변의 암조직 일부를 제거하는 수술을 받는 것이었다. 주치의가 경고한 바와 같이, 수술은 환자의 건강을 개선시키거나 마비상태를 완화시키거나 생명을 연장시키지 못하며, 실제로는 심각한 해를 끼칠 가능성이 매우 높았다. 환자는 수술을 선택하였으며 오래지 않아 의료기기에 연결된 채 병원에서 사망하였다. 앞서 환자가 가장 피하고 싶은 것이라고 말하였던 바로 그 상황에 처하고 말았던 것이다. 환자의 선택은 최선이었는가? 아니면 마지막 삶의 질을 극대화하는 것(예컨대, 통증 관리에 초점을 맞추는 것)이 더 좋았겠는가?

이 사례는 보편적이면서도 삶을 마감할 시점에서의 중차대한 의사결정 딜레마를 예시하고 있다. 혹자는 환자가 **사망 유언**(living will; 본인이 직접 결정을 내릴 수 없을 정도로 위독한 상태가 되었을 때 안락사(존엄사)를 할 수 있게 해 달라는 뜻을 밝힌 유언장) 또는 **설명적 사전 지시**(instructional advance directive)를 작성하도록 권유함으로써 마지막 삶의 의사결정을 도와줄 수 있다고 제안해 왔다. 이것은 개인이 말기의 의료 관리에 대한 자신의 선호를 표현한 법적 문건을 말한다. 몇몇 국가(예컨대, 네덜란드, 벨기에)에서는 사람들이 존엄사(즉, 통증과 고통에서 벗어나기 위해 조력을 받는 자살)에 관한 자신의 선호를 표명할 수 있다. 그 목적은 환자가 자신의 의사를 표명하거나 회상할 수 없는 경우에 (예컨대, 수술 중에 의식이 없을 때, 치매가 상당히 진행되었을 때, 혼수상태일 때 등), 어떤 처치를 원하는지를 주치의와 보호자가 알 수 있게 하려는 것이다.

보호자의 입장에서 사망 유언장은 환자가 무엇을 원하였는지, 예컨대 환자가 호흡, 영양 공급, 콩팥 기능 등을 조절하는 의료기기로 생명을 지속하기 원하였는지 추측하려고 애쓰는 스트레스를 크게 감소시킬 수 있다(Ditto, Hawkins, & Pizarro, 2005). 또한 방금 위에서 보았던 수술 사례에서처럼, 환자에게 도움을 주기보다는 해를 끼치거나 실질적 가치가 없는 치료를 차단하는 데도 도움을 줄 수 있다(Scott, Mitchell, Reymond, & Daly, 2013). 연구문헌의 종합적 개관은 삶이 끝날 시점에서 사망 유언이 간호의 자질에 순수한 긍정적 효과가 있음을 시사하였다(Brinkman-Stoppelenburg, Rietjens, & van der Heide, 2014). 구체적으로 사망 유언은 말기 간호를 환자가 원하는 바에 따라 수행할 수 있는 기회를 증가시켰으며, **고통완화간호**(palliative care)의 사용을 증가시켰다. 고통완화간호는 스트레스와 통증을 비롯한 여러 증상을 효과적으로 관리하고, 말기환자와 그 가족의 삶의 질을 개선하는 데 초점을 맞춘다(Lo, Quill, & Tulsky, 1999).

또한 사망 유언은 병원에 입원하여 의료기기를 통한 생명 연장(예컨대, 삽관을 통한 영양 공급, 심폐소생술 등)도 감소시켰다(Brinkman-Stoppelenburg et al, 2014).

그러나 사망 유언을 작성하는 데 내재되어 있는 중차대한 의사결정 저항요인들이 존재한다. 첫째, 사람들의 선택이 시간이 경과하여도 일관성을 유지한다고 기대할 수 있는지가 명확하지 않다. 예컨대, 감정 예측에 관한 문헌을 살펴보면, 사망 유언을 작성할 때 사람들은 장차 자신이 상이한 치료 선택지에 어떻게 반응할지를 항상 알고 있는 것은 아니다(Ditto et al., 2005). 실제로 삶의 끝자락에 직면하였을 때 어떤 치료를 원하는지 물어보았던 사람의 1/3은 향후 2년에 걸쳐 적어도 한 번은 생각을 바꾸었다(Ditto et al, 2003).

밀접하게 관련된 다른 편향들도 말기 간호에 대한 사람들의 선호에 영향을 미칠 수 있다. 조지 로웬스타인(George Loewenstein, 2005)은 **투사편향**(projection bias)이 사람들의 치료에 관한 사전 의사결정에 강력한 영향을 미친다고 제안하였다. 투사편향이 작동할 때, 사람들은 현재의 심적 상태와 정서 상태를 미래에 투사한다. 예컨대, 여러분이 지금으로부터 1년도 더 남은 휴가여행을 계획하고 있다고 가정해보라. 만일 여러분이 출장으로 인한 장시간의 비행기 여행으로 지금 심한 멀미로 고통받고 있다면, 집에서 가까운 여행을 계획할 가능성이 상당히 높다. 만일 이례적인 심한 눈보라로 여러 날을 집에 갇혀 있었다면, 먼 곳으로의 여행을 계획할 가능성이 매우 높다. 각 경우에 여러분의 결정은 현재(그리고 일시적일 가능성이 높은) 선호도의 영향을 강하게 받는다. 궁극적으로 만일 여러분이 전형적으로 휴가를 어떻게 생각하는지에 따라서 계획을 세우거나, 휴가여행을 떠날 미래의 특정 시점에 여러분이 어떻게 느낄 가능성이 있는지를 경험에 근거하여 추측하고자 시도한다면, 그 여행으로 인해 비교적 행복하게 느낄 것이다. 마찬가지로, 삶의 끝자락에서 선호할 치료의 경우에, 생명을 3개월 더 연장하기 위하여 화학치료를 받겠다고 말한 사람이 건강한 참가자의 경우에는 단지 10%에 불과하지만 암환자의 경우에는 42%였다(Slevin et al., 1990).

아무튼 사람들의 선호가 오락가락한다는 사실을 놓고 볼 때, 특정인의 규범적 선택을 건강할 때 제시한 선호에 근거해야 하는지 아니면 삶의 끝자락에 가까웠을 때 제시한 선호에 근거해야 하는지는 불명확한 채로 남아있다(Ditto et al., 2005). 예컨대, 통증은 지금 경험하고 있을 때 대단히 현저하지만 돌이켜 생각할 때는 비교적 쉽게 망각하며, 과거에 결코 경험한 적이 없는 통증은 상상해보기도 어렵다(Christensen-Szalanski, 1984). 예컨대, 한 연구에서 보면 산모에게 진통이 있기 1개월 전과 진통의 초기단계에 물었을 때는 출산을 위해 마취를 하지 않는 것을 선호하였다. 본격적으로 진통이 진행되고 통증이 정점에 도달하였을 때는, 선호가 마취를 하는 쪽으로 이동하였다. 그런데 매우 흥미로운 사실은 출산 후 1개월이 지났을 때 다시 물었을 때는 원래의 선호로 되돌아가 있었다는 점이다(Christensen-Szalanski, 1984).

후속연구는 과거의 통증 일화를 기억해낼 때는 사람들이 최고점에 도달하였을 때 얼마나 아팠는지 그리고 그 일이 끝났을 때는 얼마나 아팠는지만을 생각하는 경향이 있다는 사실을 시사한다. 둘의 평균이 미래 행위에 관한 사람들의 결정에서 비교적 강건한 예측요인인 것으로 밝혀졌다(Redelmeier & Kahneman, 1996). 이러한 두 시점이 고통스러웠던 기간의 평가를 주도하며, 심지어는 고통이 지속된 시간조차도 압도해버린다. 여러분이 불쾌한 통증의 정도가 동일한 두 가지 상이한 일화를 경험한다고 가정해보라. 한 가지 일화에서는 통증이 1분 후에 중지된다. 다른 일화에서는 통증이 1분에 더해서 30초 더 계속되는데, 이 30초 동안에는 통증이 점차적으로 조금씩 줄어든다. 사람들은 앞으로 다시 한 번 경험할 일화를 선택해야 할 때, 길었던 일화의 재경험을 선호한다. 요컨대 더 많은 통증을 선택한다(Kahneman, Fredrickson, Schreiber, & Redelmeier, 1993). 사람들이 과거의 통증을 정점에 도달했을 때와 끝부분의 통증을 평균한 것으로 기억해내는 이러한 현상을 **정점-말미 규칙**(peak-end rule)이라고 부르며, 이 현상은 환자의 의사결정에 중요한 함의를 가질 수 있다(Redelmeier & Kahneman, 1996). 예컨대, 만일 시간이 더 오래 걸리는 치료의 정점-말미 평균이 낮다면 사람들은 짧고 덜 고통스러운 치료보다 길고 더 고통스러운 치료를 선택할 수가 있다. 그렇지만 앞에서 본 바와 같이, 그러한 결정이 최선의 것은 아니다.

삶을 마감할 시점에서의 의사결정이라는 복잡한 과제를 다루는 한 가지 희망적인 접근방식은 환자와 가족 그리고 의사를 위한 전산화된 결정지원시스템을 구축하는 것이다. 그러한 결정지원시스템을 구축하는 간소한 접근방식은 연령, 성별, 인종, 민족성 등을 고려한 다양한 사람들을 대상으로 치료 선호에 대한 의견을 수집하고, 그러한 인구학 변인들에 근거하여 특정 환자에 대해서 예측하는 것이다(Rid & Wendler, 2014). 또한 이러한 도구는 보편적인 주요 의료 조건에 관한 대규모 의학 데이터베이스에 근거하여 각각의 가능한 치료법이 성공할 가능성을 추적할 필요도 있다. 이것은 의료서비스가 중앙집권화되어 있는 국가에서 보다 충실하게 달성할 수 있다. 이러한 국가에서는 그러한 데이터를 수집하고 접속할 가능성이 더 높기 때문이다(Rid & Wendler, 2014).

미래를 위한 투자 : 돈과 건강

삶의 끝자락에서 의료 개입 결정과 개인적 재정 관리에 관한 결정은 모두 시점 간 선택의 결정이다. **시점 간 선택**(intertemporal choice)이란 즉각적 결과(예컨대, 지금 월급을 지출하여 오늘 멋진 새 옷을 입고 즐길 수 있다)와 미래의 결과(예컨대, 월급을 노후에 대비하거나 몇 달 후에 더 비싸고 더 멋진 옷을 입기 위하여 저축하는 것) 간의 선택을 말한다(Chapman, 1996 참조). 점진적으로 증가하고 있는 시점 간 선택에 관한 연구들은 미래 수익이 멀리 있을수록, 사람들이 그러한 수익에 가치를 덜 부여한다는 사실을 보여주었으며, 이 현상을 **시간 절감**(temporal discounting)이라고 부른다(Green, Myerson, & McFadden, 1997). 사람들은 지금 사용할 수 있는 자원에 비해서 미래 자원을 편파적으로 평가절하하기 때문에, 일반적으로 미래 수익을 위해 현재의 희생을 감내하기가 어렵다(예컨대, 미래의 더 좋은 건강을 위하여 단 음식을 적게 먹는 것). 시간 절감은 일생에 걸쳐 일어나지만, 나이가 들수록 그 정도가 낮아진다(Green, Fry, & Myerson, 1994). 경제학자와 심리학자들은 오래전부터 이 현상을 관찰해왔으며, 미래지향 의사결정 모형에서 중요한 역할을 담당한다(Chapman, 1996).

　시간 절감을 감소시키려는 목적을 가진 한 가지 개입 프로그램은 미래의 은퇴에 대비하여 더 많은 돈을 저축하겠다는 젊은 성인(예컨대, 20대 초반의 젊은이)의 의도에 영향을 미치도록 설계되었다. 일반적으로 사람들은 미래 자기를 자신의 모습으로 생각하는 데 어려움을 겪으며, 미래 자기를 전혀 다른 차별적인 사람으로 생각하는 경향이 있다(Parfit, 1971). 젊은이에게 50년 후에 어떤 모습일지를 보여주는 것은 미래 자기와 더 연계되어 있다고 느끼도록 도와줄 수 있다. 이 사실을 검증해보기 위하여 허쉬필드와 동료들(Hershfield, Goldstein, Sharpe, Fox, Yeykelis, Carstensen, & Bailenson, 2011)은 각 참가자에 대해서 나이가 들어가면서 늙은 모습을 보이는 개인적 아바타들을 만들었다. 허쉬필드와 동료들(2011)은 여러 실험을 통해서 가상 '거울'을 통해서든 아니면 사진을 통해서든 늙어가는 자신의 아바타를 보았던 사람들이 현재의 자기 나이와 동일한 아바타를 보았던 사람들보다 가상 은퇴기금에 더 많은 돈을 할당한다는 사실을 보여주었다. 나이 들어가는 아바타 개입 프로그램의 이면에는 사람들이 미래를 위해 얼마나 많은 돈을 저축할 것인지를 결정할 때, 그 아바타가 자신과 미약하게만 연결된 어떤 가상적 노인이 아니라 정말로 자기 자신인 것처럼 더 많이 느끼게 된다는 아이디어가 숨어있다.

마찬가지로 폭스와 베일렌슨(Fox & Bailenson, 2009)은 실감형 가상현실 테크놀로지를 사용하여 미국 대학생들에게 운동을 할 때와 하지 않을 때 세월이 흐른 후 어떤 일이 일어날 것인지를 보여주었다. 두 실험조건의 참가자들은 참가자의 모습을 닮은 아바타를 보았다. 한 조건에서는 연구의 첫 단계에서 참가자가 운동을 함에 따라 체중이 감소하는 아바타를 보았으며, 두 번째 단계에서는 그대로 서있으면서 아바타의 체중이 늘어나는 것을 보았다. 두 번째 조건의 참가자도 첫 단계에서는 운동을 하고 두 번째 단계에서는 그대로 서있지만, 관찰하는 아바타는 그 모습이 변하지 않았다. 마지막으로 두 집단의 참가자 모두에게 계속해서 운동하거나 중지하는 것 중에서 선택할 수 있게 허용하였다. 운동이나 중지와 함께 체중이 감소하거나 불어나는 아바타를 관찰한 참가자가 운동여부에 관계없이 일정한 체형을 유지한 아바타를 관찰한 참가자보다 운동을 더 많이 하였다(Fox & Bailenson, 2009). 아마도 자신의 아바타가 날씬해지는 과정을 보는 것은 보상을 얻으려면 여러 달을 기다려야 하는 경우보다 현재 투여하고 있는 노력에 대한 즉각적인 보상을 제공하는 것이겠다. 은퇴를 위한 저축 연구(Hershfield et al., 2011)에서와 마찬가지로, 이러한 개입 프로그램도 사람들이 미래 자기와 일체감을 느끼도록 도와줌으로써 건강행동에 영향을 미칠 흥미진진한 잠재력을 가지고 있다.

결론

이 장에서는 사람들이 미래를 예측하고 그 정확성을 평가하는 방법들을 살펴보았다. 일반적으로 과거 데이터를 사용하여 미래를 예측하는 통계적 예측 기법이 직관적인 전문가 판단보다 우수하거나 적어도 등가적인 것으로 나타났다. 경험이 쌓이면서 판단이 더 정확해지는지는 상당 부분 예측에 대한 교정 피드백을 받는지 여부에 달려 있다. 끊임없는 피드백이 일기예보자를 세상에서 가장 정확한 예측자로 만드는 데 기여해왔다. 사람들이 미래 감정을 예측할 때, 얼마나 강력하게 또는 얼마나 오랫동안 그렇게 느낄 것인지를 오판하는 경향이 있다. 이 현상은 삶의 끝자락에서의 치료 결정과 은퇴생활과 미래건강에 영향을 미치는 일상적 결정을 포함한 미래지향 의사결정에 심각한 문제를 제기한다. 결정지원시스템을 수반하는 개입 프로그램은 통계적 예측 기법과 사람들이 미래 자기와 연결되어 있다고 더 많이 느끼도록 도와주는 방법을 찾는 것에 초점을 맞추고 있으며, 이러한 문제를 해결하는 데 도움을 주기 시작하였다.

논의를 위한 물음

1. 절친이나 가까운 친척이 행동상의 문제를 가지고 있으며, 진단과 전문가의 도움을 찾으려 한다고 가정해보라. 여러분에게 이러한 요구를 가장 잘 만족시켜줄 수 있는 임상가를 추천해달라고 요구한다. 여러분은 *MMPI-2*(Butcher et al., 1989; 생각상자 6.1 참조)를 실시하는 임상가를 추천하겠는가, 그 친구나 친척과 함께 앉아서 무엇이 문제인지를 알아내기 위하여 이야기하는 임상가를 추천하겠는가, 아니면 두 가지를 모두 실시하는 임상가를 추천하겠는가? 그 이유는 무엇인가?

2. 인터넷에서 여러분이 살고 있는 지역에서(아니면 어느 지역에서든지) 사망유언이나 설명적 사전 지시를 작성할 수 있는 견본을 찾아보라. 이 견본을 작성할 때 무엇이 최적의 의사결정을 구성할지를 논의하라. 이 장에서 제기하지 않았지만 고려할 필요가 있는 부가적인 논제와 사안이 있는가? 투사편향, 시간 절감, 정점-말미 규칙, 그리고 통증 경험 후에 사람들의 선호가 바

뀌는 것 등에 대처하기 위하여 어떤 것을 선택하겠는가?

더 읽을거리

Gawande, A. (2014). *Being mortal: Medicine and what matters in the end*. New York, NY: Metropolitan Books. [어떻게 죽을 것인가? 김희정 역. 부키출판사, 2015.]

Meehl, P. E. (1954/1996). *Clinical versus statistical prediction: A theoretical analysis and a review of the evidence*. Northvale, NJ: Jason Aronson, Inc.

Wilson, T. D., & Gilbert, D. T. (2005). Affective forecasting: Knowing what to want. *Current Directions in Psychological Science, 14*(3), 131–134.

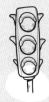

제**3**부

....

자원에
관한 결정

선택과 심적 회계 7

학습목표

이 장을 마무리하게 되면, 여러분은 다음을 수행하였을 것이다.

- 가용한 선택지의 수와 최종 목표 등을 포함하여, 사람들이 수행하는 선택 그리고 그 선택에 따른 개인적 만족감에 영향을 미치는 요인들을 살펴보았다.
- 허버트 사이먼(1972)이 제안한 제한된 합리성 이론의 근본 기조를 살펴보고 일상의 선택문제에 적용하였다.
- 선택에 관한 인지신경과학 연구를 평가하고, 그 연구가 순수한 행동연구를 넘어서서 선택에 관한 이해에 어떤 공헌을 하는지를 비판적으로 살펴보았다.
- 심적 회계가 정식 회계나 전통적인 경제학 모형과 어떻게 다른지를 논의하고, 심적 회계의 이해가 어떻게 사람들의 소비행동과 저축행동을 보다 잘 설명할 수 있는지를 살펴보았다.
- 다양한 상황에 걸쳐서 자유주의적 개입주의를 찬성하거나 반대하는 주장을 비교하였으며, 여러분 자신의 견해를 형성해보았다.

핵심용어

- 가격 우선성(price primacy)
- 경제적 유인과 삭감(economic incentive and disincentive)
- 극대화(maximization)
- 넛지(nudge)
- 대체성 원리(principle of fungibility)
- 만족하기(satisficing)
- 매몰비용(sunk cost)
- 명령과 금지(mandate and ban)
- 선택(choice)

- 선택 과부하 효과(choice overload effect)
- 심적 회계(mental accounting)
- 이행성(transitivity)
- 자유주의적 개입주의(libertarian paternalism)
- 제품 우선성(product primacy)
- 제한된 합리성(bounded rationality)
- 지정 규칙(default rule)
- 행동 생애주기 가설(behavioral life-cycle hypothesis)
- 현상유지편향(status quo bias)

일상생활은 시간, 돈, 노력, 기회 등의 자원을 사용할 것인지 그리고 사용한다면 어떻게 사용할 것인지에 관한 일련의 선택으로 이루어져 있다. (제7, 8, 9장을 모두 아우르는) 제3부에서는 이러한 자원을 어떻게 사용하기로 결정하는지 그리고 그러한 선택이 궁극적으로 사람들의 가치관과 일치하며 자신의 목표를 향한 진보를 최적화하는지 여부에 어떤 요인들이 영향을 미치는지를 물음한다. 특히 마케팅, 경영학, 행동경제학의 통찰을 판단과 의사결정 심리학과 통합하는 연구를 집중 조명한다.

선택

선택(choice)이란 둘 이상의 선택지 중에서 하나를 고르는 것을 말한다. 예컨대, 옷가게에서 옷을 구입할 것인지 그리고 무슨 옷을 구입할 것인지 또는 여러 가지 의학 치료 선택지 중에서 어느 치료법을 선택할 것인지 등이다. 고전적인 합리적 선택 이론(예컨대, von Neumann & Morgenstern, 1944/2007)은 전통적으로 사람들이 자신의 선택에 관한 완벽한 지식을 가지고 있으며, 결정에 직면할 때는 언제나 최적 선택을 위한 복잡한 계산을 수행할 수 있다고 가정하는 경향이 있었다(Simon, 1972). 반면에 허버트 사이먼(Herbert Simon, 1956)은 복잡한 유기체가 생존하기 위하여 최선의 가능한 상황만을 추구할 필요는 없으며, 오히려 '어느 정도 괜찮은' 상황을 찾기만 하면 된다는 사실을 지적하였다. 즉, 유기체는 **극대화**(maximization)를 추구할 필요가 없으며(실제로 그렇게 하는 경우도 드물다), 오히려 **만족하기**(satisficing)[4]만이 필요할 뿐이라는 것이다. 나아가서 그는 사람들의 제한점을 고려한 선택이론을 개발하는 것이 더 타당하다고 주장하였다. 예컨대, 사람들은 불완전한 지식과 유한한 계산능력의 제약을 받는다. 이것이 **제한된 합리성**(bounded rationality) 이론이다. 즉, 불확실성, 가용한 선택지에 관한 완벽한 정보의 결여, 그리고 수행하는 결정의 복잡성 등을 고려한 인간 추리 이론이다(Simon, 1972).

---

4. 만족하기(satisficing)는 허버트 사이먼(1956)이 처음으로 사용한 '만족하다(satisfy)'와 '충분하다(suffice)'의 합성어이다. 1978년 노벨 경제학상을 수상한 인지과학자인 사이먼은 최적 해결책을 결정할 수 없는 상황에서 의사결정자의 행동을 설명하기 위하여 이 용어를 사용하였다. — 역주

제한된 합리성은 사람들이 매우 복잡한 결정에 직면할 때 최적 선택을 할 수 없다는 사실을 함축한다. 그럼에도 많은 사업체는 선택할 수 있는 선택지를 많이 가지고 있을수록 더 좋다고 가정하는 것으로 보인다. 즉, 선택지가 많을수록 자유롭게 선택할 수 있는 기회를 더 많이 제공하며 사람들로 하여금 자신이 원하는 것을 확실하게 얻을 수 있게 해준다는 가정이다. 이러한 가정은 동일 품목의 다양한 제품을 진열하고 있는 대규모 슈퍼마켓 그리고 수백 가지 다양한 와인, 치즈, 소고기 등을 자랑하는 전문점 등에 반영되어 있다. 문제는 더 많은 선택지가 정말로 좋은지 여부이다. 예컨대, 소비자의 견지에서 볼 때, 적은 수의 선택지와 대비하여 많은 선택지 중에서 선택하면 그 선택에 더 만족하는가? 아니면 판매자의 견지에서 볼 때, 소비자는 선택지가 많을수록 물건을 살 가능성이 더 높은가?

2000년에 이엔가와 레퍼(Iyengar & Lepper)는 이 물음을 경험적으로 다룬 논문을 발표하였는데, 여러 연구를 통해서 놀라운 결과를 보고하였다. 한 연구는 캘리포니아의 한 슈퍼마켓에서 수행하였는데, 이 슈퍼마켓은 대략 300가지의 잼을 진열하고 있었다. 관례적으로 판매하는 다양한 제품의 견본을 슈퍼마켓 내의 부스에 진열한다. 이엔가와 레퍼(2000)는 한 부스에서 진열하는 견본의 수에 처치를 가할 수 있었다. 어느 토요일에 5시간 동안 고객이 시식할 수 있도록 6가지 잼의 견본을 제시하였다. 이 시간 동안 242명의 고객이 부스를 지나갔다. 다음 주 토요일 동일한 시간 동안 이번에는 24가지 견본을 제시하였으며 260명의 고객이 부스를 지나갔다. 견본이 6가지일 때보다 24가지일 때 사람들이 부스에서 멈출 가능성이 더 높았지만(각각 지나간 고객의 40%와 60%), 시식해보는 가짓수에서는 차이가 없었다(각각 1.4가지와 1.5가지의 잼). 정말로 놀라운 결과는 24가지 견본 부스에서 시식해본 고객의 경우에는 단지 3%만이 모든 종류의 잼이 진열된 선반에서 실제로 잼을 구입한 반면, 6가지 견본 부스에서 시식해본 고객의 경우에는 30%가 동일한 진열대에서 잼을 구입하였다는 사실이다. 판매자의 견지에서 볼 때, 소수의 선택지를 제시하는 것이 실제로 더 좋은 결과(더 많은 판매)를 초래하였으며, 이 결과를 일반적으로 **선택 과부하 효과**(choice overload effect)라고 부른다.

이에 상응하는 연구에서는 심리학 과목을 수강하는 학생들에게 글쓰기를 수반하는 가산점 과제를 수행할 기회를 제공하였다. 어떤 학생에게는 6가지 주제 중에서 선택할 수 있다고 알려주었으며, 다른 학생에게는 24가지 중에서 선택할 수 있다고 알려주었다. 6가지 주제에서 선택한 학생이 24가지 중에서 선택한 학생보다 과제를 완성할 가능성이 더 높았다(각각 74%와 60%). 나아가서 6가지 주제 중에서 선택한 학생이 더 우수한 글을 작성하였다. 실험조건을 알지 못하는 대학원생이 내용과 형식 측면에서 24가지 주제 학생이 제출한 글보다 6가지 주제 학생이 제출한 글을 더 높게 평가하였다(Iyengar & Lepper, 2000). 이 경우에도 더 적은 수의 선택지를 제시받은 학생이 더 많은 이득을 보았던 것이다.

한 가지 중요한 사실은 선택 과부하 효과가 모든 조건에서 발생할 것이라고 기대해서는 안 된다는 점이다. 예컨대, 이엔가와 레퍼(2000)는 선택지들을 제시하기에 앞서 사람들이 이미 특정 선택지를 강력하게 선호하고 있을 때는 그 효과가 나타나지 않을 수 있다고 제안하였다. 즉, 선택 과부하 효과는 사람들이 선택해야 하는 대상들에 별로 친숙하지 않을 때 일어날 가능성이 매우 높다. 샤이버헤너와 동료들(Scheibehenne, Greifeneder, & Todd, 2010)은 선택 과부하 효과를 검증한 많은 실험을 포함한 메타분석을 실시하였으며, 보다 최근에는 체르네프와 동료들(Chernev, Böckenholt, & Goodman, 2015)이 동일한 메타분석을 실시하였다. 샤이버헤너와 동료들(2010)은 전반적인 선택 과부하 효과를 찾아내지 못하였으나, 체르네프와 동료들(2015)은 조절변인들을 통제하였을 때 통계적으로 유의한 효과를 찾아냈다. 흥미로운 사실은 이러한 두 가지 메타분석이 그 효과가 나타날 것인지에 영향을 미치는 것으로 보이는 거의 동일한 조절변인들을 확인하였다는 점이다. 선택 과부하 효과는 결정과제가 어려울 때 (예컨대, 사람들이 시간 압력을 받고 있을 때) 일어날 가능성이 더 크다. 또한 제시하는 선택지들이 매우 복잡하여 비교하기 어려울 때 그리고 [이엔가와 레퍼(2000)가 제안한 바와 같이] 사전에 어느 것을 선호하는지를 알지 못할 때 발생할 가능성이 높다(Chernev et al., 2015; Scheibehenne et al., 2010). 이에 덧붙여서, 사람들이 선택에 투자하는 심적 노력을 최소화하고자 적극적으로 시도할 때, 선택 과부하 효과를 보일 가능성이 더 높다(Chernev et al., 2015). 요컨대, 많은 의사결정 현상과 마찬가지로 선택 과부하 효과는 언제 그 효과가 일어날 것이라고 기대할 수 있는지를 예측할 수 있게 해주는 중요한 경계조건을 가지고 있다.

이러한 경계조건 내에서, 연구문헌은 가용한 선택지의 수를 제한하는 것은 소비자와 판매자 모두의 견지에서 볼 때, 더 좋은 결과로 이끌어갈 수 있다는 사실을 시사한다. 슈워르츠와 와드(Schwartz & Ward, 2004)는 최적의 만족을 위해서는 선택을 제한해야만 한다고 다음과 같이 주장하기에 이르렀다.

> 선택, 그리고 그 선택과 함께 주어지는 자유, 자율성, 자기결정은 과도할 수 있으며, …
> 그러한 일이 일어나면, 자유는 고통을 유발하는 일종의 폭군으로 경험될 수 있다. 무절제
> 한 자유는 마비상태로 이끌어간다. 안녕감과 최적의 기능 상태로 이끌어가는 것은 의미
> 심장한 제약, 즉 일종의 규칙 내에서 작동하는 자기결정인 것이다(p. 86).

이들은 이엔가와 레퍼(2000)의 것과 같은 결과를 놓고 볼 때, 전반적으로는 어느 정도의 자유를 갖는 것이 더 좋겠지만, 선택 과부하 효과가 발생하는 조건에서는 무제한적인 자유는 바람직하지 않다고 주장하였다.

나아가서 슈워르츠와 와드(2004)는 선택을 하는 목적을 고려한다면 선택지를 제한하는 것이 도움을 주는 이유를 더 용이하게 생각해볼 수 있다고 제안하였다. 구체적으로 극대화와 만족하기(Simon, 1956)를 선택의 두 가지 상이한 궁극적 목표로 생각할 수 있다. 선택지의 수가 적을 때는, 단지 만족할 수 있는 재량권을 부여받았다고 느낄 수 있다. 즉, 그 정도면 만족스러우며 몹시 힘든 심적 노력을 들이거나 가능한 모든 선택지를 평가할 필요가 없는 단순한 결정을 내릴 수 있다고 느낄 수 있다. 많은 선택지가 주어질 때는 만족하기보다는 극대화를 부추기기 십상이며, 고려해야 할 정보가 너무 많아서 최선의 결정을 내려야만 한다는 압박감을 느낄 수 있다. 저축한 돈의 대부분을 주방 리모델링에 투자하기로 결정한 주택소유자는 가용한 모든 색상을 살펴보고, 단지 수백 가지 캐비닛 손잡이 선택지가 가용하다는 이유 때문에 모든 선택지를 살펴보아야 한다는 압박감을 느낄 수 있다.

만족하기보다는 극대화하려는 압박감을 느끼는 정도에는 개인차가 있을 수도 있다. 이러한 가능성을 검증하기 위하여 슈워르츠와 동료들(Schwartz, Ward, Monterosso, Lyubomirsky, White, & Lehman, 2002)은 극대화하려는 사람들의 욕구(예컨대, 만족하기이면 충분한 것에 대비되는)를 측정하기 위하여 극대화

척도(Maximization Scale)를 개발하였다. 이 척도는 13개 척도문항에 걸쳐 사람들에게 다양한 영역(예컨대, 쇼핑, 직업 전환 추구, 더 좋은 관계의 추구, 텔레비전 채널 변경, 편지 쓰기 등)에서 결정할 때 그리고 보편적으로 최선의 것을 생각할 때(예컨대, 높은 기준을 설정하는 것, 작은 것에 안주하지 않는 것 등) 극대화를 선호하는 정도를 평정하도록 요구한다. 연구자들은 극대화가 후회와 우울 그리고 완벽주의와 정적 상관을 나타내며, 행복감, 삶의 만족도, 낙관성, 높은 자존감 등과 부적 상관을 나타낸다는 사실을 발견하였다. 다시 말해서, 극대화 경향성은 일반적으로 만족감을 예측하지 못하는 것으로 보인다. 물론 이러한 상관연구를 가지고는 그 이유가 명확하지는 않지만 말이다.

슈워르츠와 동료들(2002)은 결정을 극대화하려는 욕구가 어떤 결과이든지 간에 충분히 만족스럽게 느끼기 어렵게 만들 것이라고 생각하였다. 만족하기가 완벽한 이상적 결과에 도달하고자 시도하느라 기진맥진하지 않은 채 사람들이 적절한 안녕감을 유지하면서 살아갈 수 있게 해준다는 사이먼(1956)의 초기 생각은 일단 결정한 선택에 대한 사람들의 만족감을 포함하도록 확장될 수 있다. 선택을 하는 시점에서 극대화를 시도하고 있지 않다면 사람들은 자신의 선택에 더 만족하게 된다. 극대화가 불만족을 초래하고 만족하기가 만족을 야기하는 한에 있어서, 의사결정자는 만족하기를 위하여 극대화를 포기하는 것이 더 좋다고 할 수 있다.

구매결정

지금까지의 논의는 사람들이 어느 정도는 선택지들을 살펴보면서 선택한다고 가정해왔다. 그렇지만 구매결정에 관한 연구는 다음과 같은 두 가지 핵심 요인, 즉 (1) 제품에 대한 사람들의 느낌 그리고 (2) 가격의 평가에 초점을 맞추어왔으며, 이것은 이중과정 모형(제1장 참조)을 반영하는 것이다. 일반적으로 감정과 의도적 평가가 어떻게 선택에 영향을 미치는지는 따져볼 가치가 있어 보인다. 사람들은 어떤 요인이 자신의 선택에 영향을 미치는지를 반드시 의식적으로 자각하지 못하기 때문에, 연구자들은 기저 결정과정에 관한 가능성 있는 가설들을 설정하기 위하여 행동측정치와 함께 신경영상 기법으로 관심을 돌려왔다. 수많은 연구는 제품 자체를 보는 것이 수익의 생각과 연합된 신경회로(예컨대, 중격핵)를 활성화시키는 반면, 제품 가격을 보는 것은 손실의 생각과 연합된 신경회로(예컨대, 뇌섬)를 활성화시킨다는 사실을 시사해왔다. 넛슨과 동료들(Knutson, Rick, Wimmer, Prelec, & Loewenstein, 2007)은 결정과정 중에 중격핵과 뇌섬의 신경활동 패턴을 살펴봄으로써 특정 제품을 구입하기로 결정하는지를 예측할 수 있다는 가설을 세웠다. 또한 수익과 손실 정보를 통합하는 것(예컨대, 가격은 특정 제품을 획득함으로써 얻게 되는 보상의 가치를 가지고 있는지를 판단하는 것)과 연합된 내측 전전두피질의 활동을 사용하여 실제 구매 결정을 예측할 수 있다는 가설도 세웠다.

이 가설을 검증하기 위하여 넛슨과 동료들(2007)은 젊은 성인들에게 fMRI 기기로 두뇌를 주사(走査)하는 동안 제품을 보고 그것을 구입할 것인지를 결정하도록 요구하였다. 모든 참가자에게는 20달러의 '보유금'을 주었는데, 각 참가자는 이것을 그대로 갖거나 제품을 구입하는 데 사용할 수 있었다. 참가자에게는 사전에 여러 시행 중에서 한 시행은 '실제' 상황으로 취급할 것이며 그 시행은 나중에 무작위로 선정하게 된다고 알려주었다. 이 말은 만일 그렇게 무작위로 선정한 시행 동안 제품을 구입하였다면, 가격만큼 참가자의 보유금에서 감액할 것이며, 소개된 제품이 실제로 참가자에게 배송된다는 것을 의미하였다. 이러한 방식으로 연구자들은 이 과제에서의 결정이 구매가 순전히 가상적일 때보다 참가자에게 더 의미 있는 것이 되도록 만들었다. 각 제품(예컨대, 초콜릿 한 통)을 4초 동안 제시한 후에, 그 제품의 가격(예컨대, 7달러)을 4초 동안 제시하였으며, 4초 동안의 구매시간이 뒤따랐다. 구매시간 중에 참가자는 그 제품을 구매하거나 구매하지 않겠다는 결정을 '예'와 '아니요'가 표시된 단추를 눌러 나타냈다.

연구자들은 만일 제품을 제시하는 동안 좌우 중격핵의 활동이 증가하면, 그 제품을 구매할 가능성도 높아진다는 사실을 발견하였다(Knutson et al., 2007). 이 결과는 제품을 보는 것이 사람들로 하여금 수익을 생각하게 만들며, 수익을 생각하고 있으면 구입할 가능성이 더 높아진다는 아이디어와 일치하는 것이다. 이에 덧붙여서 연구자들은 만일 가격을 제시하는 동안 우반구 뇌섬이 높은 활동을 나타내면, 사람들이 그 제품을 구입할 가능성이 낮아진다는 사실도 발견하였다. 이 결과도 가격 제시가 제품을 구입함으로써 상실할 돈의 생각을 촉발하여 구입 가능성을 낮춘다는 사실을 시사하는 선행 행동연구와 일치하였다. 가격을 제시하는 동안 좌우 내측 전전두피질의 활동이 증가할 때도 사람들이 제품을 구입할 가능성이 높아졌다. 넛슨과 동료들(2007)은 이 결과와 맞아떨어지는 해석은 제품과 가격 정보의 통합(예컨대, 제품의 우수성을 감안할 때 가격이 적절한지를 묻는 것)이 손실에 대한 생각만을 상쇄시키는 것이라고 주장하였다.

신경영상 기법을 더욱 활용하여 선택지 간에 선택 결정이 이루어지는 시간과정을 알아보고자 하였다. 제3장에서 여러 영역에 걸쳐 정보의 우선성이 어떻게 가능성 판단에 영향을 미치는지를 논의하였던 내용을 회상해보라. 초두효과는 선택에도 영향을 미친다. 특히 마케팅에서 **가격 우선성**(price primacy)과 **제품 우선성**(product primacy)은 가격과 제품 중에서 어느 것을 먼저 제시하는지가 그 제품을 구입할지에 관한 결정에 영향을 미치는 것을 말한다(Karmarkar, Shiv, & Knutson, 2015). 우선 제과점 앞의 진열대에 배열한 군침이 나오게 만드는 파이의 모습과 냄새에 끌리게 되면(제품 우선성), 구입 여부 결정이 감정, 즉 파이를 어떻게 느끼는지에 의해서 강력한 영향을 받게 된다. 반면에 '파이 반값 세일'이라고 적어놓은 제과점 입간판에 우선적으로 끌리게 되면(가격 우선성), 파이를 구입할지의 선택은 이것이 파이 가격으로 괜찮은 것인지에 대한 분석적 평가의 영향을 크게 받게 된다. 감정과 분석적 판단이 구매 결정에서 어떻게 선택에 영향을 미치는지를 짜 맞추는 데 있어서 행동연구가 상당한 정보를 제공해주었지만, 신경영상 기법도 보강 증거를 제공해왔다.

예컨대, 초두효과에 관한 선행연구에 기초하여, 카마카와 동료들(Karmarkar, Shiv, & Knutson, 2015)은 신경영상 연구에서 잠재적 가격을 먼저 제시할 때 구매자가 그 가격의 영향을 더 강하게 받는지, 그리고 제품을 먼저 보았을 때 그 제품에 대한 감정의 영향을 더 강하게 받는지를 물음하였다. 첫째, 가격과 제품 중에서 어느 것을 먼저 제시하는지에 관계없이, 사람들은 대체로 동일한 수의 물건을 구입하고 좋아하는 정도도 대체로 같았다. 그렇지만 신경영상 데이터는 구매결정에 기저하는 심적 과정의 **시간과정**이 가격과 제품 중에서 어느 것을 먼저 보느냐에 따라서 달라질 수 있다는 새로운 가능성을 제기하였다. 참가자가 궁극적으로 제품을 구입하였는데, 제품을 먼저 제시하는 시행에서는 즉시 중격핵의 활동이 증가하였다. 가격을 먼저 제시할 때는 제품도 제시한 후에라야 비로소 중격핵의 활동이 증가하였다. 이 결과는 제품을 보는 것이 보상에 대한 생각을 촉발한다는 아이디어와 일치하는 것이다(Karmarkar et al., 2015).

이에 덧붙여서, 참가자가 궁극적으로 제품을 구입하였는데, 제품을 먼저 제시한 시행에서는 모든 정보(즉, 제품과 가격)를 제시하였을 때 내측 전전두피질의 활동이 증가하였다. 반면에 가격을 먼저 제시하였을 때는 구입 결정을 내린 이후에야 비로소 내측 전전두피질의 활동이 증가하였다. 또한 카마카와 동료들(2015)은 제시한 모든 제품이 실용적인 것(예컨대, 배터리, USB 드라이브 등)이었던 후속연구에서 제품을 먼저 제시할 때보다 가격을 먼저 제시할 때 사람들이 유의하게 더 많이 구매한다는 사실을 발견하였다. 이 결과는 가격 우선성이 사람들로 하여금 구매결정을 할 때 제품 가격이 적정한지 아니면 할인된 가격인지를 더 많이 생각하게 만든다는 사실을 시사하였다.

이러한 결과는 사람들이 자신의 자원을 어떻게 사용하고자 결정하는지를 이해하는 데 중요한 함의를 가지고 있다. 예컨대, 마케팅 목적에서는 가격을 우선 제시하는 것이 실용적인 제품에 특히 효과적일 수 있다. 이에 덧붙여서, 소비자의 입장에서는 가격 우선성과 제품 우선성에 관한 연구결과를 이해하고 자각하는 것이 자신의 목표를 가장 잘 충족할 수 있는 방식으로 자원을 사용하는 방안을 생각하는 데 도움을 줄 수 있다. 물론 소비자는 가격과 제품에 대한 감정이 구매 결정에 영향을 미친다는 사실을 이미 깨닫고 있을 수도 있지만, 자신이 우선적으로 주의를 기울이는 것이 결정과정에서의 생각에 편파적으로 영향을 미칠 수 있다는 사실은 자각하지 못할 수 있다.

심적 회계

자원을 사용할 것인지, 사용한다면 어떻게 사용할 것인지에 관한 결정은 무엇보다도 그 자원이 어디에서 나온 것이라고 생각하는지의 영향을 받는다. 연구결과는 사람들이 자신의 자원을 개인적으로 추적하고 다루는 방식이 기업에서 자원을 공식적으로 다루는 방식과 극적인 차이를 보인다는 사실을 시사한다.

기업에는 들어오고 나가는 자원을 세심하게 추적하는 회계담당자가 있으며, 오랜 세월에 걸쳐 표준이 되어버린 수많은 규칙과 규제가 전문적인 회계를 지배한다(Thaler, 1999). 반면에 **심적 회계**(mental accounting), 즉 개인과 가정이 수행하는 회계는 형식적이고 명시적인 규칙이 지배하지 않는 것으로 보인다. 그렇기는 하지만 다른 많은 사람들도 그렇게 한다는 사실을 알지 못한 채, 암묵적으로 따르는 것으로 보이는 규칙과 경향성이 존재한다(Thaler, 1999). 심적 회계의 한 가지 유별난 특징은 사람들이 지출 유형과 수입 유형을 마음속에서 범주화하며, 그 범주들을 각기 상이하게 취급하는 경향이 있다는 점이다. 힘들게 저축한 돈을 1주일간의 휴가여행에 지출하기를 주저하는 한 가정이, 만일 여행비를 저축한 돈에서 지출하는 것이 아니라 직장에서 성과급으로 방금 받은 상여금에서 지출하는 것이라고 생각하면, 훨씬 마음 편하게 지출할 수 있다. 반면에 자신의 돈에 대해서 생각하는 보다 합리적인 방식은, 그 돈이 어디에서 온 것인지 또는 지금 어떻게 사용하려는 것인지에 관계없이, 돈은 돈일 뿐이라고 생각하는 것이다.

행동 생애주기 가설

행동 생애주기 가설(behavioral life-cycle hypothesis)은 사람들이 부를 축적하는 방식에 관한 이론이다(Shefrin & Thaler, 1988). 행동 생애주기 가설은 전통적인 경제학 이론이 일반적으로 다루지 않는 심적 회계의 다음과 같은 세 가지 특징을 고려한다. 첫째, 사람들이 심적 회계에서 돈의 상이한 범주를 상이하게 다루는 방식을 반영한다. 예컨대, 사람들은 경제학의 **대체성 원리**(principle of fungibility)에 매달리지 않는 경향이 있다. 이 원리는 특정 시점에서 상호교환 가능하거나 등가적인 것을 말한다. 돈은 미국의 어떤 사람도 10달러 지폐를 다른 10달러 지폐와 교환할 수 있다는 점에서 대체가능하다. 둘은 상호 교환할 수 있다. 반면에 사람들의 심적 회계는 대체성 원리를 위반하는 경향이 있다(예컨대, 만일 한 사람이 자신이 번 10달러 지폐를 다른 사람이 놀이공원에서 거스름돈으로 받은 10달러 지폐와 교환하기를 거부한다면, 이 원리를 위반하는 것이다). 행동 생애주기 가설은 사람들이 마음속에서 자신의 부를 다음과 같은 세 가지 회계로, 즉 월급과 소액의 상여금으로 구성되는 현재 수입, 은퇴와 무관한 저축과 뜻밖의 횡재를 포함한 현재 자산, 그리고 은퇴를 위한 저축과 미래 수입을 포함한 미래의 부로 분할한다고 주장한다(Shefrin & Thaler, 1988). 마지막 범주는 자녀가 대학에 입학할 때까지 자녀를 위해 적립하는 대학교육자금과 같이 미래를 위한 단기적 저축도 포함할 수 있다.

둘째, 행동 생애주기 가설은 사람들이 돈을 저축하는 대신에 소비하려는 유혹에 직면한다는 사실을 고려한다. 이 가설은 소비하려는 욕구가 의지력의 행사와 갈등을 일으키는데, 의지력은 심적 노력이라는 측면에서 다시 대가를 치르게 된다는 사실을 인정한다(Shefrin & Thaler, 1988). 즉, 이 가설은 사람들이 다음과 같은 두 가지 대립적인 목표의 영향을 받는다고 가정한다. 특정인이 한편으로는 지금 돈을 지출하여 원하는 재화나 서비스를 얻으려 하는 반면, 다른 한편으로는 미래를 위해 저축하고자 돈의 지출을 억제하고자 한다. 또한 이 가설은 현재 수입이 증가하면 지출하려는 의지력이 상대적으로 강해지고, 은퇴가 눈앞에 다가오면 일반적으로 약해진다고 가정한다(Shefrin & Thaler, 1988).

마지막으로 행동 생애주기 가설은 사람들이 저축하는지 여부는 부를 어떤 틀에서 기술하는지의 영향을 받는다는 사실을 설명해준다(Shefrin & Thaler, 1988). 만일 직장에서 **봉급이 대폭 오르게 되면**, 상당한 상여금이라고 틀을 만들 때와는 다르게 범주화하게 된다. 비록 증가한 액수는 동일하더라도 말이다. 봉급의 대폭 인상은 현재 수입으로 범주화할 가능성이 높은 반면에, 상당한 상여금은 현재 자산(즉, 은퇴와 무관한 저축)으로 생각할 가능성이 더 높다. 이 가설에 따를 때, 그 사실이 중요한 까닭은 사람들이 현재 자산을 지출하기보다는 현재 수입을 지출할 가능성이 더 높음을 연구결과들이 보여주기 때문이다. 쉐프린과 탈러(1988)는 상여금을 대부분의 직원에게 정례적으로 지급하는 일본에서 수행한 연구를 인용하고 있다. 그 연구를 보면, 사람들은 수입보다 상여금을 지출할 의사가 유의하게 낮다는 사실을 알 수 있는데, 이 결과는 불황이 아닌 정상적인 기간에만 적용된다(Ishikawa & Ueda, 1984). 일반적으로 행동 생애주기 가설에 기저하는 원리는 대체로 실험실 연구에서 지지되어 왔으며, 이 사실은 사람들의 소비와 저축행동을 조성하는 데 그 원리를 적용할 수 있음을 시사하는 것이다. 예컨대, 직원들의 미래 재정안전을 위해 저축을 하도록 권장하려는 기업은 봉급 인상을 위한 재원을 정례적인 상여금으로 전환할 수 있다.

매몰비용

또한 사람들은 무엇인가에 이미 지출한 돈을 그것에 더 많은 돈을 투여할 충분한 이유가 되는 것처럼 취급하는 경향도 가지고 있다. 추가 지출이 자신을 더 행복하게 만들어주지 않을 것이 명백한 경우에도 말이다. 젊은 부부가 새집을 짓겠다고 결정한다고 가정해보라. 빚을 지지 않으면서 저축한 돈을 모두 사용할 계획을 세운 부부는 예산에 동의하고, 조그마한 대지를 구입하며, 건축업자를 고용한다. 건축업자는 집의 기초공사를 위해 땅을 파기 시작하는데, 곧 대지의 대부분을 덮고 있는 거대한 암반이 있다는 사실을 발견한다. 집을 짓기 위해서는 그 바위를 제거해야만 하는데, 그 비용이 엄청나고 예측하기 어려운 경비가 든다. 이제 부부는 어떻게 할 것인지를 선택해야만 한다. 더 이상의 손실을 차단하고, 땅을 팔아서 지금까지 일한 대금을 건축업자에게 지불하고는, 다른 집이나 대지를 찾아 나설 수 있다. 아니면 15년에 걸쳐 이자와 함께 갚아야 하는 대규모 은행융자를 받아 바위를 깨고 제거하는 데 사용하면서, 또 다른 문제가 발생하지 않기를 희망하면서 원래의 계획을 밀고나갈 수 있다.

리처드 탈러(Richard Thaler, 1980) 그리고 아크스와 블루머(Arkes & Blumer, 1985)에 따르면, 전통적인 경제학 이론은 이것이 현재 결정에 대한 각 선택지의 수익과 비용을 고려하면 되는 단순한 결정이라고 예측한다. 상당한 돈은 이미 서비스와 재화에 지출하여 이제는 사라지고 없다. 즉, **매몰비용**(sunk cost)인 것이다. 따라서 현재 내려야 하는 결정은 과거가 아니라 미래 비용, 즉 집을 짓기 위하여 계획에 없던 상당한 빚을 질 것인가 아니면 빚에서 비껴날 것인가에 관한 결정이다. 고전 경제학 이론에 따르면, 합리적인 결정은 지금 집짓는 계획을 포기하고 빚과 더 이상의 손실을 피하는 것이다. 아크스와 블루머(1985)가 통명스럽게 언급한 바와 같이, "매몰비용은 현재의 결정과 무관하다"(p. 126). 사람들이 과거의 지식상태를 재구성하는 데 어려움을 겪는다는 후견편향에 관해서 공부한 것(제4장)에 근거할 때, 사람들이 손쉽게 매몰비용을 무시하거나 적어도 대단하지 않게 생각할 수 있을 것이라고 기대할지도 모르겠다. 그렇지만 사람들은 어떤 목표를 달성하기 위하여 이미 투자한 것에서부터 벗어나는 데 상당한 어려움을 겪기 십상이며, 심지어는 원래의 목표를 달성하기 위하여 처음에 계획하였던 것보다 훨씬 더 많은 돈을 지출하기로 결정하기 십상이다.

예컨대, 아크스와 블루머(1985)는 이미 고전이 된 실험에서 미국 대학생들에게 환불이 불가능한 스키 여행 상품을 구입하는 시나리오를 살펴보도록 요구하였다. 하나는 100달러짜리 미시간 스키 여행이고 다른 하나는 50달러짜리 위스콘신 스키 여행이었다. 이 시나리오에서 학생들은 위스콘신 스키 여행이 더 즐거울 것이라고 예상하였다. 그런 다음 마지막 순간에, 이 시나리오에 따르면 두 가지 스키 여행 일정이 모두 동일한 주말에 잡혀 있어서, 어느 여행에 참여할 것인지를 선택해야만 한다는 사실을 알게 되었다. 매몰비용이 사람들의 의사결정에 영향을 미치는 것으로 나타났다. 46%의 학생만이 위스콘신 여행을 선택하였으며, 실제로 54%가 덜 즐거울 것이라고 기대한 여행을 선택한 것이다(아마도 더 많은 돈을 지불하였기 때문일 것이다).

또 다른 유명한 시나리오에서는 학생들에게 자신이 항공기 제조회사의 사장이며 레이더가 탐지할 수 없는 비행기를 제작하고자 시도한다고 상상해보도록 요구하였다. 어떤 학생에게는 비행기를 제조하는 데 이미 900만 달러를 지출하여 거의 완성 단계에 와있는데, 경쟁회사가 최근에 자신의 것보다 엄청나게 뛰어난 스텔스 비행기를 개발하였다고 가정해보라는 이야기를 들려주었다. 이들에게 자신의 비행기를 마무리하기 위하여 부가적으로 100만 달러를 더 투자할지를 물었다. 다른 학생에게는 아직 비행기 제작에 착수하지 않았으며 경쟁회사가 자신이 계획하고 있는 비행기보다 엄청 뛰어난 스텔스 비행기를 방금 개발하였다고 알려주었다. 이 학생에게 자신의 비행기를 제작하는 데 100만 달러를 지출하겠는지를 물었다. 매몰비용으로 이미 900만 달러를 지출한 첫 번째 조건에서, 85%의 학생이 부가적인 100만 달러를 들여서 비행기를 완성해야 한다고 생각하였다. 매몰비용을 지출하지 않은 두 번째 조건에서는 단지 17%만이 그러한 프로젝트에 100만 달러를 지출하는 것은 좋은 아이디어라고 생각하였다.

흥미롭게도 성인과 나이 든 아동이 어린 아동보다 매몰비용의 영향에 더 취약한 것으로 나타났다(Arkes & Ayton, 1999). 예컨대, 성인을 대상으로 수행한 고전적 연구에서 트버스키와 카네먼(1981)은 사람들이 이미 사두었던 10달러짜리 연극표를 잃어버렸을 때보다 10달러 지폐를 잃어버렸을 때 동일한 연극의 10달러짜리 표를 다시 구입할 의사가 더 높다는 결과를 얻었다(아마도, 전자의 경우에는 새로운 표에 20달러를 지불하는 것처럼 느꼈기 때문일 것이다). 유사한 연구에서 웨블리와 플래이저(Webley & Plaisier, 1998)는 영국 엑스터에 거주하는 5~12세 사이의 아동에게 1파운드 50펜스를 손에 쥐고 놀이동산에 있다고 상상해보도록 요구하였다. 그런 다음에 50펜스 동전을 잃어버렸거나 아니면 50펜스를 주고 방금 산 회전목마 입장권을 잃어버린 것처럼 가장해보도록 요구하였다. 이제 남아있는 1파운드 중에서 50펜스를 가지고 새로운 회전목마 입장권을 다시 살 것인지를 물어보았다. 나이 든 아동은 트버스키와 카네먼(1981)의 성인 참가자와 마찬가지로, 만일 50펜스를 잃어버렸다면 새로운 입장권을 사겠지만 50펜스짜리 입장권을 잃어버렸다면 사지 않겠다고 응답하였다. 반면에 가장 어린 아동(즉, 5~6세 아동)은 돈을 잃어버렸든 아니면 입장권을 잃어버렸던 관계없이 새로운 입장권을 사겠다고 응답하였다.

나이 든 아동과 성인이 매몰비용의 영향에 취약하며 어린 아동은 그렇지 않은 까닭은 무엇인가? 아크스와 에이튼(Arkes & Ayton, 1999)은 성인과 나이 든 아동이 사회화된 "낭비하지 말라"(p. 598)는 단순 규칙 때문에 매몰비용 효과가 나타난다고 주장하였다. 일반적으로는 이것이 완벽하게 합리적인 규칙이겠지만, 아크스와 에이튼(1999)은 매몰비용의 '낭비'를 원치 않는 경우에는 사람들이 이 규칙을 과잉일반화한다고 제안하였다. 이것이 과잉일반화인 까닭은 자원의 상실(즉, 매몰비용)은 이미 과거의 일이고, 미래를 위한 결정의 한 부분이 아니기 때문이다. 즉, 의사결정을 내릴 시점에 사람들이 관심을 기울여야만 하는 유일한 낭비는 미래에 자원을 낭비할 것인지 여부이다. 더 어린 아동은 이 규칙을 따를 만큼 아직 충분히 사회화되지 않았다고 아크스와 에이튼(1999)은 제안하였다. 흥미로운 사실은 그렇기 때문에 어린 아동이 지출에 관하여 더 합리적인 결정을 내리는 것처럼 보인다는 점이다.

시간 대 돈

사람들은 상이한 유형의 자원(예컨대, 시간과 돈)을 어떻게 사용할지를 결정할 때 그 자원을 상이하게 취급한다는 사실을 시사하는 증거들이 있다. 물론 연구의 기본 아이디어는 시간을 돈과 교환하는 것을 수반하며, 서비스를 받는다는 생각은 돈을 시간과 교환하는 것을 수반한다. 어떤 사람은 임금을 받는 대가로 상자를 배달하는 데 주중의 시간을 사용한 다음에 그 돈의 일부를 토요일 오전에 앞마당 잔디를 깎아주는 이웃집 아이에게 지불함으로써 그 시간을 자녀가 참여하는 축구팀을 지도하는 데 사용할 수 있다. 돈과 시간의 한 가지 현저한 차이점을 보면, 돈은 손에 쥐고 저축할 수 있지만 시간은 정의상 지나가고 사라져버린다는 것이다. 또 다른 차이점은 사람들이 돈을 관리하고(즉 심적 회계를 수행한다) 가치 있는 소비재로 생각하는 데는 익숙하지만, 시간에 대해서는 그렇게 하는 데 반드시 익숙하지 않다는 점이다(Soman, 2001).

예컨대, 돈이 아니라 시간이 지출할 수 있는 통화인 매몰비용 시나리오 버전을 보자. 소먼(Soman, 2001)은 홍콩 대학생들에게 자신이 연극 입장권을 얻기 위하여 한 교수를 위해 15시간을 일하였고 록 콘서트 입장권을 얻기 위하여 다른 교수를 위해 5시간을 일하였다는 시나리오를 생각해보도록 요구하였다. 학생들에게, 두 공연 모두가 즐겁겠지만 록 콘서트를 더 많이 즐길 것이라고 생각한다고 상상해보도록 요구하였다. 그런 다음에 두 행사가 같은 날 같은 시간에 열리며, 하나를 선택해야만 한다고 알려주었다. 놀랍게도 95%의 학생이 록 콘서트를 선택함으로써, 지출한 것이 돈이 아니라 시간일 때는 매몰비용 효과가 나타나지 않는다는 사실을 보여주었다. 반면에 시간 대신에 돈을 지불한 동일한 과제 버전에서는 매몰비용 효과가 다시 나타났다. 구체적으로 또 다른 집단의 학생에게 록 콘서트 입장권보다 연극 입장권에 더 많은 돈을 지불하였다고 알려주었을 때(각각 150홍콩달러와 450홍콩달러), 단지 38%의 학생만이 록 콘서트를 선택하였다(Soman, 2001). 돈과 시간에서 이렇게 차이나는 결과는 사람들이 시간에 대해서는 돈의 경우와 동일한 방식으로 심적 회계를 작동시키지 않을 가능성을 시사한다.

이와 같은 결과에 바탕을 두고, 리와 동료들(Lee, Lee, Bertini, Zauberman, & Ariely, 2015)은 돈과 시간이 이중과정 이론(제1장 참조)의 두 가지 처리유형 중 하나를 선택적으로 활성화시킬 수 있다고 제안하였다. 특히 돈은 분석적 처리 양식을 활성화시키는데, 그 이유는 부분적으로 경제적 교환을 의도적으로 생각할 때는 돈을 가지고 그렇게 하기 십상이기 때문이라고 주장하였다. 연구자들은 돈이 분석적 처리를 활성화시키는 경향이 있는 까닭은 사람들이 돈과 분석적 처리의 쌍을 상당히 많이 경험하기 때문일 것이라고 생각하였다. 반면에 시간은 감정 주도적 처리양식을 활성화시킬 수 있다. 한 걸음 더 나아가서, 리와 동료들(2015)은 사람들이 둘 이상의 선택지 간에 선호도를 언급할 때, 그 결정이 분석적 처리에 근거할 때보다 감정적 처리에 근거할 때 선호도가 더욱 일관성을 유지할 것이라는 가설을 세웠다. 기본 아이디어는 서로 다른 시점에서 선호도에 대해 동일하게 느낄 가능성이 있다는 것이다. 예컨대, 사람들이 오늘 콜리플라워를 좋아하는 정도는 내일이든 모레이든 동일할 것이라고 가정하는 것은 합리적으로 보인다. 반면에 콜리플라워를 구입할지에 대해서 분석적으로 생각한다면, 오늘은 낮은 세일가격에 가외적인 가중치를 부여하고, 내일은 자신이 콜리플라워 조리법을 잘 모른다는 사실에 가중치를 부여하며, 모레는 콜리플라워가 상당한 비타민 C와 B6, 칼륨 그리고 섬유질을 포함하고 있다는 사실에 가중치를 부여할 수 있다. 다시 말해서, 분석적 사고에서 상이한 요인을 일관성 있게 고려하거나 그 요인에 가중치를 부여하는 데 실패하는 것이 안정적이지 못한 선호도로 이끌어갈 수 있다.

돈의 지출을 고려할 때보다 시간 지출을 고려할 때 선호도가 더욱 일관적이라는 가설을 검증하기 위하여, 리와 동료들(2015)은 사람들이 선호도에서 **이행성**(transitivity)을 위반하는지 알아보았다. 수학에서 이행성은 만일 숫자 A와 B 간에 어떤 관계(예컨대, 더 크다)가 존재하고, 동일한 관계가 숫자 B와 C 간에 존재한다면, 숫자 A와 C 간에도 동일한 관계가 존재해야만 한다는 것을 의미한다. 예컨대, 만일 에이스가 빌보다 더 많은 연필을 가지고 있고, 캐로가 에이스보다 더 많은 연필을 가지고 있다면, 캐로는 빌보다 더 많은 연필을 가지고 있을 수밖에 없다. 사람들의 선호도를 관찰할 때도 이행성 원리는 동일하다. 나에게 도넛과 파이 중에서 선택할 것을 요구한다면, 나는 도넛을 더 좋아한다고 말할 것이다. 파이와 스콘 중에서 선택할 것을 요구한다면, 나는 파이를 선호한다고 말할 것이다. 그런 다음에 도넛과 스콘을 제시한다면, 나는 도넛을 선택할 것이며 나의 선호도는 이행성의 특성을 갖는다(예컨대, 도넛 > 파이 > 스콘). 반면에 만일 내가 파이보다는 도넛을, 스콘보다는 파이를 선호하지만, 도넛보다는 스콘을 선호한다면, 나는 이행성을 위반하고 있는 것이다. 따라서 이행성 위반을 선호도 불안정성의 지표로 삼을 수 있다.

리와 동료들(2015)은 미국 대학생들에게 미국과 아시아 국가 간의 9가지 가능한 왕복 항공편을 생각해보도록 요구하였다. 9가지 항공편을 한 번에 두 가지씩 조합한 36개 쌍으로 제시하였다. 각 쌍에 대해서 어느 항공편을 선호하는지를 표명하도록 요구하였다. 한 가지 참가자 간 조건(통제조건)에서는 9가지 항공편 각각을 기내 접대와 서비스에 대한 고객의 평가에 따라 기술하였다. 또 다른 조건(돈 조건)에서는 동일한 고객 평가를 항공편의 가격과 함께 제시하였다. 세 번째 조건(시간 조건)에서는 고객의 평가를 비행시간과 함께 제시하였다. 각 항공편 쌍에 대한 참가자의 선택을 사용하여, 리와 동료들(2015)은 얼마나 많은 이행성 위반을 나타냈는지를 결정하였다. 예컨대, 참가자가 항공편 2보다 1을 선호하고, 3보다 2를 선호하지만, 1보다 3을 선호한다면, 이행성 위반으로 간주하였다. 결과를 보면, 사람들이 통제 조건이나 시간 조건보다 돈 조건에서 유의하게 많은 이행성 위반을 저지르는 것으로 나타났다(즉, 선호도가 더욱 불안정하였다). 이에 덧붙여서, 시간 조건과 통제 조건에서 이행성 위반의 횟수는 차이를 보이지 않았다. 다시 말해서 선호도는 돈에 근거한 판단보다 시간에 근거한 판단에서 유의하게 더 안정적이었으며, 이 결과는 실험가설을 지지하는 것이었다. 시간과 돈은 모두 가치 있는 소비재임에도 불구하고, 그것을 사용할 것인지 그리고 사용한다면 어떻게 사용할 것인지를 결정할 때 때로는 매우 차별적으로 취급한다.

넛지

시간, 돈, 노력, 기회 등의 자원을 언제 어떻게 사용할 것인지에 관한 결정은 다른 사람의 선호도에 의해서 다양한 방식으로 좌지우지될 수 있다. 다른 사람의 선호도는 명령과 금지, 경제적 유인과 삭감, 그리고 넛지를 통해서 사회적 수준이나 집단 수준에서 표현할 수 있다(Sunstein, 2014). **명령**(mandate)과 **금지**(ban)는, 유전자 변형 곡물을 생산하고 판매하기 위한 수입을 차단하는 것과 같이, 특정 선택을 하도록 요구할 수 있음을 명백하게 천명한다(예컨대, 프랑스와 스코틀랜드는 수입 금지를 시행하는 국가들이다). **경제적 유인과 삭감**(economic incentive and disincentive)은 금전적 이득이나 손실을 결정과 연계시킴으로써 사

람들로 하여금 특정 선택을 하도록 부추긴다. 예컨대, 공중보건의 한 가지 중요
한 문제점은 일단 어떤 국가이든 건강을 위협하는 비만의 비율이 증가하게 되
면, 그 추세가 스스로 역전되지 않는다는 점이다(Roberto et al., 2015). 이러한
추세를 차단하기 위한 확고한 조치를 취하기 위하여, 수많은 국가가 비만을 조
장하는 몇몇 먹거리에 세금을 부과해왔다(예컨대, 멕시코는 설탕이 들어있는
음료수에 세금을 부과한다). 마찬가지로 여러 국가는 호전성을 나타내는 다른
국가에 경제적 제재를 가한다. 예컨대, 어떤 국가가 핵탄두 개발을 위한 실험을
중지할 때까지 그 국가가 생산하는 특정 물품의 수입을 거부하기도 한다.

마지막으로, **넛지**(nudge)가 있다. 캐스 선스타인(Cass R. Sunstein, 2014)은 넛
지를 "사람들을 특정 방향으로 이끌어가지만 그 사람들이 자신의 길을 가도록
허용도 해주는 자유보존적 접근"(p. 583)이라고 정의하였다. 넛지는 탈러와 선
스타인(Thaler & Sunstein, 2008)이 사회제도는 **자유주의적 개입주의**(libertarian
paternalism)를 견지할 수 있다고 제안할 때 사용한 수단이다. 이것은 사회제도
가 사람들의 행동에 영향을 미칠 수 있지만, 근본적으로는 여전히 사람들의 자
유와 자유로운 선택 권한을 견지한다는 생각이다. 자유주의적 개입주의의 틀걸
이에서 넛지는 사람들로 하여금 자신에게 이로운 행동(예컨대, 설탕이 들어있는
음료수를 적게 마신다) 그리고 사회에 이로운 행동(예컨대, 뇌사상태일 때 장기
를 기증한다)을 하도록 부추긴다. 기본 아이디어는 넛지가 유도하는 선택에서
쉽게 탈퇴할 수 있으며, 그 탈퇴가 개인에게 (시간, 노력, 돈 등의 측면에서) 대
가를 요구하지 않는 한에 있어서 개인의 자유는 여전히 보존된다는 것이다.

탈러와 선스타인(2008)은 의도적으로 제공한 것이 아닌 경우조차도 행동에
대한 넛지의 영향을 피할 수는 없다고 주장하였다. 예컨대, 만일 학교 급식식당
에서 영양가가 비교적 낮은 지방질 음식(예컨대, 감자튀김)이 우연히 아동의 눈
높이에 맞게 진열되어 있다면, 더 높은 곳에 위치할 때보다 더 많은 아동이 그
음식을 선택하게 된다. 반면에 바나나 당근이 우연히 아동의 눈높이에 진열
되었다면, 다른 곳에 위치할 때보다 더 많은 아동이 그것을 선택할 것이다. 어
떤 방식으로든 아동의 선택은 환경 구조의 영향을 받는다. 음식의 배치가 아무
런 의도적인 계획도 없이 이루어졌다고 하더라도 말이다(예컨대, 감자튀김을
가져다놓는 사람은 키가 작고 과일을 가져다놓는 사람은 키가 크기 때문에, 감

자튀김은 아래쪽에 위치하고 과일은 위쪽에 위치할 수도 있다). 따라서 누군가 음식을 무작위로 배치해야 한다고 주장한다고 하더라도, 음식이 우연히 어디에 위치하든지 간에, 여전히 선택에 영향을 미치게 된다. 궁극적으로 음식 배치가 한 학교의 아동들보다 다른 학교의 아동들이 더욱 건강한 음식을 더 많이 먹게 만드는 의도하지 않은 효과로 이끌어갈 수 있다(Thaler & Sunstein, 2008). 연구자들은 우연에 맡기기보다는 사람들을 상대적으로 해로운 것으로 알려진 결정보다는 이로운 것으로 알려진 결정으로 유도하는 넛지를 부과할 필요가 있다고 주장하였다. 실제로 해로운 선택을 증가시킬 수도 있는 의도하지 않은 넛지를 그대로 내버려두는 것은 윤리적으로 의심스러운 짓이라고 주장할 수 있다 (Thaler & Sunstein, 2008). 기본적으로 누구든 일단 음식 배치가 중요하다는 사실을 알게 되면 그것을 모른 체할 수는 없는 것이며, 그 지식에 근거하여 어떤 조치를 취하든 취하지 않든지 간에 그 사람은 음식 배치 효과에 상당한 책임을 져야 한다고 주장할 수 있다.

조치를 취하기로 결정한다면, 구현할 수 있는 상당히 다양한 유형의 넛지가 존재한다. 한 가지 유형인 **지정 규칙**(default rule)은 바람직한 반응을 기본으로 설정한다. 이 넛지는 **현상유지편향**(status quo bias), 즉 아무것도 하지 않는 것을 선택하려는 사람들의 강력한 경향성에 근거한다(Samuelson & Zeckhauser, 1988). 예컨대, 국민들이 죽기 전에 장기를 기증하도록 권장하려는 국가는 장기 기증을 기본으로 지정할 수 있다. 즉, 모든 국민이 기본적으로 장기를 기증하게 되지만, 죽기 전에 언제든지 자유롭게 탈퇴할 수 있다. 마찬가지로, 종이 월급 명세서를 온라인 명세서로 전환하기를 원하는 고용주는 온라인 명세서를 제공하는 것이 기본이라고 천명할 수 있지만, 피고용자는 온라인에서 단 한 번만 클릭함으로써 손쉽게 종이 명세서를 요구할 수 있다.

또 다른 유형의 넛지는 선택의 용이성이나 가용성을 확실하게 증가시키는 것이다(Sunstein, 2014). 예컨대, 아동들이 점심식사 시간에 과일과 채소를 선택하도록 부추기기 위하여, 아동의 눈높이에 맞추어 맨 앞부분에 배치할 수 있다. 사람들이 지역 농산물을 구입하도록 부추기기 위하여, 식료품 가게는 그 농산물을 출입구 전면에 배치하여 들어오는 모든 사람이 볼 수 있게 한다. 선거에서 더 많은 사람이 투표하도록 부추기기 위하여, 더 많은 투표장소를 설치하고 더 많은 선거관리요원을 배치하여, 길게 줄을 서지 않고 신속하고도 용이하게 투표할 수 있게 만든다. 세 번째 유형의 넛지는 본질상 교육적인 것이다. 이 넛지는 가장 가능성이 높은 각 선택의 결과와 연구결과 등과 같이, 사람들에게 상이한 선택에 관한 사실 정보를 제공하려는 것이다(Sunstein, 2014, 2015). 예컨대, 몇몇 국가에서 인공감미료와 담배에 붙인 경고 표지는 헤아릴 수 없이 많은 연구들이 그것이 발암물질임을 입증해왔다는 사실을 설명하고 있다.

자유주의적 개입주의 원리는 한 국가의 정부와 같은 사회제도가 어떤 일상적 결정이 국민들을 위해 최선인지를 알고 있다고 가정한다는 점에 주목하라. 몇몇 비판자는 이러한 가정에 의문을 제기해왔다. 예컨대, 마크 화이트(Mark D. White, 2013)는 한 개인의 선택을 주도하는 요인을 다른 사람이 아는 것은 불가능하다고 제안하였다. 일반적으로는 사람들이 초콜릿바를 구매하는 까닭은 계산대에서 초콜릿바를 보는 것이 두뇌가 유도하는 탄수화물 욕구를 촉발하기 때문이라는 사실이 알려져 있다. 그렇지만 특정 개인이 오늘 초콜릿바를 구매하는 이유를 다른 사람이 추측하기는 어려울 것일 수 있다. 어떤 사람은 초등학교 6학년 과학시간에 용해점(녹는 점) 개념을 가르치는 데 사용할 수 있다. 다른 사람은 차고를 청소한 자녀에게 약속한 보상으로 줄 수 있다. 또 다른 사람에게는 초콜릿바가 양념이 듬뿍 들어간 소고기 칠리의 조리법에서 결정적인 비장의 재료일 수 있다. 요점은, 화이트(2013)가 주장한 바와 같이, 개개인은 일반적으로 제3자보다는 자신을 위해 어떤 선택이 최선일 것인지를 궁리하는 데 더 우수하다는 사실이다. 각자는 마음속에서 자신의 선택 이유에 더 잘 접속할 수 있기 때문이다.

그렇지만 조니 애노말리(Jonny Anomaly, 2013)는 개개인이 항상 다른 사람보다 자신의 최고 관심사를 더 잘 판단한다고 말할 수는 없다고 주장하였다. 때로는 사람들이 각 선택의 상이한 결과를 충분하게 알지 못한다. 담배의 효과를 연구하는 데 평생을 바친 과학자는 일반인보다 그 효과를 더 잘 알고 있으며, 많은 넛지는 본질상 교육적이다. 이에 덧붙여서, 만취상태거나 치매 말기에 접어들었을 때와 같이, 때로는 스스로 선택하는 능력이 충분하지 않다(Anomaly, 2013). 이에 덧붙여서, 암묵적 인지에 관한 수많은 연구는 사람들이 자신의 결정 이유에 반드시 의식적으로 접속할 수 있는 것은 아니라는 사실을 시사한다

(예컨대, Nisbett & Wilson, 1977).

화이트(2013)는 사람들이 자신의 형편없는 선택의 결과로부터 교훈을 얻으며, 어떤 면에서는 넛지를 제공하는 것이 사태가 어떻게 돌아가는지에 대한 지식을 충분히 형성하는 것을 차단한다는 사실도 지적하였다. 몇몇 측면에서 볼 때, 넛지는 사람들이 실수를 저지르지 않도록 해줌으로써 실제로 개입주의이다. 사람들이 스스로 사태를 파악할 수 없다고 가정하는 것처럼 보인다는 의미에서 그렇다. 그렇지만 앞에서 언급한 바와 같이, 선스타인(2014)은 넛지에서 벗어나는 것이 의사결정자에게 어떤 부담을 주지 않는 한에 있어서 넛지는 선택의 자유를 훼손하지 않는다고 주장하였다. 다시 말해서 자유주의적 개입주의 접근에서는 사람들이 여전히 나쁜 선택을 하고 그 선택으로부터 교훈을 얻으며 그러한 나쁜 선택을 중지하기 위하여 아무런 조치도 취하지 않을 자유가 있는 것이다.

그렇게 말한다면, 아마도 자유주의적 개입주의 접근은 개별화된 넛지를 설정하는 것이 항상 불가능할지도 모른다(White, 2013). 만일 연구결과가 바나나와 사과를 더 많이 먹고 감자튀김을 덜 먹는 대다수의 아동이 더 건강하다는 사실을 보여준다면, 그러한 섭식패턴을 부추기도록 학교 식당의 선택환경을 그렇게 구조화하면 된다. 물론 어떤 아동은 신진대사 기능이 뛰어나기 때문에 과일을 먹든 튀긴 음식을 먹든 이 아동의 건강에는 별 문제가 되지 않는다고 가정해볼 수 있다. 학교 식당을 이렇게 구조화하게 되면, 신진대사가 뛰어난 아동도 무차별적으로 과일에는 접근하고 튀김으로부터는 멀어지도록 넛지를 가하게 된다. 튀긴 음식을 훨씬 더 즐겨왔을 수 있는 데도 말이다. 여러분도 알 수 있는 것처럼, 자유주의적 개입주의라는 아이디어는 본질적으로 공리주의적인 것이다. 즉, 반드시 개개인의 세부적인 욕구에 주의를 기울이지 않은 채, 다수를 위해 작동한다는 목표를 갖는다. 그렇기 때문에, 사람들이 선택환경의 구조화에 유념하고, 정부도 그러한 선택환경에 투명한 것이 중요하다.

결론

사람들은 일상생활 속에서 시간, 돈, 노력, 기회라는 자원을 어떻게 사용할 것 인지를 항상 결정하고 있다. 특정 조건에서는 사람들이 무엇보다도 선택지의 수가 적을 때 그리고 선택의 목적을 극대화가 아니라 만족하기로 간주할 때, 자 신의 결정에 더 만족하는 경향이 있다. 구입 여부를 결정할 때, 상품을 보는 것 은 보상을 생각하도록 점화하고, 가격을 보는 것은 손실을 생각하도록 점화하 며, 둘 모두를 보는 것은 좋은 거래를 하고 있는지를 생각하도록 만든다. 사람 들은 자신의 부나 재능을 심적 회계로 범주화함으로써 관리하는데, 합리적 경 제학 모형과는 달리 각 계정을 상이하게 취급하며, 한 계정(예컨대, 저축)보다 는 다른 계정(예컨대, 수입)에 들어있는 자원을 더 기꺼이 사용하려고 한다. 선 택 환경의 구조화도 사람들의 선택이 특정 방향을 향하도록 넛지를 가한다. 그 구조화가 넛지를 가하도록 의도적으로 구성된 것인지 여부는 중요하지 않다. 어떤 선택환경도 진정으로 중립적이지 않기 때문에, 그 환경이 사람들에게 어떤 영향을 미치며 어느 정도나 자유로운 선택이 가능한지를 살펴보는 것이 필수적 이다. 제8장과 9장에서는 정보를 틀만들기 하는 방식이 일반적으로 어떻게 자 원을 분배할 것인지에 관한 사람들의 결정과 추론에 어떤 영향을 미치는지를 더 욱 상세하게 살펴본다.

논의를 위한 물음

1. 다음에 제시한 극대화 척도(Schwartz et al., 2002)의 13문항 각각에 대해서 리커트 7점 척도(1 = 결코 동의하지 않는다, 7 = 완전히 동의한다)에서 응답 해보라. 여러분의 판단이 문항에 따라 다른 것처럼 보이는가, 아니면 비교적 일정한가? 여러분 점수의 합계를 내고, 그 점수와 개별 문항의 판단을 다른 급우들의 결과와 비교해보라. 개인들 간의 변산성이 거의 없는가, 아니면 상 당한가? 1주일 후에 기존 반응을 참고하지 않은 채 다시 한 번 척도에 응답 해보라. 그런 다음에 여러분의 두 점수를 비교해보라. 여러분의 점수는 시간 에 걸쳐 일정한 상태를 유지하는가? 이 모든 유형의 변산성(또는 일관성)이

의미하는 것은 무엇이겠는가?

1	나는 선택에 직면할 때마다 그 순간에 존재하지 않는 것까지를 포함한 다른 모든 가능성들을 상상해보고자 시도한다.
2	나는 내 직업에 아무리 만족하더라도, 더 좋은 기회를 모색하는 것이 마땅하다.
3	나는 자동차에서 라디오 방송을 듣고 있을 때, 현재 청취하고 있는 것에 꽤나 만족하고 있을 때조차도 더 좋은 프로그램이 있는지 확인하고자 다른 방송 채널들을 확인하기 십상이다.
4	나는 텔레비전을 시청할 때, 특정 프로그램을 시청하고자 할 때조차도 가용한 다른 채널들을 훑어보기 십상이다.
5	나는 대인관계를 의복같이 취급한다. 완벽하게 안성맞춤인 것을 찾기에 앞서 수많은 관계를 시도해보기를 기대한다.
6	나는 친구를 위한 선물을 구입하는 데 어려움을 겪기 십상이다.
7	비디오테이프 빌리기는 정말로 어렵다. 나는 항상 최선의 것을 선택하고자 애를 먹는다.
8	옷을 쇼핑할 때, 나는 내가 정말로 좋아하는 옷을 찾느라 고생한다.
9	나는 대상들에 순위를 매기는 목록(최고의 영화, 최고의 가수, 최고의 운동선수, 최고의 소설 등)에 열광한다.
10	나는 글쓰기가 너무나 어렵다. 단지 친구에게 편지 한 통을 쓰는 것조차도 그렇다. 딱 들어맞는 표현을 선택하기가 너무나도 어렵기 때문이다. 나는 간단한 글조차도 여러 개의 원고를 작성하기 십상이다.
11	나는 무엇을 하든지 간에 스스로 최고의 기준을 정한다.
12	나는 결코 차선책에 안주하지 않는다.
13	나는 자주 나의 실제 삶과는 전혀 다른 방식의 삶을 꿈꾼다.

2. 이 장에서는 돈을 생각하는 것이 시간을 생각하는 것과는 차별적으로 사람들의 선택에 영향을 미친다는 사실을 보여주는 연구를 개관하였다. 그렇지만 그 결과는 돈과 시간에 관한 규범적 의사결정 모형이 어떤 것인지에 관해서는 아무것도 주장하지 않는다. 여러분이 생각하기에 그러한 규범 모형은 어떤 것이어야 하겠는가? (예컨대, 사람들은 돈에 대해서 어떻게 결정해야만 하는가? 그리고 시간에 대해서는 어떻게 결정해야만 하는가?) 이 결과를 일상 삶에서 더 좋은 결정을 내리는 데 사용할 수 있겠는가?

3. 2004년에 존슨과 골드스타인(Johnson & Goldstein)은 여러 유럽 국가에서 장기 기증의 기본값이 미친 여파에 대해서 보고한 바 있다. 예컨대, 독일은 장기 기증에 대해서 선택 가입 제도를 실시하였고, 오스트리아는 선택 탈퇴 제도를 실시하였다. 선택 탈퇴 제도를 실시한 오스트리아에서는 거의 100%의

사람이 장기를 기증하는 데 동의하였지만, 선택 가입 제도를 시행한 독일에
서는 오직 12%의 사람만이 이에 동의하였다. 윤리적인 측면과 현실적인 측
면 모두에서 어느 유형의 제도가 바람직한가?(그리고 누구에게 바람직한 것
인가?) 아니면 이것들보다 더 우수한 또 다른 대안이 있는가? 이 장과 여러
분 자신의 연구에서 얻은 정보를 사용하여 여러분의 답을 정당화시켜 보라.

더 읽을거리

Schwartz, B., & Ward, A. (2004). Doing better but feeling worse: The paradox of
choice. In P. A. Linley & S. Joseph (Eds.), *Positive psychology in practice* (pp. 86-104).
Hoboken, NJ: Wiley and Sons.

Simon, H. A. (1972). Theories of bounded rationality. *Decision and Organization*, *1*(1),
161-176.

Thaler, R. H., & Sunstein, C. R. (2008). *Nudge: Improving decisions about health, wealth,
and happiness*. New Haven, CT: Yale University Press. [넛지. 안진환 역. 리더스북
(2009)]

기대효용이론 8

학습목표

이 장을 마무리하게 되면, 여러분은 다음을 수행하였을 것이다.

- 기대가치이론, 기대효용이론, 그리고 다중속성 효용이론/다중기준 의사결정을 개념적으로 그리고 구체적으로 이해하였다.
- 다양한 도박과 선택에 대한 규범 모형에 따라서 기댓값, 기대효용, 그리고 다중속성 효용의 계산을 통해서 사고 훈련을 하였다.
- 이론적 제한점, 이것들이 규범 모형이라는 주장에 대한 도전(제1장), 실세계 결정에 적용하는 데 있어서의 현실적 어려움 등을 포함하여, 모형들의 제한점을 평가하였다.
- 기대값이론, 기대효용이론, 그리고 다중속성 효용이론/다중기준 의사결정의 장점과 약점을 비교하였다.
- 다중속성 효용이론/다중기준 의사결정의 장점을 단일원인 의사결정과 강건한 만족하기의 장점과 비교하고 대비시켰다.

핵심용어

- 강건한 만족하기(robust satisficing)
- 공정한 도박(fair gamble)
- 기대 원리(expectation principle)
- 기대가치이론(expected value theory)
- 기대효용이론(expected utility theory)
- 기술적 미시경제학(descriptive microeconomics)
- 다중기준 의사결정(multiple-criteria decision-making, MCDM)
- 다중속성 효용이론(multi-attribute utility theory, MAUT)
- 단일원인 의사결정(one-reason decision-making)
- 최선 취하기(take the best)
- 효용(utility)

2016년 6월 23일, 3,000만 명 이상의 영국인들이 자신의 국가가 유럽연합의 일원으로 남을 것인지 아니면 탈퇴하여 철수를 시작하는 법적 절차에 착수할 것인지를 결정하기 위한 ('브렉시트'라고 알려진) 국민투표에 참여하였다 (Dorling, 2016; Wheeler & Hunt, 2016). 예상할 수 있는 바와 같이, 유권자들의 언급은 어느 쪽에 투표할 것인지를 선택하는 데 있어서 사람마다 다양한 의사결정 전략을 사용하였음을 시사하였다. 혹자는 근로동의에서부터 자유무역에 이르는 논제들에 대해서 각 선택지(잔존 대 탈퇴)의 다양한 결과를 고려하였던 것으로 보인다. 다른 사람들은 영국이 국경선을 더 많이 제어할 수 있어야 한다는 소망이나 영국 기업에 부과하는 유럽연합의 규제에 대한 반대 등과 같이, 대체로 단 하나의 거대한 관심사에 주도되었을 수 있다. 소수는 자신의 투표가 별 영향을 미치지 않을 것이라는 믿음에서 제멋대로 투표하였을 수 있다. 흥미를 야기하는 물음은 브렉시트 국민투표의 측면에서뿐만 아니라 보다 일반적인 의미에서도 영국인 개개인의 선호, 가치, 목표를 놓고 볼 때, 각자에게 있어서 이상적인 '올바른' 투표가 실제로 존재하였느냐는 것이다. 즉, 정확한 도구와 공식을 가지고 '잔존'과 '탈퇴' 선택지에 관한 사실에 앞서 이미 알고 있는 모든 것에 근거하여 알아낼 수 있는 각자에게 올바른 결정이 정말로 존재하였는가? 이 장에서는 규범적 의사결정 모형들을 면밀하게 살펴볼 것인데, 이 모형들은 시간, 돈, 노력, 기회 등의 자원을 어떻게 사용할 것인지에 관한 올바른 결정을 보여준다고 주장한다. 제1장에서 논의한 바와 같이, 규범 모형은 이상적이고 합리적인 의사결정을 보여주려는 것이다. 사람들의 개인적 욕구와 바람을 놓고 볼 때, 규범 모형이 결정을 내리는 최선의 방법을 알려줄 수 있는지, 이 모형들의 답은 어떻게 계산할 수 있는지, 그리고 이 모형들이 가지고 있는 제한점은 무엇인지를 살펴본다.

1959년에 허버트 사이먼은 **기술적 미시경제학**(descriptive microeconomics), 즉 사람들 각자가 자신의 돈과 재산을 가지고 하는 일을 어떻게 결정하는지를 보다 잘 이해할 필요가 있다고 주장하였다. 예컨대, 주머니에 용돈을 넣고 사탕가게에 들어간 어린 아동은 자신이 초래할 수 있는 최소한 몇 가지 가능한 상황을 상상해볼 수 있다(Edwards, 1954). 아동은 약간의 사탕과 약간 줄어든 돈을 가지고 가게를 떠날 수 있다. 빈털터리가 된 채 상당한 양의 사탕을 가지고 떠날 수도 있다. 용돈을 그대로 간직한 채, 한 개의 사탕도 없이 떠날 수도 있다. 가지고 갈 사탕의 종류(과일사탕, 초콜릿사탕 등)도 역시 고려대상이다. 이렇게 가능한 상황 중에서 선택하는 것이 아동의 현재 결정과제라고 말할 수 있다.

 최초의 선택 모형들은 기술적 미시경제학의 이해를 넓히기 위하여 고안된 것이지만, 사람들이 (1) 철저하게 합리적이며, (2) 충분한 정보를 가지고 있고, (3) 무한히 민감하다고 가정하였다. 철저하게 합리적이라는 말은 사람들이 최소한 자신의 선택에 순위를 매길 수 있으며(예컨대, 각각의 가치에 근거하여 말이다) 순위가 가장 높은 선택지를 선호한다는 사실을 의미한다. 충분한 정보를 가지고 있다는 말은 사람들이 모든 선택지 그리고 각 선택지의 다양한 비용과 이득을 자각하고 있다는 사실을 의미한다. 무한히 민감하다는 말은 사람들이 점진적 차이에 신경을 쓴다는 사실을 함축한다. 예컨대, 사람들의 결정은 선택지 간에 미미한 가격 차이의 영향을 받는다는 것이다(Edwards, 1954). 상당량의 행동연구는 실제 사람들이 전혀 그렇지 않다는 사실을 지극히 명확하게 보여주었다. 이 사실은 제9장에서 상세하게 살펴볼 것이다. 그렇지만 초기 모형들을 기술적(descriptive)인 것이 아니라 규범적(normative)인 것으로 생각하면, 여전히 유용할 수 있다. 이상적인 의사결정, 즉 만일 정말로 합리적이고 충분한 정보를 가지고 있으며 무한히 민감하다면 어떻게 선택할 것인지를 보여주는 것이라고 말할 수 있다.

기대가치이론

이미 고전이 되어버렸으며 경제학과 심리학 모두에서 연구자들의 많은 관심을 받아온 규범적인 합리적 선택모형이 **기대가치이론**(expected value theory)이다. 선택지 중에서 가장 합리적인 선택은 궁극적으로 가치를 극대화하는 선택이라는 것이 기대가치이론의 바탕을 이루고 있는 기본 아이디어이다(Harless & Camerer, 1994의 개관을 참조). 도박의 사례를 가지고 이 이론을 예증할 수 있다. 여러분이 두 가지 도박 중에서 선택하고 있다고 가정하라. 도박 A에서는 아무것도 얻지 못할 가능성이 80%이고 500달러를 딸 가능성이 20%이다. 도박 B에서는 100달러를 잃을 가능성이 20%이고 200달러를 딸 가능성이 80%이다. 여러분이 개인적으로 어느 도박을 선택하고 싶은지는 잠시 접어두기로 하자. 우선 기대가치이론에 따르면 무엇이 규범적 선택인지를 알아보도록 하자.

첫째, 형식적 표기법에서 도박 A와 B를 어떻게 표현하는지를 살펴보자. (형식적 표기법에 주목하라. 이 표기법은 이 주제에 관한 연구논문을 훨씬 용이하게 읽을 수 있게 해줄 것이기 때문이다.)

$$도박\ A : (.80,\ \$0;\ .20,\ \$500)$$
$$도박\ B : (.20,\ -\$100;\ .80,\ \$200)$$

도박 A에서 예컨대, (.80, \$0)은 앞에서 기술한 바와 같이, 아무것도 얻지 못할 가능성이 80%라는 사실을 나타낸다. 확률과 결과는 쉼표로 구분하며, 확률-결과 쌍은 세미콜론으로 구분한다.

각 도박의 기댓값(expected value, EV)은 그 도박을 무한히 많이 반복할 때 기대할 수 있는 결과의 평균이다. 즉, 각 도박에서 여러분이 평균적으로 따게 될 (또는 잃게 될) 돈의 액수이다. 기댓값은 각각의 가능한 결과 값에 그 확률을 곱한 다음에 그것들을 모두 합하여 계산할 수 있다. 도박 A의 경우에는 우선 아무것도 따지 못할 값(0)에 그 확률(80%)을 곱하고, 500달러를 따는 값에 그 확률(20%)을 곱한 값과 더한다.

$$\begin{aligned} EV(도박\ A) &= (\$0 \times .80) + (\$500 \times .20) \\ &= \$0 + \$100 \\ &= \$100 \end{aligned}$$

즉, 도박 A를 무한히 반복할 때의 기댓값은 \$100이다. 도박 B의 경우에도 동일하게 계산할 수 있다.

$$\begin{aligned} EV(도박\ B) &= (-\$100 \times .20) + (\$200 \times .80) \\ &= -\$20 + \$160 \\ &= \$140 \end{aligned}$$

도박 B의 기댓값(\$140)이 도박 A의 기댓값(\$100)보다 크기 때문에, 기대가치이론은 도박 B를 선택하는 것이 더 합리적이라고 제안한다. 어떤 도박의 기댓값도 동일한 공식을 적용하여 계산할 수 있다. 예컨대, 여러분의 친구 두 명이 각각 새로운 사업을 시작한다고 가정해보라. 각 친구가 여러분에게 최소한 1,000유로를 투자할 것을 요구하는데, 여러분은 한 가지 사업에만 투자하고 싶다. 친구 버나드는 여러분이 널리 알려져 있는 패스트푸드 식당의 프랜차이즈 사업에 투자하기를 원한다. 그는 50유로의 이자와 함께 원금을 돌려받을 가능성이 90%이고 아무것도 돌려받지 못할 가능성이 10%라고 추정하고 있다. 친구 엘리자베스는 여러분이 위험성이 더 높은 인터넷 테크놀로지 스타트업에 투자하기를 원하고 있다. 그녀는 여러분이 아무것도 돌려받지 못할 가능성이 80%이고, 투자금을 두 배로 불릴 가능성이 20%라고 생각한다. 두 사업은 다음과 같이 표기할 수 있다.

$$버나드 : (.90, €50; .10, -€1,000)$$
$$엘리자베스 : (.80, -€1,000; .20, €1,000)$$

이 확률과 결과가 정확한 것이라고 가정하면, 기댓값은 다음과 같이 계산할 수 있다.

$$EV(버나드) = (€50 \times .90) + (-€1,000 \times .10)$$
$$= €45 + -€100$$
$$= -€55$$

$$EV(엘리자베스) = (-€1,000 \times .80) + (€1,000 \times .20)$$
$$= -€800 + €200$$
$$= -€600$$

기대가치이론에 따르면, €55를 잃는 것이 €600을 잃는 것보다 덜 나쁜 결과이기 때문에 버나드 회사가 더 좋은 투자처이다. 그렇지만 두 가지 투자의 기댓값이 모두 음수이기 때문에, 실제로는 어느 회사에도 투자하지 않는 것이 더 좋을 것이다.

기대가치이론이 몇 가지 심각한 제한점을 가지고 있는 것에 주목하라. 첫째,

워드 에드워즈(Ward Edwards, 1954)가 지적한 바와 같이, 이러한 초기 모형은 사람들이 자신의 선택에 관하여 충분한 정보를 가지고 있다고 가정한다. 현실에서 상이한 투자 중에서 선택할 때는, 확률을 알지 못하여 지극히 주관적으로 추정하게 되며, 가능한 결과의 경우도 마찬가지다. 예컨대, 버나드와 엘리자베스는 여러분의 투자에 어떤 일이 일어날지에 관하여 자신이 행한 최선의 추정치를 내놓고 있지만, 이러한 확률과 결과가 정확한지를 정말로 알 수 있는 방법은 없다.

둘째, 도박의 기댓값은 그 도박의 무한 반복에서 구한 가중평균(즉, 각각의 가능한 결과를 그 확률로 곱한다)이다. 여러분이 도박을 하는 횟수가 무한에 접근하면, 실제로 그 가중평균에 접근할 수밖에 없다는 사실을 수학적으로 보여줄 수 있다. 그렇지만 실생활에서 여러분의 선택은 평균이 아니라 단일 결과만을 내놓는 단 한 번의 도박(또는 비교적 적은 횟수의 도박)만을 초래하기 십상이다. 예컨대, 위의 사례에서 도박 B를 선택한다면, 여러분은 100달러를 잃거나 200달러를 딸 것이다. 도박 B의 기댓값 140달러는 가상적으로 무한 반복하는 도박의 평균일 뿐이며, 그 도박을 오직 한 번만 할 때 실제로 가능한 결과가 아니다.

이에 덧붙여서, 도박의 기댓값은 단일 수치로 표현하기 때문에, 그 도박이 얼마나 위험한지를 알려주지 않는다. 단지 도박의 기댓값만을 알고 있다는 것은 여러분이 도박에 관해서 가지고 있는 정보의 양을 제한한다. 예컨대, 위에서 도박 B는 도박 A보다 더 큰 기댓값을 가지고 있지만, 여러분이 도박 B를 선택하면 실제로 100달러를 잃을 수 있는데, 잃을 수 있는 돈을 가지고 있지 못할 수도 있다는 잠재적 문제를 내포하고 있다.

기대효용이론

이러한 문제점에도 불구하고, 기대가치이론은 잘 정의된 도박 중에서 선택하는 문제에 대해서 쉽게 계산할 수 있고 단순한 규범적 틀을 제공한다. 초기에 제기된 한 가지 물음은 기대가치이론을 규범적 결정을 계산할 수 있는 보다 융통성 있는 다목적 모형으로 확장할 수 있는지에 관한 것이었다. 예컨대, 가능한 결과가 금전적 가치를 포함하지 않을 때도 적용할 수 있느냐는 것이었다. 여러분이 그림 시장에서 금전적 가치가 동일한 두 작품을 살펴보고 있다고 가정해보라. 여러분은 그저 한 그림을 훨씬 더 좋아할지 모르겠다(예컨대, 더 편안하게 느끼고, 거실 가구와 더 잘 어울리며, 심미적으로도 더 많은 즐거움을 제공한다). 어떤 사람의 선호도를 수치로 표현할 수 있으며, 이것을 그 그림의 금전적 가치 대신에 **효용**(utility)이라고 부른다. 효용의 사전적 정의는 '유용성'이지만, 폰 노이만과 모르겐스턴(von Neumann & Morgenstern, 1944/2007)은 효용을 어떤 결과나 물건을 선호하는 정도로 기술하였다. 벤담(J. Bentham, 1789/1907)과 밀(J. S. Mill, 1861/1998)과 같은 철학자는 효용을 쾌(즉, 긍정적 효용)와 고통(즉, 부정적 효용) 사이의 연속선으로 개념화하였다. 일반적으로는 효용을 한 사람이나 집단이 주관적으로 결정한 바람직한 정도로 생각할 수 있다(Briggs, 2015). 예컨대, 여러분은 개인적으로 한 그림이 다른 그림보다 더 큰 효용을 갖는다고(더 바람직하다고) 말할 수 있다. 따라서 동일인이나 집단이 부여하였을 때에만 상이한 선택지들의 효용을 정당하게 비교할 수 있다.

기대효용이론(expected utility theory)에는 세 가지 핵심 자질이 있다(Kahneman & Tversky, 1979). 첫째, **기대 원리**(expectation principle)란 한 도박의 가능한 결과 각각을 취하여 그 결과의 효용에 확률을 곱한 후에 그 곱들을 모두 합함으로써, 그 도박의 효용을 계산할 수 있다는 것이다. 즉, 기대효용은 기댓값과 똑같이 계산할 수 있다. 다만 계산에서 각 결과의 가치 대신에 효용(의사결정자가 주관적으로 부과한 값)을 사용한다는 점만 다르다. 또한 기대효용이론은 선택을 하는 의사결정자의 목표가 (기대가치이론에서의 목표가 금전적 가치를 극대화하려는 것과 마찬가지로) 효용을 극대화하려는 것이라고 가정한다는 점에서도 기대가치이론에 유추할 수 있다(Edwards, 1954).

기대효용 계산의 고전적 사례는 집을 나설 때 우산을 챙길지 결정하는 것이다(Gigerenzer, Hertwig, Van Den Broek, Fasolo, & Katsikopoulos, 2005). 어느 날 아침, 일기예보가 비올 확률이 30%라고 보도한다. (이것이 실제로 의미하는 바는, 대기 상태를 감안할 때, 예보지역 어디엔가 측정할 수 있을 만큼의 비가 내릴 가능성이 30%라는 것이다.) 일기예보에 근거하여 여러분은 오늘 비를 맞을 확률이 30%이며 비를 맞지 않을 확률이 70%라고 가정한다(이것은 일기예보가 가지고 있는 실제 의미의 근사치이며, 계산을 단순화하기 위하여 이러한 가정을 하는 것이다). 그런 다음에 여러분은 상이한 결과의 효용을 고려한다. 우산을 챙겼는데 비가 온다면, 여러분은 비에 젖지 않는 좋은 결과를 경험한다. 반면에 부담스럽게도 하루 종일 우산을 들고 다녀야 하는데, 다소 귀찮기는 하지만 끔찍할 정도는 아니다. 따라서 바람직성 5점 척도(1 : 지극히 바람직하지 않음; 5 : 매우 바람직함)에서 여러분은 종합적으로 이 결과에 4점을 부여한다고 가정해보라. 다시 한 번 언급하지만, 여러분이 스스로 이러한 판단을 내렸으며, 효용은 상이한 사람들의 판단을 상호 비교하려는 것이 아니라는 사실에 주목하라(von Neumann & Morgenstern, 1944/2007). 만일 우산을 챙겼는데 비가 오지 않는다면, 앞의 경우와 마찬가지로 여러분은 비에 젖지 않을 것이며 하루 종일 들고 다녀야 하는 부담을 지게 된다. 이 결과는 본질적으로 전자의 결과와 동일하기 때문에(즉, 비에 젖지 않지만 가외적인 부담이 있다), 여러분은 이 경우에도 4점을 부여한다고 해보자. 요컨대, 오늘 우산을 챙긴다면, 4점의 효용을 느끼는 경험을 꽤나 보장받게 된다.

이제 대안 행위, 즉 우산을 챙기지 않는 행동을 생각해보자. 우산을 챙기지 않기로 결정한 후에 결국 비가 내린다고 가정해보라. 비는 맞겠지만(아마도 꽤나 불편한 결과이겠다), 우산을 들고 다니는 부담은 없다. 비에 젖은 채 하루를 보내는 것을 정말로 싫어하기 때문에 여러분이 이 상황에 1점을 부여한다고 가정해보라. 마지막으로 가능한 결과는 우산을 챙기지 않기로 결정하였는데, 비가 오지 않는 것이다. 이와 같이 가장 이상적인 상황에서는 여러분이 비에 젖지도 않고 우산을 들고 다니는 부담도 없어, 5점을 부여한다.

이제 기대가치이론에서와 마찬가지로, 여러분은 부여한 효용 평가와 일기예보에 근거한 여러분의 비올 확률 근사치(30%)와 비가 오지 않을 확률 근사치(70%)에 근거하여, 각 도박 결정(우산을 챙기는 결정 대 챙기지 않는 결정)의 기대효용(expected utility, EU)을 계산할 수 있다.

$$\text{EU(우산 챙기기)} = (.30 \times 4) + (.70 \times 4)$$
$$= 4.0$$

$$EU(우산\ 챙기지\ 않기) = (.30 \times 1) + (.70 \times 5)$$
$$= 3.8$$

여러분이 사용하는 확률이 정확하고 부여한 효용이 여러분의 선호를 정확하게 반영한다고 가정하면, 기대효용이론에 따라서, 여러분은 우산을 챙기는 것이 더 좋다. 기대효용 4.0이 3.8보다 더 크기 때문이다.

기대효용이론의 두 번째 중요한 자질은 현재의 '자산'이나 소유물을 놓고 볼 때, 제시하는 도박의 기대효용이 도박을 하지 않을 때의 현재 자산보다 더 높을 때 사람들이 그 도박을 받아들인다고 가정한다는 것이다. 즉, 도박을 제안할 때 이미 보유하고 있는 자산이 그 도박을 받아들일 것인지에 영향을 미친다. 예컨대, 만일 여러분이 이미 주머니에 방수 비옷을 가지고 있다면, 우산을 챙길지에 관하여 방금 수행한 효용 계산을 완전히 다시 할 수밖에 없다. 이러한 상황에서는 우산이 부가적인 효용을 전혀 제공하지 않는다고 느끼고는, 쓸데없이 우산을 들고 다니는 가외 부담으로 인해서 실제로 여러분은 그 효용을 떨어뜨릴 것이다.

기대효용이론의 세 번째이자 마지막 중요한 자질은 사람들이 근본적으로 위험을 혐오하며, 전반적으로 위험보다는 확실성을 선호한다고 가정하는 것이다 (Kahneman & Tversky, 1979). 예컨대, 여러분은 저축한 돈을 주식 투자로 손해 볼 수 있는 위험보다는 연리 1%의 이자만을 지급하는 저축예금에 넣어두기로 결정할 수 있다(주식 투자가 어느 정도 더 높은 기댓값을 가지고 있지만 말이다). 위험 혐오는 사람들이 **공정한 도박**(fair gamble)을 거부할 때도 나타난다. 공정한 도박이란 기댓값이 0인 도박을 말한다. 예컨대, 여러분에게 100달러를 잃을 기회가 50%이고 100달러를 딸 기회가 50%이어서 기댓값이 0인 도박을 제안한다고 가정해보라. 만일 이 도박을 할 수 있는 기회를 일관성 있게 반복적으로 거부한다면, 여러분은 위험을 혐오한다고 말할 수 있다.

사람들의 위험 혐오는 도박에 주관적 값을 부여하도록 요구함으로써 측정할 수 있다. 여러분에게 아무것도 얻지 못할 가능성이 50%이고 100달러를 얻을 가능성이 50%인 도박(.50, $0; .50, $100)을 제안한다고 가정해보라. 이 도박의 기댓값은 $(.50 \times \$0) + (.50 \times \$100) = \$50$이다. 이제 여러분이 이 도박을 할 기회를 확실한 보상과 교환할 수 있다고 가정해보라. 만일 여러분이 도박 기회를 50달러라는 기댓값보다 적은 액수의 확실한 보상과 교환할 의사를 가지고 있다면, 위험 혐오를 나타내고 있는 것이다. 예컨대, 누군가 여러분에게 이 도박을 제안하였는데 여러분은 그 기회를 현금 40달러와 교환할 의사를 보인다면, 위험 혐오를 입증하는 셈이 된다. 도박의 기댓값보다 작은 보상의 용인은 확실성(즉, 확실한 보상)에 부가적인 가치를 부여하고 있다는 사실을 보여준다. 즉, 100% 확실한 일시불 보상(예컨대, 확실한 40달러)을 금전적 가치를 넘어서는 가외 효용을 가지고 있는 것처럼 취급한다(예컨대, 40달러의 기댓값을 갖는 불확실한 도박과 비교해서 이것이 50달러의 기댓값을 가지고 있는 것처럼 취급한다).

위험 정보에 근거한 행위의 선택

기대효용이론은 검사결과가 다운증후군을 앓는 아이를 낳을 위험이 높다는 사실을 나타낸다는 이야기를 들었던 한나의 사례(생각상자 5.1)를 보다 잘 이해하는 데도 도움을 줄 수 있다. 제5장에서 정보를 수치로 제시하는 것이 어떻게 그 정보를 해석하는지에 영향을 미칠 수 있으며, 상대적 위험이 아니라 절대적 위험을 생각하는 것이 정보를 보다 정확하게 이해하는 데 도움을 줄 수 있다는 사실을 보았다. 여기서의 물음은 다음과 같다. 자신의 목표 그리고 받은 정보를 놓고 볼 때, 한나는 이 지식을 어떤 행위로 전환시켜야만 하는가? 즉, 양수검사가 정확한 진단을 제공하지만, 우발적으로 태아가 유산될 가능성도 조금은 있다는 사실을 전제할 때, 한나는 이 검사를 받아야만 하겠는가?

기대효용이론을 적용하면 이 물음이 더욱 간단해진다. 양수검사를 받을 것인지에 관한 한나의 결정은 개인적 목표와 우선순위 그리고 검사받는 것에 대해서 위험을 얼마나 크게 느끼는지에 달려 있다. 이 사실은 특정인이 주어진 상황에서 계산한 위험을 받아들여야 하는지, 예컨대 양수검사와 같이 위험할 수도 있는 진단검사를 즉각적으로 받아들일 것인지에 대한 규범적 해결책을 기대효용이론이 제공할 수 있어야만 한다고 제안한다.

예컨대, 팬과 르바인(Fan & Levine, 2007)은 통계학 전문잡지인 *Chance*에 발표한 신선할 정도로 현실적인 논문에서, 자신들의 개인적 상황을 놓고 볼 때 양수검사를 받을 것인지에 관한 최적의 결정을 계산하는 데 어떻게 기대효용이론을 적용하였는지를 설명하였다. 이들의 경우에 아직 태어나지 않은 아이의 선별검사가 1/80의 다운증후군 가능성을 나타냈다. 이들은 양수검사를 선택하였으며, 아이가 어떤 유전적 비정상도 가지지 않은 것으로 나타났다. 그렇지만 이들은 특정 부모에게 있어서 규범적 결정은 결정적으로 특정 임신에서 다운증후군의 확률뿐만 아니라 그 부모가 정상적인 태아의 유산(양수검사를 받는다면 가능성이 조금 더 증가하는 결과이다)과 다운증후군을 앓는 자녀를 갖는 것(양수검사를 받지 않는다면 가능성이 조금 더 증가하는 결과이다)의 상대적 비바람직성을 어떻게 평가하느냐에 달려 있다는 사실을 지적하였다. 그 부모에게 있어서는 다른 결과와 비교하여 한 결과에 대해 지각한 상대적으로 높은 효용이 최적의 선택을 뒤바꾸어놓을 수도 있다. 그렇기 때문에, 비록 과거에 유사한 경험을 하였던 적이 있다손 치더라도 자신의 목표와 상황에 기대효용이론을 적용하는 것이 다른 사람의 충고를 받는 것보다 더 합리적이라고 주장할 수 있다는 것이다.

그러한 결정에 기대효용이론을 적용하는 것은 사람들의 결정에 더욱 확신감과 마음의 평화를 제공한다는 부가적인 이득도 가질 수 있다. 베커와 동료들(Bekker, Hewison, & Thornton, 2004)은 엄격하게 통제한 연구에서 처음에 선별검사에서 비정상이라는 결과를 받았던 임산부들에게 관례적인 유전 상담 회기를 제안하거나 여러 가지 결정지원도구도 제시하는 회기를 제안하였다. 예컨대, 한 가지 지원도구는 어떤 결정을 내려야만 하며 각 결정이 초래하는 가능한 결과를 명확하게 보여주는 결정분석도식이었다. 두 번째 지원도구는 임산부에게 가상적인 가능성 값(예컨대, 50%의 다운증후군 가능성)에 근거하여 임신상태를 계속 유지하거나 중단하는 것 간의 선택을 요구하는 일련의 질문이었다. 또한 임산부에게는 진단검사 결과를 놓고 볼 때 기대효용이 가장 높은 행위를 확인하는 데 도움을 줄 수 있는 그래프도 제시하였다. 이 정보가 임산부의 최종 결정을 변화시키지는 않은 것처럼 보였지만, 연구자들은 결정지원도구 회기에 할당된 임산부들이 자신의 결정에 더욱 편안함을 느꼈으며, 다운증후군을 앓는 아동을 갖게 될 실제 위험을 더욱 잘 이해하였다는 결과를 얻었다(Bekker et al., 2004).

기대효용 : 규범 모형인가?

지금까지 기술한 바와 같이, 혹자는 기대효용이론이 사람들로 하여금 자신의 목표와 원망 그리고 선호의 달성 가능성을 최적화하도록 도와주기 위한 것이기 때문에 규범적 선택 모형이라고 주장해왔다(Galotti, 2007의 개관을 참조). 즉, 기대효용이론을 적용하는 이면의 아이디어는 단지 장기적으로 가장 큰 금전적 보상을 얻도록 최적화하는 것이라기보다는 선호하는 것(즉, 자신의 판단에서 높은 효용을 갖는 결과)을 최적화하려는 것이다. 과거에는 이 이론을 암묵적으로 경제행동의 기술 모형이거나 예측 모형으로 취급하기 십상이었지만, 제9장에서 상세하게 살펴볼 상당수의 후속 행동연구들은 기대효용이론을 규범 모형으로 보다 잘 규정할 수 있다는 사실을 시사한다(Briggs, 2015).

특히 이 이론이 딱 들어맞는 여러 가지 이상적인 조건이나 공리(公理)가 존재한다는 사실은 기대효용이론이 규범 모형이라는 아이디어와 일맥상통한다(von Neumann & Morgenstern, 1944/2007). 본질적으로 이러한 공리는 합리적 의사결정자가 어떻게 행동하는지를 정의하며, 종합적으로 합리적 인간은 결과들 간에 매우 명확하고도 신뢰할 수 있는 선호를 가지고 있음을 보여준다. 이 공리 중의 하나는 의사결정자가 가지고 있는 선호체계의 완전성(completeness)을 나타낸다. 즉, 의사결정자는 두 결과 중 하나를 선호하거나 둘을 똑같이 선호한다고 진술할 수 있어야만 한다(von Neumann & Morgenstern, 1944/2007). 또 다른 공리는 의사결정자의 선호가 이행적(transitive)이어야만 한다고 진술한다. 즉, 선호하는 정도를 일관성 있게 순위 매김 할 수 있어야만 한다(제7장 참조). 예컨대, 의사결정자가 캐슈넛보다 땅콩을 선호하고, 아몬드보다 캐슈넛을 선호한다면, 마땅히 아몬드보다 땅콩을 선호해야만 한다. 세 번째 공리는 비록 한 가지 잠재적 결과가 매우 바람직하더라도, 그 결과가 일어날 가능성이 지극히 희박하다면 의사결정에 미치는 영향이 대수롭지 않아야 한다. 예컨대, 다시 한 번 의사결정자가 캐슈넛보다 땅콩을 선호하고 아몬드보다 캐슈넛을 선호한다고 가정해보라. 이제 그 사람에게 (1) 캐슈넛과 (2) 아몬드 간의 선택을 제시한다면 (그런데 아몬드 자리에 땅콩이 제시될 지극히 작은 무시할 만한 가능성이 존재한다), 땅콩의 출현 가능성이 지극히 작은 한에 있어서 계속해서 (2)보다 (1)을 선호해야만 한다(von Neumann & Morgenstern, 1944/2007 참조). 이 공리들은 기대효용을 수학적으로 계산할 수 있는 조건을 정의하고 있다.

그렇지만 현실적으로는 기대가치이론의 많은 제한점이 그대로 기대효용이론에도 적용된다. 예컨대, 때로는 상이한 결과의 확률을 알지 못하며, 심지어 이상적인 경우조차도 그저 추정하기 십상이다(예컨대, 앞에서 소개한 일기예보 사례에서와 같이 말이다). 기대효용이론은 장기간에 걸쳐 효용을 극대화한다. 즉, 동일한 선택을 더 많이 할수록, 그 선택의 기대효용을 얻게 될 가능성이 더 높아진다. 그렇지만 효용 계산을 적용하는 삶의 많은 결정에 있어서는, 동일한 도박을 여러 차례 반복하는 것조차 가능하지 않다. 예컨대, 사람들은 일반적으로 제한된 회수만큼만 결혼을 한다(많은 경우에는 한 번만 한다). 재혼하는 사람들조차도 결혼할 때마다 상황이 동일하지 않기 때문에, 그러한 결혼을 반복해서 수행하는 동일한 도박으로 간주할 수 없다(Briggs, 2015). 마지막으로, 의사결정자가 자신의 효용 평가를 추정하며, 그 평가가 얼마나 정확한지는 부분적으로 자신의 선호를 의식적으로 얼마나 잘 이해하는지에 달려 있다. 기대효용이론 자체는 의사결정자와 주식소유자가 이러한 효용 평가에 도달하는 것을 지원하지 않는다.

다중속성 효용이론과 다중기준 의사결정

이에 덧붙여서 지금까지는 단순성을 위하여 어떤 선택을 할 때 고려해야 할 속성이 단 하나만 존재한다고 가정해왔다. 어떤 상황에서는 이것이 참일 수도 있다. 예컨대, 미술작품 구입 여부를 결정할 때는 고려할 유일한 속성이 그 작품을 좋아하는 정도일 수 있으며, 도박을 할지 결정할 때는 얼마나 많은 돈을 딸 것인지만 고려할 수 있다. 그렇지만 삶의 많은 선택은 다중속성의 동시 고려를 수반할 가능성이 높다(Ramesh & Zionts, 2013). 예컨대, 여러분이 제안받은 두 직장 중에서 하나를 선택한다고 가정해보라. 한 회사는 다른 회사보다 연봉이 상당히 높지만, 봉급 이외에 고려해야 할 다른 중요한 속성들이 있다. 봉급이 적은 회사는 여러분과 가장 가깝게 지내는 형제가 살고 있는 도시에 있으며, 봉급이 많은 회사는 아는 사람이 아무도 없는 도시에 있다. 여러분은 어느 회사

를 선택할지 결정하는 데 있어서 두 가지 요인 모두를(또 다른 요인이 있을 수
도 있다) 고려할 가능성이 있다. 또한 연봉이 높은 회사는 더 높은 지위와 책임
을 부여한다고도 가정해보라. 이것도 역시 고려해야 할 중요한 속성일 수 있으
며, 여러분이 효용의 측면에서 이 속성들을 어떻게 평가할지는 여러분의 개인적
목표와 선호에 달려 있다.

문제는 여러 가지 선택지에 걸쳐서 둘 이상의 속성을 동시에 고려할 때, 규
범적 선택을 하는 체계적이고 수학적인 방법이 존재하느냐는 것이다. **다중속성
효용이론**(multi-attribute utility theory, MAUT)과 **다중기준 의사결정**(multiple-
criteria decision-making, MCDM)은 여러분의 목표를 극대화하는 최선의 가
능한 결정을 찾아낸다는 핵심 목표를 가지고 이 작업을 수행하도록 설계한 접
근방법들이다(Dyer, Fishburn, Steuer, Wallenius, & Zionts, 1992; Ramesh &
Zionts, 2013). 두 접근방법은 특정 조건, 예컨대 속성들이 상호독립적이며 고려
하고 있는 모든 선택지가 분석에 포함되었다고 합리적으로 가정할 수 있을 때
규범적이라는 사실이 밝혀져 왔다(Galotti, 2007). MAUT와 MCDM은 연구 분
야로써 대략 5년의 간격을 두고 출발하였으며 처음에는 어느 정도 구분 가능하
였으나, 세월이 경과하면서 그 차이가 덜 현저하게 되었으며 최근에는 상호교환
적으로 언급하기 십상이다(Dyer et al., 1992; Wallenius et al., 2008 참조). 이 장
에서는 대부분의 경우에 단순성을 위하여 MAUT로 지칭한다.

MAUT의 다양한 변형들이 존재하지만(Velasques & Hester, 2013), 우선 이 이
론의 작동방식을 이해하기 위하여 전반적인 개관을 살펴보기로 하자. MAUT
에서 여러분의 목표를 달성하는 데 도움을 줄 가능성이 가장 높은 선택을 하는
데는(예컨대, 일자리 제안 중에서 선택할 때), 몇 가지 근본적인 단계가 수반된
다. 우선 여러분에게 어떤 속성들이 중요한지를 나열하고, 각 속성이 다른 속성
보다 얼마나 중요한지를 결정할 필요가 있다(Galotti, 1995). 예컨대, 우선 일자
리에서 여러분이 관심을 갖는 가장 중요한 것으로부터 가장 덜 중요한 것에 이
르는 다음과 같은 네 가지 핵심 속성, 즉 (1) 가족과의 거리, (2) 지위, (3) 연봉,
(4) 책임감 수준을 결정할 수 있다. 그런 다음에 여러분이 생각하기에 얼마나 중
요한지에 따라서 각 속성에 가중치를 부여한다. 이제 여러분이 고려하고 있는
실제 선택지(예컨대, 일자리 제안)를 모두 나열한다. 예컨대, 이 사례에서 여러

분의 선택지가 오하이오 콜럼버스의 일자리 제안과 아이오와 드모인의 일자리 제안이라고 가정해보라. 두 일자리 제안 각각의 측면에서 네 가지 속성 각각의 효용을 평가한다(Galotti, 1995). 예컨대, 만일 여러분이 정말로 가족과 가까이 있기를 원하며, 가족이 현재 콜럼버스에 살고 있다면, 가족과의 거리 속성에서 콜럼버스 일자리에 가장 높은 효용을 부여한다. 가족과의 거리 속성에서 여러분이 드모인 일자리에 할당한 효용 평가가 상대적으로 낮을 수밖에 없는 까닭은 그곳에 알고 있는 사람이 없기 때문이다(만일 여러분의 개인적 목표가 가족으로부터 독립하는 것이라면, 가족과의 거리 속성에서 콜럼버스 일자리에 상대적으로 낮은 효용을 부여하였을 것이라는 사실에 주목하라).

그런 다음에, 이 정보에 근거하여 고려하고 있는 각 선택지의 효용을 계산하는 공식을 구성할 필요가 있다(Fishburn, 1970). 각 속성의 선호가 상호 간에 독립적이라고 가정할 수만 있다면, 이 계산은 타당하며 매우 간단해진다. 속성들을 독립적으로 고려하는 것이 합리적인 경우에는(예컨대, 한 일자리에서 갖게될 지위를 가족과의 거리와는 별개로 고려할 수 있다면), MAUT를 꽤나 간단하게 적용할 수 있다. 구체적으로 각 선택지(예컨대, 콜럼버스 일자리)에 대해서, 각 속성의 효용 평가치에 그 속성에 부여한 가중치 또는 중요도를 곱한 다음에 모두 합하면 된다. (가능한 결과의 효용을 사용하는 대신에 각 선택지가 가지고 있는 여러 속성의 효용을 사용하며, 그 효용에 확률 대신 여러분에게 중요한 정도로 가중치를 부여한다는 점을 제외하고는, 기대효용 계산과 매우 흡사하다는 사실에 주목하라.) 가용한 선택지 각각에 합계를 계산한 후에, 그 합계가 가장 큰 선택지가 최선의 선택이 된다(Galotti, 1995).

MAUT는 서유럽과 북미의 연구자들뿐만 아니라 다양한 국가에서 활동하는 연구자들이 개발해왔다는 점에서 독특성을 가지고 있다(Dyer et al., 1992). MAUT를 가장 현저하게 적용해온 두 영역은 기업경영 분야 그리고 중앙집권적 의사결정을 수행하는 정부를 지원하는 분야였다. 그러한 적용은 MAUT 분석을 구현하는 것이 얼마나 복잡하고 현실적으로 어려운 작업인지를 예증한다. MAUT 분석을 구현하는 데 내재한 어려움은 몇몇 측면에서 기대가치이론과 기대효용이론을 적용할 때 직면하는 어려움에서 유추할 수 있다.

예컨대, 1970년 뉴욕시가 대기오염을 제어하려는 문제를 생각해보라(Keeney

& Raiffa, 1993). 그 당시 시장이 직면한 핵심 문제는 도시의 난방과 전력 생산을 위해 사용하는 연료에 포함된 이산화황의 양에 더 엄격한 제약을 부과해야 하느냐는 것이었다. 엘리스(H. M. Ellis, 1970)는 시장이 이 문제에 대처하는 데 도움을 주기 위하여 완벽한 MAUT 분석을 실시하였다. 첫째, 시장은 이 결정을 내리는 데 있어서 달성하기를 원하는 목표의 목록을 마련하였다. 그의 핵심 목표는 오염과 관련된 주민의 건강문제를 감소시키고, 주민의 심리적 문제를 감소시키며, 주민에게 초래될 부정적인 경제효과를 감소시키고, 뉴욕시에 초래될 부정적인 경제효과를 감소시키며, 정치적으로 가장 바람직한 해결책에 도달하는 것이었다. 마지막 목표는 어떤 조치이든 합법적 지지와 대중의 지지를 극대화하는 것 그리고 시장의 정치적 입지에 미칠 잠재적 효과를 고려하는 것과 관련이 있었다(이것은 개인 의사결정자의 목표라는 사실을 명심하라; Ellis, 1970).

그런 다음에 두 가지 선택지, 즉 (1) 현재 상황을 유지하는 것과 (2) 연료의 이산화황에 법적 허용치의 한계를 낮추는 것(즉, 1.0%에서 석유는 0.4%로 그리고 석탄은 0.7%로 낮추는 것) 각각에 있어서 각 속성의 값(즉, 시장의 다섯 가지 목표 각각을 충족시키는 정도)을 결정해야만 하였다. 단지 두 가지 선택지만을 고려함으로써, MAUT 분석이 상당히 단순화되고 실행가능성이 높아졌다. 각 선택지에 있어서 각 목표의 값을 계산하는 것 자체는 지극히 어려운 일이었다. 특정 목표와 직접적으로 연관된 데이터가 없는 경우에, 엘리스(1970)는 현실적으로 보다 가용한 대용물로 대체해야만 하였다. 예컨대, 주민의 심리적 안녕감에 관한 가용한 데이터가 없었다. 한 가지 대안은 설문조사 데이터를 수집하는 것이었지만, 그 당시에는 현실적으로 가능하지가 않았다. 엘리스(1970)는 하루하루의 오염수준 데이터를 심리적 안녕감의 대용물로 사용하였다(즉, 오염수준이 높을수록, 심리적 안녕감에 더 많은 부정적인 영향을 미친다고 가정하였다). 이러한 데이터 대체는 MAUT 계산의 수행을 더욱 가능한 것으로 만들어줄 수 있다. 비록 이상적으로는 고려 중인 모든 속성들에 대해서 가능한 한 직접적으로 연관된 데이터를 가지고 있기를 희망하지만 말이다.

이러한 특정 사례의 경우에, 연료의 이산화황에 더욱 엄격한 제약을 부과하는 것을 지지하는 결과를 보여준 엘리스(1970)의 MAUT 분석을 뉴욕 시의회에 제출하였으며, 시의회는 이러한 변화를 승인할 것인지를 놓고 심사숙고하였다.

마침내 새로운 제약이 뉴욕 도시법에 포함되었으며, 엘리스는 뉴욕시의 독자적인 자문위원 자리를 계속 유지하였다(Keeney & Raiffa, 1993). 시장의 핵심 목표, 선택지, 각 선택지와 연합된 속성의 가치 등을 확인하는 것과 같이, 도시 전반에 관한 논제의 정량적 MAUT 분석을 수행하는 것은 여러 해에 걸친 엄청난 작업이며, 엘리스(1970)로 하여금 결정의 성패가 달려 있는 것은 무엇이며 각 선택지에서 정확하게 무엇을 기대할 수 있는지를 매우 비판적으로 생각하게 만들었다(Keeney & Raiffa, 1993). 즉, MAUT 분석을 수행하는 것은 엘리스(1970)로 하여금 수학에 기반한 권장사항을 내놓는 것에 덧붙여서 무엇이 문제이며, 어떤 선택지가 가능하고, 그 함의가 어떤 것인지를 깊이 있게 이해할 수 있게 해주었다. 전반적으로 이렇게 깊이 있는 이해를 획득하는 것 자체가 의사결정을 개선시킬 수 있으며, 엘리스(1970)로 하여금 새로운 법을 제정하도록 더욱 확실하게 시의회를 설득시킬 수 있게 해주었다(Keeney & Raiffa, 1993).

　MAUT를 규범 모형으로 사용하는 것이 현실적인지에 관한 물음, 즉 일반인이 MAUT를 닮은 작업을 수행할 수 있는지에 관한 물음이 있어왔다. 실세계에서의 의사결정에서, 적어도 비교적 중차대한 개인적 결정의 경우에는 사람들이 실제로 다중속성을 고려할 수 있으며, 꽤나 규칙적으로 그렇게 하는 것으로 보인다. 예컨대, 캐슬린 갤로티(Kathleen Galotti, 2007)는 한 가지 개관에서 다중속성이 실생활 결정과제(예컨대, 어느 대학에 진학할 것인지를 결정하는 고등학교 3학년생, 전공분야를 선택하는 대학생, 출산 간병인을 선택하는 임산부, 여러 초등학교 중에서 선택하는 유치원생의 학부모 등)에 영향을 미치는지를 살펴본 여러 연구를 기술하였다. 갤로티는 다섯 연구에 걸쳐서 사람들이 고려하는 속성의 평균 수치는 3에서 9개까지 퍼져 있으며, 고려하는 선택지의 평균 수치는 2에서 5개까지 퍼져 있다는 사실을 찾아냈다. 시간이 경과할수록 사람들은 더 적은 수의 선택지만을 고려하면서 다른 선택지를 배제할 가능성이 높은 반면에, 시간이 경과하더라도 고려하는 속성의 수는 줄어들지 않는 경향이 있었다. 궁극적으로 사람들은 MAUT와 같은 선형 모형의 예측과 중간 정도 이상으로 상당한 정적 상관을 갖는 결정을 내리는 경향이 있었다. 이 사실은 MAUT가 불확실한 상황에서 의사결정을 위한 규범 모형일 뿐만 아니라 적어도 개인적 결정을 위한 기술 모형으로도 기능할 수 있다는 사실을 시사한다.

대안적 접근

그렇지만 대기오염 규제 사례와 같은 대규모의 복잡한 결정에 MAUT를 적용하는 것은 대단히 어려운 작업일 수 있다. 앞에서 보았던 것처럼, 계산을 수행하기 위해서는 몇 가지 단순화, 추정, 대체가 필요하기 십상이다. 슈워츠와 동료들(Schwartz, Ben-Haim, & Dacso, 2010)은 한 걸음 더 나아가서, 불확실성도 설명해야만 하기 때문에, MAUT 계산이 실제로는 지금까지 따져보았던 것보다 훨씬 더 복잡하며, 심지어는 개인적 결정에서조차 그러하다고 주장하였다. 예컨대, 오하이오 콜럼버스와 아이오와 드모인의 일자리 제안 중에서 하나를 선택할 때, 여러분은 형제가 살고 있다는 이유로 가족과의 거리 속성에서 콜럼버스에 가장 높은 값을 할당할 수 있다. 그런데 여러분의 형제가 직업 전환을 생각하고 있다고 가정해보라. 즉, 콜럼버스에 관한 현재 정보가 향후 수년에 걸쳐서 타당한 것으로 남아있을지에 어느 정도 불확실성이 존재한다. 현재는 형제가 콜럼버스에 살고 있지만, 가까운 장래에는 그렇지 않을지도 모른다. 또한 시간이 경과하면서 그 속성이 여러분에게 계속해서 중요할지에도 어느 정도 불확실성이 존재한다(Schwartz et al., 2010). 지금 당장은 형제와의 물리적 근접성에 매우 높은 가치를 부여한다고 느끼지만, 수년 내에 새로운 친구를 사귀어서 형제 의존도를 덜 느끼게 되거나 아니면 자녀가 태어나서 인근 지역의 유치원이나 초등학교의 자질에 더 높은 가치를 부여하기 시작할 수도 있다.

이에 덧붙여서, 여러분은 장차 선택한 일자리를 어떻게 느낄지 예측하고자 시도하며, 일반적으로 사람들이 어떤 것을 전반적으로 긍정적으로 느낄지 아니면 부정적으로 느낄지를 예측하는 데는 비교적 유능하지만, 얼마나 강력하게 느낄지 그리고 얼마나 오랫동안 그렇게 느낄지를 예측하는 데는 꽤나 무능하다(제6장 참조). 마지막으로 일자리의 몇몇 측면은 사전에 확실하게 알 수가 없다(Schwartz et al., 2010). 예컨대, 여러분이 기업문화에 녹아들어갈지, 상사와 잘 지낼지, 중요한 프로젝트에서 매우 유능하고 함께 작업하기 쉬운 동료를 만나게 될지 등을 미리 알 수는 없는 것이다. 요컨대, MAUT를 규범 모형으로 이해할 수 있는 것처럼 보이지만, 실제로 구현하는 것은 도전적이리만치 어려울 수 있다. 아마도 개인적 결정과 다수의 사람을 수반하는 대규모 결정 모두에서 그럴 것이다.

MAUT 실행의 몇몇 어려움을 우회하고자 시도하는 대안들이 존재한다. 예컨대, **단일원인 의사결정**(one-reason decision-making)은 놀라울 정도로 정확할 수 있는데, 특히 상황이 불확실하고 미래에 관한 예측을 수행할 때 그렇다(Gigerenzer, 2007; Katsikopoulos & Gigerenzer, 2008). 즉, 다중속성과 그 가중치(주관적 중요성)로 골치를 앓는 대신에, 가장 중요한 단일 속성만을 확인하고 전체 결정을 그 속성에만 근거한다는 것이 기본 생각이다. 예컨대, 만일 여러분의 궁극적 꿈이 세계일주 여행을 할 수 있는 종자돈을 마련하는 것이라면, 오직 연봉에만 근거하여 일자리를 선택하는 것이 최선이다. 또한 사람들은 단일원인 의사결정에서 우선순위가 낮은 속성들도 파악하는데, 오직 선택지들이 첫 번째 속성에서 등가적일 때에만 그 속성들을 사용하게 된다(Gigerenzer, 2007).

기거렌저(2007)에 따르면, 단일원인 의사결정은 **최선 취하기**(take the best)라고 부르는 발견법을 통해서 수행한다. 최선 취하기에서는 여러분이 좋은 일자리에 대한 최선의 속성이나 단서로 확인한 단일 원인이 선택을 주도한다. [기거렌저와 골드스타인(1999)은 사람들이 이러한 속성이나 단서들을 순위 매길 때 정확할 수도 있고 그렇지 않을 수도 있기 때문에, 이 장에서 논의한 다른 모형들에 제기하였던 것과 동일한 논제가 여기에도 적용된다는 점을 지적하였다.] 여러분이 속성들을 다음과 같이 순서 매기기로 결정하였다고 가정해보라. 즉, 연봉이 가장 중요하고, 그다음이 가족과의 거리이다. 최선 취하기를 적용한다면, 여러분은 단지 어느 선택지의 연봉이 가장 높은지를 보게 된다(예컨대, 오하이오 콜럼버스의 일자리). 이 속성에만 근거하여 여러분은 결정과정을 중지하고는 콜럼버스 일자리를 택한다고 결정한다. 만일 두 일자리가 동일한 연봉을 제안한다면, 여러분이 확인한 두 번째로 중요한 속성이나 단서를 따져본다(예컨대, 어느 일자리가 가족과 가까운 곳에 위치하는가?). 여러분이 적절하다고 믿는 순서대로 한 번에 한 속성만을 고려하는 이러한 순차적인 과정을 계속하다가, 고려하고 있는 속성에서 한 선택지가 다른 것보다 더 우수하면 즉각적으로 중지하고는 최종 결정을 내리게 된다. 예컨대, 두 일자리의 연봉이 동일하다고 전제할 때, 만일 오하이오 콜럼버스에는 가족이 있지만 아이오와 드모인에는 없다면, 콜럼버스 일자리를 선택하고는 의사결정을 종료한다. 일련의 연구결과는 불확실한 미래를 예측할 때 최선 취하기를 사용하는 것이 다중속성을 고려하는 복잡한 공식보다 정확도에서 더 우수하다는 사실을 시사하였다(Gigerenzer, 2007). 반면에 과거 사건을 돌이켜 생각할 때는, 그러한 공식이 최선 취하기를 압도할 가능성이 더 높다(Gigerenzer, 2007).

MAUT의 또 다른 대안을 슈워츠와 동료들(2010)이 제안하였다. MAUT의 목표는 의사결정자를 위한 최선의 선택, 즉 모든 것이 현재 기대하는 바와 같이 진행된다고 가정할 때 최대 효용의 선택을 확인해내는 것이다. 반면에 슈워츠와 동료들(2010)은 사태가 실제로 어떻게 전개될지 매우 불확실할 때는(예컨대, 대학이나 일자리를 선택할 때는), 만족하기라는 아이디어(제7장 참조)에 근거한 상이한 목표를 갖는 것이 더 현명할 수 있다고 제안하였다. 슈워츠와 동료들(2010)의 **강건한 만족하기**(robust satisficing)라는 규범 모형의 목표는 무엇인가 잘못되더라도 여전히 충분하게 만족스럽다고 가장 확신할 수 있는 선택지를 선택하는 것이다. 강건한 만족하기의 목표는 효용 자체의 극대화보다는 충분히 만족한다는 이러한 확신감을 극대화하는 것이다(Schwartz et al., 2010).

강건한 만족하기의 진행과정은 MAUT보다 단순하며, 무엇보다도 어떤 결과가 충분히 만족스러운 것인지를 묻고 결정하는 것을 수반한다. 어떤 선택지(예컨대, 일자리 제안)가 이렇게 충분히 만족스러운 결과를 가능하게 해주는지를 확인한 후에, 전혀 다른 조건에서도 그러한 결과를 초래할 것이라고 믿는 선택지를 선택하게 된다. 즉, 잘못될 수 있는 모든 경우를 감안하더라도, 지극히 다른 시나리오에 걸쳐 여전히 '충분히 만족스러운' 결과를 달성할 수 있게 해주는 선택지는 어느 것인가(Schwartz et al., 2010)? 규범 모형은 상이한 선택지의 개별 속성에 관한 생각을 수반해야만 한다는 가정에서 벗어나게 해준다는 점에서 강건한 만족하기는 특히 흥미를 끄는 모형이다. 다양한 맥락에 걸쳐서 어떤 규범 모형이 가장 이상적인 선택을 내놓는지(아니면 어떤 특정 맥락에서 특정 모형이 가장 이상적인 선택을 내놓는지)를 보여주기 위해서는 더 많은 연구가 필요하다.

결론

이 장에서는 몇 가지 핵심적인 의사결정 규범 모형, 즉 기대가치이론, 기대효용이론, 그리고 MAUT를 살펴보았다. 또한 불확실한 조건에서 그리고 미래에 관한 예측에서 더 우수한 결정을 내놓는다고 주장해온 전도유망한 몇 가지 대안 모형(즉, 최선 취하기 발견법, 강건한 만족하기 등)도 논의하였다. 보다 상세하게 탐구할 필요가 있는 중요한 논제는 사람들이 실제로 이러한 방식으로 결정을 내리는지 그리고 만일 그렇다면 어느 정도나 그렇게 하는지에 관한 것이다. 즉, 사람들이 정말로 이러한 규범 모형들과 맥을 같이 하면서 규범적 결정을 하는가? 아니면 체계적인 방식으로 이러한 규범 모형에서 벗어나는가? 만일 사람들이 규범 모형에서 벗어난다면, 그러한 일탈은 사람들의 의사결정에 어떤 함의를 갖는가? 제9장에서는 의사결정의 기술 모형에 관한 증거를 살펴보면서 이모든 물음을 직접적으로 다룬다. 특히 사람들이 기대효용이론의 주장에 따라서 추리하는 데서 체계적으로 벗어나는 방식을 고려하는 영향력이 매우 큰 의사결정 기술 모형인 전망이론의 상세한 탐구에 초점을 맞춘다. 예컨대, 기대효용의 측면에서는 고려해야 할 선택지가 동일한 경우조차도, 문제의 틀만들기나 단순 제시에 처치를 가하는 것이 사람들의 선호를 변화시킬 수 있다.

논의를 위한 물음

1. 기대가치이론을 적용하여, 도박 1(.8, $100; .2, −$50)과 도박 2(.3, $15; .7, $0) 중에서 하나를 선택하라. 여러분의 계산을 밝혀라. 그런 다음에 정말로 여러분의 계산이 확인해준 대로 선택을 할 것인지를 천명하고 그리고 그 이유를 논하라.

2. 기대효용이론을 적용하여, 도박 1(.8, 큰 페페로니 피자를 얻는 것; .2, 이 강의에서 가외로 논문 한 편을 읽는 것)과 도박 2(.3, 검 하나를 얻는 것; .7, 하루 종일 일하는 것) 중에서 하나를 선택하라. 여러분이 개인적으로 각 결과에 효용을 부과한다는 사실을 명심하라. 각 효용 평가를 신중하게 살펴봄으로써 그 결정이 궁극적으로 여러분의 목표를 달성하는 데 있어서 가능한 한

정확한 것이 되도록 하라.

3. 과거이든 미래이든 중요한 정치적 결정이나 개인적 결정 하나를 선택하라 (예컨대, 브렉시트, 다가오는 선거, 여러분 전공분야의 선택, 여름방학 아르바이트의 선택 등). 이 장에서 공부한 것에 근거하여, 전반적으로 이 결정에 대한 MAUT 분석을 어떻게 진행할 것인지를 논의하라. 분석과정을 단순화하기 위하여 선택지를 두 가지로 제한하라. 여러분의 추리를 동료 수강생에게 설명해보라. 이 방법이 이상적인 결정을 내놓을 가능성이 있다고 보는가?

4. 이론적으로 정확한 데이터가 가용하다고 가정하고, 여러분의 장기적인 목표와 선호를 감안할 때 (1) 기대효용이론과 (2) MAUT가 최선의 결정을 내놓을 규범 모형이라는 데 동의하는가? 그 이유는 무엇인가?

5. MAUT, 최선 취하기, 그리고 강건한 만족하기를 비교하라. 어느 하나가 다른 것보다 규범 모형으로서 더 매력적인 것처럼 보이는가? 그 이유는 무엇인가?

더 읽을거리

Briggs, R. (2015). Normative theories of rational choice: Expected utility. In E. N. Zalta (Ed.), *The Stanford encyclopedia of philosophy*. Retrieved from http://plato.stanford.edu/archives/win2015/entries/rationality-normative-utility.

Galotti, K. M. (2007). Decision structuring in important real-life choices. *Psychological Science, 18*(4), 320–325.

Gigerenzer, G. (2007). *Gut feelings: The intelligence of the unconscious*. New York, NY: Penguin Group(USA), Inc.

틀만들기 효과와 전망이론 9

학습목표

이 장을 마무리하게 되면, 여러분은 다음을 수행하였을 것이다.

- 사람들의 실제 의사결정이 기대효용이론에서 일탈하는 경향을 보이는 다양한 방식을 확인하고 살펴보았다. 여기에는 틀만들기 효과, 준거 의존성, 손실 혐오, 비선형적 선호, 그리고 출처 의존성 등이 포함된다.
- 어떻게 이러한 효과가 설득의 과학을 진보시키는 데 도움을 줄 수 있는지 살펴보았다.
- 위험한 선택의 기술 모형인 전망이론의 기조 그리고 전망이론이 기대효용이론과 구체적으로 어떻게 다른지에 친숙해졌다.
- 어떻게 사람들의 판단이 기대효용이론의 예측을 체계적으로 위반하는지를 전망이론이 설명하는 방식을 살펴보았다.
- 경제학 이론에 전망이론을 적용하는 것에 대한 몇몇 도전 그리고 이 논제에 대처하기 위하여 제안해온 몇 가지 가능한 해결책을 살펴보았다.

핵심용어

- 결정 가중치(decision weight, w)
- 보유효과(endowment effect)
- 불변성 원리(principle of invariance)
- 손실 혐오(loss aversion)
- 알리야 역설(Allais paradox)
- 위험 추구(risk seeking)
- 위험 혐오(risk aversion)
- 전망(prospect)
- 전망이론(prospect theory)
- 절차 불변성(procedure invariance)
- 주관적 가치(subjective value, v)
- 준거 의존적(reference dependent)
- 총체적 가치(overall value, V)
- 틀만들기 국면(framing phase)
- 틀만들기 효과(framing effect)
- 평가하기 국면(valuation phase)
- 확실성 효과(certainty effect)

제 8장에서는 기대효용이론과 같은 모형이 어떻게 사람들이 시간, 돈, 노력, 기회 등의 자원을 사용하여 자신의 목표를 달성할 가능성을 극대화하려는 목표를 달성하는지를 살펴보았다. 오랜 세월 동안 기대효용이론은 사람들이 실제로 결정하는 방식에 대한 기술 모형이라고 가정해왔지만, 많은 행동연구는 사람들이 기대효용이론의 예측을 일관성 있게 그리고 다양한 방식으로 위반한다는 사실을 보여주었다(Kahneman & Tversky, 1979). 이 장에서는 이러한 연구를 살펴보고, 그 연구는 어떻게 사람들이 자원 사용을 결정하는지에 대한 기술 모형의 증거를 제공하는지를 살펴본다. 또한 사람들의 선택이 어떻게 기대효용이론에서 벗어나는지 그리고 기대효용이론을 하나의 규범 모형으로 간주하는 것이 더 좋은 이유도 살펴본다.

틀만들기 효과

이미 고전이 되어버린 데오도어 수스 가이슬(Thoedore Seuss Geisel, 1960/1988)의 아동용 도서 녹색 계란과 햄(*Green Eggs and Ham*) 전반에 걸쳐서, 주인공인 화자는 책 제목의 음식을 먹어보기를 거부한다. 녹색 계란과 햄을 제시하는 방식이 화자에게는 전혀 중요하지 않다. 선택은 항상 동일하다. 제시 방식과는 무관하게 화자가 보이는 선호 일관성은 **불변성 원리**(principle of invariance)를 예증하고 있다(Tversky & Kahneman, 1986). 불변성 원리는 합리적 선택이론에서 핵심적인 부분이다. 만일 상이한 선택이 본질적으로 동일한 것에 해당한다면, 선택지를 제시하는 방식 또는 틀을 만드는 방식은 실제로 문제가 되지 않아야 한다. 이 사례에서 녹색 계란과 햄은 어디에서 제시하더라도 여전히 녹색 계란과 햄이다. 만일 화자가 집에서 먹을 때에만 또는 쥐 옆에 앉아있을 때에만 녹색 계란과 햄이 더 맛있다고 결정한다면, 비합리적인 것이 된다. 이러한 상황에서는 일관성의 유지가 합리적이다.

그런데 사람들은 다양한 방식으로 불변성 원리를 위반하는 것으로 나타난다. 예컨대, 제7장에서는 사람들이 방금 10달러 지폐를 잃어버렸을 때보다 예매하였던 10달러짜리 연극 입장권을 잃어버렸을 때 또 다시 10달러짜리 입장권을 사려고 하지 않는다는 사실을 보았다(Tversky & Kahneman, 1981). **틀만들기 효**

과(framing effect)는 불변성 원리의 또 다른 놀라운 위반이다. 카네먼(2003)에 따르면, 틀만들기 효과는 사람들이 제시한 선택지들을 신중하게 생각하면 그것들이 동일하다고 생각함에도 불구하고, 특정 선택과제에서 한 가지 선택지를 일관성 있게 선호할 때 발생한다고 말할 수 있다. 예컨대, 혹자는 극장에 들어갔을 때는 거미베어젤리를 가방보다는 상자에서 꺼내먹는 것을 강력하게 선호할 수 있다. 그렇지만 잠시 멈추고 그 사실을 생각해보면, 어떻게 포장하였는지에 관계없이 똑같은 젤리라는 사실을 인정하게 된다.

아마도 가장 널리 알려진 틀만들기 효과는 사람들에게 잠재적 질병 발생을 기술한 짧은 이야기를 읽어보도록 요구함으로써 시범 보인 것이겠다. 캐나다와 미국 대학생들에게 두 가지 방식 중에서 한 가지로 틀을 만든 동일한 문제를 생각해보도록 요구하였다(Tversky & Kahneman, 1981). 다음의 문제가 첫 번째 것이다.

....

문제 1. 미국이 600명의 목숨을 앗아갈 것으로 예상하는 이례적 질병의 발생에 대비하고 있다고 상상하라. 이 질병에 맞서 싸울 두 가지 대안 프로그램이 제안되었다. 프로그램 결과의 정확한 과학적 추정치는 다음과 같다고 가정하라.

만일 프로그램 A를 채택하면, 200명의 목숨을 살릴 수 있다.
만일 프로그램 B를 채택하면, 600명을 살릴 확률이 1/3이며, 아무도 살릴 수 없을 확률이 2/3이다.

여러분은 두 프로그램 중에서 어느 것을 선호하는가?(Tversky & Kahneman, 1981, p. 453)

위의 사례에서, 두 프로그램은 모두 이득 측면에서, 즉 해당 프로그램이 살리게 되는 목숨의 수로 틀을 만들었다. 프로그램 A는 불확실성이 전혀 없는 명확한 결과를 나타내며, 프로그램 B는 중차대한 도박을 수반하고 있다. 200명을 구할 가능성이 100%일 때의 기댓값은 600명을 살릴 가능성이 1/3이지만 아무도 살릴 수 없을 가능성이 2/3일 때의 기댓값과 동일하다. 그렇지만 사람들은 두 프로그램을 실제로 등가적으로 취급하지 않았으며, 프로그램 B보다 프로그램 A

를 압도적으로 많이 선택하였다(각각 28%와 72%).

이 결과를 상이한 집단의 참가자에게 생각해보도록 요구하였던 두 번째 문제의 결과와 대비시킬 수 있다.

....

문제 2. 미국이 600명의 목숨을 앗아갈 것으로 예상하는 이례적 질병의 발생에 대비하고 있다고 상상하라. 이 질병에 맞서 싸울 두 가지 대안 프로그램이 제안되었다. 프로그램 결과의 정확한 과학적 추정치는 다음과 같다고 가정하라.

> 만일 프로그램 C를 채택하면, 400명이 사망하게 된다.
> 만일 프로그램 D를 채택하면, 아무도 사망하지 않을 확률이 1/3이며, 600명이 사망할 확률이 2/3이다.
>
> 여러분은 두 프로그램 중에서 어느 것을 선호하는가?(Tversky & Kahneman, 1981, p. 453)

여기서도 프로그램 C와 D의 기댓값은 동일하며, 프로그램 A와 B의 기댓값과도 동일하다. 프로그램 C는 프로그램 A와 마찬가지로 확실한 사건이며, 프로그램 D는 프로그램 B와 마찬가지로 도박이다. 차이점은 프로그램 C와 D를 손실 측면에서, 즉 목숨을 구할 수 있는 사람 대신에 죽는 사람의 수를 생각하도록 요구하였다는 점이다. 손실 틀만들기는 정반대의 결과 패턴을 초래하였다. 22%가 프로그램 C를 선택하였으며, 78%가 프로그램 D를 선택하였다(Tversky & Kahneman, 1981).

'질병 발생' 실험에는 따져보아야 할 적어도 두 가지의 매우 중요한 결론이 들어있다. 첫째, 선택지가 기댓값에서 등가적일 때조차도 틀만들기가 선택지의 선호에 영향을 미친다는 사실을 볼 수 있다. 둘째, 이 연구의 결과는 이득 측면(예컨대, 생명 구하기)의 틀만들기가 사람들을 **위험 혐오**(risk aversion)로 이끌어간다는 사실을 시사한다. 즉, 이득 틀만들기인 문제 1에서는 사람들이 몇몇 사람의 목숨을 구하는 확실한 결과를 압도적으로 많이 선택하였으며, 도박하기를 원치 않았다. 반면에 손실 틀만들기는 사람들을 **위험 추구**(risk seeking) 결정으로 이끌어간다(Tversky & Kahneman, 1981). 손실 틀의 문제 2에서는 둘 중에서 압도적으로 많은 선택이 중차대한 도박을 수반하는 프로그램이었으며, 아마도 아무도 죽지 않을 것이라는 희망에서 그리하였을 것이다.

틀만들기 효과와 건강 메시지 전달하기

이러한 결론은 수도 없이 반복되었으며 다양한 영역과 과제에 걸쳐 비교적 일관적이다. 예컨대, 건강 영역에서 수행한 틀만들기 효과 연구를 살펴보자. 건강 메시지를 전달하려는 연구의 가장 중요한 목표 중 하나는 어떻게 하면 사람들이 건강을 증진시키고 삶을 연장시키는 행동(예컨대, 자외선 차단하기; HIV 검사 받기 등)으로 전환하도록 만들지를 알아내려는 것이다. 로스만과 샐로비(Rothman & Salovey, 1997)의 매우 영향력 있는 아이디어는 알려져 있는 틀만들기 효과를 이용하여 건강증진 메시지를 신중하게 설계하려는 것이었다. 특히 이들은 이득 틀이 위험 혐오를 초래하고 손실 틀이 위험 추구를 초래한다는 결과를 반영하는 건강 메시지를 설계할 것을 제안하였다. 건강문제를 예방하려는 행동(예컨대, 전염 가능성을 낮추는 행동)은 위험을 감소시키기 때문에, 이들의 모형은 사람들로 하여금 그러한 행동을 수행하도록 만드는 데는 이득 틀이 손실 틀보다 더 효과적일 것이라고 예측한다. 또한 건강문제를 탐지하려는 행동(예컨대, 질병 선별검사 받기)은 나쁜 무엇인가를 알게 될 수도 있다는 의미에서 사람들이 위험하게 느낄 수도 있기 때문에, 이들의 모형은 그러한 행동을 증가시키는 데는 손실 틀이 이득 틀보다 더 효과적이어야 한다고 예측하였다.

다양한 건강 영역에 걸쳐 로스만과 샐로비(1997)의 모형을 검증해왔다. 한 가지 고전적인 연구에서 로스만과 동료들(Rothman, Martino, Bedell, Detweller, & Salovey, 1999)은 구강건강 행동이 이 모형의 예측과 같이 영향을 받을 수 있는지를 물음하였다. 이들은 미국 대학생들에게 구강청정제를 사용해야만 하는 이유를 설명한 팸플릿을 읽어보도록 요구하였다. 팸플릿에는 두 가지 유형의 구강청정제 중의 하나가 적혀 있었다. 발견용 청정제는 잇몸 질환이나 치석을 탐지하는 데 사용하는 반면, 치석 제거용 청정제는 치석을 제거함으로써 잇몸 질환의 가능성을 낮추는 데 사용한다(Rothman et al., 1999). 두 청정제는 모두 입에 소량을 물고 이리저리 움직이다가 내뱉는 방식으로 사용한다. 참가자들은 한 가지 청정제에 관하여 이득 틀이나 손실 틀의 메시지를 읽었다. 이득 틀 메시지는 치석이 낀 위치를 찾아내서(탐지) 더 이상 누적되지 않도록 예방하는 이득을 강조하거나 청정제로 치석을 안전하게 제거하는(예방) 이득을 강조하였다. 손실 틀 메시지는 치석이 쌓여 있는 장소를 찾아내지 못하는(탐지) 위험을 강조하거나 치석을 제거하는 안전한 방법을 상실하는(예방) 위험을 강조하였다. 이득 틀 팸플릿을 읽었을 때는 참가자들이 치석 제거 청정제를 구입하여 사용하려는 강력한 의사를 보고한 반면, 손실 틀 팸플릿을 읽었을 때는 발견용 청정제를 구입하여 사용하려는 강력한 의사를 나타냈다(Rothman et al., 1999). 특정 틀에서 사람들의 선택을 예측할 수 있다는 사실은 가장 설득력 있는 메시지를 설계하는 데 유용할 것으로 보인다.

선택하기 대 배제하기

선택 과제의 틀 자체가 선택 결정에 영향을 미친다. 엘다 샤퍼(Eldar Shafir, 1993)는 사람들이 선택 과제에서 한 선택지를 선택하는 것으로 생각할 때와 한 선택지를 배제하는 것으로 생각할 때 일어나는 틀만들기 효과를 보고하였다. 예컨대, 여러분이 부모 중 한 사람에게 보호자 역할을 부여하는 아동 양육권 소송 사건의 배심원이라고 가정해보라. 판사는 여러분에게 누구에게 양육권을 줄 것인지를 결정하라고 요구하거나, 아니면 누구를 이 역할에서 배제시킬 것인지를 결정하도록 요구할 수 있다. 부모 중 한 사람이 평범한 속성(미약한 장점과 단점)을 가지고 있으며 다른 사람은 극단적인 속성(강력한 장점과 단점)을 가지고 있을 때 틀만들기 효과가 발생한다. 예컨대, 샤퍼(1993)는 위의 아동 양육권 사건에서, 참가자에게 부모 두 사람을 기술한 글을 보여주었다. 하나는 보통의 건강, 근무시간, 수입, 그리고 아동과의 유대감 등과 같은 비교적 중립적으로 기술한 글이었다. 다른 하나는 건강 문제가 없으며, 직업상 출장을 많이 다니고, 수입이 많으며, 아동과 매우 강한 유대감을 가지고 있는 것과 같이 긍정적인 것과 부정적인 것 모두를 극단적으로 기술한 글이었다. 놀랍게도 참가자에게 양육권을 부여할 사람을 선택하도록 요구하였을 때, 후자의 부모에게 그 권한을 부여한 반면(64%), 양육권을 배제하도록 요구하였을 때도, 후자의 부모를 거부하는 경향이 있었다(55%). 따라서 질문의 틀이 사람들의 판단에 영향을 미쳤다. 만일 그렇지 않다면, 두 백분율의 합은 100%가 되어야 한다. 샤퍼(1993)는 실제로는 두 가지 상이한 방식으로 틀을 만든 동일한 과제임에도 불구하고, 사람들이 어떤 과제를 수행하고 있다고 생각하는가에 따라서 각 선택의 상이한 특성에 상이한 가중치를 부여한다고 주장하였다. 양육권을 부여할 때는, 매우 긍정적인 특성에 더 큰 가중치를 부여하며, 배제할 때는 매우 부정적인 특성에 더 큰 가중치를 부여한다.

이미 고전이 되어버린 샤퍼(1993)의 결과는 사람들이 어떻게 선거에서 후보자를 선택하는지를 보다 잘 이해할 수 있게 해준다. 특히 한 후보자는 극단적으로 긍정적인 특질과 부정적인 특질을 가지고 있으며, 다른 후보자는 약간 긍정적이거나 보통의 특질을 가지고 있을 때, 사람들의 투표 행동을 잘 설명해준다. 이러한 경우에는 사람들이 선택 과제를 한 후보자를 뽑기 위하여 투표하는 것으로 생각하는지 아니면 한 후보자를 배제하기 위하여 투표하는 것으로 생각하는지가 중요하다. 심지어는 후보자가 단 두 명인 경우에도 그렇다. 한 연구에서는 상당한 정치경력과 자선사업 경력을 가지고 있으며, 불륜도 당당하게 자랑하며 납세기록을 밝히려고 하지 않는 가상적인 후보자와 보통에 가까운 특성의 후보자 간의 경합에서 21%가 그를 지지하였으나, 92%는 그를 배제하였다. 여기서도 두 백분율의 합이 100%를 넘는 것을 틀만들기 효과의 증거로 해석할 수 있다(Shafir, 1993).

전반적으로 샤퍼(1993) 연구는 사람들이 합리적인 **절차 불변성**(procedure invariance) 원리를 위배한다는 사실을 지적하고 있다. 한 가지 방식으로 선택하도록 요구하든지 아니면 본질에서는 동일하지만 외형상으로는 다른 방식으로 선택하도록 요구하든지 간에, 선택지 간의 선호가 변하지 않을 때 절차 불변성이 존재한다. 사람들에게 두 가지 선택지를 보여주고 하나를 선택하거나 하나를 배제하도록 요구하는 것은 등가적 과제임에도 불구하고, 사람들의 판단을 보면 과제에 따라 상이한 선택을 한다는 사실을 알 수 있다.

샤퍼(1993)는 사람들의 절차 불변성 위배가 마케팅에서 흥미진진한 함의를 갖는다고 제안하였다. 만일 바닥깔개를 구입하려는 잠재 구매자가 평범하지만 값이 싼 선택지와 정교한 문양의 값비싼 선택지 사이에서 갈등을 겪고 있다면,

판매자는 그 구매자가 두 가지를 모두 구입하고 나중에 하나를 반품할 수 있게 해주는 것보다는 지금 구입할 깔개 하나를 선택하도록 권하는 것이 더 좋다. 구매자가 하나를 선택해야만 하는 이유를 찾고 있을 때, 그 구매자는 두 번째 깔개의 정교함에 초점을 맞춤으로써 그것을 구입할 가능성이 증가한다. 만일 구매자가 둘을 모두 구입하고는 하나를 반품할 이유를 찾고 있다면, 그 구매자는 두 번째 깔개의 비싼 가격에 주의를 기울임으로써 그것을 반품할 가능성이 증가한다. 또한 샤퍼(1993)는 선택지 집합의 크기 그리고 선택할 필요가 있는 선택지의 수도 사람들로 하여금 암묵적으로 자신의 과제가 선택하는 것이거나 배제하는 것이라고 가정하도록 이끌어갈 수 있다는 사실도 지적하였다. 예컨대, 만일 대학원 프로그램에 30명이 지원하였는데, 오직 5명만을 받아들여야 한다면, 평가자는 5명을 선택하는 과제로 생각할 가능성이 크다. 반면에 만일 30명의 지원자 중에서 25명을 받아들여야 한다면, 5명을 배제하는 과제로 해석할 가능성이 크다. 요컨대, 이렇게 특정한 틀만들기 효과는 선택지들이 독특한 특성을 가지고 있을 때에만(예컨대, 어떤 선택지는 평범한 특성을 가지고 있으며, 다른 선택지는 매우 긍정적인 특성과 매우 부정적인 특성을 모두 가지고 있다) 발생할 수도 있지만, 삶의 지극히 다양한 상황에 적용할 수 있는 것으로 보인다.

전망이론

나아가서 연구결과는 사람들의 결정이 **준거 의존적**(reference dependent)이라는 사실을 시사한다. 즉, 사람들의 결정은 비교 기준으로 어떤 준거 수준을 사용하는지에 달려 있다는 것이다. 예컨대, 메드벡과 동료들(Medvec, Madey, & Gilovich, 1995)은 올림픽 메달수상자의 정서반응 분석에서 수상자의 행복감은 상당 부분 실제로 일어난 사건과 일어났을 수도 있다고 느끼는 사건 간의 비교에 달려 있다고 제안하였다. 경기가 끝난 직후 그리고 시상대에 올라가 있을 때, 은메달 수상자와 동메달 수상자의 동영상을 촬영하고, 별도의 평정자가 그 수상자들이 얼마나 행복해 보이는지를 리커트 10점 척도에서 판단하였다. 놀랍게도 연구자들이 발견한 사실은 은메달 수상자가 동메달 수상자보다 유의하게 덜 행복하게 보인다는 것이었다. 아마도 은메달 수상자는 금메달을 거의 딸 수도 있었는데 실패하고 말았다고 생각하고 있는 반면, 동메달 수상자는 메달을 거의 놓칠 수도 있었는데 어떻게든 해냈다고 생각하고 있기 때문일 것이다 (Medvec et al., 1995). 즉, 각자가 처한 상황의 평가가 준거 의존적이었을 수 있다.

마찬가지로, 특정 가격이나 재산 상태의 효용에 대한 판단은 현재의 재산 상태에 달려 있다(Kahneman, 2003). 부유하다면 녹차 한 잔의 가격이 대수롭지 않다고 판단하지만, 빈털터리라면 지나치게 비싼 것일 수 있다. 사람들의 준거 의존 경향성은 의사결정을 이해하는 데 심각한 문제를 초래하였다. 기대효용이론의 예측과 쉽게 조화를 이룰 수 없기 때문이었다(Kahneman, 2003; 제8장 참조). 사람들이 어떻게 준거 의존성을 나타내는지, 어떻게 불변성 원리를 위배하는지, 어떻게 다양한 방식으로 기대효용이론에서 벗어나는지를 기술하기 위하여 카네먼과 트버스키는 **전망이론**(prospect theory)이라고 부르는 위험한 선택에 관한 강력한 기술 모형을 제안하였다(Kahneman & Tversky, 1979; Tversky & Kahneman, 1992). 이 이론에서 **전망**(prospect)이란 사람들이 위험한 결정(예컨대, 질병 발생 문제에서 프로그램 C와 D 중에서 하나를 선택하는 것)을 내릴 때 선택하게 되는 서로 다른 도박을 지칭한다(Tversky & Kahneman, 1981).

전망이론은 불확실한 상황에서 선택의 다음과 같은 핵심 특성들을 설명하며, 이 모든 특성은 수많은 실험연구에서 반복되어 왔다(Tversky & Kahneman, 1992).

- 첫째, 전망이론은 앞 절에서 기술한 유형의 **틀만들기 효과**를 통합하고 있다. 우리는 틀만들기 효과 연구를 통해서 문제를 기술하는 방식이 사람들의 선호를 체계적으로 변화시킬 수 있으며, 심지어 상이한 기술이 본질적으로 등가적이라는 사실을 인정하는 경우에도 그렇다는 사실을 알고 있다.
- 사람들은 이득의 획득보다는 손실의 회피를 더욱 강력하게 원하는데, 이것은 **손실혐오**(loss aversion)라고 알려진 현상이다. 예컨대, 카네먼과 동료들(Kahneman, Knetsch, & Thaler, 1990)은 펜을 제공받은 사람이 그 펜을 보유하는 데 매기는 가치는 잠재적 구매자가 그 펜을 구입하는 데 매기는 가치보다 훨씬 높다는 사실을 보여주었다(이 장 뒷부분에서 상세하게 다룬다).
- 특정 조건에서는 사람들이 매우 일관성 있게 위험을 추구하는 경향을 보인다. 일반적

으로 위험 회피를 가정하는 경제학의 의사결정 모형에서는 전통적으로 이 현상을 설명하지 못한다(제8장 참조). 구체적으로 손실 측면에서 선택의 틀을 만들면, 사람들은 압도적으로 일관성 있게 확실한 것보다는 도박을 선호한다[예컨대, 트버스키와 카너먼(1981)의 고전적인 질병 발생 문제에서 이 사실을 보았으며, 일찍이 해리 마코위츠(Harry Markowitz, 1952)도 이 사실을 관찰하였다]. 이득의 측면에서도, 사람들은 대박을 터뜨릴 가능성이 매우 희박한 도박과 그 도박의 기댓값을 확실하게 받는 것 중에서 전자를 선호한다(Tversky & Kahneman, 1992). 이 결과는 사람들이 일상적으로 로또를 구입하는 것에서 찾아볼 수 있다. 예컨대, 미국의 한 로또에서 100만 달러에 당첨될 가능성은 1/11,000,000보다도 작다. 이 사실이 의미하는 바는 이 로또가 0.09달러보다도 작은 기댓값(즉, 1/11,000,000×1,000,000달러)을 가지고 있다는 것이다. 그럼에도 불구하고 많은 사람들이 로또를 즐기기 위하여 기꺼이 2달러를 지불하고 있다.

- 사람들은 위험한 선택에서 비선형적 선호를 나타낸다. 기대효용이론에서는 결과의 확률이 결과의 효용과 그 확률의 곱이라는 의미에서 선형적이다. 즉, 그 곱은 어떤 방식으로도 왜곡되지 않는다. 그렇지만 사람들의 실제 선호는 체계적으로 비선형적이다. 즉, 사람들은 항상 정확한 금전 가치에 따라 물건에 가치를 부여하지 않는다. 예컨대, 제8장에서 보았던 것처럼, 사람들은 확률적 결과보다는 확실한 결과를 편파적으로 선호하는 경향이 있다[**확실성 효과**(certainty effect)]. 즉, 기댓값이 동일하더라도 도박보다는 확실한 일시불에 더 높은 가치를 부여한다. 사람들의 비선형적 선호는 **알리야 역설**(Allais paradox)도 주도한다(생각상자 9.1 ; Allais, 1953, 1990).
- 사람들이 위험한 선택지를 기꺼이 선택하려는 의도는 불확실성 출처의 영향을 받는다(Tversky & Kahneman, 1992). 예컨대, 히스와 트버스키(Heath & Tversky, 1991)는 사람들이, 다른 내기 선택지도 동일한 성공가능성을 가지고 있다고 믿는 경우조차도, 어느 정도 유능하거나 전문성을 가지고 있다고 느끼는 영역에서 불확실한 사건에 내기걸기를 선호한다는 사실을 발견하였다. 히스와 트버스키(1991)는 한 연구에서 두 범주 중에서 오직 한 범주에 대해서만 매우 해박하다고 자평하는 사람들을 모집하였다(예컨대, 정치에는 해박하지만

축구에 관해서는 무지하거나, 축구에는 해박하지만 정치에는 문외한인 사람들). 그런 다음에 두 집단 모두에게 다가오는 선거의 결과와 축구시합 결과를 예측하고, 각 예측이 정확할 가능성이 얼마나 된다고 생각하는지를 평정하도록 요구하였다. 모든 참가자에게 20가지 내기를 제시하였다. 각각의 내기에서 참가자는 축구에 대한 자신의 예측, 선거에 대한 자신의 예측, 또는 무작위로 예측을 선택하는 도구 중에 어느 것에 돈을 걸지 선택할 수 있다. 각각의 내기는 세 가지 선택지가 동일한 성공가능성을 가지고 있다고 참가자가 생각하도록 구성하였다. 따라서 기대효용이론은 사람들이 어느 것이든 선택할 가능성이 동일해야 한다고 예측한다. 그렇지만 사람들은 전문성을 가지고 있는 영역에서 자신이 내놓은 예측에 내기걸기를 압도적으로 선호하였다(Heath & Tversky, 1991).

카네먼과 트버스키(1979)는 위에서 제시한 모든 행동연구 결과가 기대효용이론은 위험한 의사결정의 기술 모형으로 제대로 작동하지 않는다는 사실을 보여준다고 주장하였다. 이들의 독창적인 대안 모형인 전망이론은 선택이 두 단계로 전개된다고 제안한다(Kahneman & Tversky, 1979). 즉, 편집하기 또는 **틀만들기 국면**(framing phase)과 **평가하기 국면**(valuation phase)을 거친다는 것이다(Tversky & Kahneman, 1992).

카네먼과 트버스키(1979)의 독창적 모형은 사람들이 틀만들기 국면에서 선택을 덜 복잡한 것으로 만들기 위하여 여러 가지 상이한 전망 각각을 단순화시키는 경향이 있다고 제안하였다. 이득과 손실을 준거점의 측면에서 정의하는데, 준거점이란 단순하게 한 사람이 현재 가지고 있는 재산과 같은 것으로 생각할 수 있다. 때로는 사람들이 확실한 결과를 위험한 결과와 분리하기 위하여 결과들을 재부호화하기도 한다. 예컨대, 카네먼과 트버스키(1979)는 사람들에게 300통의 껌을 얻을 수 있는 가능성이 80%이고 200통의 껌을 얻을 수 있는 가능성이 20%인 도박을 상상해보도록 요구하였다. 만일 여러분이 이 도박을 한다면, 적어도 200통의 껌을 얻을 가능성이 100%라는 사실에 주목하라. 그에 덧붙여서, 또 다른 100통의 껌을 더 얻을 가능성이 80%이고 더 이상 껌을 얻지 못할 가능성이 20%이다. 따라서 이 사례의 기본 아이디어는 사람들이 도박을 다음과 같이 재부호화한다는 것이다 : 만일 이 도박을 선택하면, 200통의 껌을 확실하게 얻는다. 이에 덧붙여서, 100통의 껌을 부가적으로 얻을 가능성이 80%이며 더 이상 얻지 못할 가능성이 20%이다.

한 걸음 더 나아가서 전망이론은 틀만들기 국면에서 동일한 확률을 갖는 동일한 결과들은 여러 전망에 걸쳐서 서로를 상쇄시킨다고 규정한다. 예컨대, 만일 전망 A가 커다란 사탕가방을 얻을 30%의 가능성을 포함하고 있으며, 전망 B도 커다란 사탕가방을 얻을 30%의 가능성을 가지고 있다면, 둘 중에서 하나를 선택할 때, 각 전망의 이 성분을 무시하게 된다. 즉, 두 전망 모두에서 동일한 성분은 둘을 구분하는 데 아무런 도움도 되지 않기 때문에, 틀만들기 국면에서 제거해버리고 고려하지 않는다. 또한 이 모형은 사람들이 틀만들기 국면에서 확률이 지극히 낮은 결과를 삭제해버린다고 제안한다(Kahneman & Tversky, 1979). 예컨대, 만일 위의 전망 A가 물 한 병을 공짜로 얻을 0.01%의 가능성을 포함하고 있다면, 전망 A와 B 중에서 선택할 때 이 가능성을 완전히 무시할 수 있다. 요컨대, 틀만들기 국면은 발견법을 적용할 때와 마찬가지로 수행하려는 선택의 단순화를 수반한다(Tversky & Kahneman, 1992; 제3장의 생각상자 3.1 참조).

둘째, 전망이론의 평가 국면에서는 각 전망의 **총체적 가치**(overall value; 변인 V로 나타낸다)를 계산하고, 그 총체적 가치가 가장 큰 전망을 선택한다. 기대효용이론에서와 마찬가지로, 전망이론은 사람들이 한 전망의 가능한 결과 각각에 얼마나 많은 가치를 부여하는지 그리고 각 결과가 발생할 가능성은 얼마나 되는지를 설명한다. 그렇지만 전망이론은 기술 모형을 추구하기 때문에, 사람들의 실제 의사결정을 반영하도록 각 가능한 결과의 가치(v 함수로 표현한다)와 그 결과의 가능성(w 함수로 표현하는데, π 함수라고도 부른다)을 수정하게 된다. 이 이론이 어떻게 작동하는지를 살펴보는 것이 유용하고 흥미를 끌기에, 이제부터 그 속내를 살펴보도록 하자.

첫째, w 함수는 각 결과의 **확률**(P)이 전망의 총체적 가치에 얼마나 영향을 미치는지를 표현한다. 사람들은 확률을 액면 가치 그대로 받아들이지 않기 때문에(생각상자 9.1의 알리야 역설에서 볼 수 있다), 위험한 선택의 우수한 기술 모형이라면 이 함수를 가지고 있을 필요가 있다. 사람들은 왜곡되어 있지만 예측

가능한 방식으로 확률의 영향을 받는다. 즉, 사람들이 확률을 다루는 방식은 비선형적이다. 근본적으로 *w* 함수는 사람들이 어떻게 0과 1 사이의 값(즉, 0%에서부터 100%까지)을 갖는 확률의 영향을 받는지를 기술한다. 이와 같이 *w* 함수를 일종의 **결정 가중치**(decision weight), 즉 각 결과가 주어진 전망에 대한 사람들의 평가에 미치는 영향의 정도로 생각할 수 있다. 구체적으로 *w* 함수는 사람들이 낮은 확률에 얼마나 지나치게 높은 가중치를 부여하며 나머지 확률(즉, 중간 정도부터 높은 확률)에는 얼마나 지나치게 낮은 가중치를 부여하는지를 기술한다. 이 함수는 사람들이 이득을 생각하든 아니면 손실을 생각하든 참인 것으로 나타나며(Tversky & Kahneman, 1992), 수많은 실험에 걸쳐서 견지되어 왔

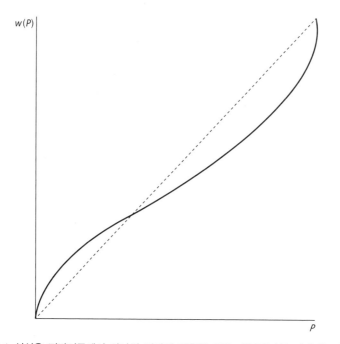

그림 9.1 실선은 전망이론에서 하나의 결과에 적용한 결정 가중치(*w*)를 나타내는데, 0과 1 사이의 값을 갖는 그 결과의 주어진 확률(*P*)의 함수로 나타내고 있다(Kahneman & Tversky, 1979; Tversky & Kahneman, 1992). 구체적으로 표현하면, $w(P)=(P^{0.65})/(P^{0.65}+(1-P)^{0.65})^{(1/0.65)}$ 이다. 점선은 사람들이 어느 한 결과의 주어진 확률을 객관적으로 처리할 때 그 함수의 모습을 나타낸다. Kahneman & Tversky(1979)에서 인용함.

다(개관을 보려면 Barberis, 2013 참조). w 함수를 그림 9.1에 예시하였다.

(카네먼과 트버스키, 1979에서 인용한) 제크하우저의 사례는 사람들의 확률 처리가 얼마나 비선형적인지를 예증한다. 여러분이 누군가 사악한 사람에 의해서 소위 러시아 룰렛 게임을 강요당하고 있으며, 여러분에게는 장전된 권총에서 탄환 하나를 더 빼낼 기회가 있다고 가정해보라. 여러분은 이러한 기회에 얼마를 지불할 용의가 있는가? 카네먼과 트버스키(1979)는 그 액수가 권총에 이미 장전된 탄환이 몇 개나 있는지에 달려 있다고 주장하였다. 만일 단 한 알의 탄환만 들어있다면, 아마도 여러분은 그 숫자를 0으로 줄이기 위하여 상당액을 지불할 용의가 있을 것이다. 4개가 들어있다면, 탄환 숫자를 3개로 줄이는 것도 상당한 가치가 있겠지만, 아마도 그렇게 크지는 않을 것이다. 각 경우에 탄환이 발사될 확률은 16.67%씩 줄어들지만(탄창에는 모두 6개의 탄환을 장전할 수 있기 때문이다), 그 확률을 0으로 줄이는 것은 확실한 안전을 나타내기 때문에 자체적으로 부가적인 매력을 갖는다.

주관적 가치(subjective value) 또는 v 함수는, w 함수와는 대조적으로, 사람들이 전망의 각 결과에 주관적으로 얼마나 많은 가치를 부여하는지를 표현한다. 전망이론에서 가치는, 기대효용이론에서와 같이 최종값으로 나타내는 것이 아니라, 출발점을 기준으로 이득이나 손실로 표현한다. 또한 전망이론은 사람들의 결정을 현재 당면하고 있는 것에 지나치게 초점을 맞추는 꽤나 근시안적인 것으로 기술한다. 틀만들기 효과에 대한 많은 예시에서 보았던 것처럼, 결과의 주관적 가치는 실제 금전가치와 비교해서 체계적으로 왜곡되어 있다. 구체적으로 사람들이 한 가지 결과에 부여하는 주관적 가치는 손실을 생각하고 있는지 아니면 이득을 생각하고 있는지에 달려 있다(즉, 이득을 생각할 때는 위험 회피적이고, 손실을 생각할 때는 위험 추구적이다). 또한 주관적 가치는 사용하는 준거점에도 달려 있다. 복권에서 100달러에 당첨되는 것이 이미 10,000달러를 가지고 있는 사람보다는 처음부터 100달러밖에 없었던 사람에게 훨씬 더 신나는 일이겠다.

마지막으로 v 함수는 손실 혐오도 예증한다. 손실에서는 주관적 가치가 급격하게 하락하는 반면, 이득에서는 서서히 증가한다. v 함수를 그림 9.2에 예시하였다. 부정적 감정이 손실 혐오를 이끌어가는 힘이 아닐 수도 있다는 점에 주목

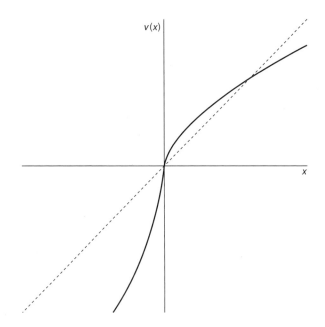

그림 9.2 실선은 전망이론에서 한 가지 결과의 주관적 가치(v)를 나타내며, 금전가치 x의 함수로 표현하였다(Kahneman & Tversky, 1979; Tversky & Kahneman, 1992). (0과 같거나 0보다 큰) 이득의 경우, v 함수는 어떻게 사람들이 v를 금액 x의 α제곱으로 처리하는지를 보여준다. 즉 $v(x) = x^{\alpha}$. (0보다 작은) 손실의 경우에는 사람들이 $v(x) = -2.25(-x)^{\alpha}$로 처리한다고 제안한다. 카네먼과 트버스키(1992)는 사람들의 의사결정에 관한 실험 데이터로부터 $\alpha = 0.88$이라고 추정하였다. 그렇지만 이 그림에서는 이득의 경우 v 함수의 볼록한 모습을 그리고 손실의 경우 v 함수의 오목한 모습을 시각적으로 보다 명확하게 보여주기 위하여, $\alpha = 0.70$으로 설정하였다. 점선은 사람들이 각 금액 단위를 선형적으로 처리할 때, 즉 가중치를 지나치게 높거나 낮게 부여하지 않을 때의 함수 모습을 보여준다. Kahneman & Tversky(1979)에서 인용.

하라. 예컨대 톰과 동료들(Tom, Fox, Trepel, & Poldrack, 2007)은 어느 두뇌회로가 도박을 받아들일 것인지를 결정하는 데 수반되는지 그리고 잠재적 이득과 손실을 생각할 때 상이한 회로가 활성화되는지를 물음하였다. 특히 잠재적 이득을 생각할 때는 나타나지 않는 부정적 정서반응을 촉발하기 때문에 사람들이 잠재적 손실을 특히 혐오하는지를 알아보고자 하였다. 사람들에게 (10달러에서부터 40달러에 이르는) 돈을 딸 가능성이 50%인 도박이나 (5달러에서 20달러에 이르는) 돈을 잃을 가능성이 50%인 도박을 한 번에 하나씩 생각해보도록 요

생각상자 9.1

알리야 역설(Allais paradox)

알리야 역설(Allais, 1953, 1990)은 사람들의 선호가 어떻게 비선형적인지에 대한 한 가지 사례일 뿐이다. 이것은 의사결정이 어떻게 기대효용이론과 부합하지 않는지를 보여주는 가장 오래된 연구결과 중 하나이며 동시에 매우 놀라운 결과이기도 하다. 문제는 다음과 같은 것이다. 여러분에게 두 도박 중에서 하나를 선택하도록 요구한다고 가정해보라.

- 도박 1에서는 여러분이 1,000유로를 딸 가능성이 100%이다.
- 도박 2에서는 여러분이 5,000유로를 딸 가능성이 10%이고, 1,000유로를 딸 가능성이 89%이며, 아무것도 얻지 못할 가능성이 1%이다.

여러분은 도박 1과 2 중에서 어느 것을 선택하겠는가?

이제 또 다른 두 도박 중에서 하나를 선택한다고 해보자.

- 도박 3에서는 여러분이 1,000유로를 딸 가능성이 11%이고, 아무것도 얻지 못할 가능성이 89%이다.
- 도박 4에서는 여러분이 5,000유로를 딸 가능성이 10%이고, 아무것도 얻지 못할 가능성이 90%이다.

여러분은 도박 3과 4 중에서 어느 것을 선택하겠는가?

일반적으로 도박 1과 2 중에서 선택할 때는 사람들이 도박 1을 선호하는 경향을 나타낸다. 도박 3과 4 중에서 선택할 때는 도박 4를 선호하는 경향을 나타낸다. 그런데 기대효용이론에 따르면, 합리적으로 선택하는 사람은 도박 1과 3을 선택하거나 아니면 도박 2와 4를 선택하여야 한다. 그렇지만 내 말을 곧이곧대로 받아들이지는 말라. 이 주장에 대한 수학적 증명에는 두 부분이 존재한다.

증명, 첫 번째 부분. 5,000유로를 따는 것의 효용은 A의 가치가 있고, 1,000유로를 따는 것의 효용은 B의 가치가 있으며, 0유로를 따는 것의 효용은 C의 가치가 있다고 해보자. 이제 위에서 기술한 도박에 확률과 효용을 대입해서 도박 1과 2의 기대효용을 계산할 수 있다.

- EU(도박 1)＝B
- EU(도박 2)＝0.10A＋0.89B＋0.01C

이제 데이터로 되돌아가보자. 사람들은 체계적으로 도박 2보다 도박 1을 선호하였으며, 이것은 다음과 같은 부등식으로 표현할 수 있다.

$$EU(도박\ 1) > EU(도박\ 2)$$

방금 계산한 기대효용에 대입하면, 부등식을 다음과 같이 표현할 수 있다.

$$B > 0.10A＋0.89B＋0.01C$$

이제 좌변과 우변 모두에서 0.89B를 빼서 부등식을 약간 단순화시킬 수 있다.

$$B - 0.89B > 0.10A + 0.89B + 0.01C - 0.89B$$

즉,

$$0.11B > 0.10A + 0.01C$$

증명의 두 번째 부분을 살펴본 후에 다시 돌아오기로 하자.

증명, 두 번째 부분. 이제 도박 3과 4의 기대효용을 생각해보는데, 앞서 기술한 도박에 확률과 효용 A, B, C를 대입해보자.

$$EU(도박\ 3) = 0.11B + 0.89C$$
$$EU(도박\ 4) = 0.10A + 0.90C$$

데이터에서 보았던 것처럼, 사람들은 도박 3보다 도박 4를 선호하며, 이것은 다음과 같은 부등식으로 표현할 수 있다.

$$0.10A + 0.90C > 0.11B + 0.89C$$

이 부등식을 단순화하기 위하여 좌변과 우변 모두에서 다음과 같이 0.89C를 뺄 수 있다.

$$0.10A + 0.90C - 0.89C > 0.11B + 0.89C - 0.89C$$

즉,

$$0.10A + 0.01C > 0.11B$$

증명의 두 부분을 조합하기. 사람들이 도박 2보다 도박 1을 선호한다고 말할 때, 다음을 말하고 있는 것이다.

$$0.11B > 0.10A + 0.01C \text{ (첫 번째 부분의 마지막 부등식이다.)}$$

사람들이 도박 3보다 도박 4을 선호한다고 말할 때는 다음을 말하고 있는 것이다.

$$0.10A + 0.01C > 0.11B \text{ (두 번째 부분의 마지막 부등식이다.)}$$

이제 두 부등식은 부등호의 방향을 제외하고는 완전히 동일하다는 점에 주목하라. 사람들이 가치 A, B, C에 어떤 효용을 부여하든지 관계없이, 사람들은 0.11B보다 0.10A+0.01C를 일관성 있게 선호하거나 아니면 역으로 0.10A+0.01C보다 0.11B를 일관성 있게 선호해야만 한다. 즉, 사람들이 기대효용이론에 따라서 의사결정을 한다면, 그들의 선호는 일관성을 유지해야만 한다. 실제로 알리야(1990)는 사람들의 선택이 기대효용이론을 따른다고 기대할 때에만 소위 '알리야 역설'이 정말로 역설이라는 사실을 지적하였다. 위의 문제에서 사람들의 선택을 설명할 수 있는 전망이론의 조망에서 보면, 이러한 비일관성은 그렇게 하려는 사람들의 경향성으로 간단하게 기술할 수 있다.

구하였다. 연구자들은 손실 혐오를 감안하여 의도적으로 더 작은 범위의 손실을 선정하였다. 즉, 사람들이 잠재적 이득보다는 잠재적 손실에 더 민감할 것이라고 예상하였다(Tom et al., 2007). 결과는 잠재적 이득과 손실을 생각하는 독자적인 신경회로가 존재할 것이라는 아이디어와 일치하지 않았다. 실제로 (공포나 불편함과 같은) 부정적인 감정반응과 관련된 어떤 두뇌영역도 잠재적 손실을 생각하는 동안 활성화의 증가를 나타내지 않았다. 오히려 여러 영역(예컨대, 선조체와 복내측 전전두피질)이 이득의 경우에는 활성화가 증가하고 손실의 경우에는 활성화가 감소하는 방식으로, 이득과 손실 모두에 반응하였다.

전망이론의 마지막 부분은 w 함수와 v 함수가 어떻게 함께 작용하여 전망의 주관적 가치 V를 표현하는지를 다루고 있다. 기대효용이론에서는 한 가지 전망의 가능한 각 결과의 효용에 주어진 확률을 곱한다는 사실을 회상해보라(제8장 참조). 이 곱의 합이 그 전망의 기대효용이다. 이와 유사하게 전망이론에서는 한 전망의 가능한 각 결과의 주관적 가치 v에 결정 가중치 w를 곱한다. 이 곱의 합이 그 전망의 주관적 가치이다. 요약컨대, 전망이론이 기대효용이론과 근본적인 차이를 보이는 부분은 v와 w가 비선형적이라는 점이다. 이것이 의미하는 바는 사람들이 가치와 확률 모두를 체계적으로 왜곡시키며, 각 전망을 평가하기에 앞서 그 전망의 표상을 편집하고 단순화시킨다고 가정하는 것이다(Tversky & Kahneman, 1992).

전망이론과 경제학 이론

전망이론이 어떻게 경제학 이론에 적용될 수 있는지를 생각해보는 것도 유익한 일이다. 앞에서 지적한 바와 같이, 전망이론의 몇몇 기조는 특히 보건과 의학 분야에서 메시지 틀만들기 연구에 상당한 영향을 미쳐왔다(Rothman & Salovey, 1997). 이에 덧붙여서, 샤퍼(1993)는 앞서 보았던 바와 같이, 사람들이 이득과 손실에 대처하는 방식을 판매에 꽤나 직접적으로 적용할 수 있다는 사실을 논의하였다. 예컨대, 판매담당자에게는 언제 구매자로 하여금 위험을 추구하고 언제 위험을 혐오하게 만들지 그리고 어떻게 그렇게 할 수 있는지를 고려하도록 조언하는 것이 좋을 것이다.

행동경제학 분야에서는 전망이론이 상당한 영향력을 행사함으로써 대니얼 카
네먼은 2002년 노벨 경제학상을 수상하였다(Kahneman, 2003 참조). 그렇지만
니콜라스 바버리스(Nicholas C. Barberis, 2013)는 후속 실험연구에서 행동데이
터가 반복되었음에도 불구하고, 경제학 이론은 전망이론의 기조를 기대하였던
것보다 상당히 느리게 채택하였다고 보았다. 바버리스(2013)에 따르면, 이렇게
채택이 비교적 느렸던 한 가지 핵심 원인은 전망이론을 어떻게 경제학 이론에
적용해야 할 것인지가 항상 명확하지만은 않았기 때문이었다. 이러한 모호함을
해소하기 위한 수많은 후속연구들이 수행됨으로써, 보다 용이하게 적용할 수
있게 되었다.

그러한 모호함의 한 가지 사례는 준거점을 어떻게 정의해야 하는 것인지를 이
해하기가 비교적 어렵다는 점이다. 앞에서 논의한 바와 같이, 무엇을 이득 또는
손실로 간주할 것인지를 결정하기 위해서는 준거점이 필요하다(Barberis, 2013).
비록 이론적으로는 준거점이 개인의 현재 자산과 동일하다고 가정하는 것이 꽤
나 간단한 것처럼 보이지만, 회계학의 측면에서 투자행동은 훨씬 더 복잡할 수
있다. 예컨대, 투자자는 일반적으로 독립적으로 존재하는 개별 투자(도박) 중에
서 선택하기보다는 전체 투자계획서에 대해서 결정을 내린다(Barberis, 2013).
그렇기 때문에, 투자자가 전체 계획의 가치라는 측면에서 이득과 손실을 생각
하는 경향이 있는지 아니면 계획서에 들어있는 개별 투자의 측면에서 이득과 손
실을 생각하는 경향이 있는지(아니면 또 다르게 생각하는 경향이 있는지) 명확
하지 않다. 또 다른 다루기 힘든 문제는 투자자가 이득과 손실을 단기간(예컨
대, 오늘, 몇 주, 아니면 몇 달) 내에 정의된 것으로 생각하는지 아니면 장기간
(예컨대, 몇 년)에 걸쳐 정의된 것으로 생각하는지 여부이다. 이러한 물음에 대
한 답은 투자자가 의사결정 시점에서 일차적으로 무엇에 관심을 가지고 있는지
에 달려 있을 수 있다. 아무튼 여러분은 전망이론을 사용하여 투자자 행동을 예
측하기에 앞서 이러한 모호함을 해소할 필요가 있음을 알 수 있을 것이다.

한 계열의 연구는 부분적이나마 투자자가 주식시장에서 벌어들일 것이라고
기대하는 것을 넘어서서 자산이 증가하는 것을 이득이라고 생각한다고 제안함
으로써 준거점을 정의하는 문제에 대처하고 있다(Barberis, 2013). 쾨서기와 래
빈(Köszegi & Rabin, 2006)은 한 가지 영향력 있는 제안에서, 준거점은 최근의

사건을 근거로 사람들이 갖고 있는 기대에 의해서 설정됨을 시사하였다. 예컨 대, 만일 투자자가 투자에서 매년 4%의 이득을 안정적으로 벌어들여왔다면, 2% 의 이득을 올린 해를 상대적인 손실로 그리고 6%의 이득을 올린 해를 상대적인 이득으로 간주한다는 것이다. 아니면 한 직원이 금년에 70,000유로의 연봉을 받을 것이라고 기대하였지만, 회사의 재정적 어려움으로 인해서 55,000유로만 을 받았다고 가정해보자. 그 직원은 금년도 봉급을 상대적 손실(즉, 봉급 삭감) 로 지각할 가능성이 있다.

에릭슨과 퍼스터(Ericson & Fuster, 2014)는 만일 사람들이 다중 준거점을 사용할 수도 있다는 사실을 전망이론이 설명할 수 있다면 사람들의 행동을 무척 이나 잘 설명할 수 있을 것이라고 제안하였다. 예컨대, 전망이론이 상이한 준거 점에 의존하는 보유효과를 어떻게 설명할 수 있는지를 생각해보자(Kahneman et al., 1990; Thaler, 1980). **보유효과**(endowment effect)는 소유권을 무작위로 결정하는 경우조차도 사람들이 아직 보유하고 있지 않은 것보다는 이미 보유하 고 있는 것에 더 높은 가치를 부여할 때 발생한다(Thaler, 1980). 따라서 아직 가 지고 있지 않은 것을 획득하고자 할 때보다 이미 가지고 있는 것을 상실하는 것 을 회피하고자 할 때 더 많은 어려움을 겪게 된다. 리처드 탈러(Richard Thaler, 1980)는 한 병에 5달러인 와인 한 상자를 구입한 사나이의 가상적인 사례를 제 시하였다. 시간이 경과하면서 그 와인의 가치가 극적으로 올라갔다. 얼마 후에, 와인가게 주인이 그 와인 한 상자를 한 병에 100달러를 주고 구입하겠다고 제안 하였다. 이 와인은 그가 과거에 구입하였던 어떤 와인보다도 훨씬 더 가치 있는 것이었다. 여기서도 기본 아이디어는 그가 이미 소유하고 있기 때문에 그 와인 에 훨씬 더 높은 가치를 부여한다는 것이다. 마찬가지로 보유효과로 인해서, 정 부가 의료보험을 지원할 때는 사람들이 긍정적으로 반응하지만 동일한 지원을 박탈당할 때는 불균형적으로 강력하게 부정적으로 반응할 것이라고 예상할 수 있다(Bernstein, 2013).

카네먼과 동료들(1990)은 보유효과를 입증하는 기념비적인 실험에서, 강의 실에 앉아있는 대학생들에게 한 사람씩 건너가면서 대학 구내서점 가격표(예컨 대, 4달러)가 붙어있는 소소한 물건(예컨대, 상자에 들어있는 볼펜)을 제공하였 다. 학생들에게는 이제 그 물건이 자기 소유라고 알려주었다. 나머지 학생에게는 물건을 제공하지 않았지만, 물건을 받은 학생 옆에 앉아있기 때문에 그것을 볼 수 있었다. 그런 다음에 볼펜을 소유한 각 학생(즉, '판매자')에게 그것을 팔 때 요구할 최소가격을 보고하도록 요구하였다. 펜을 소유하지 않은 각 학생(즉, '구매자')에게는 그것을 소유하기 위하여 지불할 최대가격을 보고하도록 요구 하였다. 결과를 보면 구매자가 볼펜에 지불할 의사가 있는 가격의 중앙값은 판 매자가 동일한 볼펜을 팔겠다는 가격의 중앙값의 절반에도 미치지 못하였다 (Kahneman et al., 1990). 즉, 이미 물건을 소유한 판매자는 구매자보다 그 물건 에 훨씬 높은 가치를 부여하였다. 학생들이 처음에 볼펜을 받을 것인지에 대해 서 아무런 결정권도 가지고 있지 않았음에도 보유효과가 발생하였다는 사실에 주목하라. 그 물건을 애써 구한 것이 아님에도 불구하고, 단지 물건을 보유하고 있다는 사실이 그것의 가치를 높게 평가하도록 만든다.

이제 보유효과를 손실 혐오(즉, 사람들이 불균형적으로 이미 가지고 있는 것을 상실하지 않으려고 하는 경향성)의 측면에서 설명할 수 있다고 해보자 (Ericson & Fuster, 2014). 다시 말해서 여러분이 이미 소유하고 있는 것을 이득 과 손실을 평가하는 준거점으로 취급하기 십상이라고 해보자. 그런데 준거점을 결정하는 상이한 방법을 보장해주는 약간 상이한 상황을 생각해보라. 예컨대, 상인들이 그러하듯이 사람들이 이미 소유하고 있는 것을 팔아치우려는 의도를 가지고 있을 때는, 보유효과를 보이지 않는다(List, 2004). 사람들이 처음부터 자신의 소유물을 보유할 필요가 없다는 사실을 알고 있을 때는 보유효과가 사 라진다는 이 현상도 여전히 전망이론의 범위 내에서 설명할 수 있다. 비결은 사 람들의 기대 측면에서 준거점을 정의하는 것이다(Ericson & Fuster, 2014). 만일 자신의 소유물을 팔아치우겠다고 기대하고 있다면, 손실 혐오를 보여서는 안 된다(Köszegi & Rabin, 2006의 모형에서처럼 말이다). 즉, 소유물을 보유하겠다 고 계획한 적이 결코 없었다면, 그 소유물은 준거점에 포함되지 않는다.

이렇게 추리하면, 정기적으로 할인 판매하는 특정 상품(예컨대, 옥수수 시리 얼)에 사람들이 생각하는 가격보다도 더 높은 가격이 매겨져 있을 때, 어떻게 사람들이 그 상품에 더 많은 돈을 지불하도록 영향을 미칠 수 있는지를 설명할 수 있다. 어느 날 여러분이 옥수수 시리얼 한 봉지를 들고 집에 갈 것을 기대하 면서, 때때로 할인 판매한다는 사실을 알고 있는 식료품가게에 들른다고 가정해보라. (만일 여러분이 옥수수 시리얼을 획득하고 소유한다는 구체적인 기대를 가지고 가게에 간다면) 그날 할인 판매하지 않더라도, 여러분의 구입 계획이 손실 혐오로 이끌어가서는 그 상품의 가치를 높게 평가하게 만든다(Barberis, 2013). 물건을 소유하겠다는 계획이 준거점을 설정하기 때문에, 여러분은 구입을 포기하는 데 비정상적으로 머뭇거리게 되며, 그런 계획이 없었더라면 지불하였을 때의 액수보다도 더 많은 돈을 기꺼이 지불하게 된다. 전반적으로 볼 때, 기본 아이디어는 준거점이 이미 가지고 있는 것뿐만 아니라 계획하거나 기대하는 것에 의해서도 결정된다는 것이다(Ericson & Fuster, 2014). 이렇게 수정함으로써, 전망이론은 실험실을 벗어난 수많은 중요하고도 복잡한 현상을 더욱 잘 설명하는 것으로 보인다.

결론

이 장에서는 기대효용이론이 여러 가지 면에서 사람들의 위험한 선택을 제대로 설명하지 못하는 것으로 보인다는 증거를 살펴보았다. 예컨대, 사람들은 잠재적 이득을 생각하고 있을 때는 위험을 회피하며, 잠재적 손실을 생각하고 있을 때는 위험을 추구하는 경향이 있다. 우선 이득과 손실을 어떻게 정의할 것인지는 어떤 준거점을 채택하느냐에 달려 있다. 준거점은 현재 가지고 있는 재산일 수도 있지만, 가까운 미래에 무엇을 소유하거나 소유하지 않을 계획인지에 의해서도 부분적으로 결정될 수 있다. 사람들은 이득보다는 그 이득에 상응하는 손실을 더 싫어하며, 엄밀하게 돈의 액수로 물건의 가치를 매기지 않고, 확률을 주어진 대로 다루지 않는다. 전망이론은 사람들이 기대효용이론의 예측대로 추리하지 않는 모든 방식을 포괄하려는 목표를 가지고 있다. 전망이론이 다양한 영역에서 계속 발전하고 정교화되며 행동경제학의 논제뿐만 아니라 건강 메시지를 개선하려는 시도에도 적용됨에 따라서, 계속해서 많은 연구 분야에 영향을 미칠 가능성이 있다. 제4부(세상 이해하기)에서는 어떻게 사람들이 사건 전개에 대한 응집력 있는 이야기를 만들어내고, 빠진 정보의 간극을 메꾸기 위하여 지식틀에 의존하며, 그러한 틀에 들어맞지 않는 세부사항을 무시함으로써 자신의 의사결정을 단순화시키는지를 더 깊이 있게 살펴본다.

논의를 위한 물음

1. 여러분이 새 차를 소비자에게 판매하기를 희망하는 자동차 판매사원이라고 가정해보라. 여러분이 (1) 자동차 가격의 5%에 해당하는 리베이트(환불)를 제안하는 것(소비자가 자동차를 제 가격에 구입하고 나면, 자동차회사로부터 5%에 해당하는 환불금을 받는다)과 (2) 그저 5%를 할인한 가격을 제안하는 것(소비자가 제 가격의 95%만을 지불한다) 중에서 어느 경우에 자동차를 판매하기 쉽겠는가? 여러분이 답을 추론하는 데 도움을 주도록 전망이론의 v 함수(그림 9.2 참조)를 사용하라.

2. 물음 1과 관련하여, 자동차 가격이 소비자가 현재 가지고 있는 자산의 50%에 해당하는 것(즉, 소비자가 덜 부유하다)과 소비자 자산의 단지 10%에 해당하는 것(즉, 소비자가 더 부유하다)이 어떤 차이를 보이겠는가? 이 장에서 준거점에 대해서 논의한 내용을 참고하라.

3. 여러분이 전망이론을 메시지 틀만들기에 적용한 결과에 대해서 알고 있는 것에 근거하여, 운전 중에 메시지 주고받기를 중지하도록 사람들을 설득시키려는 소책자의 내용을 설계하고 작성해보라. 내용을 그렇게 틀만들기 하는 이유는 무엇인가?

더 읽을거리

Barberis, N. C. (2013). Thirty years of prospect theory in economics: A review and assessment. *Journal of Economic Perspectives, 27*(1), 173-196.

Kahneman, D., & Tversky, A. (1979). Prospect theory: An analysis of decision under risk. *Econometrica: Journal of the Econometric Society, 47*(2), 263-291.

Tversky, A., & Kahneman, D. (1992). Advances in prospect theory: Cumulative representation of uncertainty. *Journal of Risk and Uncertainty, 5*(4), 297-323.

제**4**부

··

세상
이해하기

스키마와 틀 이론 **10**

학습목표

이 장을 마무리하게 되면, 여러분은 다음을 수행하였을 것이다.

* 발달심리학에서 사람들이 가지고 있는 배경지식의 본질에 관하여 차별적이지만 어느 정도
  는 양립할 수 있는 논쟁을 고려하고 비교하였다.
* 사람들의 세상에 관한 배경지식이 어떻게 체제화되어 있으며, 의사결정에 어떤 영향을 미
  치는지에 대한 이해를 넓혔다.
* 고전적인 스키마 이론과 스크립트 이론을 비판적으로 평가하고 일상생활에의 응용가능성
  을 살펴보았다.
* 법적 의사결정과 임상적 의사결정의 중요한 논제들을 이해하고 탐구하는 데 틀 이론과 스
  키마 이론의 개념을 적용하였다.

핵심용어

* 기계론적 자세(mechanical stance)
* 방해자극(distraction)
* 설계 자세(design stance)
* 스크립트(script)
* 스키마(schema)
* 오류(error)
* 의도적 자세(intentional stance)
* 이야기 모형(story model)
* 인공물(artifact)
* 일화 스키마(episode schema)
* 자세(stance)
* 작화증(confabulation)
* 장애물(obstacle)
* 정보통합이론(information integration theory)
* 틀 이론(framework theory)
* 해석양식(mode of construal)

여러분이 두 아이의 부모인데, 두 아이 모두가 여러분을 고민에 빠지게 만
드는 행동을 보이고 있다고 가정해보라. 많은 부모와 마찬가지로, 여러분
도 공식적인 양육훈련을 받은 적이 없으며 나름대로 양육방식을 생각해내고 있

다. 지난 8개월에 걸쳐서, 6세 아이는 상상 속의 친구와 노는 것만 좋아하고 다른 아이들을 거의 무시하였다. 5세 아이는 모든 사물이 총인 것처럼 가장하고는 초등학교 교장선생님으로부터 지역의 가톨릭 사제에 이르기까지 모든 사람에게 큰 소리로 총을 쏴대면서 그들이 죽었다고 떠들어댄다. 당장의 문제는 여러분의 아이에게 무엇인가 잘못되기 시작하였는지 여부이다. 다시 말해서, 그러한 행동이 지극히 비정상인지 그리고 여러분이 개입해야만 하는지 여부이다. 예컨대, 자녀와의 어떤 일대일 대화, 축구나 수영 레슨과 같이 이들의 관심을 끌 수 있는 새로운 출구, 아니면 아동 상담이나 심리학자 또는 정신과의사의 도움이 필요할지 모르겠다(Yopchick, 2012). 아니면 이러한 행동이 나타났다가는 나이가 들면서 사라지는 아동기의 많은 정상행동 중 하나이며, 이러한 유형의 행동을 스스로 탐구하도록 내버려두는 것이 아이에게 더 좋을 수도 있다. 판단과 의사결정 조망에서 볼 때, 위의 시나리오에 대해서 던질 중요하고도 복잡한 물음이 적어도 두 가지가 있다. 첫째, 사람들이 특정 사람이나 상황에서 무엇이 잘못되었는지를 추론하고 어떻게 대처할 것인지를 결정하는 과정은 어떤 것인가(제6장도 참조)? 둘째, 무엇보다도 사람들로 하여금 무엇인가 잘못되었다고 의심하게 만드는 것은 무엇인가?

명백한 답은 아동 행동의 기술에 들어있는 정보가 관심을 촉발하였다는 것일 수 있겠지만, 그 정보만으로는 그 행동이 의심스럽다는 사실을 알 수는 없다. 오히려 그 정보를 적어도 두 가지 부가적인 추론과 결합시키는 것이 결정적일 수 있다. 그러한 행동이 이 연령대 아동에게서 일어날 가능성이 얼마나 되는지를 판단해볼 수 있다(제2, 3, 4장에서 논의에 상당한 지면을 할애하였던 판단과 바로 동일한 유형이다). 그리고 이러한 아동의 행동과 정상 아동의 행동에 대하여 기존에 가지고 있는 기대 간에 심적 비교를 수행할 수 있다. 심적 비교 가능성은 사람들이 직관적으로 세상사 그리고 그 세상사가 작용하는 방식에 대한 상식적 지식(이 사례에서는 정상적인 어린 아동의 행동에 관한 지식)을 견지하고 있다는 사실을 전제한다. 이 장은 그러한 상식적 지식 그리고 그 지식이 판단에 미치는 영향에 관한 것이다. 이 장은 판단과 의사결정에서 기존 지식이라는 배경에 비추어 어떻게 사람들이 세상을 이해하는지를 살펴보는 제4부(제10~13장)의 출발점에 해당한다.

틀 이론

다음 물음을 생각해보라. 상어와 사슴 중에서 어느 동물이 고등어의 혈액을 통해 질병에 걸릴 가능성이 더 높은가? 기울기가 없는 평평한 양탄자 위에 놓여 있는 볼링공이 있다고 가정해보라. 유리구슬을 천천히 굴려서 볼링공 옆구리에 맞출 때, 그 공은 움직이기 시작하겠는가? 절친이라고 생각해온 동료 한 사람이 자신에 관한 거짓말을 퍼뜨리는 바람에, 열심히 일하는 부장이 승진에서 제외되었다는 사실을 알았을 때 어떻게 느낄 것이라고 생각하는가? 각각 '상어', '아니다', '속상하다'가 이 물음들에 가장 가능성이 높은 답이라는 사실은 꽤나 명확해 보인다. 그렇지만 이러한 답을 용이하게 생성할 수 있다는 바로 그 사실이 다양한 영역에 걸쳐 사람들이 상식적인 배경지식에 얼마나 크게 의존하고 있는지를 예증하고 있다. 적어도 첫 번째 물음에 답하기 위해서는 생물종의 생태계 지식이 필요하며, 두 번째 물음에는 물리학(역학)의 초보적인 이해가 그리고 세 번째 물음에는 심리학(인간관계)의 기본 이해가 필요하다.

인지발달 연구에서 영향력 있는 한 가지 견해는 생물학과 물리학 그리고 심리학이라는 세 가지 광의적 영역에서 상호 간에 차별적이고 상식적인 배경지식과 가정이 사람들로 하여금 일상적 사고를 수행할 수 있게 해준다고 제안한다. 웰먼과 겔먼(Wellman & Gelman, 1992)은 이러한 세 가지 영역에 관한 직관적 지식이 사람들의 상식 **틀 이론**(framework theory)을 구성한다고 주장하였다. 틀 이론은 아동의 매우 이른 시기부터 발달하며 새로운 정보의 이해를 위한 체제화의 초석으로 기능한다. 상식 틀 이론은 한 분야의 문제를 정의하기 위하여 과학자들이 사용하는 총체적이며 지배적인 이론에 유추할 수 있다. 예컨대, 생물학의 진화론은 과학자들이 연구하는 물음뿐만 아니라 생명체들을 어떻게 분류하고 범주화할 것인지에 대하여 체제화된 틀을 제공한다. 웰먼과 겔먼(1992)은 일반인들도 이와 마찬가지로 세상에서 일어나고 있는 일을 이해하는 데 도움을 주는 상식적인 배경지식과 가정을 가지고 있으며, 각 배경지식은 비교적 특정 영역에 국한된다고 제안하였다.

어린 아동조차도 동물과 **인공물**(artefact; 즉, 인간이 만든 물건)을 명확하게 구분할 수 있으며, 각각에 대해서 상이한 가정을 할 수 있다. 예컨대, 프랭크 케일(Frank C. Keil, 1989)의 기념비적 연구를 보면, 어린 아동도 어른과 마찬가지로 동물(예컨대, 너구리)은 비록 외모가 변하더라도(예컨대, 줄무늬를 모두 검게 칠하더라도), 여전히 그 동물이라는 데 동의한다는 사실을 알 수 있다. 또한 아동은 인공물의 경우에는 외형이 바뀌면(예컨대, 동전을 녹여서 열쇠를 만들면) 정체성이 변할 수 있다고 믿는다. 즉, 아동은 외형과 같은 것이 인공물에서는 중요할 수 있지만, 동물에게는 반드시 중요한 것이 아니라고 믿는다. 흥미로운 사실은 어떤 영역의 틀 지식은 아동이 이해하는 데 시간이 오래 걸린다는 점이다. 예컨대, 아동은 동물이 살아있다는 사실을 이해하는 데는 문제가 없음에도 불구하고, 식물이 살아있다는 사실을 이해하는 데는 어려움을 겪는다(Richards & Siegler, 1986; Stavy & Wax, 1989). 그리고 제13장에서 보게 되듯이, 한 영역에서 사물의 작동방식에 관한 핵심적인 신념을 때로는 부적절한 영역에까지 적용하는 과잉확장이 성인기에 이를 때까지 일어나기도 한다. 예컨대, 생물학 영역에서 질병의 병원균 이론에 대한 사람들의 이해가 과잉확장되어 때로는 사회학이나 심리학 영역에 적용되기도 한다. (한 가지 주목할 만한 연구에서 보면, 사람들이 마치 사회적 지위가 전염성이 있는 것처럼 행동하여, 사회적 지위가 낮은 사람으로부터 멀리 떨어져 있는 사람보다 우연히 그 옆에 서게 된 사람을 회피할 가능성이 더 높다. Hebl & Mannix, 2003). 많은 경우에 성인들은 이러한 영역 내에서 발생하는 현상을 이해하기 위하여 틀 이론에 꽤나 적절하게 의존하고 있다.

보다 광의적으로는 일상 사건과 현상의 이해는 사람들이 생성하는 설명의 유형에 강력한 영향을 받을 수 있다. 특히 대니얼 데닛(Daniel Dennett, 1987)과 케일(1995, 2006)은 사람들이 그러한 설명을 찾을 때 **자세**(stance) 또는 **해석양식**(mode of construal)을 채택한다고 제안하였다. 자세 또는 해석양식이란 기존 지식에 근거한 설명방식을 말한다. 예컨대, 여러분은 다람쥐의 발성을 목구조의 진동과 구강의 음향적 특성이라는 측면에서 기술함으로써[즉, **기계론적 자세**(mechanical stance)를 취함으로써], 순전히 물리적인 용어를 사용하여 설명할 수 있다(Dennett, 1987). 아니면 동일한 발성을 목적이라는 측면에서, 즉 그러한 발성을 하는 이유의 측면에서 설명할 수도 있다. 예컨대, 여러분은 다람쥐의 발성이 소통을 위한 것이라고 추측할 수 있다[**설계 자세**(design stance)를 취한다].

대안적으로는 다람쥐의 발성을 그 동물이 그 행동으로 이끌어가는 신념과 원망을 가지고 있다고 가정함으로써, **의도적 자세**(intentional stance)의 측면에서 설명할 수도 있다. 예컨대, 여러분이 먹이 저장소 가까이 서있기 때문에 짜증이 나서 소리 질러 쫓아내려고 하고 있다고 말할 수 있다. 사람들이 생성하는 설명은 기억에 저장됨에 따라서 지식구조의 한 부분이 된다.

스키마 이론

이렇게 광범위한 틀 이론 속에서, 사람들은 엄청나게 많은 상이한 작은 범주의 일반지식도 견지하고 있으며, 이것들 각각을 **스키마**(schema)라고 부른다. 스키마는 사람들이 특정 유형의 상황이나 대상에서 기대하도록 배워온 것에 관한 일반지식의 집합이다. 예컨대, '교수연구실' 스키마는 책상, 책, 의자 등을 포함한다. '식료품가게 가기' 스키마는 농산물 통로, 원하는 것을 선택하기, 계산하기, 지불하기 등을 포함한다. 이러한 지식을 저장하였기 때문에, 사람들은 한 번도 가보지 않은 교수연구실이나 식료품가게에서도 이러한 것들을 기대하게 되며, 무엇인가 빠져 있다면 놀라게 된다. 한 가지 예를 들어보자.

다음 문장을 읽어보라.

아그네스는 병원에 예약하였기 때문에 천천히 힘겹게 계단을 올라갔다.

이제 다음 물음에 답해보라.

아그네스는 몇 살인가?
그녀가 힘겹게 계단을 올라가고 있는 까닭이 무엇이라고 생각하는가?
의사를 만나려는 까닭은 무엇이라고 생각하는가?

만일 여러분이 캐나다나 미국에서 오래 생활한 주민이라면, 아그네스는 나이가 많고, 아마도 관절염으로 관절 통증이 있으며, 아마도 그 이유로 그리고 노인에게 다반사인 수많은 다른 문제로 의사를 만나려는 것이라고 추측할 가능성이 매우 높다. 만일 여러분이 덴마크나 스웨덴 국민이라면, 이렇게 구체적인 가정을 할 가능성은 훨씬 낮을 것이다. 여러분이 읽은 문장의 첫 단어인 '아그네스'라는 이름을 다시 생각해보라. 캐나다에서는 '아그네스'라는 이름이 1915년 부터 1945년 사이에 새로 태어난 여아에게 부여한 가장 보편적인 100가지 이름 중 하나였지만, 그 이후에는 특별히 보편적인 이름이 아니었다(Williams, 2015). '아그네스'는 오랫동안 미국에서도 상당히 보편적인 이름이었으며, 1900년과 1920년 사이에 새로 태어난 여아에게 부여한 가장 보편적인 상위 100가지 이름 중 하나이기도 하였다. 그렇지만 1970년대 초기 이래로 여아 이름 상위 1,000 가지 이름에 들지 못하였다(Williams, 2015; U.S. Social Security Administration, 2015). 이 사실은 캐나다와 미국에서 아그네스라는 이름은 매우 어린 사람이기 보다는 나이 든 성인이라는 꽤나 신뢰할 만한 통계지표라는 사실을 시사한다. 반면에 덴마크에서는 아그네스가 2011년과 2014년 사이에 태어난 여아에게 부 여한 상위 50가지 이름 중 하나였으며, 스웨덴에서는 1999년 이래 계속해서 상 위 50위에 들어왔으며, 2006년에 3위 그리고 2014년에는 4위를 차지하였다 (Williams, 2015). 종합적으로 볼 때, 이러한 추세는 전반적으로 이 이름이 캐나 다와 미국에서보다는 스웨덴과 덴마크에서 노인과 연합될 가능성이 매우 낮음 을 시사한다. 더 나아가서 이 이름은 한국이나 일본에서는 그 어떤 특성과도 연 합되지 않는다. 어느 시점에서도 아그네스라고 이름 짓는 것은 지극히 이례적이 기 때문이다.

요컨대, 사람들은 새로운 정보를 이해하기 위하여 저장된 배경지식에 크게 의 존하는데, 그 배경지식은 단일 단어에 의해서 활성화되기도 한다. 정상적인 대 화에서 사람들은 자신이 하는 말을 설명하는 경우는 거의 없다. 대신에 다른 사 람들도 자신이 하는 말의 이해를 돕기 위하여 불러오는 수많은 작은 지식단위 를 가지고 있다고 가정한다. 예컨대, 위에서 여러분이 아그네스에 관하여 읽었 던 문장의 경우에, 아그네스라는 이름 자체는 문장에 부가적인 의미를 부여하 는 데 도움을 주기 위하여 특정 연령집단의 사람에 대한 배경지식을 담고 있는 문화의존적 스키마를 활성화시킬 수 있다. 만일 그 이름이 아무런 스키마도 활 성화시키지 않는다면, 사람에 따라서 그 문장을 해석하는 방식에서 상당한 가 변성이 나타날 것이라고 예상하게 된다.

브랜스포드와 존슨(Bransford & Johnson, 1972)은 스키마가 글 이해와 기억에 미치는 효과를 입증한 일련의 기념비적 연구에서, 미국 고등학생들에게 다음과 같이 상호 무관한 것처럼 보이는 일련의 문장이나 절을 제시하였다.

신문이 잡지보다 더 좋다.
해변이 도로보다 더 좋은 장소이다.
처음에는 걷는 것보다 뛰는 것이 좋다.
여러분은 여러 차례 시도해야 할지 모른다.
어느 정도 기술을 요구하지만, 배우기 쉽다.
어린 아동조차도 그것을 즐길 수 있다.
일단 성공하면, 복잡한 문제는 거의 없다.
새들이 아주 가깝게 다가오는 경우는 거의 없다.
그렇지만 빗물은 매우 빠르게 스며든다.
너무나 많은 사람이 똑같은 일을 하는 것은 문제를 초래할 수도 있다.
많은 공간이 필요하다.
복잡한 문제가 없다면, 매우 평화로울 수 있다.
바위를 버팀대로 사용할 수 있다.
그렇지만 만일 무엇인가 떨어져나가면, 여러분에게 기회가 두 번 다시 오지 않을 것이다.

(Bransford & Johnson, 1972, p. 722)

이 연구에서 한 집단의 학생에게는 이 문장들의 맥락을 알려주어서 모든 문장
이 '연을 만들어 날리는 것'에 관한 것임을 알게 하였다. 다른 집단의 학생들은
그 맥락을 알지 못한 채 문장들을 읽었다. 또한 연구자들은 전자의 학생들이 위
의 문장들을 읽기 전이나 읽은 후에 주제를 알게 되도록 처치를 가하였다. 결과
를 보면, 읽기 전이든 후이든 주제를 알게 된 집단이 그 주제를 결코 알지 못하
였던 집단보다 높은 이해 점수를 받았다. 이에 덧붙여서, 읽기 전에 주제를 알게
된 학생이 읽은 후에 알게 된 학생보다 문장들을 더 많이 회상하였다(Bransford
& Johnson, 1972). 다시 말해서, 스키마(예컨대, 연 만들기와 날리기 스키마)의
활성화가 문장 처리에서 이해와 기억을 모두 증진시켰다. 아마도 사람들이 들
어오는 정보를 이미 기억에 견지하고 있는 지식틀에 맞추어 체제화하는 것을 도
와주기 때문일 것이다.

스키마는 관련된 배경지식을 이용할 수 있게 해줌으로써 상황과 장소를 처리
할 수 있도록 도와줄 뿐만 아니라, 사람들이 무엇인가를 잘 학습하고 수행하는

데도 강력한 효과를 발휘할 수 있다. 그렇지만 모든 사람이 스키마에 동일한 정보를 담고 있는 것은 아니며, 스키마 내용의 본질이 수행에서 중요할 수도 있다. 드웩과 동료들(Dweck, Chiu, & Hong, 1995)이 제안한 인간 속성(예컨대, 지능, 도덕성 등)의 암묵 이론이라는 개념은 지능에 대해서 두 가지 상이한 스키마 구조를 예증하고 있다. 두 스키마 각각은 사람들의 학습과 끈기에 심각한 영향을 미치는 수많은 상이한 추론을 생성한다(Yeager & Dweck, 2012). 구체적으로 지능의 독립체 이론(entity theory)을 견지하는 스키마는 지능을 고정적이고 불변적인 특질로 간주하는 경향이 있는 반면, 점증 이론(incremental theory)을 견지하는 스키마는 지능을 유연하고 변화 가능한 특질로 간주한다(Yeager & Dweck, 2012). 학령기 아동은 애초에 이러한 사고방식에 근거하여 광범위하게 관련된 추론을 내놓는데, 이 추론은 학업목표, 무엇을 열심히 할 것인지에 대한 신념, 발생하는 차질을 설명하는 방식, 그리고 학습에서 채택하는 전략 등에 영향을 미친다(예컨대, Blackwell, Trzesniewski, & Dweck, 2007). 이러한 네 가지 변인에 대한 아동의 판단은 상호 간에 높은 상관을 보이는 경향이 있다. 예컨대, 미국에서 중학생을 대상으로 수행한 연구에서 보면, 지능의 독립체 이론을 견지하고 있는 아동은 학습 자체보다는 똑똑하게 보이는 것에 더 많은 관심을 보이는 경향이 있으며, 열심히 노력하는 것은 똑똑하지 않은 사람들만이 해야 하는 것이라고 믿고, 발생하는 차질은 자신이 그러한 일에 유능하지 않거나 똑똑하지 않다고 생각하는 방식으로 설명하며, 실패하였을 때 포기하거나 다른 사람을 비난하는 경향이 있었다. 반면에 점증 이론가인 아동은 똑똑하게 보이는 것보다 무엇인가를 학습하는 데 더 관심을 보이며, 열심히 노력하는 것이 사람을 똑똑하게 만드는 중요한 부분이라고 믿고, 발생하는 차질을 더 많은 노력을 경주했어야만 하였다고 생각하는 방식으로 설명하며, 실패하였을 때 더 열심히 노력하고 다른 전략을 시도해보는 경향이 있었다(Blackwell et al., 2007). 스키마 내용은 사람들이 현재 상황을 이해하는 방식을 주도하며, 다양한 방식으로 수행에도 영향을 미친다.

세상에 대처하는 데 있어서 스키마의 중요성은 그 스키마가 예상대로 작동하지 않는 사례를 생각해볼 때도 현저하게 드러난다. 인간과 동물의 기억연구는 내측 전전두피질이 스키마 표상과 사용에 관여한다는 가설과 잘 들어맞는다

(Ghosh, Moscovitch, Colella, & Gilboa, 2014; Tse et al., 2011). 쥐의 내측 전전두피질에서 유전자 활동을 즉각적으로 방해하는 약물은 정보의 인출뿐만 아니라 새로운 기억의 형성도 차단한다. 인간의 경우에 복내측 전전두피질의 손상은 **작화증**(confabulation)이라는 신경장애를 초래할 수 있는데, 작화증 환자는 자신이 회상한 기억이 거짓이라는 사실을 이해하지 못한 채, 엉터리 기억을 회상해낸다. 지금의 논의에서 가장 중요한 사실은 작화증이 부분적으로 적절한 스키마를 활성화시키지 못하기 때문에 초래될 수 있다는 점이다(Ghosh et al., 2014). 예컨대, 작화증 환자는 예약을 위하여 병원 대기실에서 기다리고 있을 때, 엉터리 스키마(예컨대, 식당 가기 스키마)를 활성화시키고는 메뉴판을 찾으려고 반복적으로 두리번거리기도 한다. 고쉬와 동료들(2014)은 이 현상을 보다 체계적으로 뒷받침하기 위하여, 복내측 전전두피질이 손상되어 현재 작화증세를 보이고 있는 환자에게 일련의 단어(예컨대, 칫솔, 온도계 등)를 보고는 각 단어가 특정 스키마(예컨대, 밤에 잠자리에 들기 스키마)와 밀접하게 연합된 것인지를 신속하게 판단하도록 요구하였다. 그런 다음에 또 다른 일련의 단어(몇몇 단어는 처음 집합에도 들어있던 것이었다)가 다른 스키마(예컨대, 병원 가기 스키마)와 밀접하게 연합된 것인지를 판단하도록 요구하였다. 건강한 통제집단 참가자와 비교하여, 작화증 환자는 두 번째 단계에서 현재 스키마(병원 가기 스키마)와 무관한 단어들을 배제하는 데 상당한 어려움을 겪는 경향이 있었다(Ghosh et al., 2014). 무관한 단어 목록에는 첫 번째 단계에서 스키마(잠자리 들기 스키마)의 구성성분이었지만 두 번째 단계에서는 스키마와 무관한 단어들이 포함되었다. 이러한 결과는 일화 증거와 함께, 매우 보편적인 상황에서조차 일어나고 있는 일을 이해하기 위해서는 관련된 스키마를 활성화시키는 것이 결정적으로 중요하다는 사실을 집중조명하고 있다.

스크립트

스크립트(script)라고 알려진 스키마의 한 가지 하위유형은 위에서 기술한 것과 같은 지극히 관례적인 사건(예컨대, 생일파티, 식료품 구입하기, 병원 방문, 식당가기 등)에 대한 일련의 보편지식이다(Schank & Abelson, 1977). 이에 덧붙여서 바우어와 동료들(Bower, Black, & Turner, 1979)은 스크립트가 동일 문화의 사람들에게 잘 알려져 있으며, 측정할 수 있고 학습과 기억을 촉진한다는 사실을 밝힐 수 있다고 제안하였다. 많은 스크립트의 경우(예컨대, 식당 가기 스크립트)에는 상이한 성분들의 시간 순서가 존재하는 반면, 다른 스크립트의 경우(예컨대, 집안 청소 스크립트)에는 성분들의 시간 순서가 반드시 존재하는 것은 아니다.

스크립트가 일반적으로 동의하는 일련의 성분 그리고 동일 문화에서 그 성분들이 시간 순서를 가지고 있는 것으로 보인다는 증거는 바우어와 동료들(1979)의 기념비적 연구에서 찾아볼 수 있다. 한 연구에서는 미국 대학생들에게 특정 유형의 상황(예컨대, 식당 가기 상황)에서 일반적으로 일어나는 사건을 시간 순서대로 기술하도록 요구하였다. 언급한 성분들은 참가자들 간에 상당히 높은 상호 상관을 나타냈으며, 오직 한 사람만이 언급한 성분은 거의 없었다. 식당 가기에 대해서 대다수 참가자가 생성한 몇몇 스크립트 성분은 다음과 같다.

- 자리에 앉는다.
- 메뉴를 들여다본다.
- 음식을 주문한다.
- 음식을 먹는다.

물론 이러한 사건 유형의 스크립트는 문화에 따라서 그리고 식당 유형에 따라서 상당한 차이를 보일 수 있다. 예컨대, 도쿄 길가의 국수집에서 저녁식사를 하려는 외국인 관광객은 지극히 당황스러운 경험을 할 수도 있다. 일본 문화 맥락에서 암묵적으로 잘 이해되고 있는 식당 스크립트는 다음과 같이 진행되기 때문이다.

- 식당 전면에 소개하고 있는 플라스틱 음식 모형을 살펴본다.
- 벽에 부착된 터치스크린에서 여러분이 선택한 것과 대응하는 버튼을 누른다.
- 식당 종업원에게 영수증을 제시한다.
- 음식이 식탁에 배달된다.
- 음식을 먹는다.

기본 아이디어는 시간이 경과하면서 관찰을 통해 이러한 스크립트를 획득하며, 스크립트 기억이 그 문화의 관례적인 상황에서 무엇을 기대할 것인지를 신속하게 이해하고 알 수 있게 해준다는 것이다.

물론 바우어와 동료들(1979)이 지적한 바와 같이, 스크립트 위반이 바로 그러한 기대를 충족시키는 데 실패함으로써 이야기와 삶을 더욱 흥미진진한 것으로 만들어준다. 쉥크와 에이블슨(Schank & Abelson, 1977)은 빈번하게 발생하는 스크립트 위반의 적어도 세 가지 광의적 유형을 논의하였다. **오류**(error)에서는 스크립트의 한 가지 전형적인 성분 다음에 그것과 맞아떨어지는 후속 성분이 뒤따라야 하는데, 그렇지 못하게 된다. 예컨대, 식당에서 커피를 주문하였는데, 대신에 스파게티를 가져오는 경우이다. **장애물**(obstacle)은 스크립트의 전형적 성분이 어떤 문제로 인해서 일어날 수 없는 경우이다. 예컨대, 식당에서 앉아있는 테이블로 아무도 주문을 받으러 오지 않기 때문에 음식을 주문할 수가 없다. 마지막으로 **방해자극**(distraction)이 발생하기도 한다. 방해자극이란 스크립트의 충분한 수행을 방해하는 예상치 않은 사건이며, 때로는 등장인물을 스크립트에서 완전히 배제시키기도 한다(Schank & Abelson, 1977). 예컨대, 식당 밖에 세워놓은 자동차를 끌고 가려는 견인차의 등장은 등장인물로 하여금 테이블에 음식 값을 집어던지고는 뛰쳐나가게 만들어서는 식당 스크립트에서 벗어나게 된다.

또한 바우어와 동료들(1979)은 동일 전집의 다른 학생으로부터 이미 수집한 스크립트에 근거한 여러 이야기를 학생들에게 읽도록 요구하였다. 각 이야기는 스크립트와 일치하는 성분뿐만 아니라 장애물, 오류, 방해자극을 포함하였다. 10분이 지난 후에, 학생들에게 읽었던 이야기를 가능한 한 상세하게 회상하도록 요구하였다. 바우어와 동료들(1979)은 참가자들이 스크립트 위반 성분을 스크립트 일치 성분보다 더 잘 회상한다는 결과를 얻었는데, 아마도 전자가 스크립트에서 예상치 못하였던 것이라는 점으로 인해서 각 이야기의 핵심이 되었기 때문이겠다. 흥미롭게도, 사람들은 스크립트 위반의 하위유형 중에서 장애물과 방해자극을 오류보다 더 잘 기억해냈다. 바우어와 동료들(1979)은 장애물과 방해자극은 스크립트의 흐름 자체를 간섭하기 때문일 것이라고 제안하였다. 오류는 스크립트가 진행되는 동안 무시할 수 있지만, 장애물과 방해자극은 스크립트의 작동을 (일시적이든 지속적이든) 정지시켜버린다. 위반이 주의를 포착한다는 사실은 사람들이 전개되고 있는 사건을 이해하기 위하여 정말로 스크립트에 의존하며, 스크립트의 활성화는 지금 발생해야 하는 것에 대한 일련의 기대를 활성화시키는 것이라는 사실을 시사한다.

법적 의사결정에서 틀 이론과 스키마

틀 이론과 스키마는 사람들이 직면하는 매우 복잡한 결정에서 어떻게 추리하는 지를 이해하는 데 있어서 결정적인 역할을 담당한다. 한 가지 흥미진진한 사례를 법학 영역에서 찾아볼 수 있다. 틀 이론과 스키마는 배심원들이 법적 소송사건을 이해하기 위한 설명을 구축하는 데 극단적인 영향을 미칠 수 있다. 소송사건에서 배심원의 기본 과제는 재판과정에서 제시된 엄청난 양의 정보에 근거하여 판단을 내리는 것이다. 배심원의 판단과정을 기술하려는 초기 모형은 간단한 알고리즘을 사용하였다(Pennington & Hastie, 1988의 개관을 참조). 예컨대, **정보통합이론**(information integration theory)은 각 정보가 피고의 유무죄에 관하여 특정 값을 제공하며, 전반적 평가를 위해 중요도에 따라서 그 값에 가중치를 부여하여 계산할 수 있다고 제안한다(Kaplan & Kemmerick, 1974). 이러한 전반적 평가와 정보 제시에 앞서 피고의 유무죄에 대한 배심원의 사전 판단의 가중평균이 최종 결정을 내놓게 된다. 이렇게 간단한 모형은 매우 강력하기 때문에, 상당한 양의 데이터를 다룰 수 있으며 수많은 행동 현상을 설명할 수 있다.

그렇지만 이러한 모형은 심각한 제한점도 가지고 있다. 법적 소송사건은 이렇게 단순한 계산에 쉽게 포함시킬 수 없는 상당한 정도의 부가적인 복잡성을 가지고 있기 때문이다. 예컨대, 재판 중에 배심원이 받는 정보는 반드시 시간 순서대로 제공되지 않으며, 많은 정보가 빠지게 된다. 각 증인은 사건에 제한적으로만 접속하였고 상이한 견해를 가지고 있기 때문이며, 제시할 수 있는 정보와 제시할 수 없는 정보를 결정하는 법적 규정이 있기 때문이다(그렇기 때문에 어떤 정보는 결코 제시할 수조차 없다). 이에 덧붙여서, 많은 증거의 해석은 다른 증거에 달려 있다. 어떤 정보는 복잡한 방식으로 서로 얽혀 있을 수도 있는데, 변호사나 검사는 그 정보를 다른 방식으로 제시할 수도 있다(Pennington & Hastie, 1988).

배심원 의사결정의 **이야기 모형**(story model)은 배심원이 법적 소송사건을 어떻게 판단하는지에 관한 온전한 밑그림을 그리기 위하여 이러한 복잡성을 포괄하고자 시도하는 기술 모형이다(Hastie & Pennington, 2000; Pennington & Hastie, 1988, 1992). 이 모형은 배심원이 세 단계 처리과정을 통해서 그러한 결정을 내린다고 제안한다. 구체적으로, 배심원은 우선 증거를 이해할 수 있는 잘 형성된 구조화된 이야기를 구성하고자 시도하는 것으로부터 출발한다(Pennington & Hastie, 1988, 1992). 이야기 모형에 따르면, 배심원은 **일화 스키마**(episode schema)를 사용하여 소송사건 정보를 체제화함으로써 이 단계의 작업을 수행한다. 일화 스키마는 사건과 정황의 시간 순서에 관한 가정을 포함한다. 일화 스키마는 초기의 어떤 사건과 피고의 신체 상태로부터 시작한 다음에, 이것이 피고로 하여금 어떤 목표와 심리상태를 형성하도록 이끌어가고, 그 목표와 심리상태가 다시 (독자적으로든 아니면 공동으로) 그 사람의 행위 그리고 궁극적으로는 특정 결과로 이끌어간다는 사실을 시사한다(Pennington & Hastie, 1988, 1992; Hastie & Pennington, 2000). 예컨대, 부당하게 사형으로 평결한 재판에서, 배심원은 처음에 무작위 시간순서로 정보를 받은 후, 마음속에서 그 정보를 다음과 같이 재체제화할 수 있다.

1. 술집에서 혈중알코올 수준이 높은 상태의 피고에게 안면식이 있는 한 호전적인 인물이 시비를 걸었다.
2. 피고는 술에 취하였기 때문에 이 시비가 억누를 수 없는 분노로 이끌어갔다.
3. 동시에 그 호전적인 인물을 손보아주겠다는 목표를 형성하였다.
4. 평소에 가지고 다니던 낚시용 칼로 그 인물을 공격하였다.
5. 그 인물은 칼에 찔린 부상으로 결국 사망하였다. (Pennington & Hastie, 1986에서 인용)

이야기 모형의 두 번째 단계에서 배심원은 여러 가지 평결 범주 그리고 그것이 의미하는 바를 학습해야 한다. 예컨대, 일급살인과 이급살인, 우발적 살인, 정당방위(즉, 무죄) 간의 차이 그리고 각각에 해당하는 행위를 알아야 할 필요가 있다. 마지막으로 배심원은 자신이 시간적으로 배열하여 생성한 이야기와 여러 가지 평결 범주에 대해 새롭게 학습한 배경지식 간의 대응을 모색함으로써 결정에 도달하게 된다(Pennington & Hastie, 1988, 1992; Hastie & Pennington, 2000).

페닝턴과 해스티(1986)는 자원자 전집에서 배심원을 표집하고, 실제 살인사건 재판을 재구성한 3시간짜리 비디오를 시청하도록 요구하였다. (연구에 앞서, 별도의 판사와 변호사 집단은 그 비디오가 매우 사실적이라고 평가하였다.) 이들에게는 배심원으로서 재판장면을 시청해야 하며, 나중에 평결을 내리도록 요구할 것이라고 알려주었다. 각 배심원에게는 개별적으로 자신의 결정과정에 관하여 큰 소리로 말하면서 생각하도록 요구하였다(즉, 표준적인 '큰 소리로 말하면서 생각하기 기법'을 사용하였다). 이들의 모든 반응을 녹음하여 나중에 녹취하였다. 배심원들의 최종 결정은 상당히 다양하였다. 거의 같은 수의 배심원이 일급살인, 이급살인, 그리고 우발적 살인과 정당방위의 결합이라고 결정하였다. 배심원들이 모두 동일한 비디오를 시청한 후에 이토록 이질적인 결론에 도달하였다는 사실은 각자가 증거를 통해서 어떻게 추리하였느냐는 물음을 제기한다.

이 연구에서 사용한 큰 소리로 말하면서 생각하기 데이터를 보면, 전반적으로 배심원들이 부분적인 정보들을 이해하기 위하여 그 정보들 간의 명시적인 인과적 연결을 시도하였음을 알 수 있다. 또한 순서대로 짜맞추기 위하여 부분정보들을 시간적으로 재배열하였다. 연구자들은 이 과정이 평결에서 극단적인 차이를 초래하는 비교적 명확한 이야기를 초래하였다는 사실을 발견하였다. 이야기 구조와 내용 모두에서 중요한 차이가 나타났다. 실제로 이야기를 구성하는 요소의 55%가 증언에서 직접 나온 것이었지만, 45%는 피의자의 심적 상태와 목표에 관하여 배심원이 수행한 추론이었다. 이 사실은 어떻게 배심원마다 지극히 상이한 이야기를 내놓고, 그에 따라서 상이한 평결을 내놓게 된 것인지를 설명해줄 수 있다. 흥미롭게도 페닝턴과 해스티(1986)는 사람들이 일반적으로 어떻게 심적 조작을 수행하는지에 관하여 상이한 배경 이론을 가지고 있는 배심원들이 매우 상이하게 추론한다는 사실을 지적하였다. 예컨대, 호전적인 인물이 던져놓은 미끼에 걸려드는 것은 일반적으로 공포반응을 유발한다고 생각한 사람은 상대방이 칼을 마구 휘두를 때 피고가 공포에 의해서 동기화되었다고 추론하는 경향이 있었다(정당방위를 시사한다). 반면에, 동일한 상황이 일반적으로 분노반응으로 이끌어간다고 생각한 사람은 상대방에게 한 수 가르쳐주겠다는 욕구에 의해서 동기화되었다고 추론하는 경향이 있었다(범죄 의도를 시사한다). 다시 말해서, 배심원들이 이미 견지하고 있는 배경이론과 스키마가 이러한 구체적인 법적 소송사건에서 일어났던 일의 해석을 주도하며 평결에 극단적인 영향을 미쳤던 것으로 보인다.

페닝턴과 해스티(1988)는 후속연구에서 미국 대학생들에게 (비디오 대신에) 글로 적은 동일한 법적 소송사건을 꼼꼼하게 읽고 평결을 내리도록 요구하였다. 그런 다음에 제시하였던 증거들에 대하여 참가자들이 예상하지 못하였던 깜짝 재인기억 검사를 실시하였다. 결과를 보면, 참가자들이 참이기는 하지만 다른 평결과 일치하는 증거보다는 자신이 선택한 평결과 일치하는 증거를 정확하게 재인할 가능성이 더 높았다. 또한 소송사건에서 제시하지 않았던 정보를 보았다고 오재인하기 십상이었지만, 이 경향성도 흥미를 끄는 패턴을 나타냈다. 실제로 제시하지 않았던 증거가 자신이 선택하지 않는 평결과 일치할 때보다는 자신이 선택한 평결과 일치할 때 오재인할 가능성이 높았다. 이 결과는 스키마 연구의 기념비적 결과와 놀라우리만치 유사하며, 스키마가 추론을 주도하며 일어난 사건에 관한 기억에 상당한 영향을 미친다는 사실을 또 다시 지적하고 있다.

임상 판단에서 틀 이론과 스키마

배심원과 마찬가지로, 정신건강 임상가도 뒤죽박죽인 정보를 이해하고 삶을 바꿀 수도 있는 결론에 도달해야 하는 과제에 직면하고 있다. 내담자가 보고한 증상, 현재의 신체 모습, 최근에 발생하였거나 심각한 삶의 사건과 환경, 병력(病歷) 등은 모두 임상가의 진단 결정에 영향을 미치는 요인이다. 일반인들도 친구나 가족의 행동이 전문적인 진단이 필요할 정도로 걱정스러운지를 결정하기 위하여 그 친구나 가족을 관찰해야 하는 도전거리에 직면하는 경우가 많다. 잠재적 환자도 자기관찰과 자신의 개인사와 환경에 대한 지식에 근거하여 동일한 과제에 대처한다. 이 모든 상황에서, 구조화된 틀 지식이 한 개인의 현재 행동과 상황을 비교하는 배경을 형성한다. 예컨대, 여러분은 자녀의 행동이 정상인지를 판단하기 위하여, 그 행동을 그 연령대의 아동이 일반적으로 행동하는 방식에 관한 여러분의 이해와 비교할 수 있다. 임상가는 특정 증상과 병력이 어떻게 특정 진단 스키마와 정렬되는 경향이 있는지에 관한 사전 신념에 환자의 행동과 병력을 비추어볼 수 있다. 요컨대, 임상 훈련을 받았든 받지 않았든 사람들은 자신의 지식 틀을 가지고 환자에 접근하며, 그 지식 틀은 정확하든 아니든 주어진 정보의 해석을 주도한다.

미국에서 정신건강 임상가와 일반인을 대상으로 수행한 일련의 실험에서는 두 집단 모두 심리장애의 인과 모형을 견지하는 것으로 나타났다(Kim & Ahn, 2002a, 2002b). 임상가와 일반인 모두 심리장애 진단 및 통계 편람(*Diagnostic and Statistical Manual of Mental Disorder, DSM*; American Psychiatric Association, 1994)에서 다루고 있는 보편적인 심리장애(예컨대, 우울증, 거식증)와 잘 알려져 있지 않은 심리장애(예컨대, 회피성 성격장애)의 증상 그리고 관련된 특징에 관한 글을 읽었다. 임상가들은 한 가지 장애의 인과 모형을 제외하고는 상호 간에 상당한 일치도를 나타냈다(유일한 예외는 조현병적 성격장애였으며, 비교적 흔하지 않는 장애이다; Pulay et al., 2009). 더욱 놀라운 사실은 임상가의 모형이 일반인의 모형과도 상당한 정도로 일치한다는 점이었다(Kim & Ahn, 2002b). 임상가 집단에는 상이한 이론적 입장을 취하는 사람들이 포함되었음에도 불구하고(예컨대, 정신분석학자, 인지행동치료자 등), 특정 장애의 근본적인 인과관계에 관해서는 여전히 일치하였다. 예컨대, 거식증에 대해서 임상가들은 뚱뚱해지는 것의 두려움이 최소한의 체중 유지를 거부하는 것보다 인과관계에서 더 핵심적이며, 최소 체중 유지는 다시 영양실조의 신체적 신호보다 인과관계에서 더 핵심적이라는 데 동의하였다(Kim & Ahn, 2002b).

특정 장애의 증상들 간의 인과관계에 관한 이러한 배경 신념이 임상적 의사결정에 영향을 미칠 수 있다. 예컨대, 내담자가 임상가 자신의 특정 장애 인과 모형에서 결과에 해당하는 증상보다는 핵심 원인에 해당하는 증상을 가지고 있을 때, 임상가는 그 내담자가 그 장애를 가지고 있는 것으로 진단할 가능성이 더 높다(Kim & Ahn, 2002b). *DSM-5*(American Psychiatric Association, 2013)에서는 대부분의 장애를 진단할 때 증상들에 동일한 가중치를 부여하고 있다는 사실에 주목할 필요가 있다. 즉, 특정 장애에서 어떤 증상이 다른 증상보다 더 중요하거나 덜 중요하다고 언급하지 않으며 함축하지도 않는다. 그렇지만 임상가들은 장애에 관한 자신의 배경지식과 신념에 맞추어 어떤 증상은 다른 증상보다 더 중요한 것처럼 진단 결정을 내리고 있다. 정신건강 영역에서 이러한 결과는 장애의 인과 모형이 이해와 결정을 주도하는 스키마로 작동할 수 있음을 시사한다.

이에 덧붙여서 플로리스와 동료들(Flores, Cobos, López, Godoy, & González-Martín, 2014)은 사례연구에 대한 임상가의 추리와 결정이 관련 장애에 관한 임상가의 스키마와 일치하는 정도의 영향을 받는다는 사실을 밝혔다. 한 연구에서는 스페인에서 활동하고 있는 임상심리학자에게 12가지 사례연구를 살펴보도록 요구하였다. 절반의 사례연구에서는 증상들이 김과 안(Kim & Ahn, 2002b)이 제시한 장애 스키마와 인과적으로 일치하는 시간순서대로 출현하였다. 다른 절반에서는 증상들이 인과적으로 불일치하는 시간순서대로 출현하였다. 예컨대, 인과적으로 일치하는 순서의 거식증 사례에서는 뚱뚱해지는 것의 공포가 먼저 출현한 뒤에 최소 체중 유지의 거부가 뒤따르며, 마지막으로 영양실조의 신체증상이 나타났다. 인과적으로 불일치하는 순서에서는, 그 증상들이 시간적으로 역순으로 나타났다. 플로리스와 동료들(2014)이 예측한 바와 같이, 임상가들은 인과적으로 일치하는 조건보다 불일치하는 조건의 사례를 읽는 데 더 많은 시간을 할애하였다. 또한 두 조건 모두에서 동일한 증상들이 존재하였음에도 불구하고, 불일치 조건보다는 일치조건에서 제공한 진단(예컨대, 거식증)에 동의할 가능성이 더 높았다. 종합적으로 볼 때, 이러한 결과는 임상가들이 특정 장애에서 증상의 시간 순서에 대한 사전 기대를 가지고 사례에 접근하며, 그러한 기대가 진단 결정에 영향을 미친다는 사실을 시사한다(Flores et al., 2014).

물론 장애에 관한 임상가의 지식구조는 *DSM-5*의 증상과 관련 특성을 넘어 확장된다. 광범위한 맥락정보도 이러한 장애 스키마 속에 체제화되어, 진단 결정에 영향을 미친다. 예컨대, 드 로스 레이스와 마쉬(De Los Reyes & Marsh, 2011)는 미국 임상가들에게 어떤 특정 증상의 존재나 부재를 자체적으로 지적하지 않는 부가적 내용만을 포함한 청소년 사례를 제시하였다. 이러한 부가적 내용은 품행장애의 경험연구와 일치하지 않거나(예컨대, 친구의 부모님이 좋아

하신다) 일치하는 것이었다(예컨대, 친구의 부모님이 싫어하신다). 연구자들은
사례를 기술할 때 언급하였던 이러한 부가적 정보가 임상가의 품행장애 판단
가능성에 강력한 영향을 미친다는 사실을 발견하였다. 즉, 임상가는 사례 기술
에 품행장애와 일치하는 내용을 포함시키거나 아무런 정보도 포함시키지 않았
을 때보다 불일치하는 내용을 포함시켰을 때 품행장애로 진단할 가능성이 훨씬
낮았다. 본질적으로 그러한 내용이, 비록 엄밀하게는 품행장애의 증상이 아님
에도 불구하고, 임상가들이 가지고 있는 품행장애 스키마의 한 부분이어서 진
단의 결정 요인으로 작동하는 것으로 보인다. 임상가의 진단은 증상 자체의 존
재나 부재에 덧붙여서 스키마와 일치하지 않는 정보의 영향을 광범위하게 받는
것으로 보인다.

　장애 자체가 아니라 개별 내담자의 세부적인 사례에 관한 자신의 인과 모형
을 언급할 때는 임상가의 반응이 꽤나 다양한 경향성을 보이며, 그 내담자에게
어떤 치료가 최선일지에 관한 권장사항에서도 마찬가지이다(de Kwaadsteniet,
Hagmayer, Krol, & Witteman, 2010). 한 가지 흥미진진한 연구에서는 네덜란
드에서 활동하는 아동임상심리학자들이 두 아동의 사례연구 기술을 살펴보았
는데, 두 기술문은 모두 우울증상을 보였으며, 하나는 주의결핍 과잉행동 장애
(ADHD)를 포함하여 다른 증상들도 나타냈다. 그 아동임상심리학자들에게 각
사례에 대해서 모든 문제점과 함께 그러한 문제점에 영향을 미치는 모든 인과요
인을 확인해내도록 요구하였다. 그런 다음에 그러한 문제점과 인과요인 사이에
존재한다고 생각하는 인과관계를 찾아내도록 요구하였다. 중재 평가 과제가 뒤
따랐는데, 이 과제에서는 참가자들이 10가지 가능한 치료(예컨대, 가족치료, 약
물치료, 사회적 기술 훈련 등)를 효과 가능성에서 순위를 매겼다. 그런 다음에
상위 다섯 가지 치료 각각이 어떤 문제점을 가지고 있으며, 인과요인에 어떤 영
향을 미칠 것인지를 확인해보도록 요구하였다.

　결과는 놀라운 것이었다. 특정 사례에 관한 개별 임상가의 인과 모형은 꽤나
다양하였음에도 불구하고, 추천하는 치료법은 그 임상가의 인과 모형으로 일관
성 있게 예측할 수 있었다(de Kwaadsteniet et al., 2010). 개별 사례에 대한 특정
임상가의 인과 모형은 행동의 문제점이 어떻게 출현하는지를 설명하기 위하여
그 임상가가 견지하는 지배적인 틀에 근거하는 것으로 보인다. 특정 사례를 위

한 모형이 어떻게 지식틀과 대응되는지를 이해하기 위해서는 추가적인 후속연구가 필요하다. 버렌스와 동료들(Berens, Witteman, & van de Ven, 2015)은 네덜란드에서 동일한 증상들에 대한 인과적 설명에 체계적인 처치를 가하였을 때, 임상가의 치료 계획도 그에 따라 영향을 받았다는 사실을 보여주었다. 즉, 임상가의 치료 결정은 증상 자체에만 의존하지 않았다. 그 증상에 부여한 인과적 설명이 중요하였다.

결론

이 장 전반에 걸쳐서 보았던 것처럼, 사람들은 아주 어린 시절부터 지식을 위한 체제화 구조를 발달시키고 저장한다. (광의적 수준의) 틀 이론과 (세부적인 수준의) 스키마 형태를 취하는 이러한 구조는 복잡한 사건을 설명하고 예측하는 데 도움을 주는 새로운 정보를 학습하고 관련 정보를 인출하는 것을 돕는다. 일상생활에서의 결정은 기존 지식이 정확한 것인지에 관계없이, 그리고 어떤 경우에는 그 지식이 관련된 것인지에 관계없이, 그 지식의 문화제한적 틀 속에 내포되어 있다. 다음 장에서는 사람들이 어떻게 원인과 결과에 대해 추론함으로써 세상을 이해하는 것인지를 심도 있게 살펴본다.

논의를 위한 물음

1. 이 장의 시작부분에서 기술한 아동 행동의 두 사례로 되돌아가보자. 그들의 행동이 정상적인 아동발달에 관한 여러분의 스키마를 위배하는가 아니면 위배하지 않는가? 스키마 형성에 대한 문화와 가족 그리고 이웃의 영향력이 여러분의 판단에 어떤 영향을 미치겠는가? 이러한 영향력은 그 부모가 궁극적으로 아이들을 전문가 손에 맡길 것인지를 결정하는 데 어떤 영향을 미치겠는가?

2. www.youtube.com에서 여러분에게 가장 친숙한 국가의 웃기는 광고나 판에 박힌 스탠드업 코미디를 찾아보라. 이러한 유머를 이해하는 여러분의 능력에서 문화특수적 스키마와 스크립트가 어떤 역할을 담당하는가? 그런 다음

에 생활해본 적이 없는 다른 국가의 웃기는 광고나 스탠드업 코미디를 찾아
보라. 유머를 이해하기가 더 어려운가? 그 사실을 스키마 이론의 측면에서
설명할 수 있겠는가?

3. 문화제한적 스키마와 틀 이론은 이 장의 마지막 두 절에서 논의한 유형의 법
적 결정과 임상적 결정에 어떤 영향을 미치겠는가?

더 읽을거리

Garb, H. N. (1998). *Studying the clinician: Judgment research and psychological assessment.*
Washington, DC: American Psychological Association.

Hastie, R. (1994). *Inside the juror: The psychology of juror decision making.* Cambridge, UK:
University of Cambridge Press.

Wellman, H. M., & Gelman, S. A. (1992). Cognitive development: Foundational theories
of core domains. *Annual Review of Psychology, 43*(1), 337-375.

공변, 유관성, 그리고 원인 판단하기 **11**

학습목표

이 장을 마무리하게 되면, 여러분은 다음을 수행하였을 것이다.

- 두 사건이나 대상이 상호 간에 어떻게 공변하는지에 근거한 인과귀인 모형을 이해하고 평가하였다.
- 사람들이 원인을 어떻게 생각하는지를 더 잘 이해하기 위하여 2×2 유관표에 요약한 공변 데이터를 비판적으로 따져보았다.
- 다양한 인과성 단서가 사람들로 하여금 어떻게 인과관계의 존재를 추론하도록 이끌어 가는 지를 살펴보았다.
- 사람들이 어떻게 인과학습의 유형들(즉, 진단과제와 예측과제를 수행하는 것)을 구분하고 원인의 유형들(즉, 초래하거나, 가능하게 하거나, 관계를 차단하는 것)을 구분하는지에 관한 이론들을 비교하였다.
- 인간의 인과오류 그리고 동물의 인과추리를 입증하는 실험의 이론적 효과와 현실적 파급력을 살펴보았다.

핵심용어

- 개인적 인과성(personal causality)
- 공변(covariation)
- 공변 원리(covariation principle)
- 귀인 공변 모형(covariation model of attribution)
- 근본적 귀인 오류(fundamental attribution error)
- 단서(cue)
- 대응 편향(correspondence bias)
- 돌팔이 의술(quackery)
- 동역학 모형(dynamics model)
- 반사실적 추리(counterfactual reasoning)
- 배경에서의 차이(difference-in-a-background)

- 예측학습 과제(predictive learning task)
- 올가미 튜브 과제(trap-tube task)
- 원인과 결과의 유사성(similarity of cause and effect)
- 원인이 없었다면(but for cause)
- 인과기제(causal mechanism)
- 인과성 단서(cues-to-causality)
- 인과장(場)(causal field)
- 일관성(consistency)
- 제어착각(illusion of control)
- 진단학습 과제(diagnostic learning task)

237

- 비개인적 인과성(impersonal causality)
- 비현실적 낙관주의(unrealistic optimism)
- 시간결합(temporal binding)
- 시간 순서(temporal order)
- 시공간 근접성(contiguity in time and space)
- 시뮬레이션 발견법(simulation heuristic)
- 심성 모형 이론(mental models theory)

- 차단(blocking)
- 특이성(distinctiveness)
- 평균으로의 회귀(regression toward the mean)
- 합의성(consensus)
- 확률 대비 모형(probabilistic contrast model)
- 2×2 유관표(2×2 contingency table)

어째서 여러분의 친구가 갑자기 울음을 터뜨리면서 문을 박차고 뛰어나갔는가? 음식공급자가 약속한 200개의 도넛을 모금 행사에 배달하지 않은 이유는 무엇인가? 무엇이 환자의 발에 고통스러운 발진과 종창을 초래하는가? 인과적 사고가 불확실한 상황에서 내리는 대부분 판단의 기저를 이룬다고 주장해왔다(Hastie, 2015). 사람들은 사건, 특히 비정상적인 사건을 설명하려는 욕구에 강하게 이끌리며(Hilton, 2007), 배고픔과 갈증에 대한 반응으로 음식과 물을 찾는 것 못지않게, 설명의 추구는 사람들의 행동을 강력하게 동기화시키는 것으로 보인다.

인과적 설명의 한 가지 흥미로운 특성은 사람들로 하여금 손에 쥐고 있는 데이터를 넘어설 것을 요구한다는 점이다(Hastie, 2015). 당구공 하나가 다른 공을 향해 굴러가서 접촉이 이루어진 후에 두 번째 공이 구르기 시작하는 것을 본다고 가정해보라. 사람들은 첫 번째 공이 두 번째 공의 움직임을 초래하였다고 판단하지만, 인과성을 직접적으로 관찰한 것은 아니다(Hume, 1739/2000). 즉, 볼 수 있는 것은 첫 번째 공이 움직였고, 접촉이 이루어졌으며, 두 번째 공이 동일한 방향으로 움직이기 시작하였다는 것뿐이다. 인과적 이야기(즉, 첫 번째 공이 두 번째 공의 움직임을 초래하였다는 이야기)는 사람들이 마음속에서 생성한 것이다. 옳든 그르든, 이것은 사람들이 수집한 시각적 데이터로부터 구축한 이야기이다. 일반적으로 사람들은 세상 사건들을 상호 간에 연결시킴으로써 그러한 설명을 생성하는 경향이 있다고 주장해왔다.

훨씬 더 복잡한 시나리오에 직면할 때는 이 과정이 심각해진다. 어째서 친구가 룸메이트를 그토록 못마땅해하는지, 어째서 도둑놈이 근처의 다른 차는 놔두고 내 차에 침입했는지를 설명하고자 시도할 수 있다. 1979년 3월 28일 펜실

베이니아 스리마일 섬 핵발전소에서 노심용해 사건이 일어난 까닭이나 2014년 3월 8일 말레이시아 항공 370편이 승객을 비롯한 모든 승무원과 함께 사라진 이유를 물을 수도 있다. 이 장에서 여러분은 인과 추리, 즉 이 세상에서 어떤 원인이 어떤 사건을 초래하는지를 궁리하는 과정을 보다 잘 이해하게 될 것이다.

공변 판단

공변(covariation)은 두 사건이 함께 발생하는 경향이 있을 때 일어난다. 예컨대, 여러분은 고양이를 쓰다듬어줄수록 더 많이 가르랑거리며, 쓰다듬어주지 않을수록 덜 가르랑거린다는 사실을 알아차릴 수 있다. 어째서 친구가 속상해하는지 또는 손을 들었음에도 교수가 여러분을 지목하지 않는 까닭을 궁리하고자 시도할 때, 여러분이 사용해야 하는 대부분의 증거는 공변 정보이기 십상이다. 널리 알려진 바와 같이, 프리츠 하이더(Fritz Heider, 1958/2015)는 사람들이 다른 사람의 말이나 행동의 원인을 알아내기 위하여 공변 정보를 사용한다고 제안하였다. 이것을 **공변 원리**(covariation principle)라고 부른다. 헤롤드 켈리(Harold Kelley, 1973)의 표현을 빌면, "하나의 결과는 시간이 경과하면서 그 결과와 공변하는 가능한 원인 중 하나에 귀인하게 된다"(p. 108). 다시 말해서, 사람들은 공변 정보로부터 인과적 이야기를 만들어내는 경향이 있다. 나아가서 하이더(1958/2015)는 사람들이 특정 결과를 초래한다고 일반적으로 기대할 수 있는 사람이나 상황의 비교적 안정적인 특성을 찾으려 한다고 제안하였다. 이렇게 안정적인 특성은 사람들이 어떻게 행동할 것인지를 예측하는 데 도움을 준다. 예컨대, 친구가 양식 있는 사람이라는 나의 신념은 그 친구가 상황에 적합한 행동과 말을 할 것이라고 기대하도록 이끌어간다. 특정 대학이 상당한 경쟁력을 갖추고 있다는 나의 신념은 도서관에서 공부하고 있는 많은 학생을 보게 될 것이라고 기대하게 만든다.

또한 하이더(1958/2015)는 개인적 인과성과 비개인적 인과성을 명확하게 구분하였다. **개인적 인과성**(personal causality)이란 개인의 의도가 특정 행위 이면에 존재하는 힘인 사례를 지칭한다. **비개인적 인과성**(impersonal causality)은 의도와는 무관하게 행위가 발생하는 것이다. 강의 도중에 손을 들었음에도 불구하고 교수가 여러분을 지명하지 않았다고 가정해보라. 만일 교수가 의도적으로 그렇게 하였다면, 개인적 인과성에 귀인할 수 있다. 예컨대, 앞서 수강생에게 제시한 다섯 가지 질문에 여러분이 방금 손을 들어 답하였고, 이제 교수는 다른 학생에게 답할 기회를 제공하기를 원한다면 말이다. 반면에 비개인적 인과성은 교수가 여러분을 지명하지 않았지만 의도적인 것이 아닌 경우를 지칭한다. 예컨대, 여러분이 강의실 중앙에 위치한 커다란 기둥 뒤에 앉아있어서, 교수의 시야가 가려져 손을 든 여러분을 보지 못하였던 경우이다. 하이더(1958/2015)는 비개인적 인과성과 달리, 개인적 인과성은 특정 개인(예컨대, 교수)을 정확하게 지목할 수 있는 강력한 인과적 힘을 가지고 있는 것으로 지각된다고 주장하였다. 그렇기 때문에 사람들은 교수가 여러분을 무시하고자 의도하지만 그렇게 하는 데 실패할 때조차도(예컨대, 여러분이 끊임없이 일어서서 깡충깡충 뛰면서 손을 흔들어대기에, 소란을 잠재우기 위해서 어쩔 수 없이 여러분을 지명하는 경우조차도) 교수에게 어떤 인과적 힘을 부여하고자 하는 경향이 있다. 그렇지만 만일 여러분이 들고 있는 손이 커다란 기둥 뒤에 가려져 있다면, 교수에게 인과적 힘을 부여하지 않는 경향이 있다.

켈리(1973)의 **귀인 공변 모형**(covariation model of attribution)은 하이더(1958/2015)의 분석에 바탕을 두고, 다른 사람에 관하여 추론을 시도할 때 고려하는 여러 가지 구체적 유형의 공변 정보가 존재한다고 제안한다. 한 가지 요인이 **합의성**(consensus)이다. 즉, 동일한 자극이 주어질 때 동일한 방식으로 반응하는지 여부이다. 예컨대, 여러분이 최근에 출시된 초인적 영웅 영화를 관람하였는데, 전혀 재미있지 않았으며 실제로 무척이나 혐오하였다고 가정해보라. 동일한 영화를 관람하러 갔던 다른 사람도 그 영화를 싫어할 때 합의가 발생한다. 두 번째 요인은 **특이성**(distinctiveness)이다. 즉, 오직 이 자극에만 이러한 방식으로 반응하는지 여부이다. 예컨대, 여러분이 최근에 다른 영화를 관람하고 좋아하였던 반면에 이 영화만을 싫어하였을 때 특이성을 볼 수 있다. 마지막으로 세 번째 요인은 **일관성**(consistency)이다. 즉, 동일한 자극의 반복적인 경험에 걸쳐 유사한 방식으로 반응하는지 여부이다. 예컨대, 여러분이 나중에 그 영화를 다시 관람하였는데, 공정하게 판단하여 처음 관람하였을 때와 똑같은 정도로 싫어한다는 사실을 확인하게 된다면, 그 영화에 대한 혐오는 일관성을 갖게 된다.

켈리(1973)는. 사람들이 위에서 언급한 공변 정보를 수집하고 마음속에서 세 요인에 대한 순진한 변량분석을 실시하면서 다른 사람 행동에 인과 귀인을 할 때, 과학자처럼 생각한다고 주장하였다. 그는 이렇게 순진한 분석이 온전한 통계분석에 근사한 것은 아닐 수도 있다는 사실을 인정하였지만, 사람들은 여전히 그 정보로부터 어떤 직관적인 결론을 도출할 수 있다고 주장하였다. 특히 그는 상이한 패턴의 공변 정보가 분명하게 예측 가능한 인과귀인으로 이끌어간다고 제안하였다. 예컨대, 합의성이 낮고(예컨대, 다른 사람들은 그 영화를 즐겼다), 특이성이 낮으며(예컨대, 여러분은 대체로 영화를 좋아하지 않으며, 이 영화도 예외가 아니었다), 일관성이 높을 때(예컨대, 영화를 다시 관람하고도 여전히 좋아하지 않았다), 사람들은 여러분의 반응을 내적 귀인(개인 귀인)할 가능성이 높다. 즉, 여러분이 이 영화를 싫어한 까닭은 여러분 자신이 대체로 영화를 싫어하는 경향이 있기 때문이라고 결정한다. 만일 합의성이 높고(예컨대, 다른 사람들도 그 영화를 싫어하였다), 특이성이 높으며(예컨대, 여러분이 대체로 영화를 즐기지만, 이 영화만이 유독 재미가 없었다), 일관성이 높다면(예컨대, 영화를 다시 관람하고도 여전히 좋아하지 않았다), 여러분의 반응을 외적 귀인(자극 귀인)할 가능성이 높다. 즉, 자극(예컨대, 영화)이 여러분의 반응을 야기하였다고 결정할 가능성이 매우 높다. 영화 자체가 형편없어서 그 영화를 싫어하였다는 것이다.

한 걸음 더 나아가서, 쳉과 노빅(Cheng & Novick, 1990)은 켈리(1973)의 분석을 확장하여, **확률 대비 모형**(probabilistic contrast model)이라고 부르는 인과귀인 과정에 대한 규범 모형을 제안하였다. 켈리(1973)의 모형은 오직 주효과(즉, 개인에게 귀인하는가, 자극에 귀인하는가, 아니면 상황에 귀인하는가?)에만 초점을 맞추었다. 반면에 온전한 변량분석은 주효과뿐만 아니라 상호작용도 포함한다. 상호작용을 포함하는 것의 잠재적 중요성은 위의 사례를 다시 고려해봄으로써 예증할 수 있다. 여러분이 특정 영화에 어떻게 반응할 것인지는 상당 부분 여러분과 그 영화의 상호작용에 달려 있다. 근접 촬영한 액션 장면이 들어있는 영화는 여러분을 어지럽게 만들기 때문에 싫어하는데, 영화감독이 그 영화에 근접 촬영 장면을 많이 포함시켰다고 가정해보라. 이 경우에, 여러분이 영화를 싫어하게 만든 것은 바로 이러한 특정 자극과 불쾌한 원인 간의 **상호작용**이다.

쳉과 노빅(1990)의 핵심 통찰은 지나치게 복잡하지 않은 한에 있어서 그러한 상호작용을 마음속에서 추적하고 결론을 내릴 수 있는 것으로 보인다는 것이다.

그렇지만 다른 사람의 행동에 관한 귀인은 **근본적 귀인 오류**(fundamental attribution error)라고도 부르는 **대응편향**(correspondence bias)에 의해 왜곡될 수도 있다는 점에서, 인과귀인의 특별한 사례일 수도 있다는 사실에 유념하라. 대응편향이란 상황만을 가지고도 설명할 수 있는 행동에 개인 귀인을 하는 경향성을 지칭한다(Gilbert & Malone, 1995). 예컨대, 존스와 데이비스(Jones & Davis, 1965)의 고전적 연구에서, 사람들에게 쿠바의 피델 카스트로를 지지하거나 비판하는 글을 보여주었다. 글쓴이에게 주제가 할당된 것뿐이며, 주제 선택에서 아무런 선택권이 없었다고 말해준 경우조차도, 사람들은 여전히 글쓴이가 자신이 작성한 내용을 어느 정도는 정말로 신봉하고 있다고 판단하였다. 길버트와 말론(Gilbert & Malone, 1995)은 대응편향에 기저하는 한 가지 핵심기제는 상황이, 비록 항상 공공연하게 관찰할 수 있는 것은 아닐지라도, 행동에 얼마나 강력한 인과적 힘을 발휘할 수 있는지를 사람들이 일반적으로 자각하지 못하는 것이라고 제안하였다. 예컨대, 사람들이 지나치게 순종적이고 비겁한 성격특질을 가지고 있다고 정치인을 비판할 때, 어떤 경우에는 그 사람들이 대응편향에 굴복하여 그 정치인으로 하여금 타협을 하도록 막다른 골목으로 몰아갔던 수많은 외부 압력을 자각하지 못할 수 있다(예컨대, 자신이 발의한 법안을 통과시키기에 충분한 수의 찬성표를 얻기 위하여 어떤 양보가 필요할 수 있다). 바로 이 상황에 처한 사람이라면 누구나 자신의 성격특질에 관계없이, 꽤나 유사하게 행동할 수 있다.

유관성 판단

유관성 판단도 세상에서 무엇이 무엇을 초래하였는지를 궁리하는 데 도움을 줄 수 있다. 여러분이 글루탐산모노나트륨(MSG, 화학조미료) 섭취가 매우 빈번한 두통을 초래하는지 결정하고자 한다고 가정해보라. 연구결과를 읽어보는데, 그 결과는 MSG가 어떤 사람에게는 두통을 야기할 수도 있다는 사실을 시사하고 있다. 그렇지만 그 연구는 MSG 섭취가 여러분의 두통을 야기하는지를 확실하

두통이 뒤따랐는가?

		그렇다	아니다
MSG를 먹었는가?	그렇다	A : 58	B : 3
	아니다	C : 27	D : 12

그림 11.1 MSG 섭취와 두통 경험 간에 관계가 있는지를 판단하는 데 도움을 주도록 정리한 유관표. 이 가상적 사례에서는 총 100일에 걸쳐 관찰을 하였다.

게 알려줄 수 없다. 주치의는 무엇인가를 먹고 나중에 어떻게 느꼈는지를 기록함으로써 더 많은 정보를 수집하도록 권한다. 향후 100일에 걸쳐, (1) 특정일에 MSG를 섭취하였는지 그리고 (2) 두통이 뒤따랐는지를 기록하는 일기를 쓴다. 이 데이터는 **2×2 유관표**(2×2 contingency table)로 표현할 수 있는데(그림 11.1 참조), 이 표는 두 요인이 얼마나 빈번하게 공발생하였는지를 요약한 것이다.

그림 11.1에서 네 칸 모두의 수치가 MSG 섭취와 두통의 공발생에 관하여 중요한 정보를 제공하고 있다는 사실에 주목하라. 칸 A와 D는 MSG 섭취와 두통 간의 관계를 확증하는 증거로 취급할 수 있다(Lipe, 1990 참조). 칸 A에서는 58일에 걸쳐서 MSG를 섭취하고 나중에 두통을 경험하였음을 볼 수 있다. 칸 D는 12일에 걸쳐서 MSG를 섭취하지 않고 두통도 없었음을 보여준다. 이 두 결과는 모두 MSG가 여러분의 두통을 초래한다는 가설과 일치한다.

칸 B와 C의 수치는 이 가설에 대하여 가능한 반증 증거로 간주해볼 수 있다(Lipe, 1990). 칸 B에서는 MSG를 섭취하였지만 두통이 뒤따르지 않은 며칠이 있었다는 사실을 볼 수 있다. 이 사례는 칸 A와 D에서 볼 수 있는 확증 증거보다 그 빈도가 훨씬 낮지만 반증 증거로 채택할 수도 있다. (지나는 길에 한 마디 덧붙이자면, 무엇인가 복잡한 사건이 진행되고 있을 수도 있다. 이것은 부가적인 데이터를 수집해야만 살펴볼 수 있다. 예컨대, MSG와 다른 음식의 조합이 두통을 야기할 수 있으며, 만일 MSG와 함께 두 번째 음식을 먹지 않는다면, 두통을 경험하지 않는다. 대부분의 경우에는 여러분이 두 가지를 함께 먹지만, 소수의 경우에는 MSG만을 섭취하기 때문에 두통을 경험하지 않는다.)

마지막으로 MSG를 섭취하지 않은 27일 동안에도 두통을 경험하였다는 사실을(칸 C) 따져볼 필요가 있다. MSG가 대부분의 두통을 야기하지만 때로는 충분한 물을 마시지 않는다거나 안경을 끼지 않고 독서를 하는 것과 같은 다른 요인이 여러분의 두통을 초래할 수 있다. 아니면 MSG가 아닌 다른 것이 모든 두통을 초래하였는데, 여러분이 MSG는 측정하였지만 다른 것은 측정하는 데 실패하였을 수도 있다. 여러분이 수집한 데이터는 이렇게 가능한 여러 대안 중에서 어느 것이 참인지를 알려줄 수 없지만(만일 있다면 말이다), 현실적인 관점에서 둘 사이에 명백한 인과관계가 있다는 주장에 의문을 제기할 수는 있다.

물론 카이제곱 통계검증을 실시할 수도 있다. (그림 11.1의 데이터를 사용한) 카이제곱 검증은 MSG와 뒤따르는 두통이 독립적이라는 영가설이 $p < .001$의 유의도 수준에서 기각되어야 한다는 사실을 보여준다. 다시 말해서, 100일에 걸쳐서, 여러분은 MSG와 두통이 상호 간에 독립적일 가능성이 낮다는 증거를 수집하였던 것이다. 앞에서 보았던 것처럼, 여전히 이러한 잠재적 관계의 본질을 정확하게 알 수는 없지만, 일반인도 MSG가 두통을 초래하는 데 어떤 역할을 담당한다고 결론짓는 것이 꽤나 합리적이라는 사실을 알아차릴 수 있다.

실제로 네 가지 칸 모두가 어느 정도는 사람들의 공변 판단에 영향을 미친다(Lipe, 1990). 그렇지만 사람들이 그러한 유관성 정보를 추리할 때는 2×2 유관표의 네 칸에 동일한 가중치를 부여하지 않는 경향이 있다. 연구결과는 사람들이 결론을 도출할 때, 칸 A에 가장 높은 가중치를 부여하고, 그다음으로는 칸 B, C, D의 순으로 가중치를 부여한다는 사실을 일관성 있게 보여주었다(Mandel and Lehman, 1998). 이에 덧붙여서, 사람들이 판단을 단순화할 때는, 때때로 칸 A에만 주의를 기울이고 나머지를 무시함으로써, 본질적으로 확증적접근 방식을 채택한다(예컨대, Arkes & Harkness, 1983).

흥미로운 사실은 사람들이 2×2 유관표의 칸들을 어떻게 처리하는지를 알게 되면, 어떻게 엉터리 인과적 신념을 형성하게 되는지를 이해하는 데 도움을 받을 수 있다는 점이다. 예컨대, 수많은 사람들이 **돌팔이 의술**(quackery), 즉 과학에 기반하여 획득한 증거가 지지하지 않는 의학적 치료법을 신봉하고 있다. 머튜트와 동료들(Matute, Yarritu, & Vadillo, 2011)은 스페인에서 인터넷 사용자들에게 허구적 질병을 앓고 있는 100가지 사례의 가상적 환자를 관찰하도록 요구하였다. 각 사례에서 환자는 배터트림이라고 부르는 가상 약물을 복용하거나 복용하지 않는 것으로 기술하였다. 그런 다음에 참가자들에게 각 환자가 나아졌다고 느끼는지를 알려주었다. 어떤 참가자에게는 80명의 환자가 배터트림을 복용하고 20명은 복용하지 않았으며, 각 집단의 80%가 나아졌다고 느낀다고 알려주었다. 다른 참가자에게는 20명이 배터트림을 복용하고 80명이 복용하지 않았으며, 각 집단의 80%가 나아졌다고 느낀다고 알려주었다. 두 조건 모두에서, 100명의 사례는 약물이 실제로 전혀 효과가 없다는 사실을 보여주었다. 약물을 복용하는지에 관계없이 증상이 완화될 가능성이 동일하였기 때문이다(두 경우 모두 80%가 증상 완화를 나타냈다). 그럼에도 불구하고 사람들은 인과성 착각을 경험하여, 일반적으로 약물이 환자로 하여금 나아졌다고 느끼게 만들었다고 판단하였다(Matute et al., 2011). 또한 연구자들은 인과성 착각이 배터트림을 복용한 환자를 20명 보았던 참가자보다 80명 보았던 참가자들에게서 더욱 강력하다는 사실을 발견하였다.

　머튜트와 동료들(2011)의 결과는 2×2 유관표(그림 11.2)를 사용하여 간단하게 설명할 수 있다. 앞서 논의한 바와 같이, 사람들은 일반적으로 칸 A에 가장 높은 가중치를 부여하는 경향이 있다. 배터트림을 복용한 80명의 환자(그중에서 80%가 나아졌다고 느꼈다)를 보았던 참가자는 100명 중 64명을 칸 A에서 보았다. 배터트림을 복용한 환자를 20명(이들의 80%도 나아졌다고 느꼈다)만 보았던 참가자는 100명 중 16명만을 칸 A에서 보았다. 머튜트와 동료들(2011)은 배터트림을 복용한 환자를 20명만 보았던 참가자는 약물을 복용하지 않았지만 나아졌다고 느낀 상당히 많은 사례(즉, 칸 C의 64명)도 볼 수 있었다는 사실을 지적하였다. 이 사례들은 상당히 현저한 것이며(숫자가 많기 때문이다), 칸 A의 적은 사례수와 결합함으로써 사람들은 배터트림이 질병을 치료한다는 착각에 덜 취약하였다.

	기분이 좋아졌는가?	
	그렇다	아니다
배터트림을 복용하였는가?　그렇다	A	B
아니다	C	D

그림 11.2 머튜트와 동료들(2011)의 참가자들이 보았던 데이터를 나타내는 2×2 유관표

개연성의 역할

지금까지는 공변 정보만이 어떻게 사람들이 데이터로부터 원인과 결과를 추론하는지를 설명할 수 있는 것처럼 언급해왔다. 그렇지만 공변 정보는 사람들이 수행하는 인과판단을 설명하기에 결코 충분하지 않다. 다음과 같은 세 가지가 완벽하게 공변한다고 가정해보라. 즉, 조는 청바지를 입는다, 조는 친구의 간식거리를 훔쳐 먹는다, 그리고 친구는 조에게 분노한다. 친구가 조에게 화난 까닭을 추론할 때, 아마도 사람들은 조의 청바지가 친구의 분노를 초래할 가능성이 간식거리 훔치기가 분노를 초래할 가능성과 똑같다고 생각하지 않을 것이다. 이 사례는 사람들이 이미 존재한다고 믿는 인과관계가 공변 정보를 받아들이고 처리하는 방식에 영향을 미친다는 사실을 시사한다.

푸겔상과 톰슨(Fugelsang & Thompson, 2003)은 일련의 실험에서 이러한 주장의 지지증거를 찾아냈다. 캐나다 대학생들에게 한 가지 결과에 대한 한 가지 가능한 원인을 알려주었다. 이 원인은 실험에 앞서서 개연성이 매우 높거나 매우 낮은 것으로 평가된 것이었다. 예컨대, 피로의 원인으로 불면증(사전조사에서 개연성이 높은 것으로 평가됨)을 제시하고, 암의 원인으로 철분 보조제 복용(사전조사에서 개연성이 낮은 것으로 평가됨)을 제시하였다. 본실험에서 참가자들은 그 원인(예컨대, 철분 보조제 복용)이 정말로 결과(예컨대, 암)를 초래할 가능성이 얼마나 되는지를 평정하였다. 그런 다음에 참가자들에게 후보 원인을 지지하거나 지지하지 않는 공변 데이터를 제시하였다. 예컨대, 철분 보조제를 복용한 환자 10명 중에서, 9명이 암 증상을 나타냈다고 알려주었다(철분 보조제가 후보 원인임을 지지한다). 그런 다음에 참가자들에게 두 유형의 정보를 모두 고려할 때, 그 후보 원인이 정말로 결과를 초래할 가능성이 얼마나 되는지를 다시 평정하도록 요구하였다. 푸겔상과 톰슨(2003)은 사람들이 이미 잠재적 원인이 결과를 초래할 개연성이 높다고 생각할 때, 공변 데이터가 그 잠재적 원인의 판단에 더 강력한 영향을 미친다는 사실을 밝혔다.

이에 덧붙여서, 괴더트와 동료들(Goedert, Ellefson, & Rehder, 2014)은 한 원인의 기존 개연성이 유관표(예컨대, 그림 11.1)의 칸 A, B, C, D에 부여하는 상대적 가중치에 영향을 미친다는 사실을 보여주었다. 연구자들은 영국과 미국의 대학생들에게 표제 이야기를 제시하였는데, 그 이야기 속에서 잠재적 원인이 정말로 특정 결과를 초래하였는지를 살펴보도록 요구하였다. 원인의 개연성이 낮을 때보다(예컨대, 식물 성장의 가능한 원인으로 파란색 화분을 사용하는 것) 클 때(예컨대, 식물 성장의 가능한 원인으로 **비료를 주는 것**), 사람들은 칸 A와 B의 공변 데이터에 유의하게 더 높은 가중치를 부여하였다. 반면에 칸 C와 D에 부여한 가중치는 후보 원인의 개연성과 관계없이 아무런 차이도 보이지 않았다.

괴더트와 동료들(2014)은 후속 연구에서 참가자에게 공변 정보를 선택할 기회를 제공하였다. 구체적으로 참가자들은 칸 A나 B(원인이 존재하는 경우이다)의 결과를 볼 것인지 아니면 칸 C나 D(원인이 부재하는 경우이다)의 결과를 볼 것인지 선택할 수 있었다. 괴더트와 동료들(2014)은 후보 원인의 개연성이 낮을 때보다 높을 때, 칸 A와 B(원인이 존재한다)의 정보를 들여다보겠다고 선택하는 빈도가 훨씬 높다는 결과를 얻었다. 이에 덧붙여서, 후보 원인의 개연성이 낮을 때보다 높을 때, 칸 A와 B에 더 높은 가중치를 부여하며, 칸 C와 D에 부여하는 가중치는 후보 원인의 개연성에 의해서 영향을 받지 않는다는 선행연구 결과를 반복하였다.

원인의 개연성 판단하기

한 원인의 개연성이 높다고 생각하도록 만드는 것은 무엇인가? 방금 살펴보았던 연구는 공변 이상의 것임을 시사한다. 사람들이 한 원인의 개연성을 높게 판단하는 한 가지 방법은 그 원인이 기존 배경지식과 얼마나 잘 맞아떨어지는지를 판단하는 것이다(제10장 참조). 예컨대, 자궁에 침투한 특정 바이러스의 존재가 신생아의 저체중과 공발생하는 경향이 있다는 증거가 주어졌을 때, 사람들은 바이러스가 저체중을 초래하며 그 반대는 아니라고 생각한다. 그러한 인과적 방향이 질병에 관한 광범위한 배경지식과 더욱 상응하기 때문이다.

한 걸음 더 나아가서, 아인혼과 호가스(1986)는 사람들이 몇 가지 규칙을 적용함으로써 무엇을 원인으로 상정할 것인지를 결정한다고 제안하였다. 첫째, 철학자 존 매키(John L. Mackie, 1965, 1974)에 따르면, 사람들은 잠재적 원인이 맞대응하면서 작동하게 될 배경[즉, **인과장**(causal field)]에 무엇이 들어있는지를 결정한다. 예컨대, 출생과 사망은 100% 공변한다. 태어난 사람은 누구든지 나중 어느 시점에 죽는다. 그렇지만 출생이 사망을 초래한다고 결론짓는 것은 올바르지 않다. 비록 출생이 없이는 죽음이 발생할 수 없다 하더라도, 사람들은 일반적으로 출생을 사망의 원인으로 판단하지 않는다. 매키(1974)의 분석에 따르면, 출생은 인과장에 속한다. 즉, 한 개인 삶에서 기존 배경조건의 한 부분이다. 기존 배경과는 전혀 다른 것으로 드러나는 사건이나 요인을 원인으로 간주할 가능성이 더 높다. 예컨대, 한 개인이 태어나서 성장하지만(인과장) 어느 날 심장마비를 겪고 죽는다면, 아마도 사람들은 인과장보다 현저하게 드러나는 심장마비를 사망 원인이라고 추론할 것이다. 다시 말해서, 매키 (1965, 1974)의 용어를 사용하면, 심장마비를 **배경에서의 차이**(difference-in-a-background)로 판단하여, 그것이 죽음의 원인이라고 추론한다는 것이다.

둘째, 아인혼과 호가스(1986)는 하나 이상의 **인과성 단서**(cues-to-causality)가 존재할 때 한 사건이나 요인을 원인으로 간주하게 된다고 제안하였다. 그중의 하나가 이미 앞에서 논의하였던 **공변 단서**이다. 그림 11.1에서 설명한 바와 같이, 두 사건이나 대상의 유관성에 관한 데이터를 수집함으로써, 사람들은 하나가 다른 하나를 초래하는지를 판단하는 데 적합한 증거를 구축한다.

또 다른 인과성 단서가 **시간 순서**(temporal order)이다. 예컨대, 만일 사람들이 일상생활에서 초콜릿 광고를 본 다음 초콜릿에 대한 갈망이 매우 빈번하게 뒤따른다는 사실을 발견하게 된다면, 두 사건이 발생하는 순서가 사람들로 하여금 첫 번째 사건이 두 번째 사건을 초래하는 것이지 그 반대는 아니라고 믿게 만든다. 아인혼과 호가스(1986)는 사람들이 시간 순서를 인과성 단서로 사용한다고(그리고 그래서는 안 되는 경우조차도 그렇게 한다고) 제안하였다. 예컨대, 트버스키와 카네먼(1980)은 부모가 파란 눈을 가지고 있을 때 자녀가 파란 눈을 가질 확률은 자녀가 파란 눈을 가지고 있을 때 부모가 파란 눈을 가질 확률과 동일하다는 사실을 지적하였다. 그렇지만 사람들에게 각 사건의 가능성을 판단해보도록 요구하면, 첫 번째 경우가 두 번째 경우보다 가능성이 더 높다고 판단한다. 다시 말해서, 부모가 파란 눈을 가지고 있는 것으로 시작하여 자녀도 파란 눈을 가지고 있을 가능성을 추론하는 방식으로 문제를 시간 순서에 따라 생각하면, 시간적 역순으로 추리할 때보다 둘 간의 관계가 더욱 가능한 것처럼 보이게 된다.

실제로 페닝턴과 해스티(1988)는 배심원 결정에 관한 기념비적 연구(제10장 참조)에서, 법정 소송사건에서 정보를 제시하는 순서가 배심원 평결에 영향을 미친다는 사실을 보여주었다. 이들은 검사나 변호사가 증거를 시간 순서대로 제시하여 사건과 상황 간의 인과관계 추론을 상대적으로 쉽게 만들면, 들려주는 이야기가 배심원을 더 많이 설득할 것이라는 가설을 세웠다. 이 가설을 검증하기 위하여 페닝턴과 해스티(1988)는 양측에서 증거를 시간 순서대로 제시하는지 아니면 뒤죽박죽으로 제시하는지에 처치를 가하였다. (흥미로운 사실은 뒤죽박죽 제시순서는 실제 살인재판에서 증거를 제시하였던 순서이기도 하였다는 점이다.) 미국 대학생 참가자들은 검사가 증거를 시간 순서대로 제시하고 변호사가 뒤죽박죽 순서대로 제시하였을 때 '유죄' 평결을 내릴 가능성이 가장 높았다. 동일한 증거를 검사는 뒤죽박죽 순서대로 제시하고 변호사는 시간 순서대로 제시할 때 동일한 평결, 즉 '유죄' 평결을 내릴 가능성이 가장 낮았다. 이러한 결과는 시간 순서가 사람들로 하여금 증거를 이해하는 인과적 이야기를 보다 쉽게 구성하도록 만들어준다는 사실을 시사한다.

세 번째 인과성 단서는 **시공간 근접성**(contiguity in time and space)이다(Einhorn & Hogarth, 1986). 사람들은 결과가 원인 후에 곧바로 발생할 때 그리고 물리적으로 원인 주변에서 발생할 때, 원인이 존재한다고 판단할 수 있다. 앨버트 미쇼트(Albert Michotte, 1946/1963)의 초기 연구에서는 사람들에게 두 공의 움직임을 나타내는 화면을 보여주었다. 첫 번째 공(공 1)이 두 번째 공(공 2)을 향해 움직이다가 공 2와 접촉할 때 공 1이 멈추었고, 바로 그 순간에 공 2가 움직이기 시작하였다. 공 움직임의 거리, 방향, 속도를 변화시킴으로써 미쇼트(1946/1963)는 사람들이 공 1이 공 2의 움직임을 초래하였다고 판단하는 정확한 조건을 확인할 수 있었다. 예컨대, 그는 공 1이 공 2의 움직임을 초래하였다고 사람들이 판단하기 위해서는 두 공이 접촉해야 하며, 접촉 후에 거의 즉각적으로 공 2가 움직이기 시작해야 하고(비록 공 1의 속도보다 느리더라도 말이다), 공 2는 공 1이 앞서 움직이고 있었던 방향과 동일하게 움직여야만 한다는 사실을 보여주었다.

사람들이 정반대 추론도 수행한다는 사실에 주목하라. 사람들이 사전에 두 사건은 인과적으로 관련되어 있다고 믿으면(예컨대, 이미 공 1이 공 2의 움직임을 초래하였다고 믿고 있을 때는), 사건들이 실제보다도 시간적으로 더 가깝게 발생하였다고 추론한다(Buehner, 2012). 이 현상을 **시간 결합**(temporal binding)이라고 부른다. 일련의 연구를 보면, 결과가 의도적으로 초래되었든(예컨대, 어떤 사람에 의해서) 아니면 의도와는 상관없이 기계적으로 초래되었든(예컨대, 어떤 기계에 의해서) 시간 결합이 발생한다는 사실을 알 수 있다(Buehner, 2012).

시공간 근접성 없이도 여전히 원인과 결과를 추론할 수 있지만, 그러한 경우에는 간극을 메워줄 **인과 기제**(causal mechanism; 즉, 설명이나 이야기)가 필요하다(Einhorn & Hogarth, 1986). 예컨대, 한 상점이 아동용 장난감을 절반 가격으로 낮추었고, 한두 주가 지난 후에 장난감 판매량이 증가하기 시작함을 관찰한다고 가정해보라. 두 사건(즉, 가격 할인과 판매량의 증가)이 시간적으로 근접해있지 않더라도, 만일 할인된 장난감에 관한 입소문이 퍼지기 위해서는 어느 정도 시간이 필요하다고 추론한다면 판매량의 증가를 여전히 가격 할인에 귀인할 수 있다. 실제로 안과 동료들(Ahn, Kalish, Medin, & Gelman, 1995)은 무엇이 한 사건(예컨대, 비행기 추락)을 초래하였는지를 궁리하고 있을 때, 사람들은 인과 기제에 관한 정보를 찾는 경향이 있다는 사실을 보여주었다. 이에 덧붙여서, 그 사건을 설명할 때는 사람들이 공변보다는 인과 기제에 근거하여 설명하려는 강력한 경향성(83%의 경우에 그러하였다)을 가지고 있다(Ahn et al., 1995).

넷째, **원인과 결과의 유사성**(similarity of cause and effect)도 사람들로 하여금 인과관계를 추론하도록 부추길 수 있다. 유사성을 생각하는 한 가지 방법은 물리적 외형에 근거하는 것이다(Einhorn & Hogarth, 1986). 16세기와 17세기에 유행하였던 약징주의(藥徵主義, doctrine of signatures)라고 부르는 민간요법의 흐름에서는 질병을 치료하기 위한 식물을 대응되는 물리적 외형에 근거하여 선택하였다(Pearce, 2008). 예컨대, 귓병을 치료하는 데는 귀같이 생긴 식물을 사용하였으며, 비장이나 간의 질병을 치료하는 데는 각각 비장이나 간의 모양을 갖춘 식물을 사용하였다. 유사성이 인과성 단서가 되는 두 번째 방법은 결과의 강도와 지속시간과 비교한 원인의 강도와 지속시간에 달려 있다. 예컨대, 처음에는 사람들이 질병의 병균이론을 받아들이기가 무척이나 어려웠다. 원인은 현미경으로나 볼 수 있을 정도로 작고 결과는 질병과 죽음의 대규모 발생과 같이 엄청난 것이기 십상이었기 때문이다(Einhorn & Hogarth, 1986). 이 경우에도 일반인들이 병균이론을 받아들이게 된 것은 원인이 결과를 초래하는 인과 기제를 보다 잘 이해하였기 때문이었다. 반면에, 연안 마을에 엄청난 손해를 초래하는 강력한 쓰나미는 원인과 결과의 측면에서 직관적으로 이해하기가 그렇게 어렵지 않다.

아인혼과 호가스(1986)가 확인한 것 이외에도 인과성 단서들이 존재할 수 있다. 카네먼과 트버스키(1982)는 **시뮬레이션 발견법**(simulation heuristic)을 기술하면서, 사람들은 과거 사건을 관찰한 후에, 상이한 상황에서라면 어떤 일이 일어날지를 마음속에서 시뮬레이션하기 십상이라고 제안하였다. 이들은 사람들이 미래나 과거를 판단할 때 이러한 심적 시뮬레이션의 결과를 사용한다고 제안하였다.

그러한 시뮬레이션을 생성하는 것은 사람들이 어떻게 **반사실적 추리**(counterfactual reasoning)를 사용하여 잠재적 원인을 평가하는지를 보여주는 한 가지 사례이다. 반사실적 추리에서 사람들은 특정 요인이 발생하지 않았더라도 사건이 발생하였을지를 물음한다(Spellman & Mandel, 1999). 예컨대, 한 사나이가 자선기금모집 파티에서 미래의 배우자를 만났다고 해보자. 그는 마지막 순간에 즉흥적으로 그 기금모집 파티에 가지 않았더라도 배우자를 만나게 되었을지 궁금해한다. 따라서 사람들은 그 요인(예컨대, 기금모집 파티에 참석하기로 결정한 것)이 사건(예컨대, 미래 배우자를 만난 것)을 초래하였다고 생각할 것인지를 판단하게 된다. 법적 추리에서는 한 요인이 없었더라면 사건은 결코 일어나지 않았을 것이라고 추리할 수 있다면, 그 요인이 사건을 초래하였다고 말할 수 있다[이것을 **원인이 없었다면**(but for cause)이라고 부른다; Spellman, 1997; Spellman & Mandel, 1999]. 예컨대, 사람들은 피의자가 음주운전을 하겠다고 결정하지만 않았더라면 행인이 사망하지 않았을 것이라고 추론할 수 있다.

그렇지만 이 규칙의 한 가지 중요한 예외는 두 가지 개별적인 원인이 사건을 초래하였는데, 하나의 원인만으로도 그 사건을 초래하기에 충분하였을 경우이다. 스펄먼과 킨캐논(Spellman & Kincannon, 2001)의 실험에서, 참가자들은 동시에 두 사람이 쏜 총에 맞은 희생자에 관한 이야기를 읽었다. 각각의 탄환은 그 자체로 치명적이었고 희생자는 사망하고 말았다. 반사실적 추리에 기초하여 엄격하게 내린 인과적 판단은 총을 쏜 어느 누구도 죽음을 초래하지 않았다는 결론으로 이끌어갈 수 있다. 즉, 한 명이 총을 쏘지 않았더라도, 희생자는 여전히 사망하였을 것이고, 다른 한 명이 총을 쏘지 않았더라도, 마찬가지였을 것이다. 그렇지만 대학생들은 총을 쏜 두 명 모두가 죽음을 초래하였다고 판단하고는, 중형(평균 46년의 금고형)을 선고하도록 요구하였다. 이러한 연구는 비록 반사실적 추리가 원인 판단에 도움을 줄 수 있다하더라도, 시공간 근접성과 인과 기제의 가용성(예컨대, 총을 발사한 것) 등과 같은 다른 인과성 단서에 의해 압도될 수도 있다는 사실을 시사한다.

인과학습 : 차단

동물학습에 관한 고전적 실험은 인간의 인과학습에 관한 몇몇 초기 이론을 위한 토대가 되어 왔다. 소리가 다리에 가해지는 전기쇼크를 완벽하게 예측한다는 사실을 쥐가 처음으로 학습한다고 해보자(즉, 쥐가 소리를 들을 때는 언제나 전기쇼크를 경험한다). 그런 다음에 두 번째 학습 단계에서는 쥐가 소리와 불빛을 동시에 경험하며, 항상 다리에 가해지는 전기쇼크가 뒤따른다. 이제 쥐가 학습한 것을 검증할 수 있다. 전형적으로 이러한 연구를 보면, 쥐가 소리는 여전히 두려워하지만, 불빛에는 공포를 보이지 않는다는 사실을 알 수 있다. 다시 말해서, 쥐는 이미 소리가 쇼크를 예측한다는 사실을 학습하였으며, 다음 단계에서 불빛도 쇼크를 완벽하게 예측한다는 사실을 학습하는 데 실패하는데, 이 현상을 **차단**(blocking)이라고 부른다. 레스콜라와 와그너(Rescorla & Wagner, 1972)는 순수하게 학습한 연합만을 가지고도 차단을 설명할 수 있다고 제안하였다. 즉, 쥐는 첫 번째 **단서**(cue)인 소리가 쇼크를 예측한다는 사실을 학습하며, 둘 간의 강력한 연합을 학습한다. 두 번째 단서인 불빛이 쇼크의 예측자로서 소리와 경쟁 상태에 놓일 때, 쥐는 불빛을 쇼크와 연합하는 데 실패한다. 그렇게 할 필요가 없기 때문이다. 이미 소리가 100%의 확실성을 가지고 일어날 일을 예측할 수 있게 해준다.

월드만과 홀리오크(Waldmann & Holyoak, 1992)는 사람들의 인과학습에서 학습하고 있는 것의 의미나 맥락도 중요하다고 제안하였다. 인간의 인과학습은 단지 둘을 상호 간에 연합하는 것에 불과한 것이 아니다. 예컨대, 한 가지 후보 원인(예컨대, 한 사람의 외모)이 우선 제시되고, 여러분의 과제는 이것이 특정한 결과(예컨대, 그 사람에 대한 다른 사람들의 정서반응)를 초래하고 있는지를 결정하는 것일 때, 여러분은 **예측학습 과제**(predictive learning task)를 수행하고 있는 것이다. 예측학습 과제에서는 원인이 발생할 때 결과도 발생할 가능성이 높다는 사실을 학습한다. 역으로 결과(예컨대, 한 사람의 외모)가 먼저 제시되고, 이것이 특정 원인(예컨대, 사람의 외모를 바꾸어놓는 질병) 때문인지를 궁리하고 있을 때는 **진단학습 과제**(diagnostic learning task)를 수행하고 있는 것이다. 진단과제에서는 결과가 원인이 발생하였다는 사실을 시사하는지를 판단한다. 요약컨대, 예측학습 과제에서 추론할 수 있는 정보는 진단학습 과제에서 추론할 수 있는 것과 상이하다. 원인이 먼저 제시될 때의 과제는 자연스럽게 결과도 발생하였는지에 관한 생각을 수반한다. 결과가 먼저 제시될 때에는 이것이 특정 원인이나 다른 대안적 원인에 의한 것인지를 생각하게 된다.

월드만과 홀리오크(1992)의 한 가지 기념비적 연구에서는 독일 학생들에게 예측학습 과제나 진단학습 과제를 수행하도록 요구하였다. 예측학습 과제를 수행하는 학생에게는 우선 특정 집단 사람의 신체 외모가 다른 사람들로 하여금 새로운 생리적(정서적) 반응을 보이도록 만들었다는 사실을 보여주는 선행 '연구'의 내용을 들려주었다. 반면에 진단학습 과제를 수행하는 학생에게는 새로운 바이러스 질병이 사람들의 외모에 영향을 미쳤다는 사실을 선행연구가 밝혔다는 이야기를 들려주었다. 그런 다음에 두 집단은 모두 첫 번째 훈련 과제를 수행하였는데, 이 과제에서는 모든 참가자에게 48명 각각에 대해 동일한 기술문을 보여주었다. 모든 사람들이 '정상적'으로 땀을 흘린다고 기술한 다음에, '창백한' 피부나 '정상' 피부를 가지고 있으며 '뻣뻣한' 자세나 '정상' 자세를 취한다고 알려주었다. 학생들은 (예측학습 조건에서는) 각 사람이 다른 사람들로 하여금 새로운 정서반응을 초래한다고 생각하는지 아니면 (진단학습 조건에서는) 각 사람이 새로운 바이러스 질병을 가지고 있다고 생각하는지를 응답하였다. 모든 참가자에게는 각 판단이 올바른 것인지에 관한 피드백을 주었다. 첫 번째 훈련회기가 끝났을 때, 학생들은 제공받은 정보로부터 창백한 피부가 각 조건에서 새로운 정서반응과 새로운 바이러스 질병을 완벽하게 예측한다는 사실을 정확하게 학습하였다.

그런 다음에 학생들은 두 번째 훈련과제를 수행하였다. 이번에는 각각의 기술문에 네 번째 단서, 즉 '창백한' 피부를 가지고 있는 것으로 기술한 사람은 누구나 '저체중'이며, '정상' 피부를 가지고 있는 것으로 기술한 사람은 누구나 '정상' 체중을 가지고 있다는 단서가 첨가되었다는 점을 제외하고는 48명 각각의 동일한 개별 기술문을 보았다. 여러분도 이미 알아차렸겠지만, 체중이라는 새로운 단서는 피부의 창백함이라는 단서와 함께 100% 군더더기이다. 레스콜라와 와그너(1972)의 고전적인 쥐 연구에서 소리와 짝지어진 불빛이 전기쇼크의 군더더기 예측자이었던 것처럼 말이다. 차단은 예측학습 과제에서만 나타났으며, 진단학습 과제에서는 나타나지 않았다. 다시 말해서, 사람들이 단서들(즉, 피부와 체중)을 원인으로 생각할 때는 그 단서들이 경쟁을 벌였으며, 결과로 생각할 때는 단서 간의 경쟁이 없었다. 이 결과는 인과학습이 일어날지 여부에 상황의 인과구조가 영향을 미친다는 사실을 시사한다.

원인 유형/요소에 대한 모형

원인을 생각할 때, 사람들은 원인이 결과를 초래한다는 단순한 관계를 생각하기 십상이다. 그렇지만 오늘날 핵심적인 인과성 이론에 따르면, 사람들이 실제로 고려하는 적어도 세 가지 핵심 유형의 인과관계가 존재한다. 즉, 야기하기(cause), 가능하게 만들어주기(enable; 때로는 허용하기라고도 부른다. 이것은 원인이 결과를 초래하려면 발생할 필요가 있는 관계이다), 그리고 차단하기(prevent)이다. 사람들은 어느 유형의 인과관계를 두 사건에 적용할 것인지를 어떻게 결정하는가? 연구자들은 이 물음에 답하기 위한 여러 가지 혁혁한 이론을 제안해왔다.

켐라니와 동료들(Khemlani, Barbey, & Johnson-Laird, 2014)은 인과성 구성에 대한 **심성 모형 이론**(mental model theory)에서, 사람들이 우선 공변 정보를 선택하고, 그 정보로부터 각 유형의 인과관계에 대한 심적 표상을 형성한다고 제안하였다. 사람들이 두 번째 사건(예컨대, 루가 운다)이 발생하지 않은 채 첫 번째 사건(예컨대, 팻이 루에게 못되게 군다)을 관찰하기 어렵다는 사실을 찾아낼 때는 원인(cause) 표상을 형성한다. 즉, 팻이 루에게 못되게 굴고 루가 우는 경우를 여러 차례 관찰하고(그림 11.3에 나와 있는 2×2 유관표에서 칸 A), 팻이 못되게 굴지 않고 루가 울지 않는 경우(칸 D)와 팻이 못되게 굴지 않았는데도 루가 우는 경우(칸 C; 루는 다른 이유로 울고 있을지도 모른다)도 관찰하지만, 팻이 못되게 구는데도 루가 울지 않는 경우(칸 B)는 결코 볼 수가 없을 때이다. 요약컨대, 만일 칸 B에서 (거의 0에 가까운) 매우 낮은 수치를 보고, 다른 세 칸에서 상당한 수치를 보게 된다면, 팻의 무례함과 루의 울음 사이에서 원인 관계를 추론할 가능성이 높다.

심성 모형 이론에서 허용하기(allow)는 두 번째 사건의 출현에는 첫 번째 사건의 출현이 필요하지만, 두 번째 사건이 발생하기에는 충분하지 않는 상황을 기술한다(Khemlani et al., 2014). 예컨대, 두 번째 사건(예컨대, 루가 운다)이 발생하기 위해서는 첫 번째 사건(예컨대, 팻이 루에게 못되게 군다)이 발생해야만 하지만, 팻의 무례함 자체가 루로 하여금 울게 만들지는 않는다. (아마도 팻은 너무나도 자주 무례하게 굴기 때문에 루가 울게 만들지는 않지만, 행복한 기분을 제거할 수는 있다.) 사람들이 다음과 같은 일들을 자주 경험할 때, 허용하기의 심적 표상을 형성하게 된다. 팻이 무례한 후에 루가 울고(그림 11.3의 칸 A), 팻이 무례하지만 루가 울지 않으며(칸 B), 팻이 무례하지 않으며 루도 울지 않지만(칸 D), 팻이 무례하지 않음에도 루가 여전히 우는 사례를 보기 어렵다(칸 C). 즉, 심성 모형 이론은 칸 C의 값이 거의 0에 가깝지만, 나머지 세 칸에는 상당한 수치가 들어있다고 제안하며, 이 경우에 사람들은 허용하기 관계를 추론하는 경

		루가 울었는가?	
		그렇다	아니다
팻이 무례하였는가?	그렇다	A	B
	아니다	C	D

그림 11.3 팻의 무례함과 루의 울음 간의 원인 관계를 나타내는 2×2 유관표

향이 있다.

마지막으로 두 사건이 공발생하는 사례를 보기 어려울 때(그렇지만 다른 모든 유형의 사례는 본다), 한 사건의 발생이 다른 사건의 발생을 방해하는 차단하기 관계가 존재한다고 추론할 가능성이 높다(Khemlani et al., 2014). 예컨대, 팻의 무례함이 루가 우는 것을 차단한다면, 두 가지가 함께 발생하는 것을 보기어렵다(예컨대, 칸 A의 수치가 매우 낮다. 아마도 팻의 무례함이 항상 루로 하여금 팻에 냉담하게 느끼도록 만들어서, 실제로 루가 울 가능성을 떨어뜨릴 수있다). 다시 말해서, 팻이 무례하고 루는 울지 않는 사례(그림 11.3의 칸 B), 팻이 무례하지 않으면서 루가 울고 있는 사례(칸 C), 아무 사건도 일어나지 않는사례(칸 D)를 볼 가능성이 높다. 칸 A의 값이 거의 0에 가깝고, 나머지 세 칸에상당한 수치가 들어있는 경우에, 사람들은 차단하기 관계를 추론하게 된다. 전반적으로 심성 모형 이론은 사람들이 자신의 관찰을 통해서 수집한 공발생 정보에만 근거하여, 세 가지 핵심 유형의 인과관계에 대한 차별적인 심적 표상을구축한다고 제안하고 있다.

심성 모형 이론과 차별적인 또 다른 설명이 **동역학 모형**(dynamics model)이다. 동역학 모형은 인과관계가 물리적 세계에서 전개되는 방식에 따라서 사람들이인과관계를 마음에 표상한다고 제안한다(Wolff, 2007). 예컨대, 공 1이 공 2를때릴 때, 공 2 움직임의 원인을 물리적 힘으로 마음에 표상할 수 있다. 이에 덧붙여서, 공 2가 움직일 것이라고 예상하는 방향과 거리도 마음에 표상한다. 또한 필립 월프(Phillip Wolff, 2007)는 사람들이 물리적 인과관계(예컨대, 공 2의움직임을 야기하는 공 1)를 표상하는 방식과 동일하게, 즉 힘 그리고 그 힘의 결과로 나타나는 방향에 근거하여 비물리적 인과관계(예컨대, 루의 울음을 야기하는 팻의 무례함)도 표상한다고 제안하였다. 이 모형에서는 인과 기제를 아는것(Ahn et al., 1995)이 어떻게 하나가 다른 하나를 야기할 수 있는지를 이해하는 데 있어서 결정적이다. 예컨대, 사람들은 일반적으로 팻의 무례함과 루의 울음 간을 매개하는 단계들(즉, 기제)을 다음과 같이 이해할 수 있다. 루가 팻의이야기를 듣고 이해하고는 무례하다는 사실을 깨닫는 순간 정서상태의 변화를경험하고는 눈물이 맺힌다.

동역학 모형에 따르면, 사람들이 둘 간의 인과관계가 야기하기인지, 허용하기

인지, 아니면 차단하기인지를 판단하는 것은 다음과 같은 세 가지 요인에 달려 있다(Wolff, 2007; Wolff & Barbey, 2015). 첫째 요인은 두 번째 사건이 발생하는 경향성이다. 예컨대, 루는 일반적으로 우는 경향이 있는가? 다음 요인은 첫 번째 사건이 두 번째 사건의 경향성을 억제하는 경향성이다. 루가 일반적으로는 울지 않는 경향이 있다고 해보자. 팻의 무례함이 울지 않으려는 루의 경향성을 억제하는가? 마지막 요인은 두 번째 사건이 일어나는지 여부이다. 즉, 루가 울었는가? 만일 루는 일반적으로 울지 않는 경향이 있는데, 팻의 무례함이 이러한 경향성을 억제하여 루가 울었다면, 사람들은 이러한 상황을 팻의 무례함과 루의 울음 간의 야기하기 관계로 표상한다. 만일 루가 우는 경향이 있으며, 팻의 무례함이 이러한 경향성을 억제하지 않는데 루가 운다면, 사람들은 **허용하기** 표상을 형성한다(즉, 팻의 무례함이 루의 울음을 허용한다). 루가 우는 경향이 있으며, 팻의 무례함이 이 경향성을 억제하는데 루가 울지 않는다면, 사람들은 차단하기 표상을 형성한다. 즉, 팻의 무례함이 루의 울음을 차단하였다고 판단한다. (여기서도 이것이 어떻게 가능한지를 이해하고자 한다면 인과 기제가 유용하다. 아마도 루는 자신을 울게 만드는 힘을 가졌다고 생각하는 만족감을 팻에게 주기를 원치 않을지도 모른다.)

인과성 제어 착각

지금까지 동물뿐만 아니라 인간이 인과추리에서 얼마나 유능한지를 살펴보았다. 그렇지만 추리과정에 오류가 없는 것은 아니다. 트버스키와 카네먼(1974)은 사람들이 **평균으로의 회귀**(regression toward the mean)에 주목할 때 '엉터리 인과적 설명'(p. 1126)을 생성하기도 한다는 사실을 처음으로 언급하였다. 어떤 변인(예컨대, 프로 농구선수의 수행)을 측정하고자 시도하고 있다고 가정해보라. 평균으로의 회귀에서는 처음의 극단적인 값(예컨대, 그 농구선구가 첫 번째 시합에서 77%의 슛 성공률을 나타낸다) 뒤에는 실제 평균에 더 가까운 값이 뒤따르기 십상이다(예컨대, 동일한 선수가 두 번째 시합에서는 65%의 성공률을 보인다). 스포츠 해설자는 성공률의 명백한 변화를 설명하기 위한 인과 기제를 찾아, 그 선수가 지금 압박에 시달리고 있거나 피로감을 보이고 있다고 말할지도 모른다. 그렇지만 반복적인 관찰을 통해서 그 선수의 기량을 측정하는 과정에 있으며, 시간에 걸쳐 어느 정도의 변산성을 예상해야 한다고 말하는 것이 더 적절할 것이다.

이에 덧붙여서, 상당한 연구문헌은 사람들이 실제로 제어할 수 있는 것보다 훨씬 더 많은 인과성 제어능력을 가지고 있다고 느낀다는 사실을 시사한다. 불확실한 상황에 놓이는 것은 심리적으로 불편할 수 있으며, 사람들이 이러한 불편함에 대처하는 한 가지 방법은 자신이 실제로 가지고 있는 능력을 넘어서는 개인적 제어력을 가지고 있다고 다소 왜곡된 생각을 유지하는 것이다. 엘런 랭거(Ellen Langer, 1975)는 어떤 개인이 확률 증거가 보장하는 것보다 더 큰 성공 기회를 가지고 있다는 사람들의 기대를 지칭하기 위하여 **제어착각**(illusion of control)이라는 용어를 처음으로 제안하였다. 한 사건의 결과가 우연에 의해서 결정된다는 사실이 명백한 경우조차도, 사람들은 마치 결과에 대하여 인과적 제어력을 가지고 있다고 믿는 것처럼 행동한다.

예컨대, 한 가지 고전적 연구에서 보면, 무작위로 결정한 집단에게 1달러를 내고 로또를 선택하도록 요구하였다(Langer, 1975). 그런 다음에 또 다른 집단에게 첫 번째 집단이 선택한 바로 그 로또를 제시하고, 동일한 가격으로 그 로또를 구입하도록 요구하였지만, 선택권은 없었다. 즉, 각 사람에게 로또 한 장을 건네주었을 뿐이다. 그런 다음에 모든 참가자에게 접근하여 로또를 원하였지만 구입할 수 없었던 제3자에게 그 로또를 팔도록 요구하였다. 자신의 로또를 선택하지 않았던 사람은 평균 2달러에 팔 의사가 있었다. 그렇지만 자신의 로또를 스스로 선택하였던 사람들은 평균 8달러 이상으로만 팔 의사가 있었다. 이 결과는 스스로 선택한 것이 로또를 더 가치 있는 것으로 만들었다고(즉, 당첨될 가능성을 높인다고) 믿는다는 사실을 시사한다(Langer, 1975).

사람들이 자신은 보통사람보다 긍정 사건을 경험할 가능성이 더 높고 부정 사건을 경험할 가능성은 더 낮다고 기대한다는 일반적인 결과를 **비현실적 낙관주의**(unrealistic optimism)라고 부른다(Weinstein, 1980). 해리스와 미들턴(Harris & Middleton, 1994)은 대학생들에게 향후 5년에 걸쳐서 15가지 상이한 질병의 위험성을 판단해보도록 요구하였다. 자신, 친지, 친구의 친구, 또는 동일한 대학에 다니는 동성인 일반 학생의 위험성을 판단하는 조건에 참가자들을 무작위로 할당하였다. 참가자들은, 마치 질병의 발생을 제어하는 특별한 능력이라도 있는 것처럼, 자신이 친지나 친구의 친구나 일반 학생보다 그 질병에 걸릴 가능성이 더 낮은 것으로 평가하였다(Harris & Middleton, 1994).

호스윌과 매키나(Horswill & McKenna, 1999)는 상황을 제어할 기회를 부여받은 사람들이 그렇지 않은 사람보다 더 큰 위험을 감수할 의사가 있다는 사실을 밝혔다. 이들의 연구에서는 사람들에게 다양한 운전 시뮬레이션 과제를 보면서 안전운전에 관한 판단을 하도록 요구하였다. 예컨대, 한 과제에서는 운전자의 입장에서 자신의 차가 교통흐름으로 진입하기를 기다리고 있는 비디오를 보았다. 과제는 너무나 위험해서 교통흐름으로 진입할 수 없다고 느끼는 순간에 버튼을 누르는 것이었다. 핵심 처치는 자신이 운전을 하고 있다고 상상하거나 아니면 조수석에 앉아있다고 상상하는 조건에 참가자들을 무작위로 할당하는 것이었다. 비현실적 낙관주의 연구문헌이 예측한 바와 같이, 자신이 운전하고 있다고 상상한 사람들(지각한 제어조건)이 조수석에 앉아있다고 상상한 사람들보다 더 큰 위험을 받아들일 용의가 있었다(Horswill & McKenna, 1999).

동물의 인과추리

몇몇 연구결과는 동물도 인간에서 볼 수 있는 것과 유사한 몇몇 측면에서 근본적인 인과추리를 수행한다는 사실을 시사해왔다. 예컨대, 블레스델과 동료들(Blaisdell, Sawa, Leising, & Waldmann, 2006)은 쥐도 인과추리가 가능하다는 시범을 보여주었다. 한 연구에서 쥐에게 학습단계와 검증단계를 실시하였다. 학습단계에서는 쥐가 불빛이 먼저 들어오고, 동시에 발생하는 두 사건이 뒤따르는 여러 차례의 시행을 관찰하였다. 예컨대, 소리를 들려주면서 먹이(설탕물)도 제공하였다. 이러한 순서는 불빛이 소리와 먹이 모두의 공통 원인인 인과 모형을 암시하기 위한 것이었다. (간헐적으로 소리가 먹이와 공변하지만, 소리는 먹이와 같은 시간에 나타나기 때문에, 시간 순서 인과성 단서는 없었다는 점에 주목하라.) 그런 다음에 쥐에게 검증단계를 실시하였다. 검증단계에서 어떤 쥐에게는 누르면 소리가 나는 새로운 지렛대를 제공하였다. 이에 덧붙여서, 각 쥐가 지렛대를 누를 때마다 지렛대가 존재하지 않는 다른 방에 들어있는 다른 쥐에게도 그 소리를 들려주었다. 다시 말해서, 어떤 쥐는 지렛대를 직접 눌러서 이것이 소리 나게 만든다는 사실을 학습하였으며, 다른 쥐는 때때로 소리가 들리는 것을 경험하였을 뿐이었다.

일반적으로 과거에 먹이가 나왔던 장소에 주둥이를 자주 들이밀면, 쥐가 먹이를 기대한다고 가정할 수 있다. 핵심 물음은 지렛대를 눌렀던 (그렇게 함으로써 소리가 들리도록 만들었던) 쥐가 소리를 듣기만 하였던 쥐보다 소리를 듣는 순간 먹이가 제공될 것이라고 기대할 가능성이 낮은지 여부였다(Blaisdell et al., 2006). 그러한 결과는 쥐가 학습단계에서 공통 원인 구조를 학습하였다는 사실을 시사하는 것이 된다. 하나의 원인(불빛)이 다른 두 사건(소리와 먹이)을 직접적으로 초래하는 것을 목격하였다는 사실을 놓고 볼 때, 소리가 나도록 만드는 것이 먹이를 초래한다고 생각할 아무런 이유가 없다. 학습단계에서 소리와 먹이 간에 직접적인 인과관계 증거가 없었기 때문이다. 실제로 이것이 바로 블레스델과 동료들(2006)이 찾아낸 결과였다. 지렛대를 눌렀던 쥐가 들려오는 소리를 듣기만 하였던 쥐보다 과거에 먹이가 나타났던 장소에 주둥이를 들이미는 횟수가 적었다. 이 결과는 쥐가 상황의 인과구조를 학습한다는 아이디어와 일치한다. 그렇지만 인과추론에 대한 순수한 연합모형이 이러한 결과를 설명할 수 있는지에 관한 전반적인 논쟁이 계속되고 있다(Haselgrove, 2016 참조).

인과적 사고를 요구한다고 주장해온 또 다른 동물용 과제가 **올가미 튜브 과제**(trap-tube task)이다. 이 과제에서는 동물에게 양쪽 방향이 모두 열려 있는 튜브를 수평으로 제시한다. 먹이(예컨대, 고기 조각)를 튜브 중앙에 위치시키는데, 동물은 막대기로 튜브 속의 먹이를 밀거나 잡아당겨야만 그 먹이에 접근할 수 있다. 두 개의 올가미가 튜브의 양쪽 바닥에 설치되어 있다. 한 올가미는 작동하는 것이어서, 만일 고기 조각이 그 올가미를 지나가게 밀거나 당기면, 올가미 속으로 떨어져서 동물은 더 이상 고기 조각에 접근할 수 없다. 다른 올가미는 작동하지 않는다. 즉, 올가미 윗부분이 막혀 있어서 고기 조각을 그 위로 밀거나 당길 수 있다. 먹이를 얻으려면 동물은 작동하지 않는 올가미 위로 밀거나 당겨야 하며, 작동하는 올가미 위로 먹이가 지나가지 않아야 한다는 사실을 깨달을 필요가 있다.

야생 칼레도니아 까마귀 연구에서, 테일러와 동료들(Taylor, Hunt, Medina, &

Gray, 2009)은 여섯 마리 중에서 세 마리가 (비록 많은 시행을 거쳐야 했지만) 올가미 튜브 과제를 성공적이면서도 일관성 있게 해결하는 방법을 궁리해냈다는 결과를 보여주었다. 일단 세 마리가 과제의 해결방법을 학습한 후에도, 단순히 동일한 행동을 반복해서는 과제를 해결할 수 없었다. 연구자들이 시행마다 두 유형의 올가미 위치를 무작위로 변경하였기 때문이다. 그럼에도 까마귀는 여전히 각 시행에서 문제를 신속하게 해결할 수 있었다. 예컨대, 튜브의 다른 쪽으로 이동하여서는 작동하지 않는 올가미 위로 고기 조각을 밀어냈다(Taylor et al., 2009).

그렇지만 이렇게 성공적인 까마귀가 실제로는 자신의 해결책이 작동하는 이유를 알지 못한다고 주장할 수도 있다. 따라서 테일러와 동료들(2009)은 까마귀가 지식을 새로운 과제로 전이시킬 수 있는지를 알아보기 위하여 동일한 세 까마귀에게 다른 과제를 제시하였다. 새로운 과제는 올가미 튜브 과제와 동일한 개념적 논리를 가지고 있었다. 즉, 고기 조각을 작동하는 올가미 위로 당기는 것을 피할 필요가 있었다. 그렇지만 새로운 과제는 상이한 모습을 하고 있었다(예컨대, 튜브 대신에 장방형 유리를 덮어놓은 상자). 문제는 까마귀가 새로운 과제를 매우 신속하게 해결함으로써 첫 번째 과제의 논리에 관하여 학습한 것을 새로운 과제로 전이할 수 있느냐는 것이었다. 믿을 수 없을 정도로, 세 마리는 모두 새로운 과제에서 곧바로 정확한 해결책에 도달하였다(최초의 12시행 중 평균 10시행에서 정확하게 반응하였다). 즉, 까마귀가 두 과제 모두에서 작동하는 올가미가 고기 조각을 상실하게 만드는 원인이라는 사실을 학습하였을 가능성이 매우 높아보였다. 테일러와 동료들(2009)은 이렇게 주장하였지만, 까마귀가 중력이라는 심층적인 인과개념을 이해하였다고 주장하지는 못하였다.

블레스델과 동료들(2006) 그리고 테일러와 동료들(2009)의 이러한 주장은 인과추리가 인간을 동물과 분리시키는 한 가지 중요한 인지능력이라는 전통적 주장과 상치된다. 오히려 이 장에서는 동물도 공변 데이터로부터 인과추론을 해낼 수 있다는 사실을 보았다. 또한 인간이 두 사건이나 대상을 연계시키는 인과기제를 찾아낼 수 있는 능력을 갖추고 있다고 하더라도, 인과 착시에 취약하다는 사실도 보았다. 제12장에서는 이 흐름을 계속 추적하여, 어떻게 사람들이 주변세계를 설명하는 데 도움을 주는 정보를 추구하는지를 물음한다. 즉, 사람들은 가설을 체계적으로 검증하는 과학자처럼 세상에 접근하는가, 아니면 설명하고 예측하기 위하여 다른 직관적 전략을 사용하는가?

논의를 위한 물음

1. 때때로 여러분이 오전 중에 극도의 피로감을 느낀다고 가정해보라. 여러분은 아침식사를 거르는 것이 오전 피로감을 야기한다는 가설을 세운다. 이것이 정말로 원인인지를 알아내는 데 도움을 주는 증거를 어떻게 수집하겠는가? 데이터를 어떻게 이해할 것인가?

2. 시간 순서, 시공간 근접성, 인과 기제의 가용성, 원인과 결과의 유사성, 그리고 반사실적 추리 등과 같은, 상이한 인과성 단서가 주어졌을 때 사람들이 어떻게 인과관계를 추론하는 경향이 있는지에 관한 여러분의 실제 사례를 생각해보라. 그리고 사람들이 이러한 인과성 단서 각각을 가지고 있지만 인과관계가 존재한다고 결론짓지 않는 경우의 사례도 생각해볼 수 있겠는가?

3. 이 장의 마지막 절에서 기술한 쥐와 까마귀 연구를 생각해보라. 여러분은 이동물들이 인과적으로 추리한다는 사실을 입증하였다고 확신하는가? 그 이유는 무엇인가?

더 읽을거리

Einhorn, H. J., & Hogarth, R. M. (1986). Judging probable cause. *Psychological Bulletin*, 99(1), 3-19.

Hastie, R. (2015). Causal thinking in judgment. In G. Keren & G. Wu (Eds.), *The Wiley Blackwell handbook of judgment and decision making, Vol. 1* (pp. 590-628). Chichester, UK: John Wiley & Sons, Ltd.

Sloman, S. (2005). *Causal models: How people think about the world and its alternatives.* Oxford, UK: Oxford University Press.

가설검증과 확증편향 **12**

학습목표

이 장을 마무리하게 되면, 여러분은 다음을 수행하였을 것이다.

- 가설검증을 최적화하려는 철학적 접근과 세상을 올바르게 이해하려는 과학 탐구에 기저하는 기본 가정을 비판적으로 살펴보았다.
- 확증편향에 관한 기념비적 연구를 이해하고 확증 전략이 반증 전략보다 더 효과적이거나 덜 효과적인 조건들을 분석하였다.
- 과학 탐구에서의 오류(즉, 과학 연구, 범죄 수사, 의학 진단 등에서의 오류) 그리고 이념적 극단론을 논박할 수 있는 잠재적 접근을 보다 잘 이해하는 데 확증편향 연구를 적용하였다.

핵심용어

- 긍정 검증 전략(positive test strategy)
- 반증 증거(disconfirmatory evidence)
- 반증가능성(falsifiability)
- 법정 확증편향(forensic confirmation bias)
- 부정 검증 전략(negative test strategy)
- 일관성 착각(consistency fallacy)
- 편향 맹점(bias blind spot)
- 확증 증거(confirmatory evidence)
- 확증편향(confirmation bias)
- 2-4-6 과제(2-4-6 task)

또한 나는 여러 해에 걸쳐서 한 가지 황금률을 따랐다. 즉, 나의 일반적인 결과와 상충되는 발표된 사실이나 새로운 관찰 또는 생각이 떠오를 때는 언제나 잊지 않고 즉각적으로 메모를 한다는 규칙을 따랐다. 경험을 통해서 그러한 사실과 생각은 나에게 유리한 것보다 기억에서 훨씬 더 사라지기 쉽다는 사실을 발견하였기 때문이다. 이러한 습관 덕분에, 적어도 내가 깨닫지 못한 채 답하고자 시도한 적이 없는 나의 견해에 대한 반대는 거의 제기되지 않았다.

(찰스 다윈, 영국의 박물학자이자 과학자, 1876)

가설검증

이 세상에서 무엇이 참인지를 어떻게 알아내는 것인가? 최근의 온라인 조사에서 보면, 영국에 거주하는 한 10대 학생이 전 세계의 독자들에게 다음의 행동을 보인 특정 친구가 자신에게 낭만적 관심을 보였다고 생각하는지를 물었다. 그 학생은 증거로 친구가 다가와서는 자신을 끌어안았던 최근의 행동을 기술하였다. 온라인에서 받은 반응은 꽤나 일관성 있게 다음과 같은 결론에 도달하고 있었다. 즉, 그럴 수도 있고 그렇지 않을 수도 있다는 것이다. 이 결론을 조금 더 구체적으로 표현해보자. 껴안는 사건은 낭만적 관심이라는 가설과 일치하지만, 그 자체만 가지고는 가설이 참이라고 상당한 정도로 확신하기에는 충분하지 않다. 몇몇 온라인 응답자는 단 하나의 증거는 충분하지 않기 때문에 궁금증에 답하는 것과 관련된 더 많은 정보를 찾을 필요가 있다고 충고하였다.

직관적으로 이 사례는 꽤나 간단한 듯이 보인다. 단 하나의 확증 증거는 그 학생의 가설을 결코 증명하지 않았으며, 매우 강력하게 지지하지도 않는다는 사실을 깨닫기 위해서 모두가 과학철학자일 필요는 없다. 그렇지만 과학 연구에서는 이와 유사한 많은 시나리오가 상당한 논란을 일으키는 주제였다. 아마도 과학자가 연구에 몰두하고 있을 때, 주어진 결과나 부분적인 정보가 무엇을 나타내는지에 관한 철학적 바탕을 깜빡 잊어버릴 수 있기 때문이겠다. 예컨대, 한 인지신경과학 연구자가 특정 두뇌영역(예컨대, 해마)이 특정 추리과제를 수행하는 데 관여한다는 가설을 세웠다고 가정해보자. 연구자는 두뇌영상 기법을 사용하여, 사람들이 휴식을 취할 때보다 과제를 수행하는 중에 해마에 더 많은 혈류와 산소가 몰린다는 사실을 보여준다. 그렇게 되면 추리과제를 수행하는 데 실제로 해마가 관여한다는 사실을 연구자가 보여주었다는 결론으로 비약하기 쉽지만, 여기서도 단 하나의 확증 증거만을 가지고 있다는 사실에 주목하라. 친구가 자신에게 낭만적 관심을 보이는지를 궁금해하였던 10대 학생의 사례와 전혀 다르지 않다. 즉, 두뇌영상 결과는 해마 가설과 일치하기 때문에 보고할 가치가 있는 증거이기는 하지만, 더 많은 증거가 필요하다. 이 경우에 제기해야 하는 몇 가지 중요한 물음은 그 증거가 정말로 보여주는 것은 무엇인지, 쉬고 있는 두뇌는 가장 적절한 비교조건인지, 이 증거에 덧붙인 다른 유형의 증거가 더 강력한 것이겠는지, 가설을 검증하는 다른 방법이 더 유망한지 등이다. 이 장의 뒷부분에서 인지신경과학 연구에서의 가설검증이라는 논제로 되돌아온다.

우선 과학자 자신의 주장과 연구에 덧붙여서 철학에서 수행한 고전적 연구를 살펴본다. 이것들은 어떤 증거가 정말로 주어진 가설을 지지하거나 반증하는지, 그리고 언제 가설이 참이라고 정당하게 확신할 수 있는지를 매우 체계적으로 따져보기 위한 것이었다.

가설검증에서 확증과 반증의 논리

철학자 칼 헴펠(Carl Hempel, 1945)은 예증 사례를 사용하여, 무엇을 실제로 한 가설을 지지하거나 부정하는 증거로 간주할 것인지의 문제를 살펴보았다. 여러분이 '모든 까마귀는 검다'는 가설을 세우고 이것이 정말로 참인지를 밝히고자 한다고 가정해보라. 첫째, 헴펠(1945)은 (1) 모든 까마귀는 검다는 진술이 논리적으로 (2) 검지 않은 것은 까마귀가 아니다라는 진술과 등가적이라는 사실을 지적하였다. 그렇지만 가설이 두 진술에 걸쳐서 등가적이라고 하더라도, 가설을 지지하는 것으로 어떤 증거를 채택할 것인지는 분리해서 간주해야만 한다고 주장하였다. 증거는 각 진술에 대해서 극단적으로 다를 수 있기 때문이다.

이 경우에 제시할 수 있는 증거에는 네 가지 범주가 존재한다. 첫째, 여러분이 **확증 증거**(confirmatory evidence)를 찾는다고 가정해보라. 즉, 검은 한 마리의 까마귀를 찾는다. 이 세상에 그러한 새가 존재한다는 사실은 가설의 첫 번째 형식, 모든 까마귀는 검다는 가설과 일치하는 증거이지만, 두 번째 형식, 검지 않은 것은 까마귀가 아니다라는 가설에 대해서는 실제로 아무것도 알려주지 못한다. 헴펠(1945)이 지적한 바와 같이, 비록 이 증거가 모든 까마귀는 검다는 가설과 일치한다고 하더라도, 단 한 마리의 검은 까마귀는 가설이 참임을 증명하는 완벽하고도 강력한 증거로는 충분하지 않은 듯이 보인다. (마찬가지로, 위에서 기술하였던 사례에서 단 한 번의 껴안기가 낭만적 관심과 일치하지만 증명하는 것은 아니다.)

증거의 두 번째 범주는 **반증 증거**(disconfirmatory evidence)이다. 구체적으로 여러분에게 검지 않은 까마귀(예컨대, 노란 까마귀)가 주어진다고 가정해보라.

이 증거는 두 가지 형식의 가설 모두를 논란의 여지도 없이 반증하고 있다는 점에서 극히 유용하다. 그러한 까마귀의 존재는 즉각적으로 모든 까마귀는 검다는 주장을 기각시키고 검지 않은 것은 까마귀가 아니라는 주장도 단박에 배제시킨다. 즉, 단 하나의 증거가 두 형식의 가설 모두를 한꺼번에 반증하기에 충분하다. 그렇게 되면 여러분은 가설을 포기하거나 수정하고는 다른 대안 가설을 검증하거나, 아니면 다른 문제를 다루어야 한다는 사실을 확실하게 알게 된다.

셋째, 여러분에게 까마귀가 아닌 어떤 검은 것(예컨대, 검은색 감초사탕)이 주어졌다고 가정해보라. 이 정보는 유용하지 않다. 가설의 어느 형식에 대해서도 알려주는 것이 없으며, 각 진술을 확증하거나 반증하지 못한다. 까마귀에 관해서 아무것도 알려주지 않으며, 검지 않은 것에 대해서도 아무것도 알려주지 않는다. 이 증거는 그저 논리와 무관할 뿐이다.

넷째, 여러분이 검지도 않고 까마귀도 아닌 어떤 것(예컨대, 빨간 청어)에 직면할 수 있다. 빨간 청어가 존재한다는 사실은 실제로 검지 않은 것은 까마귀가 아니다라는 가설과 일관성을 유지한다. 그렇지만 모든 까마귀가 검은지에 관해서는 아무것도 알려주지 않는다. 즉 여러분은 모든 까마귀가 검은지 여부에 관계없이 이 세상에서 빨간 청어를 발견할 것이라고 기대할 수 있다(Mole & Klein, 2010). 다시 말해서, 빨간 청어는 검은 까마귀와 마찬가지로 한 형식의 가설과는 일치하지만, 다른 형식에 관해서는 아무런 정보도 제공하지 않는다(Hempel, 1945). 빨간 청어의 발견이 검지 않은 것은 까마귀가 아니라는 가설과 일관성을 유지하지만, 가설의 두 번째 형식이 참이라는 사실조차도 명확하게 보여주기에 충분하지 않다. 사람들의 직관은 그러한 증거가 모든 까마귀는 검다/검지 않은 것은 까마귀가 아니다라는 가설을 검증하는 데 있어서 특별히 유용하지 않다는 것이다.

한 걸음 더 나아가서 칼 포퍼(Karl Popper, 1959/1968)는 가설의 증거가 되려면 단순한 확증 증거 이상의 것이 필요하다고 주장하였다. 그는 과학연구가 확증보다는 **반증가능성**(falsifiability)이라는 개념에 집중해야만 한다고 제안하였다. 다시 말해서, 헴펠(1945)의 분석에 근거하여 과학은 반증 철학에 바탕을 두어야만 한다고 결론짓는 것이 꽤나 합당한 것으로 보인다. 노란 까마귀가 모든 까마귀는 검다는 가설이 틀렸음을 명백하게 보여줄 수 있는 유일한 증거인 것처럼, 과학에서는 확증 증거보다는 반증 증거를 적극적으로 찾아야 한다는 것이다. 그렇지만 앞으로 보는 바와 같이, 일반인뿐만 아니라 과학자와 진단을 위한 추리를 수행하는 전문가들에 있어서도 확증 증거의 탐색이 가설검증의 보편적이고 직관적인 전략이다.

확증편향

아마도 사람들이 가설을 검증할 때 빈번하게 작동하는 발견법이 확증편향이겠다. 클레이먼과 하(Klayman & Ha, 1987)에 따르면, **확증편향**(confirmation bias)은 **긍정 검증 전략**(positive test strategy)을 채택하는 것으로 생각할 수 있는데, 이 전략에서는 "어떤 특성이나 사건이 발생할 것이라고 기대하는 사례를 살펴보거나(실제로 발생하는지를 알아보기 위해서), 이미 발생하였다는 사실을 알고 있는 사례를 살펴봄으로써(가설에서 설정한 조건이 보편적인지를 알아보기 위해서) 가설을 검증한다"(p. 212). 모든 까마귀는 검다는 가설을 검증할 때, 검은 까마귀를 적극적으로 찾는 것이 긍정 검증 전략이다. 연구자는 자각하지도 못한 채 이 전략을 사용할 수 있으며, 뒤에서 보는 바와 같이, 가설에 맞추기 위하여 증거를 재해석할 때도 나타날 수 있다(Nickerson, 1998). 긍정 검증 전략은 **부정 검증 전략**(negative test strategy)과 대비될 수 있으며, 부정 검증 전략은 작업가설을 배제하거나 반증할 수 있는 검증을 실시하거나 그러한 사례를 찾고자 시도하는 것이다(예컨대, 검은색이 아닌 다른 색의 까마귀를 찾는 것).

확증편향에 관한 기념비적 연구

확증편향에 관한 고전적 연구는 가설검증에서 긍정 검증 전략을 채택하는 것과 부정 검증 전략을 채택하는 것 간의 대비를 명확하게 예증하였다. 아마도 가장 널리 알려져 있는 고전적인 실험실 연구는 피터 웨이슨(Peter C. Wason, 1960)이 사용한 소위 **2-4-6 과제**(2-4-6 task)일 것이다. 그의 연구에서는 우선 대학생들에게 다음과 같은 지시를 주었다.

여러분에게 내가 염두에 두고 있는 간단한 규칙을 따르는 세 숫자를 제시할 것입니다. 이 규칙은 세 숫자 간의 관계에 관한 것이며 절대적 크기에 관한 것이 아닙니다. 즉, 모든 숫자가 50 이상이라거나 이하라는 등의 규칙이 아닙니다. 여러분의 과제는 세 숫자 집합과 함께 그 집합을 선택한 이유를 적으면서 이 규칙을 찾아내는 것입니다. 숫자 집합을 적고 나면, 그 숫자 집합이 규칙에 맞는지 아니면 맞지 않는지를 알려줄 것이며, 여러분은 나누어준 기록지에 그 결과를 기록할 수 있습니다. 시간제한은 없지만 가능한 한 적은 수의 숫자 집합을 제시하면서 이 규칙을 찾아내도록 시도하기 바랍니다. 여러분의 과제는 단순히 규칙에 맞는 숫자 집합을 찾아내는 것이 아니라 규칙 자체를 찾아내는 것임을 명심하기 바랍니다. 규칙을 찾아냈다고 확신할 때, 그 규칙을 적고 나에게 그 규칙을 말하십시오. 확신하기 전에는 규칙을 적지 마십시오. 질문 있습니까?

(Wason, 1960, p. 131)

그런 다음에 숫자배열 2, 4, 6이 규칙을 따른다고 알려주었으며, 정확한 규칙 찾기를 시작하도록 요구하였다. 참가자들이 발견해야 하는 규칙은 '크기가 증가하는 세 숫자'였다(Wason, 1960, p. 130). 규칙을 확인하였다고 확신할 때까지 숫자배열을 검증하도록 지시하였음에도 불구하고, 오직 21%의 참가자만이 정확한 규칙에 도달하였다. 이들의 반응을 면밀하게 살펴본 결과는 사람들이 규칙을 찾아내기 위하여 긍정 검증 전략을 사용하는 경향이 있다는 사실을 시사하였다. 예컨대, 규칙이 '2씩 증가하는 숫자배열'이라는 가설을 검증하려고 하였다고 말한 참가자는 실험자의 피드백을 받기 위하여 그 규칙과 일치하는 숫자배열만을 제시하였다(예컨대, 1, 3, 5 그리고 16, 18, 20). 다시 말해서, 정확한 규칙을 찾아내는 데 실패한 대다수의 참가자는 검증하고 있는 가설을 반증하고자 시도하기보다는 확증하는 정보를 추구하였다. 검증하고 있는 규칙에 들어맞지 않는 숫자배열을 검증하고자 시도하였더라면, 그 규칙이 틀렸다는 사실을 발견할 가능성이 더 컸을 것이다. 예컨대, 규칙은 2씩 증가하는 것이라고 생각한 사람이 그 규칙에 들어맞지 않는 5, 10, 15와 같은 배열을 검증하였더라면, 예상치 않게 규칙에 맞는 배열이라는 피드백을 받았을 것이다. 즉, 실험자는 5, 10, 15 배열이 실제로 규칙을 따르는 것이라고 알려주었을 것이며, 이 피드백은 검증하고 있는 가설을 수정해야만 한다는 사실을 알려주는 것이다. 즉, 2씩 증가하는 것과 5씩 증가하는 것이 모두 규칙에 맞는 것이기 때문에 2씩 증가한다는 규칙은 지나치게 제한적이라는 사실이 명백해진다.

클레이먼과 하(1987)는 체계적인 분석을 통해서 긍정 검증 전략이 작동할 것인지는 가설로 상정한 규칙과 실제 규칙 간의 관계에 달려 있다는 사실을 보여주었다. 상정한 규칙(예컨대, 2씩 증가하는 숫자배열)이 실제 규칙(증가하는 숫자배열)보다 더 세부적일 때는, 긍정 검증 전략이 별 도움이 되지 않는다. 이 경우에는 가설로 상정한 규칙에 맞는 숫자배열(예컨대, 6, 8, 10)을 검증하는 긍정 검증 전략은, 상정한 규칙이 틀렸을 때조차도, 실험자로부터 확증 피드백만을 받게 되며 결코 반증 피드백을 받을 수 없다. 반면에 지금의 경우에서와 같이 가설로 상정한 규칙이 실제 규칙보다 더 세부적인 경우에는 부정 검증 전략을 채택하는 것이 결정적인 피드백을 제공해줄 수 있다. 만일 상정한 규칙(예컨대, 2씩 늘어나는 숫자배열)과 들어맞지 않는다는 피드백을 받을 것이라고 기대하는 숫자배열(예컨대, 5, 3, 1 또는 5, 10, 15)을 검증하게 되면, 놀랄 만한 피드백(예컨대, 5, 10, 15가 실제 규칙에 들어맞는다는 피드백)을 받을 수 있다. 이러한 검증은 상정한 규칙을 반증할 잠재력을 가지고 있다.

그렇지만 긍정 검증 전략이 항상 나쁜 것은 아니며, 실제로 특정 조건에서는 부정 검증 전략보다 더 효과적일 수 있다는 사실을 이해하는 것도 중요하다. 가설로 상정한 규칙(예컨대, 크기가 증가하거나 감소하는 숫자배열)이 실제 규칙(예컨대, 크기가 증가하는 숫자배열)보다 더 구체적인 것이 아니라 오히려 더 보편적인 것이라고 가정해보자. 흥미롭게도 이 경우는 긍정 검증 전략이 유용하게 된다. 상정한 규칙을 확증할 것이라고 기대하는 다양한 숫자배열을 검증하고자 시도하면, 반증 피드백을 받을 가능성이 있다. 예컨대, 긍정 검증 전략을 사용하는 사람은 크기가 증가하거나 감소하는 숫자배열의 사례로 9, 6, 2의 배열을 상정한 규칙에 들어맞는 사례로 제시할 수 있다. 실제 규칙이 크기가 증가하는 숫자배열이라고 할 때, 받게 될 피드백은 9, 6, 2 배열이 규칙에 들어맞지 않는다는 것이다. 이 피드백은 수정된 가설로 이끌어가서는 실제 규칙을 발견하는 방향으로 한 걸음 더 다가설 수 있게 만들 수 있다(Klayman & Ha, 1987).

상정한 규칙이 실제 규칙보다 더 보편적인 경우에는 부정 검증 전략이 실제로 도움이 되지 않는다는 사실에도 주목하라. 부정 검증 전략을 사용할 때는 상정한 규칙(예컨대, 크기가 증가하거나 감소하는 숫자배열)을 위반할 것이라고 생각하는 숫자배열을 검증하고자 시도하게 된다. 예컨대, 만일 상정한 규칙이 참이라면, 7, 2, 5 그리고 10, 98, 2와 같은 배열은 그 규칙을 위반해야 한다고 기대한다. 그런데 예상한 대로 실험자로부터 7, 2, 5와 10, 98, 2가 모두 실제 규칙에 들어맞지 않는다는 피드백을 받으면, 상정한 규칙이 실제로 옳다는 확신도가 증가하게 된다. 그렇지만 이렇게 상정한 규칙은 옳은 것이 아니다. 이 경우에는 부정 검증 전략이 사태를 오도할 수 있다.

요약컨대, 클레이먼과 하(1987)의 분석에서 얻은 교훈은 긍정 검증 전략을 항상 회피해야 하고 부정 검증 전략이 항상 최선이라고 말할 수 없다는 것이다. 가설로 상정하는 규칙과 실제 규칙 간의 정확한 관계가 중요한데, 정답을 알기에 앞서 그 관계를 알 수 있는 방법이 없다. 다음 절에서 보는 바와 같이, 두 가지를 모두 시도하는 전략, 즉 한 가설을 확증하고 그 대안을 반증해보려는 시도가 더 좋은 해결책이라고 주장해왔다.

지금까지의 논의는 세상에서 무엇이 참인지를 알아내려는 것이라는 사실을 지적할 필요도 있다. 만일 (진실을 찾는 것이 아니라) 주어진 상황에서 어느 것이 작동할지에만 관심을 갖는다면, 확증편향의 영향을 받는 것이 완벽하게 적합한 것일 수도 있다. 예컨대, 이 장을 시작한 사례에서, 만일 그 10대 학생이 자신을 향한 친구의 낭만적 관심이 아니라 친구가 학교 댄스파티에 자신과 함께 가는 데 동의할 가능성이 있는지를 알아내고자 시도하고 있었다면, 껴안기를 확증 증거로 사용해도 꽤나 충분하겠다.

확증편향 : 과학적 연구

일반적으로 과학연구에서는 진실을 추구하는 것이 핵심목표이다. 따라서 과학은 확증편향을 피하고자 분투하는 가장 명확한 사례의 하나를 제공한다. 예컨대, 몰과 클라인(Mole & Klein, 2010)은 fMRI와 같은 기능적 두뇌영상 기법을 사용한 인지신경과학 연구에서 자신들이 **일관성 착각**(consistency fallacy)이라고 부른 것을 기술하였다. 하나의 가설을 확증할 뿐이지 대안 가설을 반증하지 못하는 데이터를 잘못 해석하여 그러한 데이터가 가설이 참임을 보여준다고 주장할 때, 일관성 착각이 발생한다. 인지신경과학 연구자들은 특정 과제(예컨대,

얼굴의 매력도를 판단하는 과제)를 수행하는 동안 특정 두뇌영역(예컨대, 편도체)의 활동이 증가한 결과를 기술할 때, 때때로 이러한 결과는 특정 두뇌영역이 특정 판단을 부호화하는 데 관여함을 의미한다고 주장한다. 그렇지만 몰과 클라인(2010)은 활성화의 증가에 관하여 기껏 언급할 수 있는 것이란 그 두뇌영역이 그러한 판단을 부호화하는 데 관여한다는 가설과 일관성을 갖는다는 것뿐이라고 주장하였다. 한 마리 검은 까마귀의 존재가 모든 까마귀는 검다는 가설과 일관성을 유지할 뿐이지 그 가설의 증명이 아닌 것과 마찬가지로, 과제를 수행하는 동안 편도체 활성화의 증가는 가설이 참임을 보여주기에 충분한 증거가 아니다. 따라서 활성화의 증가를 가지고 편도체가 얼굴 매력도 판단에서 일익을 담당함을 입증한다고 주장하는 것은 일관성 착각일 수 있다고 주장하였다.

몰과 클라인(2010)은 특정 두뇌영역이 정말로 특정 인지기능이나 행동기능을 수행하는 데 관여한다는 가설을 보다 강력하게 지지하기 위해서는 확증 증거(예컨대, 활성화의 증가)를 대응하는 영가설이나 대립가설을 반증하는 증거와 결합해야만 한다고 주장하였다. 일반적으로 특정 두뇌영역이 특정 인지기능에서 일익을 담당한다는 가설을 검증하는 fMRI 연구를 설계하기는 어렵다. 대립가설이 무엇인지 아니면 그 대립가설을 어떻게 반증할 수 있는지가 반드시 명확하지는 않기 때문이다. 나아가서 이들은 특정 두뇌영역이 보다 일반화된 일련의 기능이 아니라 특정 기능에만 전문화되어 있다는 가설은 이러한 기준으로 검증이 가능하지 않다고도 주장하였다. 이러한 가설과 일관성을 유지한다고 받아들이는 증거는 특정 두뇌 신경망이 다른 유형의 과제보다는 바로 그 기능을 수행할 때 더 많이 관여한다는 것이다. 그렇지만 몰과 클라인(2010)은 어떤 결과가 영가설(즉, 특정 두뇌 신경망이 광범위한 영역의 기능에 관여하지 않는다는 영가설)을 반증한다고 받아들여야 하는지가 명확하지 않다고 주장하였다. 비록 또 다른 관련 과제가 동일한 활성화 패턴을 보여주지 않는다고 하더라도, 그 과제는 여전히 동일한 신경망을 수반할 수도 있는 것이다(Mole & Klein, 2010).

맥스 콜서트(Max Coltheart, 2013)는 fMRI 연구에서의 일관성 착각을 논의하면서 몰과 클라인(2010)의 주장을 확장하였다. 그도 fMRI 연구자는 결과를 얻기 전에 어떤 데이터 패턴이 검증하고 있는 가설과 일관성을 갖는지에 덧붙여서 어떤 데이터 패턴이 그 가설과 직접적으로 불일치하는 것인지를 명확하게 규정해야만 한다고 제안하였다. 만일 fMRI 연구자가 (1) 우선 어떤 데이터 패턴이 가설과 불일치하는지를 상세하게 규정할 수 있고, (2) 그러한 데이터 패턴을 얻을 개연성이 있지만, (3) 실험이 실제로 그러한 데이터 패턴을 얻지 못하였음을 보여준다면, 가설을 지지하는 보다 설득력 있는 증거가 될 것이다. 콜서트(2013)의 견해에서 보면, 가설과 일관성을 갖는 다른 데이터와 함께 제시한 그러한 증거가 일관성 착각을 피할 수 있게 해주는 것이다.

이 절에서 개관한 특정한 철학적 견해에 완전히 동의하든 그렇지 않든 간에, 연구자에게는 자신의 결과가 무엇을 의미하는지 그리고 어떤 결론을 정당하게 도출할 수 있는지를 매우 신중하게 생각하는 것이 무엇보다도 중요하다. fMRI 연구가 특별한 설득력을 가지고 있는 것으로 보인다는 점에서, 이것은 fMRI 연구에서 특히 중요할 수 있다. 사람들은 행동에 대한 심리학적 설명이 신경과학 증거를 수반할 때 그 설명을 더욱 확신하는 경향이 있는데, 신경과학 증거가 아무런 관련성이 없을 때조차도 그렇다(Farah & Hook, 2013; Weisberg, Keil, Goodstein, Rawson, & Gray, 2008; Weisberg, Taylor, & Hopkins, 2015). 이 결과는 헤아릴 수 없이 반복되어 왔다. 반면에 신경과학 결과의 언어기술과 대립되는 것으로서 두뇌영상이 특별한 설득력을 갖는다는 가설은 연구문헌에서 지지받지 못해왔다(Farah & Hook, 2013; Michael, Newman, Vuorre, Cumming, & Garry, 2013).

확증편향 : 법학에서의 논제

형사사건도 근본적으로는 가설검증과 증거확보를 수반하기 때문에, 확증편향의 영향을 받는다. 예컨대, 테러로 잘못 기소된 무고한 사람의 사례를 보자(Kassin, Dror, & Kukucka, 2013). 2004년에 스페인 마드리드 테러분자들이 통근열차를 공격한 후에(제5장을 다시 참조), 미국 연방수사국(FBI)은 기폭장치 가방에서 발견된 지문을 미국인 변호사인 브랜든 메이필드의 것으로 확인하였다[US Office of the Inspector General(OIG), 2006]. 미국 감찰감실, 즉 OIG(2006)에 따르면, 메이필드는 한때 이슬람교도였으며 기소된 테러분자였던 부모를 위한 자녀양육권 재판에 변호사로 활동한 적이 있었다. 세 명의 미국 지문 전문가가 그 지문을 메이필드의 것으로 확인함으로써, 비록 마드리드 폭탄 테러와 연관된 다른 정보가 없었음에도 불구하고 그를 중요한 혐의자로 체포하였다. 그런데 스페인 국립경찰청은 그 지문이 알제리의 오우나니 다우드의 것으로 확인되었다고 밝혔다. 지문을 재분석한 FBI는 실수를 인정하고 다우드의 것이 확실하다는 데 동의하였다(OIG, 2006).

OIG(2006)는 기밀이 해제된 사건을 개관하면서, 그 지문을 메이필드의 것으로 오인하는 데 있어서 확증편향이 결정적인 역할을 담당하였을 수 있다고 보고하였다. 이 사건은 우연한 동시발생으로부터 출발하였다. 즉, 메이필드의 지문이 기폭장치 가방의 지문과 매우 유사하였다. 비록 똑같지는 않았지만 말이다. 그런 다음에 확증편향이 스며들었다. "FBI 조사관이 무려 10군데에서 이례적인 유사성을 발견함으로써, 실제로 존재하지는 않았지만, 메이필드 지문의 자질이 암시하는 부가적인 자질들을 기폭장치 가방에 묻어 있는 지문에서 '발견'하기 시작하였다. 이 과정의 결과로 인해서, 기폭장치 가방의 지문에서 흐릿하거나 애매모호한 세부사항을 메이필드 지문과 유사한 것으로 잘못 확인하게 되었다"(OIG, 2006, p. 7). 다시 말해서 FBI 조사관이 메이필드의 지문을 사용하여 세부자질을 확인한 다음에, 역으로 기폭장치 가방의 지문에 남아있는 애매모호한 자질을 재해석하는 데 그 세부자질을 대응시켰던 것이다. 이러한 순환추리가 지문 전문가의 확증적 접근의 핵심 자질이었으며, 궁극적으로는 오류로 이끌어갔다.

이러한 사례는 형사 사건에서 관찰자의 사전 기대가 증거를 수집하고 해석하는 데 영향을 미칠 수 있음을 시사한다. 카신과 동료들(Kassin, Dror, & Kukucka, 2013)은 이러한 보편적 효과에 **법정 확증편향**(forensic confirmation bias)이라는 이름을 붙였다. 수많은 연구가 법정 확증편향을 경험적으로 연구해 왔으며, 목격자 증언 그리고 배심원, 판사, 심문자, 법적 전문가 등의 판단에 미치는 영향을 밝혀왔다(Kassin et al., 2013). 예컨대, 범죄과학에서 지문 감정은 높이 평가받는 영역이지만, 활동하고 있는 지문 전문가 연구를 보면, 이들의 감정이 범죄사건에 관한 배경지식의 영향을 받을 수 있음을 알 수 있다(Dror & Charlton, 2006). 진정으로 객관적인 분석이라면, 혐의자가 자백을 하였다든가 아니면 알리바이가 있다는 배경지식이 두 지문의 굴곡 패턴을 대응시킬 때 지문 전문가가 수행하는 체계적인 시각적 판단에 영향을 미쳐서는 안 된다. 그럼에도 불구하고 드로와 찰튼(Dror & Charlton, 2006) 연구에서 보면, 실제 사건을 수사하고 있다고 믿도록 유도하고 연구에 참여하고 있다는 사실을 자각하지 못하였던 지문 전문가들은 배경정보와 일치하는 결론을 내놓는 편향을 나타냈다.

이러한 결과에 근거하여, 이티엘 드로(Itiel Dror, 2009) 그리고 카신과 동료들(2013)은 범죄현장의 (순환 처리에 반대되는 것으로써) 선형 처리를 주창하였다. 예컨대, 마드리드 폭탄 테러 사건에서 지문 전문가가 우선적으로 기폭장치 가방에서 발견한 지문의 모든 측면을 분석하고 기록하였더라면 훨씬 더 객관적이었을 것이다. 이 작업을 완벽하게 마무리하였더라면, 전문가는 그 지문과 메이필드 지문 간에 대응하는 정도를 보다 객관적으로 평가하였을 것이다. 즉, 메이필드 지문에 관하여 이미 알고 있는 것에 맞추기 위하여 기폭장치 가방 지문의 모호한 부분으로 되돌아가서 재해석하지 않은 채, 대응하는 정도를 평가할 수 있었다(순환추리가 스며드는 곳이 바로 이 지점이다). 실제로 마드리드 사건에서 저지른 실수에 대한 직접적인 조치로 2011년에 FBI의 표준수사절차에 선형 처리가 첨가되었다(OIG, 2011).

그렇지만 이 연구로부터 증거를 평가하는 최선의 실천방법에 관하여 도출할 수 있는 결론은 여전히 명확하지 않다. 형사사건에서 모든 증거를 통합하여 전체적으로 이해하는 작업은 대체로 수사관의 임무로 남아있다(Charman, 2013). 따라서 수사관과 전문가가 일반적으로 사건의 다른 정보를 듣지 않도록 애써야만 한다고 간단하게 결론 내리는 것은 현실적이지 않은 것으로 보인다. 아마도 각각의 증거를 독립적으로 분석하고자 시도한 다음에, 별개의 단계에서 전체를 통합하고자 시도하는 것이 더 타당하겠다. 그렇지만 이러한 생각은 증거들이 장기간에 걸쳐 뒤죽박죽인 시간 순서로 드러나기 십상이라는 현실을 고려하지 않은 것이다. 그리고 사람들은 제공되는 순서대로 자동적으로 그 정보를 이해하고자 시도한다는 경향성도 고려하지 않는다(예컨대, Hastie, Schroeder, & Weber, 1990; Kunda, Miller, & Claire, 1990). 그렇기는 하지만, 가능한 한 사건현장의 선형 처리를 채택하는 것과 같이 달성할 수 있는 단계적 조치를 취하는 것이, 비록 완벽하게 제거할 수는 없다고 하더라도 확증편향의 효과를 완화시킬 수는 있다.

확증편향 : 의학에서의 논제

위의 사례와 대응되는 흥미진진한 경우를 의학 분야에서도 찾아볼 수 있다. 지문 전문가가 후보 지문(예컨대, 메이필드의 지문)의 특정 자질을 사용하여 확인해야 할 지문(예컨대, 기폭장치 가방에서 발견한 지문)에서 일치하는 자질을 찾아내고자 시도함으로써 순환적으로 추리하는 것과 마찬가지로, 임상가도 환자에 관하여 순환적으로 추리할 수 있다. 신체에 무엇이 잘못되었는지를 알아내고자 시도할 때, 즉 진단할 때, 임상가는 우선 초기 평가에 근거하여 한 가지 진단에 도달한 다음에 그 진단을 지지하는 자질을 확증하는 방식으로 탐색할 수 있다(Reason, 1995).

팻 크로스커리(Pat Croskerry, 2002)는 특히 모호하거나 어려운 의료 환자를 진단하고자 시도할 때, 자신의 작업가설을 확증해주는 증거를 찾는 것이 임상가에게 보상감을 느끼게 해준다는 사실을 지적하였다. 반면에 그 가설의 반증증거는 더 많은 심적 노력을 경주할 필요가 있다거나 심지어는 처음부터 다시진단 추리를 해야 한다는 사실을 나타낸다. 이에 덧붙여서, 의료 진단에서 확증편향은 정박점 효과와 결합될 때 특히 해로울 수 있다(제3장 참조). 예컨대, 증거수집 단계에서 너무나 일찍 구성한 허약한 가설은 부가적으로 지지하는 정보의 확증적 탐색으로 인해서 뻥튀기되거나 오도될 수 있다(Croskerry, 2002).

그렇기는 하지만, 앞서 논의한 긍정 검증 전략과 부정 검증 전략의 경우와 마찬가지로, 확증편향이 항상 오류로 이끌어가는 것은 아니라는 사실을 지적할 필요가 있다(Norman & Eva, 2010). 실제로 임상가는 대부분의 경우에 확증 전략을 사용할 수 있으며, 최초의 가설이 옳은 한에 있어서(임상가가 가장 보편적으로 가능한 진단을 가지고 시작할 때 옳을 가능성이 높다), 확증 전략을 사용하는 데 아무런 문제점이 없다. 임상가가 확증편향에 취약하다고 비난받는 경우는 오직 잘못된 가설을 추구해온 것으로 판명될 때뿐이다. 다른 경우에는 확증 전략을 사용하는 추리과정이 꽤나 효과적이라고 할 수 있다(Norman & Eva, 2010). 실제로 트버스키와 카네먼(1974)이 지적한 바와 같이, 일반적으로는 효용성과 전반적 효율성을 위해서 발견법을 채택하지만, 특정 조건에서는 그 발견법이 오류를 초래할 수 있는 것이다.

그렇지만 정신의학 영역에서는 진단할 때 확증 정보의 탐색이 반증 정보를 탐색하는 것만큼 정확한 판단을 초래할 가능성이 높지 않다는 실험 증거들이 존재한다. 예컨대, 멘델과 동료들(Mendel, Traut-Mattausch, Jonas, Leucht, Kane, Maino, … & Hamann, 2011)은 독일 정신과의사와 의대생들에게 실험실 과제로 정신과적 진단을 내놓도록 요구하였다. 예비 진단을 내린 후에, 13%의 정신과의사와 그보다 2배나 많은 25%의 의대생이 환자에 대한 부가 정보를 찾는 과정에서 확증 전략을 채택하였다. 확증 전략을 사용한 정신과의사와 의대생은 모두 반증 전략을 사용하였던 의사와 의대생보다 잘못된 진단을 내릴 가능성이 훨씬 더 높았다. 이에 덧붙여서, 잘못된 진단을 내린 의사와 의대생이 정확하게 진단한 의사와 의대생과는 상이한 치료법을 권하였다는 사실은 이러한 편향이 환자에게 직접적인 영향을 미칠 가능성이 있음을 시사한다. 임상장면 맥락에서 어떤 유형의 사례와 어떤 구체적인 조건에서 확증 전략이 반증 전략보다 더 많은 진단 오류를 초래할 것이라고 예측할 수 있는지를 체계적으로 대응시키기 위해서는 더 많은 연구가 필요하다.

극단적인 확증편향 방지책 : 이념적 극단주의에 대한 접근방법

어떻게 하면 확증편향을 약화시킬 수 있는가? 몇 가지 제안이 이념적 극단주의를 방지하려는 연구에서 출현하였다. 릴리언펠트와 동료들(Lilienfeld, Ammirati, & Landfield, 2009)은 최근 수십 년에 걸쳐서 전 세계적으로 가장 위험한 정치운동을 단 하나의 뿌리가 되는 원인, 즉 오늘날까지 거의 연구가 이루어지지 않은 현상인 이념적 극단주의에서 찾아볼 수 있다고 주장하였다. 이 장의 목표에서 볼 때 특히 흥미를 끄는 제안은 이념적 극단주의와 가장 관련이 깊은 단일 인지편향이 확증편향이라는 제안이다(Lilienfeld et al., 2009). 구체적으로 이들은 자신의 작업가설을 확증하는 정보를 추구하는 일반적인 경향성 그리고 그 작업가설을 반증하는 증거를 경시하고 재해석하려는 경향성 모두를 내세우고 있다. 예컨대, 한 국가에서 주요 정당 간의 이념적 당파성을, 비록 부드럽고 덜 폭력적인 형태를 취하기는 하겠지만, 동일하거나 유사한 인지편향 과정이 주도할 수 있다. 정권이 단일 견해를 지지하는 정보만을 제시하고 다른 견해의 증거를 적극적으로 억누르고 제거함으로써 확증편향을 부추기고자 시도하는 극단적인 경우에는, 이념적 극단주의가 손쉽게 출현할 것이라고 예상할 수 있다. 과학적 조망에서 볼 때, 수많은 국가와 정권에 걸쳐서 사람들이 스스로 그러한 책략에 무척이나 취약함을 보여주어 왔다는 사실이 흥미를 끈다(Lilienfeld et al., 2009). 사람들이 자연스럽게 반증 정보를 추구하고 칼 포퍼가 주장하는 과학적 사고를 하는 경우는 거의 없다(Nickerson, 1998).

만일 릴리언펠트와 동료들(2009)의 분석이 옳다면, 연구자들이 확증편향을 비롯하여 관련된 편향에 대응하는 방법을 알아내려는 목표를 달성하기 위하여 매진하는 것은 의미 있는 일이겠다. 이들은 편향의 존재를 입증하는 데는 많은 노력을 경주하였음에도 불구하고, 편향에서 벗어나는 효과적인 방법을 찾아내고 이해하는 데는 상대적으로 거의 노력을 들이지 않았다고 주장하였다. 지금까지 가장 전도유망한 탈편향 시도는 사람들로 하여금 스스로를 확증편향에서 벗어나도록 의도적인 전략을 사용함으로써 유형 1 사고에서 유형 2 사고로 전환시키려는 것이었다(Evans & Stanovich, 2013; Kahneman, 2011; Stanovich & West, 2000). 예컨대, 사람들에게 이미 선택한 견해와 상반되는 대안적 견해를 생각해보도록 요구함으로써 확증편향을 완화시킬 수 있다(예컨대, Koriat, Lichtenstein, & Fischhoff, 1980). 마찬가지로, 결정을 미루도록 요구하는 것도 확증편향 취약성을 감소시킬 수 있는데, 아마도 비판적으로 생각할 시간이 주어지고 대안적 견해를 생각하고 따져볼 기회를 더 많이 제공하기 때문일 것이다 (Spengler, Strohmer, Dixon, & Shivy, 1995).

그렇지만 핼 아크스(Hal R. Arkes, 1981)는 사람들에게 의도적 전략을 가르치는 것이 일반적으로 도움이 되지 않는다고 제안하였는데, 그 까닭은 부분적으로 사람들이 편향되었을 때 자신이 편향되었다고 생각하지 않기 십상이기 때문이라는 것이다. 마찬가지로, 프로닌과 동료들(Pronin, Lin, & Ross, 2002)은 사람들이 **편향 맹점**(bias blind spot)을 가지고 있다고 제안하였다. 즉, 다른 사람들이 자신보다 편향에 더 취약하다고 믿는 경향이 있다는 것이다. 프로닌과 동료들(2002)의 한 연구에서는 미국 대학생들이 잘 알려진 8가지 상이한 편향(예컨대, 새로운 정보를 동화할 때의 확증 편향)에 관한 글을 읽었다. 각 편향에 대해서 자신이 그러한 경향성을 얼마나 가지고 있는지 그리고 보통의 미국인이 그러한 경향성을 얼마나 가지고 있는지를 판단하도록 요구하였다. 절반의 학생은 자신에 관한 판단을 먼저 하였으며, 나머지 학생은 보통의 미국인에 관한 판단을 먼저 하였다. 전반적으로 학생들은 보통의 미국인보다 자신이 편향에 덜 취약하다고 평가하였다. 편향 맹점은 미국인에게서만 나타나는 현상이 아니다. 이 결과는 한 국제공항에서 모집한 여행자에서도 반복되었는데, 이들은 연령과 국적이 무척이나 다양하였으며, 조사를 수행한 날 그 국제공항을 이용한 보통의 여행자와 자기 자신에 대해서 평가를 하였다(Pronin et al., 2002).

핸슨과 동료들(Hansen, Gerbasi, Todorov, Kruse, & Pronin, 2014)은 한 걸음 더 나아가서, 사람들이 의도적인 유형 2 사고과정을 수행할 때도 여전히 편향 맹점이 발생할 수 있다는 사실을 보여주었다. 한 실험에서는 우선 대학생들에게 작가를 알려주지 않은 채 유명 미술관이 소장하고 있는 작품 80점의 사진을 질적으로 평가하도록 요구하였다. 그런 다음에 그림을 40점씩 두 집단으로 분할하였는데, 각 집단의 그림은 사전평가에서 대학생들이 질적으로 동일하다고 평가한 것이었다. 한 집단의 그림 40점에는 전화번호부에서 무작위로 뽑은 이름을 화가로 부여하였다. 다른 집단의 그림 40점에는 매우 명망 있는 화가의 이름(예컨대, 피카소)을 할당하였는데, 가능한 경우에는(즉, 대학생 집단이 알아볼 수 있는 한에 있어서) 언제나 실제 화가의 이름을 사용하였다. 작품과 화가를 결합하고는 예술적 자질을 평가하도록 새로운 대학생 집단에 제시하였다. 이 학생들에게는 예술적 자질 판단에 앞서 화가 이름을 먼저 들여다보는 것을 선택하거나 아니면 사전에 화가의 이름을 살펴보지 않는 것을 선택하도록 요구하였다.

핸슨과 동료들(2014)의 결과를 보면, 화가 이름을 먼저 보도록 요구한 학생들이 그렇지 않은 학생들보다 자신에게 할당된 전략이 더 편향적인 것이라고 판단하였다. 그렇지만 자기 자신의 평가가 더 편향적이라고는 판단하지 않았다. 이에 덧붙여서 전화번호부에서 뽑은 이름이 붙은 작품보다 유명 화가의 이름이 붙은 작품의 예술적 자질이 더 높다고 판단하였다. 반면에 화가의 이름을 들여다보지 않은 학생들은 예술적 자질 평가에 있어서 두 집단의 작품 간에 차이를 보이지 않았다. 다시 말해서, 학생들은 자신들이 비교적 편향적이라고 느끼는 판단 전략을 의도적으로 사용하고 있다는 사실을 알고 있을 때조차도 편향 맹점을 보였다. 작품에 대한 학생들의 평가는 실제로 편향되었다는 사실을 나타내고 있는 것이다. 만일 이러한 결과를 세뇌상태에서의 판단에 적용할 수 있다면, 그 함의는 정말로 충격적인 것일 수 있겠다.

물론 탈편향 기법을 찾아낸다고 하더라도 그 기법이 궁극적으로 효과가 없을 수도 있는 매우 현실적인 부가적 이유가 있다. 첫째, 특정 견해를 세뇌시키고 있는 사회나 집단(예컨대, 교주의 말씀을 성스러운 진리로 받아들이는 사이비종교 집단)에 빠져 있는 사람에게는 탈편향 기법이 허용될 가능성이 없다. 이에 덧붙여서, 릴리언펠트와 동료들(2009)이 주장한 바와 같이, 세뇌정보의 보편적 출처는 초등학생을 가르치는 데 사용하는 교과서에서 나온다. 오직 국정교과서만을 허용하는 국가에서는 대안적 견해를 소개하는 것이 특히 어렵겠지만, 어느 나라에서든 특정 교과서를 채택함으로써 자연스럽게 아동에게 특정 견해를 제시하게 된다. 충심으로 객관성을 유지하려는 의도를 가지고 있는 경우조차도, 저자의 견해가 교과서에 들어갈 내용과 생략될 내용을 주도하는 것은 어쩔 수 없는 일이다.

예컨대, 이미 일어난 것을 다시 설명하는 지극히 간단한 것처럼 보이는 역사적 설명도 실제로는 결코 간단한 것이 아니다. 미국 역사학자 스티븐 앰브로즈(Stephen Anbrose)는 2002년에 다음과 같이 지적하였다. "일본이 아동들에게 제2차 세계대전을 제시하는 방식은 다음과 같다: 어느 날, 우리가 이해하는 한에 있어서 아무 이유도 없이, 미국이 우리에게 원자폭탄을 투여하기 시작하였다"(p. 112). 앰브로즈 자신의 견해는, 비록 미국의 동기에도 비판적이기는 하지만, 상당히 다르다. "[그 당시 미국 대통령인] 트루먼은 일본의 항복을 강요하기 위해서라기보다는 러시아에게 우리가 무엇을 가지고 있는지 그리고 그것의 사용을 꺼리지 않는다는 사실을 보여주기 위하여 원자폭탄을 사용하였다"(p. 113). 반면에 트루먼 정부는 예상되는 일본의 공격으로부터 800,000명에 달하는 미국인의 사망을 방지하기 위한 시도였다고 주장하였다(Ambrose, 2002). 일본 역사학자 사다오 아사다는 2007년에 비록 일본 교과서가 오랜 세월 동안 원폭 투하에 관한 어떤 유형의 역사적 분석도 포함시키는 것을 철저하게 간과해 왔다고 하더라도 최근에는 앰브로즈(2002)의 견해와 맥을 같이 하는 간략한 해석적 언급을 포함시키기 시작하였다는 사실을 언급하였다. 그리고 2015년에 역사학자 로라 하인과 마크 셀든은 일본의 중학교 교과서들이 원자폭탄이 투하되었다는 사실만을 언급할 뿐이며 누가 무슨 이유로 투하하였는지는 다루지 않음으로써, 역사적 사건을 자연재해처럼 소개하고 있다고 보고하였다. 따라서 일본 히로시마와 나가사키 지역에 거주하는 학생의 거의 10%는 원자폭탄을 투여한 나라가 미국이라는 사실도 알지 못하였다(Hein & Selden, 2015).

여기서 요점은 사람들로 하여금 단일 견해를 당연하게 지지하는 확증적 견지로부터 벗어나도록 만들려는 목적을 가진 어떤 기법도 오랜 세월에 걸친 문화적 몰입에 맞서야 하기 십상이며, 그러한 문화적 몰입은 때때로 아동기에 전수받은 정보에 뿌리를 박고 있기도 하다. 따라서 확증편향에 대처하려는 심리학 연구를 극단주의 사고에 적용하는 것은 여전히 지난한 도전거리로 남아있다.

논의를 위한 물음

1. 인지신경과학 연구결과를 해석해온 방식에 대한 몰과 클라인(2010) 그리고 콜서트(2013)의 비판을 다시 생각해보라. 이들의 비판은 타당한가 아니면 지나치게 엄격한가? 콜서트(2013)의 해결책은 합리적인가, 아닌가? 그 이유는 무엇인가?

2. 법과학에서 예컨대, 지문을 혐의자에게 대응시킬 때, 선형 검증 전략이 어떻게 작동하는지를 설명해보라. 선형 추리는 정말로 법정 확증편향의 문제를 극복하는 데 도움을 주는가? 선형 추리 전략의 채택이 가지고 있는 취약점이 있다면 무엇이겠는가?

3. 이념적 극단주의가 사람들의 삶과 자유를 위협할 때, 그에 맞서 싸우는 데 도움을 주기 위하여 어떤 연구를 수행하고 어떻게 적용할 수 있는지를 논의해보라. 사고와 결정에 관한 연구가 정말로 이 문제를 해결하는 데 있어서 핵심적인 역할을 담당하겠는가?

더 읽을거리

Kassin, S. M., Dror, I. E., & Kukucka, J. (2013). The forensic confirmation bias: Problems, perspectives, and proposed solutions. *Journal of Applied Research in Memory and Cognition, 2*(1), 42-52.

Klayman, J., & Ha, Y. W. (1987). Confirmation, disconfirmation, and information in hypothesis testing. *Psychological Review, 94*(2), 211-228.

Mole, C., & Klein, C. (2010). Confirmation, refutation, and the evidence of fMRI. In S. J. Hanson & M. Bunzl (Eds.), *Foundational issues in human brain mapping* (pp. 99-112). Cambridge, MA: MIT Press.

13 신념

학습목표

이 장을 마무리하게 되면, 여러분은 다음을 수행하였을 것이다.

• 사람들이 어떻게 초자연적 현상을 신봉하게 되는지에 관한 다양한 설명모형을 살펴보았다.
• 과학적으로 지지받는 현상을 거부하도록 이끌어가는 여러 가지 추리패턴을 평가하였다.
• 음모이론의 핵심 특징 그리고 사람들이 어떻게 그러한 특징들을 견지하게 되는지를 이해하였다.
• 오정보의 수정을 의식적으로 용인하였음에도 불구하고 그 오정보가 지속되는 증거를 살펴보았다.
• 비정상적 신념을 형성하고 이전에 인정하였던 현상을 의도적으로 불신하는 데 있어서 하향처리를 담당하는 집행기 제어의 잠재적 역할을 고찰하였다.

핵심용어

• 마법적 전염효과(magical contagion effect)
• 신념 집착(belief perseverance)
• 역화 효과(backfire effect)
• 음모이론(conspiracy theory)
• 저항(reactance)
• 지속적 영향 효과(continued influence effect)
• 초자연적 신념(paranormal belief)
• 평가적 조건형성(evaluative conditioning)

2005년에 크리스 버틀러라는 이름의 전문 음악가는 자신의 기준에 꼭 들어맞을 뿐만 아니라 시세보다 훨씬 낮은 가격으로 팔려고 내놓은 집을 발견하고는 기쁨에 휩싸였다(Butler, 2009). 그런데 부동산 중개업자가 전화를 걸어와서는 집주인이 한 가지 중요한 사실을 밝혔다고 알려주었다. 그 집은 1978년에 지하실에서 첫 번째 살인을 저지른 잔인한 연쇄살인범으로 유죄판결을 받은

제프리 다머가 어린 시절에 살았던 집이라는 것이었다. 이미 오래전에 시체를 깨끗하게 치웠으며 다머 자신도 1994년에 사망하였지만, 집을 팔기는 꽤나 어려웠다. 사람들(즉, 잠재적 구매자들)은 마치 집에 보이지 않는 오점이 남아있는 것처럼 행동하였다. 순전히 물리적 관점에서만 보면, 그 집은 더할 나위 없이 깨끗하고 이상한 곳이 없는데도 말이다. 집 자체에 대해서는 두려워할 것이 아무것도 없다고 생각한 버틀러는 집주인의 고백에 대한 처음의 강력한 부정적 반응을 극복하고는 그 집을 구매하였지만, 나중에 많은 이웃들이 차 한 잔 마시러 오는 것조차 철저하게 거부하였다는 사실을 언급하였다(Butler, 2009).

미신, 마법적 신념, 그리고 초자연적 신념

이러한 시나리오에 접할 때, 사람들은 '오염된' 대상을 거부할 어떤 합리적 정당화를 생각할 수는 없지만, 동시에 직관적으로는 적극적으로 회피해야 할 것이라고 느낀다는 사실을 명백하게 인정하기 십상이다(Lindeman & Aarnio, 2007). 과학적으로는 용인할 수 없는 신념이라고 정의할 수 있는 일상의 미신과 마법적 신념 그리고 **초자연적 신념**(paranormal belief)은 믿을 수 없을 만큼 보편적이며 지극히 직관적으로만 이해할 수 있는 것이다(Vyse, 2000). 일반 성인들은 폴 로진(Paul Rozin)과 동료들이 수행한 일련의 획기적인 연구가 체계적으로 밝힌 바와 같이, 오염에 관한 강력한 '마법적' 신념을 견지하고 있다. 예컨대, 사람들은 자신이 심히 혐오하는 사람이 예전에 입었던 스웨터 입기를 주저한다. 그 스웨터를 완벽하게 세탁하였을 때조차도 그렇다. 로진과 동료들은 그러한 행동이 인류학에서 검증된 **전염 법칙**(law of contagion)이라고 알려진 공감적인 마법에 대한 사람들의 신념을 반영한다고 주장하였다. 전염 법칙에 따르면, 사람들이 어떤 대상과 접촉한 달갑지 않은 사람이 그 대상에 어떤 바람직하지 않은 것을 전염시킨 것으로 지각하며, 세척하고 살균한 후에도 그 대상을 접촉한 다른 사람에게 전염될 수 있다고 믿는다(Rozin, Nemeroff, Wane, & Sherrod, 1989; Tylor, 1871/1974). 북미 아동들 사이에서 끈질기게 이어져 내려오는 '세균' 또는 사회적으로 달갑지 않은 또래를 접촉함으로써 전염되는 가상적이고 보이지 않는 입자에 관한 신념도 전염 법칙을 충실하게 따르고 있다(Hirschfeld,

2002도 참조). 관련된 현상으로, 사람들은 배설물 모양의 과자를 먹으라는 제
안을 거부하는 경향이 있다. 그것이 그저 과자라는 사실을 알고 있는 경우에도
그렇다. 이러한 사실이 마법적인 유사성 법칙(law of similarity)에 대한 사람들의
신념을 반영한다는 주장이 있어왔다. 유사성 법칙에 따르면, 혐오스러운 대상
과 지각적으로 유사한 사물은 그 혐오 대상의 바람직하지 않은 특성도 가지고
있는 것으로 느껴진다는 것이다(Rozin, Millman, & Nemeroff, 1986). 이러한 **마
법적 전염효과**(magical contagion effect)의 흥미진진한 측면은 그 대상에 의해 실
제로 오염되는 것이 불가능하다는 사실을 인정하면서도 사람들이 이러한 혐오
를 꽤나 강력하게 견지한다는 점이다.

마법적 전염효과가 어떻게 출현하는 것인지를 설명하기 위한 수많은 제안
이 있었다. 한 가지 눈에 뜨이는 행동주의 설명은 **평가적 조건형성**(evaluative
conditioning)에 초점을 맞춘다(Walther, Nagengast, & Traselli, 2005). 사람들이
과거에 중립적이었던 자극(예컨대, 스웨터)을 거부하는 까닭은 그 자극이 부적
유인가를 갖는 자극(예컨대, 극도로 싫어하는 사람)과 공발생하였기 때문이라
는 것이다. 이 설명에 따르면, 마법적 전염효과는 오염물질이 정말로 중립자극
에 전이되었다고 사람들이 믿기 때문이 아니라, 단순한 공발생으로 인하여 중립
자극과 부적 유인가 자극이 연합되었기 때문이다(Walther, 2002).

또 다른 설명은 사람들이 상호 간에 비교적 독립적인 다양한 영역(예컨대, 심
리학, 생물학, 물리학 등)에 관한 핵심 지식과 순진한 신념을 견지하고 있다는
생각에 기초하고 있으며, 이러한 생각은 제10장에서 상세하게 설명한 바 있다.
예컨대, 어떤 사람으로 인하여 화가 났을 때 사람들이 어떻게 느끼고 생각하며
행동하는 경향이 있는지에 관한 일반지식은 사람들 간의 상호관계를 이해하는
데 적용할 수 있지만, 물리적 세계를 이해하는 것과는 아무 관련이 없다.

린더먼과 아르니오(Lindeman & Aarnio, 2007)는 사람들이 자신의 한 영역 지
식을 다른 영역으로 부당하게 과잉 확장시킬 때 마법적 사고가 발생한다고 제
안하였다. 예컨대, 마법적 전염 법칙에 관한 사람들의 굳건한 신념의 경우를 보
자. 생물학 영역에서는 단순히 다른 사람과 접촉하여(심지어는 감기와 독감 바
이러스가 전달되는 경우와 같이, 재채기나 기침을 하는 다른 사람 근처에 있을
때조차도) 눈에 보이지 않는 오염물질(예컨대, 박테리아, 바이러스 등)이 자신

의 신체로 전이됨으로써, 그 오염물질이 확실하게 전달될 수 있다. 이러한 생물학적 사실에 관한 신념이 생물학 영역을 넘어서서 예컨대 물리학이나 사회 영역으로 확장되면 비합리적인 것이 되어버린다. 예컨대, 사람들은 정상 체중인 사람 옆에 서있는 사람보다 과체중인 사람 옆에 서있는 사람을 더 싫어한다(Hebl & Mannix, 2003). 이렇게 비합리적인 판단은 생물학적 전염기제를 심리학 영역에 과잉 확장하는 데서 유래할 수 있다.

실제로 한 가지 놀랄 만한 연구에서는 성인들에게 두 묶음의 머그를 보여주었는데, 한 묶음에서는 머그들이 밀집해있었으며, 다른 묶음에서는 꽤나 멀리 떨어져 있었다. 어떤 머그 속에는 작은 선물이 들어있다고 알려주었을 때는 사람들이 밀집해있는 묶음에서 머그를 선택하는 경향이 있었으며, (눈에 보이지는 않지만) 어떤 머그의 뚜껑에는 흠집이 있다고 알려주었을 때는 머그들이 멀리 떨어져 있는 묶음에서 하나를 선택하는 경향을 나타냈다(Mishra, Mishra, & Nayakankuppam, 2009). 린더먼과 아르니오(2007)의 제안에 따르면, 이토록 명백한 비합리적인 행동은 생물학 전염기제를 물리학 영역에 과잉 확장한다는 사실을 반영하는 것으로 해석할 수 있다(Kim & Kim, 2011).

최근 연구는 여러 영역에 걸쳐 핵심지식을 과잉 확장하는 데는 상당한 개인차가 존재함을 시사한다. 예컨대, 린더먼과 동료들(Lindeman, Svedholm, Takada, Lönnqvist, & Verkasalo, 2011)은 사람들이 과잉 확장의 다음과 같은 다섯 가지 하위유형에 동의하는 경향성을 측정하는 핵심지식 혼동 척도(core knowledge confusions scale)를 제작하였다. (1) 자연계의 무생물이 살아있다는 과잉 확장(예컨대, "달은 밤에 활동한다"), (2) 힘이 생명체라는 과잉 확장(예컨대, "기(氣)가 인간을 감지한다"), (3) 무생물체가 살아있다는 과잉 확장(예컨대, "바위가 추위를 느낀다"), (4) 인공물이 살아있다는 과잉 확장(예컨대, "가정이 사람을 그리워한다"), (5) 심적 상태가 물리적 실체라는 과잉 확장(예컨대, "마음이 다른 사람을 어루만진다"). 연구자들은 핀란드 대학생들에게 이러한 진술이 문자적으로 참이라고 생각하는 정도와 문자적으로 참이 아니라고 생각하는 정도를 평정하도록 요구하였다. (이러한 말표현은 진술을 은유적인 것으로 간주하지 않도록 만들려는 것이었다.) 연구자들은 이러한 핵심지식 혼동에 대한 사람들의 생각이 상당한 차이를 보이며, 일반적으로 대학 교육과정을 거치고도 줄어들지 않은 채 남아있다는 사실을 발견하였다. 이에 덧붙여서 사람들이 핵심지식 혼동을 용인하면 할수록, 초자연적 신념도 더욱 강하게 견지하였다(예컨대, "점성술은 미래를 정확하게 예측하는 방법이다").

린더먼과 아르니오(2007)는 한 걸음 더 나아가서 미신과 마법적 신념 그리고 초자연적 신념이 엄밀한 의미에서 잘못된 다른 유형의 신념(예컨대, "포도는 장과류가 아니다.", "고래는 어류이다." 등)과 어떻게 다른지를 정의하는 데 있어서 핵심지식 혼동을 중요하게 사용할 수 있다고 제안하였다. 즉, 미신, 마법적 신념 그리고 초자연적 신념은 근본적으로 물리적, 심리적, 생물적 특성을 다른 영역에 부적절하게 적용하는 경향성으로 정의할 수 있다는 것이다(예컨대, 힘과 운동이라는 물리적 특성을 심리적 영역에 부적절하게 적용하는 것이 염력, 즉 마음의 힘으로 사물을 움직일 수 있다는 신념을 생성할 수 있다). 반면에 식물학적 정의에서는 참임에도 불구하고 포도는 장과류가 아니라고 믿는 것이나 고래가 포유류임에도 불구하고 어류라고 믿는 것은 단일 영역(이 경우에는 생물학)에서의 지식 혼동이며, 이것은 미신이나 마법적 신념 또는 초자연적 신념으로 간주하지 않는다.

무엇보다도 초자연적 현상의 믿음은 어디에서 유래하는가? 사회적 통념은 사람들 간에 구전되는 문화 스크립트에서 배울 가능성이 높다는 것이다. 그렇지만 한 가지 강력한 가설은 사람들이 일반적으로 그러한 현상을 믿으려는 성향을 가지고 태어나며, 실제로 초자연적 현상을 믿으려는 경향성은 진화적 장점을 갖는다는 것이다(Bering, 2006). 이미 진작부터 속임수와 같은 반사회적 행동을 탐지하는 능력이 진화적 장점을 가지고 있다고 주장해왔다(Cosmides, 1989). 이러한 주장과 관련하여, 초자연현상의 믿음은 사람들로 하여금 정직하지 않고 속임수를 쓰는 행동을 삼가도록 이끌어가고(아마도 비물리적인 존재에게 발각될지도 모른다는 두려움 때문일 것이다), 유전자를 후손에게 물려줄 만큼 오랫동안 생존할 가능성을 증가시켰을 수 있다(Bering, 2006). 발달심리학 연구에는 이 가설에 대한 몇 가지 흥미진진한 증거가 존재한다. 예컨대, 매우 어린 유아는 사람이 다른 물리적 대상에 적용되는 것과 동일한 물리학 원리를 따를 것을 기대하지 않는 것으로 보인다. 쿨마이어와 동료들(Kuhlmeier, Bloom, & Wynn, 2004)은 일련의 연구에서 무생물인 블록이 연속 운동 원리를 위반할 때는(즉, 하나의 기둥 뒤로 사라진 후에 갑자기 다른 기둥 뒤에서 다시 나타날 때), 생후 5개월 유아가 그 장면을 더 오래 주시하지만, 사람이 똑같은 행동을 할 때에는 그렇지 않다는 결과를 얻었다. 이 결과의 함의는 유아가 물리적 대상을 대하는 것과 동일한 방식으로 사람을 대하려는 경향성을 가지고 삶을 시작하지 않으며, 사람이 물리법칙을 고수할 것이라고도 기대하지 않는다는 것이다 (Kuhlmeier et al., 2004). 이것이 사람들은 신체적 두뇌기제를 수반하지 않고도 정신생활을 영위하며 다양한 심적 현상을 수행할 수 있다는 생각을 발달시키는 장을 마련해줄 수 있다(Bloom, 2004).

과학을 배격하기

흡연은 폐암의 위험을 증가시킨다. 인간은 자연선택에 의해 진화하였다. 오늘날의 백신이 자폐증을 초래하지 않는다. 인간의 행위로 인해서 지구가 기후변화를 겪고 있다. 이 모든 진술에 공통적인 한 가지 요인은 해당 분야를 전공한 과학자들이 압도적으로 참이라고 믿고 있음에도 불구하고, 많은 일반대중은 그 진술을 상당히 회의적인 것으로 간주해왔다는 점이다(그리고 때로는 완전히 배격하기조차 한다). 과학자와 과학 교육자 그리고 사회 전반에 있어서 한 가지 중요한 물음은 도대체 어떤 요인이 과학자들의 연구를 통해서 잘 입증된 것으로 간주하는 결론을 배격하는 데 영향을 미치느냐는 것이다. 잘못된 정보에 근거하여 과학을 배격한 결말은 심각할 수 있으며, 공공정책에 상당한 영향을 미치고 수많은 생명을 구할 가능성이 있는 품목(예컨대, 균형 잡힌 영양소를 제공하는 유전자 변형 식품; 치명적 질병을 근절하는 백신; HIV, 즉 인간면역결핍 바이러스의 확산을 예방하는 콘돔 등)을 전면적으로 거부하도록 만들어서 공중보건을 황폐화시키는 결과를 초래할 수 있다(Goertzel, 2010).

한 가지 놀랄 만한 사례를 미국 서부 연안지역에서 찾아볼 수 있다. 1997년에 수자원 관리국이 공학자들에게 이 지역의 만성적인 물 부족 문제를 해결하도록 도움을 요청하였다. 공학자들은 오수를 정화하여 음용수로 다시 공급하는 계획을 세웠다. 과학적인 견지에서는 안전하고도 효율적인 계획이었다. 그렇지만 일반대중은 그 계획을 즉각적으로 철저하게 배격하였다. 좌절에 빠진 공학자들에 따르면, 일반대중은 계획 이면의 과학에 관해서는 들어보려는 관심조차 보이지 않았다(Miller, 2012). 해다드와 동료들(Haddad, Rozin, Nemeroff, & Slovic, 2009)은 사람들이 공학자들의 정수(淨水) 계획을 받아들이게 만드는 심리학적 해결책을 찾기 위하여 오수의 정화와 재사용을 사람들이 어떻게 지각하는지를 알아보려는 대규모 연구를 수행하였다. 연구자들은 놀라울 것도 없이, 정화한 오수에 대한 사람들의 지각이 고전적인 마법적 전염효과 연구에서 얻었던 결과와 매우 흡사한 패턴을 따른다는 사실을 찾아냈다. 즉, 사람들은 일단 오염된 품목(즉, 물)에 자동적이고 부정적인 정서반응을 보였으며, 연방정부와 주정부의 관리기관이 안전하다고 간주하는 수준까지 물을 정화하였을 때조차도 합리적인 주장으로 그러한 정서반응을 약화시킬 수 없었다.

현실적인 다음 단계는 어떤 조치가 정화한 물에 대한 일반대중의 혐오를 완화하는 데 도움을 줄 것인지를 결정하는 것이었다(Haddad et al., 2009). 첫째, 연구자들은 사람들에게 우선적으로 모든 음용수가 과거 어느 시점에선가는 누군가에 의해서 또는 무엇인가에 의해서 오염되었었다고 설명해주면, 정화시킨 물을 받아들일 의도가 증가한다는 사실을 찾아냈다. 예컨대, 많은 지역에서는 오수를 정화한 후 지하수로 흘려보내는데, 이 지하수가 다시 음용수로 공급된다든가, 심지어 '가장 깨끗한' 산악 호수와 개울조차도 최소한도 물고기와 새를 비롯한 많은 동물의 배설물을 포함하고 있다는 등의 설명 말이다(Miller, 2012). 둘째, 비록 효율성이라는 측면에서는 최선일지 모르겠지만, 정화한 오수를 상수도로 직접 공급한다는 아이디어가 사람들을 곤혹스럽게 만드는 까닭은 그렇게 하는 것이 너무나 조급하고 부자연스럽게 보이기 때문이라는 사실을 찾아냈다. 사람들은 만일 오수를 일단 모래와 자갈을 통과하는 계류장으로 방류한 다음에 음용수 정수장으로 천천히 흘려보낸다면, 그 물을 흔쾌히 받아들이고자 하였다(Haddad et al., 2009). 캘리포니아 오렌지카운티에서는 사람들이 마법적 오염효과에 대처하도록 도와주는 이러한 부가적인 조치를 취함으로써 마침내 물 정화계획의 전반적인 승인을 이끌어냈다(Miller, 2012).

밝혀진 것처럼, 물 정화 이야기는 사람들이 마침내 과학을 경청하고 받아들였다는 점에서 상당한 성공담이다. 그렇지만 이것은 그렇게 흔한 사례가 아니며, 심지어 특정 주제를 연구하는 과학계가 거의 완벽한 합의점에 도달하였을 때조차도 일반대중은 여전히 그 결과를 배격하기도 한다. 물론 일반대중이 과학을 배격하는 것을 잠재우는 데는 과학 교육이 필수적이며, 현재의 학생들을 가르치는 것으로부터 출발해야 한다. 그렇지만 미국의 대규모 대학의 학생들을 대상으로 수행한 조사연구를 보면, 최소한 세 개의 과학 교과목을 필수적으로 수강해야 하는 4년간의 고등교육을 통해서도, 학생들이 초자연적 신념을 신봉하는 비율[예컨대, "(태양계) 행성의 위치가 일상 삶의 사건에 영향을 미친다."는 진술을 신봉하는 대학생의 비율이 대략 50%이다]은 시간이 경과하여도 거의 변하지 않았다(Impey, Buxner, & Antonellis, 2012). 에더와 동료들(Eder, Turic, Milasowszky, Van Adzin, & Hergovich,, 2011)은 오스트리아 중학생들의 생각을 조사한 결과, 50%가 진화론을 믿고, 34%가 지적 설계를 인정하였으며, 28%가 창조론을 믿고 있다는 결과를 얻었다. 초자연적 현상(예컨대, 염력, 마법, 예지력 등)에 대한 학생들의 신념은 지적 설계와 창조론에 대한 신념과 정적 상관을 보였지만, 진화론에 대한 신념과는 상관이 없었다. 이 결과는 과학이 지지하지 않는 이론의 수용은 사람들이 과학적 지지증거가 존재하거나 부재할 때 신봉하거나 신봉하지 않으려는 전반적인 경향성을 반영한다는 사실을 시사한다.

르반도프스키와 동료들(Lewandowsky, Oberauer, & Gignac, 2013)은 일부 성인들이 지지증거에 직면하는 경우조차도 기후변화 과학자들의 핵심 주장, 즉 지구의 기후는 인간의 행위가 유발하는 이산화탄소 배출로 인해서 변화하고 있다는 주장을 배격하는 이유를 보다 잘 이해하고자 시도함으로써, 이러한 보편적 아이디어를 확증하였다. 구체적으로 연구자들은 기후변화를 배격하는 사람들이 (1) 규제받지 않는 자유시장과 (2) 음모이론을 신봉하는 경향이 있는지를 물음하였다. 이들의 추리는 다음과 같은 것이었다. 첫째, 역사적 사실은 상대적으로 규제받지 않는 자유시장을 신봉하는 사람들이 정부가 주도하는 규제를 함축하는 과학적 연구결과를 매우 수상쩍게 생각하는 경향이 있음을 시사한다. 만일 과학자들이 지적하는 바와 같이 기후변화가 재앙이라고 믿는다면, 정부는 기업이 이산화탄소 방출을 감소하도록 간섭하거나 자동차를 몰고 다니는 개인의 자유를 제한해야 한다. 둘째, 음모이론을 수용하는 경향성은 기후변화를 배격할 것이라고 예측할 수 있다. 만일 모든 기후변화 과학자들이 기후변화가 실제로 일어나고 있다는 데 동의하는 연구를 발표하지만 누군가 기후변화를 믿지 않는다면, 그 사람은 과학자들의 합의에 관한 또 다른 설명을 내놓을 필요가 있다. 한 가지 그러한 설명은 은밀한 합의 또는 과학자들 간의 음모가 존재한다는 것일 수 있다.

이러한 가능성을 검증하기 위하여, 르반도프스키와 동료들(2013)은 기후변화 블로그를 방문하는 사람들에게 온라인 질문지에 답하도록 요구하였다. 이 질문지는 자유시장 이념(예컨대, "정부의 간섭으로 제약받지 않는 자유시장에 근거한 경제시스템이 자동적으로 인간의 욕구를 가장 잘 충족시키도록 작동한다.")에 대한 신념, 다양한 세부적인 음모이론(예컨대, "다이애나 왕세자비의 사망은 사고가 아니라 그녀를 싫어했던 영국 왕실에 의한 조직적 암살이었다.")에 대한 신념, 그리고 기후변화 연구결과(예컨대, "나는 화석연료의 사용이 상당한 정도로 대기 온도를 높인다고 믿는다.")와 다른 과학적 발견(예컨대, "HIV 바이러스가 에이즈를 초래한다.", "흡연이 폐암을 초래한다.")의 인정을 측정하고자 고안된 것이었다.

연구자들은 자유시장 이념의 신봉이 기상학의 연구결과를 배격하고 흡연-폐암 관계를 배격하는 극단적이리만치 강력한 예측변인이지만, HIV-에이즈의 인과관계를 배격하는 예측변인은 아니라는 사실을 발견하였다. 르반도프스키와 동료들(2013)은 앞의 두 결과가 마지막 결과에 비해서 기업에 대한 훨씬 강력한 규제를 함축하기 때문이라고 제안하였다. 또한 연구자들은 음모이론을 신봉하는 경향성이 이 연구에서 검증하였던 모든 과학적 연구결과의 배격을 예측한다는 결과도 얻었다. 이 결과의 한 가지 가능한 설명은 배격이 권위 있는 인물에 대한 전반적인 불신(예컨대, 과학연구의 배척자는 기후과학자들이 연구의제를 가지고 있으며, 데이터를 엉터리로 보고하거나 왜곡시킬 수 있다고 믿는다)에 근거한 것이지 연구 자체의 특정 측면을 배격한 것은 아니라는 것이다(Lewandowsky et al., 2013).

음모이론

이러한 결과를 놓고 볼 때, 음모이론은 꽤나 강력할 가능성이 있으며 더 많은 관심을 기울여 논의할 가치가 있어 보인다. **음모이론**(conspiracy theory)은 심각한 사건의 발생(예컨대, 2011년 3월 11일 일본 동부해안을 강타한 지진과 쓰나미, 비틀즈 멤버였던 폴 메카트니의 조기 사망)을 자신의 역할을 숨기려고 시도하는 막강한 인물이나 조직의 음모로 설명하려는 시도로 정의할 수 있다 (Douglas & Sutton, 2008; Sunstein & Vermeule, 2009). 예컨대, 한 가지 음모이론은 2011년 3월 11일 쓰나미가 일본에 대한 미국 군대의 의도적인 공격으로 초래되었다고 주장한다. 또 다른 음모이론은 폴 메카트니가 1966년에 사망하였는데, 그의 죽음을 은폐하고는 그때부터 사기꾼 한 명이 그를 대신하여 살아오고 있다고 주장한다.

참과 거짓이 음모이론을 정의하는 한 부분일 필요는 없다는 사실을 지적하는 것이 중요하겠다. 음모이론은 거짓이거나, 부분적으로 참이거나, 완전히 참일 수 있다. 참이냐 거짓이냐는 문제를 제쳐두는 것이 판단과 의사결정 연구를 수행하는 데 특히 유용하다. 음모이론을 생성하고 유지시키는 추리패턴을 이해하는 데에만 초점을 맞출 수 있기 때문이다. 정의상 음모이론은 이로울 수도 있고 해로울 수도 있지만, 연구자들은 해로울 가능성에 더 초점을 맞추어온 경향이 있었다. 어떤 음모이론은 비교적 무해하다. 예컨대, 많은 어린 자녀에게 무소불위의 힘을 행사하는 부모는 짐짓 비밀스럽게 산타클로스라는 사람이 매년 크리스마스이브에 선물을 가져다준다는 엉터리 음모이론을 퍼뜨린다(Sunstein & Vermeule, 2009). 그렇지만 다른 음모이론은 믿을 수 없을 정도로 해로우며, 전쟁이나 대학살과 같이 엄청나게 해로운 결과를 촉발시킬 잠재력을 가질 수도 있다(Goertzel, 2010).

음모이론 추리의 가장 멋들어진 특징 중 하나는 일단 사람들이 음모이론을 받아들이고 나면 새롭게 제시하는 상반된 증거를 받아들이는 데 믿을 수 없을 만큼 강력하게 저항할 수 있다는 점이다(Clarke, 2010). 이 현상은 **신념 집착**(belief perseverance)이라고 알려져 있으며(Lieberman & Arndt, 2000), 음모이론 신념의 경우에 특히 강력할 수 있다. 한 가지 이유는 음모이론의 핵심, 즉 중요한 사건의 발생은 권력자의 은밀한 음모와 공작으로 거슬러 추적할 수 있다는 신념이 증거 자체조차 진행 중인 음모와 공작의 한 부분이라고 주장함으로써 어떤 상반된 증거도 쉽게 설명할 수 있기 때문이다. 이러한 의미에서 음모이론을 신봉하는 사람은 매우 일관성을 유지한다. 이에 덧붙여서, 이러한 접근을 취하는 사람은 누군가 사건이 일어나도록 의도하였다고 가정함으로써 그 사건을 가장 잘 설명할 수 있다고 생각한다(Popper, 1959). 사람들, 특히 서구 국가의 사람들이 특정인의 행동을 외적 요인과 대립되는 것으로서 내적 요인으로 설명할 수 있다고 가정하는 경향성을 가지고 있다는 사실(예컨대, Jones & Davis, 1965)은 이러한 아이디어와 일맥상통한다. 마지막으로 이러한 접근을 취하는 사람은 일반적으로 (상이한 사람들과 대상들이 저지른 수많은 소소하고 의도하지 않았던 사건들이 어떻게 설명하려는 중차대한 사건으로 이끌어갔는지 밝히려는 복잡한 인과적 설명과 대비되는) 단순하고 직접적인 인과적 설명에 대한 선호도를 나타낸다(Sunstein & Vermeule, 2009).

따라서 복잡한 사건에 대한 음모이론 접근은 놀라우리만치 광범위한 설명력을 가지고 있는 매우 단순한 핵심 아이디어에 전적으로 매달린다는 점에서 지극히 간결하다(Sunstein & Vermeule, 2009). 그렇지만 은밀한 음모와 공작이 특정 사건과 관련된 모든 것을 설명할 수 있다는 개괄적인 이론에 전적으로 의존할 때, 사람들은 몇 가지 문제점에 직면할 수 있다. 최근에 우드와 동료들(Wood, Douglas, & Sutton, 2012)은 기발한 연구를 통해서 한 가지 심각한 문제점을 집중 조명하였다. 단일 현상에 대한 잠재적 설명으로 여러 세부적인 음모이론이 제기되기 십상인데, 그 이론들은 뻔뻔할 정도로 상호 모순적이기도 하다. 예컨대, 한 음모이론은 다이애나 왕세자비가 1997년 8월 31일 사망한 것처럼 꾸민 것에 불과하며, 정부 관료는 그녀가 사망하였다는 거짓말을 퍼뜨렸다고 주장한다. 다른 음모이론은 알파예드 가문[5]과 사업상 적대적 관계에 있는 집단이 그녀를 살해하였으며, 정부 관료는 그녀가 사고로 사망하였다는 거짓말을 퍼뜨렸다고 주장한다. 두 가지 음모이론이 근본적으로 상호모순적임에도 불구하고(즉, 다이애나 왕세자비가 동시에 살아있으면서 죽을 수는 없다), 둘은 모두 정부 관료의 은밀한 음모라는 핵심 아이디어와 양립할 수 있다는 점에 주목하기 바란다.

우드와 동료들(2012)이 제기한 물음은 한 가지 특정 음모이론을 신봉하는 사람이 다른 음모이론도 신봉하는 경향이 있는지에 관한 것이었다. 놀랍게도 연

---

5. 이집트의 대단한 사업가인 모하메드 알파예드의 다섯 번째 아들인 도디 알파예드가 다이애나 왕세자비의 연인이었으며 1997년 프랑스 파리에서 함께 교통사고로 숨지는 사고가 일어났다. 이에 알파예드 가문은 영국 왕실을 사고의 배후라고 주장하며 사립탐정을 고용하여 사건을 조사하기도 했다. -역주

구자들은 다이애나 왕세자비가 죽음을 가장하고 여전히 살아있다고 믿는 영국 대학생들이 알파예드의 적대자가 그녀를 살해하였다는 음모이론도 동시에 믿을 가능성이 유의하게 높다는 결과를 얻었다. 이러한 결과가 놀라운 것이기는

생각상자 13.1

백신-자폐증 논란

1998년에 한 유명 의학저널이 아동기에 널리 접종하는 백신 하나가 자폐증 사례의 증가를 초래할 수 있음을 시사하는 논문 하나를 게재하였다. 그 논문은 통제조건, 즉 비교집단도 없는 상태에서 자신의 결론을 지지하는 것으로 보이는 12명의 사례만을 기술하였다. 대중매체의 열화 같은 보도를 등에 업은 이 결과는 관례적으로 어린 아동에게 그 백신을 접종하는 영국과 미국을 비롯한 여러 국가의 일반대중 사이에 널리 알려지게 되었다. 그렇지만 2004년경부터 그 증거에 의문이 제기되기 시작하였다. 그 논문의 저자 대부분은 공식적으로 데이터에 대한 원래의 해석을 철회하였으며, 저널 편집인도 논문 자체를 공식적으로 철회하였다. 그렇지만 그 논문의 내용 중 여러 부분이 또 다른 유명 의학저널에 실렸다. 마침내 미국 의학협회가 200개가 넘는 연구에 대한 학술적 개관을 수행하여, 백신과 자폐증 간의 어떠한 인과적 연계도 찾아볼 수 없다는 결과를 얻었다(Nature Publishing Group, 2007).

그렇지만 대다수 일반대중은 과학연구가 그러한 연계를 명백하게 입증하였다고 계속해서 믿었다. 예컨대, 2011년에 실시한 조사에서 미국인의 69%가 백신과 자폐증 간의 연계를 보여주는 연구를 들은 적이 있다고 답한 반면에, 단지 47%만이 그 논문은 철회되었다는 소식을 들었다고 답하였다. 미국 질병통제예방센터는 자녀를 대신하여 백신 접종을 거부하거나 뒤로 미룬 부모의 비율이 2003년의 22%에서 2008년에는 39%로 증가하였다고 보고하였다. 영국에서 홍역을 앓은 사례가 2011년에는 수십 명에 불과하던 것이 다음 해인 2012년에는 1,920명으로 늘어났으며, 2013년 1사분기에만도 587명으로 늘어났다(Public Health England, 2013). 이에 덧붙여서, 상당한 비율의 연구재원을 백신과 자폐증 간의 연계를 검증하는 연구로 돌리게 되었는데, 이것은 필연적으로 자폐증의 예방과 치료의 문제를 다루었을 희망적인 연구방향을 희생시키고 말았다(Institute of Medicine, 2004). 그렇지만 이것이 의학적 논제에 관한 최초의 정보를 철회한 후에도 그 정보가 사람들의 마음과 신념에 오랫동안 끈질기게 생명을 유지한 최초의 사례도 아니며 마지막 사례도 아니다. 의학 연구가 일단 일반대중에게 알려진 후 그 연구의 충격을 최소화하기 위하여 (개인이든, 교사이든, 연구자이든, 의사이든, 대중매체이든, 정부이든지 간에) 누군가가 합리적인 조치를 취할 수 있는 어떤 구체적인 방법이 존재하는가?

하지만, 상이한 참가자 집단을 대상으로 수행한 후속연구도 매우 유사한 결과를 나타냈다. 오사마 빈 라덴이 여전히 살아있으며 그의 죽음은 미국 정부가 퍼뜨린 거짓말이라고 믿고 있는 영국 대학생들은 미군이 은둔장소에 침투하였을 때 그는 이미 사망한 후였으며 미군의 손에 사망하였다는 주장은 거짓말이라고 믿을 가능성도 매우 높았다. 이 경우에도 한 사람이 동시에 살아있으면서 죽을 수는 없다는 부인할 수 없는 사실에도 불구하고, 사람들이 두 신념을 모두 받아들였던 것이다. 우드와 동료들(2002)의 결과는 음모이론 신봉자가 권력자의 은밀한 음모라는 핵심 신념의 영향을 강력하게 받으며, 세부사항 간의 양립가능성에는 관심을 기울이지 않는다는 사실을 시사하고 있다.

오정보 교정하기

일반적으로 엉터리 아이디어가 심어진 후에는 그 잘못을 바로잡는 정보를 가지고 뿌리 뽑기가 매우 어렵다는 사실이 확실하게 자리를 잡아왔다. 심지어 사람들이 신념 집착을 보이지 않으며 그 교정 정보를 이해하고 용인하는 것으로 보일 때조차 그렇다(Lewandowsky, Echer, Seifert, Schwartz, & Cook, 2012). 이 현상을 **지속적 영향 효과**(continued influence effect)라고 부른다(Johnson & Seifert, 1994). 사람들이 오정보에 대한 교정을 어떻게 받아들이는지에 관한 몇몇 초기 연구에서는, 참가자들이 한 사건(예컨대, 창고 화재사건)에 관한 이야기를 읽고는 오정보(예컨대, 화재는 벽장에 들어있던 유성 페인트와 가스 용기가 초래하였던 것으로 보인다는 정보)를 알게 되는데, 나중에 이 정보는 철회된다(예컨대, 사실은 화재가 발생하였을 때 벽장은 비어있었던 것으로 판명된다). 이 계열의 연구는 놀랄 만치 일관성을 가지고 철회가 사람들의 판단에 미치는 오정보의 효과를 결코 완벽하게 제거하지 못한다는 사실을 보여주었다(Wilkes & Leatherbarrow, 1988). 이 사실은 사람들이 교정 정보를 이해하고 받아들였는지 여부와는 무관한 것이었다(Lewandowsky et al., 2012). 몇몇 연구에서는 철회가 판단에 대한 오정보의 영향력을 약화시키는 데 아무런 역할도 하지 못하였다(예컨대, Johnson & Seifert, 1994).

더욱 극적인 사실은 콜린 사이퍼트(Colin M. Seifert, 2002)가 원래의 '창고 화재사건' 연구를 부분적으로 변형한 부가적인 연구를 실시하였을 때 "페인트와 가스는 창고 안에 절대로 없었다."와 같이 '명백하게' 부정하는 진술을 첨가하는 것이 커다란 반동효과(rebound effect)를 보였다는 점이다. 즉 이렇게 명백한 진술이 오히려 오정보가 사람들의 판단에 영향을 미칠 가능성을 더욱 증가시켰던 것이다. 마찬가지로 길버트와 동료들(Gilbert, Krull, & Malone, 1990)은 사람들에게 매우 명시적인 부정 표지가 붙은 진술(예컨대, 거짓 : "나는 행복하다.")을 보여주고, 그 진술을 읽을 때 방해를 하거나 상당한 인지 부하를 가하게 되면, 우선은 그 사람이 행복하다고 부호화하고는 그 정보가 거짓이라는 사실을 부호화하는 데 실패한다는 결과를 얻었다. 언어심리학 연구는 어째서 이런 일이 벌어지는지를 설명하는 데 도움을 준다. 언어심리학 연구는 'not guilty'(무죄)와 같은 부정 진술을 볼 때, 사람들이 'guilty'를 진술의 핵심부분으로 부호화하며 부정 표지 'not'은 부록이나 꼬리표로 부호화하는 것으로 보인다는 사실을 보여주어 왔다(Mayo, Schul, & Burnstein, 2004). 예컨대, 사람들이 부정 진술('not guilty')의 의미를 처리할 때 그에 상응하는 진술('innocent')의 의미를 처리할 때보다 시간이 유의하게 더 오래 걸린다. 이 사실은 등가적인 의미를 가지고 있음에도 불구하고 사람들이 두 가지 유형의 진술을 동일하게 부호화하지 않음을 시사한다.

이와 관련하여, 하나의 진술을 반복해서 듣는 것은, 비록 나중에 그 진술을 철회하는 경우조차도 그 진술이 기억에 단단히 자리 잡을 가능성을 증가시키며, 그 진술을 다시 들을 때 친숙감을 제공하게 된다(Ecker, Lewandowsky, Swire, & Chang, 2011). 슈워츠와 동료들(Schwarz, Sanna, Skurnik, & Yoon, 2007)은 일반대중을 위한 '오해 대 사실' 정보 캠페인이 사실보다는 오해와 더 일관성을 나타내는 행동으로 이끌어가서, 전형적으로 역효과를 내는 중요한 원인일 수 있다고 주장하였다. 예컨대, 세계보건기구(WHO)는 2013년에 백신 접종에 관한 일반의 오해 목록을 기술하고, 알려진 사실의 진술과 함께 그 오해가 틀렸음을 알리는 사설을 온라인에 게시하였다(예컨대, "오해 1 : 좋은 위생시설이 질병을 사라지게 하며, 백신은 필요하지 않다. 거짓이다.", "사실 1 : 만일 백신 접종 프로그램을 중지한다면, 백신으로 예방할 수 있는 질병이 재발한다."). 이 사설을 인쇄한 글을 읽은 사람은 그 내용을 이해하며, 어느 진술이 오해이며 어느 진술이 사실인지를 즉각 기억해낸다. 그렇지만 대략 30분 후에 검사해보면, 그 인쇄물을 받지 않았던 사람보다 '오해'를 '사실'로 잘못 확인할 가능성이 더 높았다(Schwarz et al., 2007)! 또한 인쇄물을 받지 않았던 사람보다 나중에 백신을 접종하겠다는 데 동의할 가능성이 더 낮았다. 마찬가지로, 법정의 배심원들도 재판에 앞선 일반대중의 관심이 판결에 영향을 미칠 것이라고 생각하는지를 물어보게 되면, 재판 전에 대중의 관심을 허용함으로써 피고에 대한 자신의 판결에 영향을 받을 가능성이 높아진다(Freedman, Martin, & Mota, 1998). 가장 단순한 결론은 사람들이 바람직하지 않은 정보에 노출될수록, 그 정보가 판단에 영향을 미친다는 것이다.

앞선 정보를 무시하라고 요청하는 어조도 **저항**(reactance), 즉 자신이 선택한 대로 생각하고 행동하려는 자유에 대한 위협을 지각할 때 사람들이 강력한 생리적 반응을 경험하는 경향성을 예방하는 데 있어서 중요한 역할을 담당한다(Brehm & Brehm, 1981). 몇몇 연구자는 이러한 생리적 반응이 지시받은 내용과 반대로 생각하거나 행동하려는 사람들의 의도를 강화할 수 있다는 사실을 보여주었다. 예컨대, 판사가 배심원에게 법정에서 합법적으로 용인할 수 없는 증거를 무시하도록 요구할 때, 배심원은 판사가 아무 말도 하지 않았을 때보다 그 사전 정보에 더욱 강력하게 매달리는 경향이 있다(Lieberman & Arndt, 2000). 이 현상은 널리 알려졌으며, **역화 효과**(backfire effect)라고 부른다. 예컨대, 콕스와 탠포드(Cox & Tanford, 1989)는 피고에게 불리한 증거를 무시하도록 요구받은 배심원이 그렇지 않은 배심원보다 피고에게 더 가혹한 처벌을 가하는 경향이 있다는 결과를 얻었다.

관련된 물음은 오정보 자체에 들어있는 정서성의 수준이 지속적 영향 효과의 강도에 영향을 미치는지 여부이다. 한 가지 그럴듯한 가설은 사람들이 정서를 담고 있는 정보를 더 잘 기억해낸다는 사실을 보여주는 선행연구에 근거할 때, 사람들로 하여금 높은 수준의 부정 정서를 경험하도록 이끌어가는 오정보 내용이 교정 정보에 더욱 저항하게 만든다는 것이다(Levine & Pizarro, 2004). 합리적인 대안 가설은 정서가 특정기억을 그 출처와 결합시키는 것을 방해한다는 선행 증거들이 있기 때문에, 매우 부정적인 오정보를 교정하기가 더 쉽다는 것이다(Mather, 2007). 이러한 가능성들을 검증하기 위하여, 엑커와 동료들(Ecker,

Lewandowsky, & Apai, 2011)은 사람들에게 가상적인 비행기 추락사건에 관한 이야기를 읽도록 요구하면서, 그 사건을 테러분자의 공격과 연합시키거나(매우 정서적인 오정보이다) 나쁜 날씨와 연합시키는(덜 정서적인 오정보이다) 처치를 가하였다. 두 조건 모두에서 오정보를 철회하고는 연료탱크의 오작동이라는 '실제' 원인을 제공하였다. 정서성 처치는 사람들의 정서에 유의한 영향을 미침으로써, 그 처치가 성공적이었으며 사람들이 그 처치를 알아차렸다는 사실을 나타냈다. 그럼에도 불구하고 흥미로운 사실은 지속적 영향 효과가 여전히 매우 신뢰롭게 나타났으며, 오정보의 정서성이 지속적 영향 효과의 강도에 전혀 영향을 미치지 않았다는 점이다. 따라서 처음에 잘못된 인상을 형성하는 뉴스 헤드라인과 엉터리 증거를 알리는 성급한 뉴스보도는 일반적으로 최초의 보도가 정서성이 높은지 여부에 관계없이 교정하기가 매우 어려운 경향이 있다.

집행자 제어와 신념

이러한 결과를 놓고 볼 때, 합리적인 물음은 입증되지 않은 신념에 맞서 싸우는 데 있어서 하향처리적인 집행자 제어가 어떤 역할을 담당하느냐는 것이다. 첫째, 사려 깊은 통제처리 자체가 그러한 신념을 생성하는 경우가 실제로 존재한다는 사실을 깨닫는 것이 중요하다. 예컨대, 몇몇 연구자는 외계인의 유괴와 실험에 관한 주장이 수면 마비라는 명백한 일화에 근거한 것이기 십상이라고 제안해왔다. 여기서 수면 마비란 사람들이 REM 수면 도중에 의식적이게 되지만 여전히 REM의 일시적인 마비를 경험하고 있는 병리적이지 않은 현상이다(Holden & French, 2002). 이에 덧붙여서, 수면 마비 중에 각성시 환각(잠에서 깨어날 때 경험하는 다양한 감각)이 보편적으로 나타나는데, 전기가 통할 때의 아린 감각, 근처에 누군가 존재한다는 시각적 환각, 윙윙거리는 소음 등을 포함한다(Clancy, McNally, Schacter, Lenzenweger, & Pitman, 2002). 수면 마비를 경험하는 사람 중 일부분은 이러한 경험을 다른 어떤 국가보다도 미국과 영국의 일반대중 사이에서 널리 알려져 있는 외계인 유괴라는 문화 스크립트에 따라서 해석한다(Lynn, Pintar, Stafford, Marmelstein, & Lock, 1998). 실제로 외계인과 접촉한 적이 있다고 믿는 영국의 일반대중은 그렇게 믿지 않는 대응집단보다 수면 마비를 경험하였을 가능성이 훨씬 더 높았다(French, Santomauro, Hamilton, Fox, & Thalbourne, 2008). 따라서 어떤 사람이 수면 마비와 각성시 환각을 경험하며 외계인 유괴 문화 스크립트에 매우 친숙함에도 불구하고 수면 마비나 각성시 환각 현상에 관한 이야기를 결코 들어본 적이 없다면, 외계인 유괴라는 신념은 통제처리를 통해서 발생한 것이 된다.

제3자의 입장에서 그러한 사례를 살펴보더라도, 사람들이 때로는 너무나도 신속하고 용이하게 그러한 신념으로 비약한다는 느낌을 저버릴 수가 없다. 어떤 새로운 아이디어이든 그것을 받아들이기에 앞서 의구심을 가지고 접근하고 철저하게 평가하는 것이 최선이라고 제안할 수 있겠다. 그렇지만 길버트와 동료들은 일반인들이 정보를 이해한 다음에 그것을 배격하기로 결정할 수는 없다고 제안하였다(Gilbert, 1991; Gilbert, Krull, & Malone, 1990; Gilbert, Tafarodi, & Malone, 1993). 대신에 이들은 철학자 스피노자(1677/1982)의 아이디어에 발맞추어 사람들이 정보를 이해하는 과정에서 그 정보를 자동적으로 받아들인다고 제안하였다. 즉, 사람들은 어떤 정보를 처음 읽을 때 그 정보에 관한 신념을 피할 수 없으며, 그 정보를 배격하기 위해서는 의도적인 과정을 통해서 그 정보를 평가하고 받아들일 것을 거부해야만 한다는 것이다. 한 연구에서 길버트와 동료들(1990)은 사람들에게 외국어 학습을 연구한다는 미명하에 무의미한 진술들(예컨대, "모니시나는 별이다.")을 제시하였다. 각 진술 후에 참가자들은 몇 초 동안 빈 화면을 보았다. 그런 다음에 "그 진술은 참이다." 또는 "그 진술은 거짓이다."라는 문장을 읽었는데, 그 과정에서 특정 소음이 동일한 수의 '참' 시행과 '거짓' 시행에서 참/거짓 확인을 차단시켰다. 모든 진술을 제시한 후에, 참가자들에게 일련의 진술이 '참'인지 '거짓'인지 확인하도록 요구하였을 때, 소음에 의한 차단이 참인 진술을 '참'이라고 정확하게 확인해내는 사람들의 능력에는 아무런 효과가 없었지만 거짓 진술을 '거짓'이라고 정확하게 확인해내는 능력을 심각하게 훼손하였다(즉, 거짓 진술을 '참'이라고 말하려는 강력한 경향성이 있었다).

후속연구에서 길버트와 동료들(1993)은 거짓 정보의 처리가 시간 압박을 받을 때도 사람들이 그 정보를 배격하지 못할 수 있다는 결과를 얻었다. 한 연구에서는 참가자들에게 우선 '밥'이라는 가상 인물에 관한 대체로 중립적인 진술들을 보여주었다. 그런 다음에 '밥'에 관한 두 번째 묶음의 진술을 제시하였는데, 어떤 것은 참이고(즉, 앞서 제시하였던 진술) 다른 것은 거짓이었다. 어떤 참가자는 두 번째 묶음에서 대체로 긍정적인 진술을 보았으며, 다른 참가자는 대체로 부정적인 진술을 보았다. 참가자들에게 두 번째 묶음에 들어있는 각 진술의 참 또는 거짓을 의식적으로 평가하거나 아니면 단지 빠르게 읽어보기만을 요구하였다. 핵심 물음은 참가자들이 연구 종료 시점에서 '밥'을 얼마나 좋아하거나 싫어하는지 여부였다. 두 번째 묶음의 진술이 '밥'에 대한 사람들의 호오도(好惡度)에 강력한 영향을 미쳤지만 오직 그 진술을 빠르게 읽었을 때에만 그러하였으며, 이 결과는 스피노자의 아이디어와 맥을 같이하는 것이었다. 진술을 의식적으로 평가하도록 허용하였을 때는 진술이 '밥'에 대한 사람들의 호오도에 아무런 영향을 미치지 않았다. 마찬가지로, 켈리먼과 로세트(Keleman & Rosset, 2009)는 사람들이 시간 압박을 받을 때는 자연현상에 관하여 과학이 보장하지 않는 목적론적 설명(예컨대, "동물이 숨을 쉴 수 있도록 나무가 산소를 생성한다.")을 받아들일 가능성이 더 크다는 사실을 보여주었다. 길버트와 동료들은 사람들이 대체로 선천적인 신봉자이지만 노력을 기울이면 회의론자가 될 수 있는 능력도 가지고 있다고 제안하였다. 이 능력이 대인지각에서 갖는 잠재적 영향력은 대단한 것이다. 즉, 만일 의도적인 의심과정이 방해받거나 차단된다면(예컨대, 동시에 다른 것도 생각하고 있다면), 사람들에 대한 첫인상을 신뢰하는 데 신중해야만 한다.

만일 이것이 사실이라면, 근거 없는 현상(예컨대, 초자연적 현상)을 신봉할 것인지를 예측하는 하향처리 집행자 제어에서 개인차가 있을 것을 기대할 수 있다. 실제로 자동적이고 발견법이 주도하는 반응을 보다 통제적이고 신중한 처리로 압도해버리는 능력으로 해석할 수 있는 쉐인 프레드릭(Shane Frederick, 2005)의 인지반영검사(Cognitive Reflection Test, CRT)에서의 정확 반응은 초자연적 신념을 받아들이지 않는 경향성을 예측한다(Pennycook, Cheyne, Seli, Koehler, & Fugelsang, 2012; 제1장 참조). 스베드홀름과 린드먼(Svedholm & Lindeman, 2012)도 자신의 견지와는 무관하게 어떤 주장을 객관적으로 따져보는 능력 그리고 정보를 의심해보려는 의지라는 측면에서 반성적 사고의 개인차가 초자연적 신념의 배제를 예측한다는 결과를 얻었다. 특히 집행자 제어와 회의적인 태도에 존재하는 명백한 개인차에 비추어볼 때, 스피노자식의 신념처리 능력을 가지고 있다는 것이 표현의 자유에 어떤 의미를 갖는지를 따져보는 것도 흥미로운 일이다(Gilbert et al., 1993). 일부 사람들이 아이디어의 공개시장에서 찾아볼 수 있는 몇몇 거짓 신념을 믿거나 배척하는 데 실패하는 것은 거의 필연적인 것으로 보인다. 그렇지만 아이디어를 제한하는 것은 최선의 아이디어가 공개될 가능성을 훨씬 더 떨어뜨릴 수 있다(Gilbert et al., 1993). 더욱 심각한 문제는 아이디어에 제약을 가하고 공개적인 정보에 제한을 가하는 것이 의도하지 않은 채 음모이론을 위한 이상적인 조건을 만들어낼 수 있다(Sunstein & Vermeule, 2009). 그렇기 때문에, 이 논제를 둘러싼 긴장이 공개적인 담론에서 항상 출현하는 조짐을 보이는 것이다.

결론

요약컨대, 사람들이 마법적 전염, 증거가 지지하지 않은 초자연적 현상, 음모이론 등에 관한 신념을 형성하고 유지하는 여러 가지 방법을 살펴보았다. 역으로 사람들은 때때로 과학연구가 강력하게 지지하는 현상을 배격하기도 한다. 일단 처리한 정보는 의사결정에서 배제하기가 어려운 것으로 악명이 높다. 심지어 사람들이 그 정보의 철회를 의식적으로 믿고 받아들일 때조차도 그렇다. 마지막으로 믿음과 불신 모두를 배양하는 데 있어서 하향처리 집행자 제어의 잠재적 역할을 논의하였다. 다음 장에서는 자신과 타인에 관한 신념이 어떻게 사회라는 맥락에서 전개되는지를 살펴본다.

논의를 위한 물음

1. 학생회가 발행하는 교내신문이 과학이 인정하는 아이디어에 반하는 아이디어(예컨대, 진화론의 배격)를 게재하는지를 검열하기로 대학 이사회가 결정하였다고 가정해보라. 신념의 본질과 신념에 기저하는 처리과정에 관하여 이 장에서 소개한 증거에 근거하여, 여러분은 이러한 결정이 바람직하다고 믿는지 아닌지를 논의하고 그 이유를 제시해보라.

2. 이 장에서 논의한 오정보 교정에 관한 연구를 놓고 볼 때, 사람들이 매년 가을 독감 백신을 맞도록 설득하기 위하여 학교와 직장에 배포할 유인물을 설계하는 최선의 방법은 무엇이겠는가?

3. 종교가 초자연적 현상의 정의에 들어맞는지에 관한 논쟁이 존재한다(Irwin, 2009). 종교는 초자연적 현상의 한 가지 사례일 뿐인가, 아니면 어떤 면에서든 근본적으로 다른 현상인가? 이 분야에서 연구를 수행한 연구자의 조망을 차용한다면, 여러분의 의견은 어떤 것인가? 그리고 그 이유는 무엇인가?

더 읽을거리

Gilbert, D. T. (1991). How mental systems believe. *American Psychologist, 46*(2), 107–119.

Lewandowsky, S., Echer, U. K. H., Seifert, C., Schwartz, N., & Cook, J. (2012). Misinformation and its correction: Continued influence and successful debiasing. *Psychological Science in the Public Interest, 13*(3), 106–131.

Lindeman, M., & Aarnio, K. (2007). Superstitious, magical, and paranormal beliefs: An integrative model. *Journal of Research in Personality, 41*(4), 731–744.

제**5**부
·····································

사회에서의
판단과 의사결정

도덕 판단과 협력 **14**

학습목표

이 장을 마무리하게 되면, 여러분은 다음을 수행하였을 것이다.

- 사람들의 개인적 정체감 개념에서 도덕성의 역할에 관한 연구결과를 평가하였다.
- 콜버그(1971)의 기념비적인 도덕 발달 단계와 성별을 고려한 길리건(1982)의 역제안을 비교하고, 둘 사이에서 판결을 내리려는 연구들을 살펴보았다.
- 도덕 판단에서 정서의 역할을 기술하고 설명하는 방식이라는 측면에서 합리주의자 모형과 이중과정 모형 간의 차이를 살펴보았다.
- 도덕 딜레마에 관한 인지신경과학 연구와 행동반응 연구가 어떻게 판단에 관한 오늘날의 이해를 조성해왔는지를 살펴보았다.
- 결정론, 자유의지, 도덕적 책무성 간의 관계에 관한 일반대중의 판단을 살펴보았다.
- 비록 몇몇 합리주의자 모형은 공공재가 존재할 수 없다고 예측하고 있다 하더라도, 어떻게 관례적으로 공공재를 개발하고 유지하는 것인지에 관한 증거를 개관하였다.

핵심용어

- 개 꼬리로 다른 개의 꼬리 흔들기 오류
  (wag-the-other-dog's-tail illusion)
- 개 꼬리로 몸통 흔들기 오류
  (wag-the-dog illusion)
- 게임이론(game theory)
- 공공재(public goods)
- 공유지의 비극(tragedy of the commons)
- 내쉬 균형(Nash equilibrium)
- 맞받아치기(Tit for Tat)
- 무임승차(free riding)
- 사회적 상호작용자 모형
  (social interactionist model)
- 사회적 직관주의자 모형
  (social intuitionist model)
- 신체 표지 가설(somatic marker hypothesis)
- 인습적 수준(conventional level)
- 전이효과(transfer effect)
- 전이효과의 인과 모형 이론
  (causal model theory of transfer effects)
- 전인습적 수준(pre-conventional level)
- 제로섬 게임(zero-sum game)
- 죄수의 딜레마(prisoner's dilemma)
- 콜버그의 도덕 발달 단계
  (Kohlberg's stages of moral development)
- 트롤리 딜레마(trolley dilemma)
- 풋브리지 딜레마(footbridge dilemma)
- 합리주의자 견해(rationalist view)
- 후인습적 수준(post-conventional level)

루마니아 출신의 미국 작가이자 교수이며 사회활동가였던 엘리 위젤(Elie Wiesel)이 2016년 7월 2일 서거하였을 때, 그의 주요 업적을 기술한 부고 (訃告) 기사가 전 세계의 주요 뉴스매체에 실렸다. 위젤의 부고 내용은 홀로코스트 생존자로서의 경험, 악을 목격할 때 그 악에 맞서 목소리를 높이라고 주장한 그의 글, 1986년 노벨 평화상 수상, 도덕적 기반에서 그를 비판한 사람들, 그리고 전 세계에서 발생하고 있는 대량 학살행위의 희생자를 위한 지원을 끊어버린 것에 대해서 미국정부를 공개적으로 꾸짖었던 시기 등에 초점을 맞추었다 (Homberger, 2016 참조).

요컨대, 위젤의 도덕적 품성이 부고기사의 핵심이었다. 도덕성이야말로 그의 가장 유명한 특질이었기 때문에 그의 도덕성에 초점을 맞춘 것은 도리에 맞는 일이었다. 그렇지만 2009년 6월부터 2012년 6월에 이르기까지 뉴욕타임스에 게재된 거의 모든 부고를 분석한 결과를 보면, (좋은 것에서부터 나쁜 것에 이르기까지) 도덕적 품성에 관한 기술이 (따뜻함에서부터 냉담함에 이르기까지) 인간관계의 온화함과 사교성을 압도한다는 사실을 알 수 있다(Goodwin, Piazza, & Rozin, 2014). 아마도 누군가 사망하고 그의 삶을 돌이켜볼 때, 사람들은 온화함과 같은 성격특질보다는 그의 도덕적 품성을 더 많이 생각하는 경향이 있는 것으로 보인다. 아니면 사람들은 일반적으로 도덕적 품성을 한 개인의 정체성에서 핵심을 이루는 것으로 생각하는 경향이 있는지도 모른다(Goodwin et al., 2014). 모든 사람은 도덕적(또는 비도덕적) 품성, 상이한 성격특질, 상이한 능력, 그리고 일련의 선호도와 원망으로 구성된 개인적 정체성을 발달시킨다고 가정해보자. 사람들은 한 개인을 정의하는 데 있어서 어느 특성이 가장 중요하다고 느끼는가? 즉, 어느 특성이 개인의 정체성에서 가장 중요하다고 생각하는가?

점증하는 연구결과는 사람들이 도덕성을 자신의 개인적 정체성에서 핵심 성분으로 간주하며, 심지어는 자신의 기억보다도 더 중요하게 생각한다는 사실을 시사한다. 예컨대, 스트로밍거와 니콜스(Strohminger & Nichols, 2014)는 참가자들에게 지금부터 40년 후에 부분적인 두뇌이식 수술을 받는 어떤 사람의 가상적 사례를 생각해보도록 요구하였다. 어떤 참가자에게는 그 사람의 사고와 행동이 이식 후에도 변하지 않았다고 알려주었다(통제조건). 다른 참가자에게는 그 사람의 장기기억이 상실되었지만, 다른 모든 면에서는 똑같다고 알려주었다. 또 다른 참가자에게는 그 사람이 이식 후에 비도덕적으로 변하여, 더 이상 다른 사람과 공감할 수 없고 도덕적으로 옳고 그른 것을 판단할 수 없지만, 다른 모든 면에서는 똑같다고 알려주었다. 그런 다음에 모든 참가자에게 그 사람이 두뇌이식 후에도 여전히 동일한 사람인 정도를 평가하도록 요구하였다. 결과를 보면, 도덕성을 상실하였다고 알려준 참가자가 모든 삶의 기억을 상실한 가상적 인물을 포함하여 다른 사례를 판단한 참가자보다 그 사람이 개인적 정체성을 유의하게 적게 유지하고 있다고 느꼈음을 알 수 있다(Strohminger & Nichols, 2014).

스트로밍거와 니콜스(2014)는 이 결과에 근거하여 또 다른 참가자 집단에게 40년 만에 어떤 친구를 만났는데, 그 친구가 여러 가지 상이한 측면에서 변하였다고 가정해보도록 요구하였다. 그 변화에는 도덕성에서의 긍정적 변화와 부정적 변화(예컨대, 인종주의자가 되었다, 관대해졌다, 도둑질할 가능성이 높아졌다, 인정이 많아졌다), 성격에서의 변화(예컨대, 모험적이 되었다, 학습속도가 느려졌다, 수줍어한다, 예술적이다), 그리고 사고능력, 기억능력, 지각 능력(예컨대, 시각, 청각, 미각 등과 관련된 능력), 선호도와 원망(예컨대, 과자를 좋아한다, 운동을 싫어한다) 등에서의 변화가 포함되었다. 그런 다음에 참가자들은 총 56가지 변화 각각이 그 친구의 개인적 정체성(즉, '진정한 자기')을 얼마나 변화시켰는지를 평가하였다. 스트로밍거와 니콜스(2014)는 참가자들이 평균적으로 '진정한 자기'에 유의한 영향을 미쳤다고 느낀 상위 14가지 변화가 모두 참가자에게 보여주었던 14가지 도덕성 변화라는 사실을 찾아냈다. (성격 변화를 정체성에서 그다음으로 중요한 것으로 간주하였다.) 이렇게 현저하게 명쾌하고도 놀라운 결과는 사람들이 성격, 정신능력, 기억, 선호도에 앞서 무엇보다도 도덕성을 자신의 개인적 정체감에서 핵심적인 것으로 간주한다는 사실을 시사한다.

도덕 판단

콜버그의 도덕 발달 단계

적어도 이론적으로는 도덕성이 사람들에게 가장 중요한 것으로 보이기 때문에,

사람들이 어떻게 도덕 판단을 내려야 하는지에 관한 철학적 논쟁이 오랜 세월에 걸쳐 진행되어 왔다는 사실은 놀라울 것이 없다. 반면에 사람들이 실제로 어떻게 도덕 판단을 수행하는지에 관한 기술적 행동이론은 보다 소수의 최근 연구로 범위를 좁힐 수 있다. 도덕 판단에 대한 전통적인 기술적 견해는 **합리주의자 견해**(rationalist view)로, 사람들이 우선 도덕 문제를 의식적이고 의도적으로 생각한다고 제안한다. 이러한 추리에 근거하여 사람들이 어떤 도덕 판단에 도달한다는 것이다. 사람들이 어떻게 도덕 판단을 내리는지에 대한 이 견해는 로렌스 콜버그(Lawrence Kohlberg, 1971)의 기념비적 접근으로 거슬러 올라갈 수 있다.

피아제와 인헬더(Piaget & Inhelder, 1969)의 발달이론에 근거한 **콜버그의 도덕 발달 단계**(Kohlberg's stages of moral development)는 아동이 여러 단계를 거쳐서 도덕 추리를 수행하는 능력을 발달시키는데, 각 연령대의 인지능력이 그 도덕 추리를 제약한다고 제안하였다. 아동의 도덕 추리를 연구하기 위하여 콜버그는 아동에게 도덕적 딜레마를 제시하고 연령대에 따라서 어떻게 추리하는지를 기록하였다. 한 가지 잘 알려진 딜레마에서는 부인의 생명을 살리기 위하여 구입할 능력이 없는 약품을 훔칠지를 결정해야만 하는 하인츠라는 이름의 사나이 이야기를 아동에게 들려주었다. 제조업자는 약품 제조비용의 10배를 하인츠에게 요구하였으며, 가격의 50%만을 먼저 지불하고 나머지는 가능한 한 빨리 돈을 벌어서 갚는 조건으로 그 약품을 판매하라는 하인츠의 요구를 거부하였다(Kohlberg, 1971). 아동(그리고 나중에는 성인)에게 그 사람(즉, 하인츠)이 약품을 훔치는 것이 정당하다고 생각하는지 여부 그리고 그렇게 생각하는 이유가 무엇인지를 말해보도록 요구하였다.

콜버그(1971)는 자신이 수집한 데이터가 도덕 발달의 여섯 단계를 보여준다고 제안하였으며, 이 단계들을 다시 세 수준으로 유목화하였다. (유목화의 근거는 사람들의 응답 자체가 아니라 그 응답을 선택한 이유라는 사실에 주목하기 바란다.) **전인습적 수준**(pre-conventional level; 단계 1과 2)의 도덕 판단은 보상을 추구하고 처벌을 회피하는 것에 근거한다. 단계 1의 아동은 만일 형제를 밀어제치면 어떤 권위자가 자신을 구석에 꿇어앉힐지도 모른다는 사실을 알고 있기 때문에 그렇게 하지 않기로 결정할 수 있다. 즉, 이러한 도덕 판단은 가시적 결과를 피하기 위한 것이다. 단계 2의 아동은 자신도 친사회적으로 대접받기를 기대하면서 때때로 친사회적으로 행동함으로써 개인적 이득을 추구할 수 있다는 사실을 깨닫는다. 예컨대, 두 개의 과자를 받아서 하나를 형제에게 나누어주는 아동은 이러한 공유 규칙이 미래에도 계속 적용될 것이며 미래의 어느 시점에 형제가 두 개의 과자를 갖게 될 때에는 자신도 하나를 얻을 수 있다는 사실을 이해하고 있는 것이다.

인습적 수준(conventional level; 단계 3과 4)의 도덕 판단은 사회를 안정적으로 유지하는 데 도움을 주는 사회적 관습이 주도한다. 특히 단계 3에서의 판단은 다른 사람이 어떻게 느낄지와 같은 대인관계적 관심사에 바탕을 둔다(예컨대, 착한 사람이 되기를 원하고 착하다는 것은 다른 사람을 보살피는 것을 수반하기 때문에 형제를 밀치지 않기로 결정하는 아동). 단계 4에서는 사람들이 규칙을 준수하고 법을 수용하며, 도덕적 권위자를 인정함으로써 사회를 유지한다. **후인습적 수준**(post-conventional level; 단계 5와 6)의 도덕 판단은 도덕성에 대한 더욱 심오하고 보편적인 이해에 근거한다. 후인습적 수준의 아동은 다른 사람에게 해를 입히고 다른 사람의 인권을 간섭하는 것이 도덕적으로 잘못된 것이기 때문에 형제를 밀치지 않기로 결정한다. 이 수준에서는 아동이 주변에 아무도 없으며 자신이 곤란에 빠질 가능성이 전혀 없다는 사실을 알고 있는 경우에도 형제를 밀치지 않는다. 이 단계에 도달한 사람은 비록 권위자에 반하는 경우조차도, 심오한 정의(正義) 원리에 근거할 때 도덕적으로 잘못되었거나 불공정하다고 느끼는 규칙이나 법에 항거할 수도 있다.

콜버그는 발달과정에서 여섯 단계가 이러한 시간 순서에 따라서 보편적으로 전개된다고 주장하였지만(많은 사람들의 도덕 발달은 성인기에 단계 3이나 4로 끝이 난다), 캐롤 길리건(Carol Gilligan, 1982)은 콜버그의 종단연구가 아무리 광범위한 것이라고 하더라도, 오직 남성 참가자만을 포함하고 있다는 사실을 지적하였다. 그녀는 남성들만으로 구성된 표집이 도덕 추리의 보편적 기준을 가장 잘 정의해준다는 가정에 의문을 제기하였다. 콜버그의 도덕 딜레마를 제시할 때 여성은 단계 3에서 막을 내릴 가능성이 매우 높은 반면에, 남성은 단계 4로 넘어갈 가능성이 매우 높은 것으로 나타났다. 만일 도덕 딜레마에 대해서 강력한 사회적 관심사를 가지고 반응하는 경향이 있다면, 예컨대 다른 사람이 어떻게 느낄지를 생각해보고자 애를 쓰고 대인관계 요구에 민감한 채로 반응하는 경향이 있다면, 그 사람은 콜버그 이론에서 특별히 높은 수준의 도덕 추리에 도달하였다고 말할 수 없게 된다. 그렇지만 반드시 규칙이나 법에 의지하지 않고도 딜레마에 이러한 방식으로 반응하는 것에는 도덕적으로 매우 올바른 무엇인가가 존재한다고 말할 수 있다. 길리건(1982)은 보다 상급의 도덕 추리로 간주하는 것이 성별에 따라 다르다고 주장하였다. 남자는 권리와 법칙에 초점을 더 많이 맞추는 반면에, 여자는 대인관계 목표에 더 많은 초점을 맞춘다는 것이다. 그녀 이론의 최근 버전은 어떤 도덕 딜레마이든 두 가지 지향성, 즉 보살핌 지향성(대체로 단계 3에 해당한다)과 정의 지향성(단계 4)에서 접근할 수 있다고 제안한다. 길리건과 애타누치(Gilligan & Attanucci, 1988)는 남녀 공히 두 지향성에서 추리할 수 있지만, 여성은 보살핌에 초점을 맞추고 남성은 정의에 초점을 맞추는 경향이 있다고 보고하였다.

재피와 하이드(Jaffee & Hyde, 2000)는 포괄적인 후속연구에서 이 주제에 관해 수행한 180개 연구에 대한 메타분석을 실시함으로써 전반적인 성별 효과가 모든 연구를 통합한 데이터에 걸쳐 출현하는지를 판단할 수 있었다. 첫째, 연구자들은 보살핌 지향성에 관한 성별 효과에서는 $d = -0.3$이라는 약한 효과를 찾아냈다.[6] 즉, 전반적으로 여성이 남성보다 보살핌 지향성을 더 많이 채택한다. 흥미로운 사실은 성별 차이의 **방향**은 모든 연령집단과 사회경제적 집단에 걸쳐서 일정하게 나타났지만, 차이의 **강도**는 연령과 사회경제적 지위에 따라서 달랐다는 점이다. 예컨대, 아동과 대학생은 보살핌 지향성에서 약한 성별 차이를 보인 반면에, 청소년과 젊은 성인은 꽤나 강력한 차이를 보였다. 또한 보살핌 지향성에서 성별 차이의 강도는 사회경제적 지위가 증가함에 따라서도 증가하였다(Jaffee & Hyde, 2000).

정의 지향성에 대한 성별 차이에서도 약한 효과크기가 나타났다($d = 0.2$). 즉, 남성이 여성보다 정의 지향성을 조금 더 많이 채택하였다. 정의 지향성을 채택하는 데 있어서는 연령이 성별 차이의 강도에 영향을 미쳤지만, 사회경제적 지

---

6. d는 실험처치 효과의 크기, 즉 효과크기를 나타내는 측정치로, 가장 널리 사용하는 측정치의 하나가 코헨의 d(Cohen's d)이다. 예컨대, d의 값이 1.0이라면 두 집단의 평균이 대략 1 표준편차만큼 차이를 보인다는 의미이다. 본문에서 $d = -0.3$은 두 집단의 평균이 대략 0.3 표준편차만큼 차이를 보이고 있다는 사실을 나타낸다. 보다 자세한 내용을 보려면 심리통계학 책의 내용을 참고하라. —역주

위는 그렇지 않았다. 예컨대, 청소년과 젊은 성인은 정의 지향성에서 성별 차이를 보였지만, 대학생은 그렇지 않았다. 요약컨대, 재피와 하이드(2000)의 메타분석은 전반적으로 길리건(1982)의 주장을 지지하였지만, 기대하였던 것만큼 강력하게 지지하는 것은 아니었다. 물론 이러한 결과에 관계없이, 보살핌 지향성과 정의 지향성을 등가적인 도덕 추리의 발달단계로 다루어야 하는지에 대한 길리건(1982)의 주장은 심각하게 고려해볼 가치가 있는 문제로 남아있다.

도덕 판단에서 감정과 추리

지금까지는 의도적 추리의 측면에서만 도덕 판단을 논의해왔지만, 최근에 그러한 모형이 감정의 역할을 포함할 필요가 있다는 사실이 명백해졌다. 도덕 판단에는 사람들이 어떤 행동을 도덕적이거나 부도덕적인 것으로 판단할지를 예측해주는 감정, 즉 부정적이거나 긍정적인 느낌을 수반하기 십상이다(Haidt, 2001). 연구문헌에서 한 가지 핵심 물음은 감정이 판단을 주도하는가, 판단에 영향을 미치는가, 아니면 판단을 내린 후에 비로소 발생하는가에 관한 것이다. 콜버그(1971)의 견해는 감정이 판단에 영향을 미치지만, 그 자체가 본질적으로 도덕적인 것은 아니라는 것이었다. 일반적으로 도덕성에 대한 합리주의자 견해는 사람들로 하여금 도덕 판단을 내리게 만들어주는 것은 사고와 추리이며, 도덕 판단에 관한 느낌은 그 후에 뒤따르는 것이라고 제안한다. 예컨대, 도덕 판단에 관한 한 가지 두드러진 합리주의자 모형은 **사회적 상호작용자 모형**(social interactionist model)인데, 이 모형은 사람들이 우선 어떤 행위가 다른 사람에게 부당한 것인지, 신체적으로나 정서적으로 해를 가하는 것인지, 아니면 그 사람의 권리를 침해하는 것인지를 생각한다고 제안한다(예컨대, Turiel, 2002). 그렇게 하는 과정에서 사람들은 인간 행위를 다음과 같은 세 가지 가능한 영역 중 하나에 속한 것으로 범주화한다는 것이다.

- 개인 영역(예컨대, 자신에게만 영향을 미치기 때문에, 다른 사람과는 아무 관계가 없고 오직 자신에게만 관련된 행위).
- 도덕 영역(예컨대, 본질적으로 다른 사람에게 해를 끼치기 때문에 도덕적으로 잘못된 행위).

• 사회 영역(예컨대, 다른 사람에게 해를 끼치지는 않지만, 특정사회가 설정한 규칙을 위반함으로써 그 사회에서는 잘못된 것이지만 다른 사회에서는 무방한 행위).

엘리엇 투리엘(Elliot Turiel, 2002)의 연구는 아동조차도 단순한 사회규범(예컨대, 권위자에게 복종하기)과 내면의 도덕 원리 간의 차이를 알고 있다는 사실을 보여주었다. 예컨대, 5~6세 아동에게 어떤 아이들이 서로 싸우고 있는 가상적인 사례를 생각해보도록 요구하였다. 아동은 싸움을 계속하라는 선생님의 명령을 받아들이기보다는 싸움을 중지시키려는 한 아동의 명령을 받아들일 의사가 더 많았다. 이 결과는 아동이 싸움을 중지시켜야 한다는 도덕적 책무가 선생님의 명령에 선행한다고 느꼈음을 시사한다. 싸움은 다른 사람에게 손상을 입힐 수 있기 때문이다(Turiel, 2002).

사람들이 행위를 이러한 세 가지 영역으로 범주화한다는 아이디어는 상이한 사람들의 도덕 판단 간의 극단적인 차이점을 설명할 가능성이 있다는 점에서 꽤나 강력한 것이다. 예컨대, 임신 3개월 이내에 낙태를 할 수 있는 여성의 권리에 관한 논쟁은 대체로 자궁을 벗어나서는 생존할 수 없는 태아가 온전한 사람이라고 믿는지 여부에 달려 있다. (예컨대, 스스로 생존할 수 없는 태아는 아직 사람이 아니며 여전히 어머니 신체의 일부분이라고 생각하기 때문에) 그 답은 '아니다'라고 믿는다면, 그 사람은 낙태를 개인적 논제로 범주화할 것이다. 즉, 자신(즉, 어머니)에게만 영향을 미치기 때문에, 사회 규범이나 도덕 판단의 소관이 아니라고 간주할 수 있다. 만일 그 답이 '그렇다'라고 믿는다면, 낙태를 도덕적 논제로 범주화할 수 있다(즉, 다른 사람, 즉 태아에게 해를 끼치는 것으로 간주한다). 이러한 범주화는 임신 3개월 내의 낙태도 도덕적으로 잘못된 것으로 간주하게 만든다.

만일 어떤 행위가 얼마나 도덕적이거나 부도덕적인지에서의 차이가 아니라 그 행위의 범주화에서의 차이로 생각하게 되면, 이러한 수많은 논쟁을 보다 쉽게 이해할 수 있을 것으로 보인다. 그리고 밝혀진 바와 같이, 문화와 사회경제적 지위와 같은 요인이 어떤 유형의 행위를 도덕 영역에 속한 것으로 유목화할 것인지에 강력한 영향을 미친다(Haidt, Koller, & Dias, 1993). 예컨대, 하이트와 동료들(Haidt, Koller, & Dias, 1993)은 모욕적이지만 다른 사람에게 해를 끼치지는 않는 행위(예컨대, 더 이상 필요하지 않아서 국기를 갈기갈기 찢어서는 화장실 변기를 닦는 데 사용한다)의 목록을 개발하였다. 그런 다음에 그 행위를 브라질의 두 도시와 미국의 한 도시에 거주하는 사람들에게 제시하였다. 세 도시 각각에서 사회경제적 지위가 높은 사람과 낮은 사람을 모두 실험참가자로 포함시켰다. 하이트와 동료들(1993)은 첫째, 사람들이 그 행위는 얼마나 무해하거나 모욕적이라고 생각하느냐는 점에서 도시나 사회경제적 지위가 아무런 예측력을 갖지 않는다는 결과를 얻었다. 그런 다음에 나라들마다 그러한 행위를 허용할 것인지 아니면 허용하지 않을 것인지를 선택한다고 해도 무방하겠는지를 말해보도록 요구하였다. 나라마다 다르더라도 무방하다고 응답한 사람은 본질적으로 그 행위를 사회적 관습으로 범주화하는 것이며, 무방하지 않다고 응답한 사람은 도덕 영역으로 범주화하는 것이다(즉, 그 행위의 용인 여부에 관한 보편적인 답이 존재한다고 말한다). 하이트와 동료들(1993)은 사회경제적 지위의 강건한 효과를 찾아냈다. 즉, 사회경제적 지위가 높은 사람은 그 지위가 낮은 사람보다 그러한 행위를 사회적 관습으로 범주화할 가능성이 훨씬 높았다. 강도는 상당히 약하지만 여전히 탐지할 수 있는 효과는 미국의 도시 주민이 브라질 도시 주민보다 그 행위를 사회적 관습으로 범주화할 가능성이 높았다는 점이다.

하이트와 동료들(1993)은 사회경제적 지위와 문화의 효과에 덧붙여서, 사람들이 어떤 행위를 용납할 수 있는지에 관해서는 매우 명확한 생각을 가지고 있지만, 그렇게 생각하는 이유는 명확하게 내놓지 못하기 십상이라는 사실을 지적하였다. 조너선 하이트(Jonathan Haidt, 2001, 2002)의 **사회적 직관주의자 모형**(social intuitionist model)은 이러한 연구결과와 맥을 같이하며, 도덕 판단을 주도하는 것이 추리라는 아이디어에 반대한다. 오히려 어떤 것이 도덕적으로 옳고 그른지에 관한 직관이나 육감에 근거하여 사람들이 도덕 판단을 내린다고 제안하였다. 그런 다음에 이미 내린 도덕 판단을 사후에 정당화하기 위한 추리를 하거나 하지 않을 수 있다는 것이다.

그렇기 때문에 조너선 하이트(2001)는 사람들이 도덕 판단에서 다음과 같은 두 가지 흥미로운 오류에 취약하다고 제안하였다. 첫째, 사람들은 자신이 내리는 도덕 판단이 자신의 추리에 근거한다고 잘못 생각하는 경향이 있다는 것이다. 그는 이 현상을 **개꼬리로 몸통 흔들기 오류**(wag-the-dog illusion)라고 불렀다. 이 오류는 어째서 사람들이 상대방의 도덕 판단을 이해하는 데 어려움을 겪을 수 있는지를 이해하는 데 매우 중요한 두 번째 오류로 이끌어간다. **개꼬리로 다른 개의 꼬리 흔들기 오류**(wag-the-other-dog's-tail illusion)란 사람들이 상대방의 추리가 온당하지 않은 이유를 지적함으로써 도덕적 논제에 관한 상대방의 마음을 변화시킬 수 있다는 잘못된 신념을 가지고 있는 것이다. 이것이 오류인 까닭은 만일 도덕 판단이 실제로 도덕적 상황에 대한 추리가 아니라 직관적이고 정서적인 반응에 근거하는 것이라면, 다른 사람의 추리를 변화시키려고 시도하는 것은 아무런 도움도 되지 않기 때문이다. 오히려 상대방의 정서 반응을 변화시킬 수 있는 방법을 궁리해보는 것이 더 좋을지도 모르겠다(Haidt, 2012).

하이트(2001)는 사회적 직관주의자 모형과 위와 같은 오류가 결합하여 도덕 논쟁에서 반대 진영의 사람들이 상대방을 완전히 비합리적인 존재로 취급하기 십상인 까닭을 설명해준다고 주장하였다. 예컨대, 낙태를 현재보다 더 이른 임신 초기부터 불법으로 규정해야 할 것인지에 관한 논쟁이나 특정 국가로의 이민을 현재보다 더 제한해야 할 것인지에 관한 논쟁을 생각해보라. 사회적 직관주의자 모형은 이러한 논제에 대한 사람들의 도덕 판단이 직관에 근거하며 이미 판단을 내린 후에야 그러한 판단의 이유를 궁리하는 경향이 있다고 제안한다. 개꼬리로 다른 개의 꼬리 흔들기 오류로 인해서, 반대편 사람의 마음을 변화시키고자 시도하고 있는 사람은 논쟁을 통해서 그렇게 하고자 시도한다. 예컨대, 새로운 이민자가 범죄를 저지를 가능성이 기존 시민보다 더 높다는 증거가 없다고 주장하거나 (반대편의 입장에서는) 이민자가 저지른 최근의 범죄를 보도하는 뉴스 기사를 지적한다. 그렇지만 하이트(2012)는 상대방의 견지에 관심을 보이거나 친근하고 다정하게 행동하는 것과 같은 고전적인 대인관계 설득 기술을 사용함으로써 상대방의 직관적 측면이나 정서적 측면에 호소하는 것이 더 좋은 방법이라고 주장하였다(이 방법이 상대방으로 하여금 여러분의 견지를 보다 긍정적인 감정과 연합하도록 이끌어가게 된다는 것이다). 단순히 여러분의 견지를 언급하거나 함축하는 것조차도 효과가 있을 수 있다. 그렇게 하는 것이 그 논제에 관하여 사회 전체가 견지하고 있는 견해에 대해서 상대방이 가지고 있는 생각에 영향을 미치기 때문이다.

도덕 추리의 인지신경과학과 이중과정 모형

인지신경과학 연구는 도덕 추리의 이중과정 모형을 지지하는 경향이 있으며, 그 증거의 흔적은 적어도 1848년까지 거슬러 올라간다. 미국 매사추세츠 보스턴에 위치한 하버드 의과대학을 방문하는 사람은 카운트웨이 도서관 계단 벽을 따라서 역사적인 의학 유물을 담고 있는 유리로 덮여 있는 여러 가지 전시물을 살펴볼 수 있다. 이 유물에는 다양한 크기의 인간 태아 해골, 낡은 채혈장치, 유전적 질병을 앓았던 환자의 골격 등이 포함되어 있다. 워렌 해부학 박물관 소장품인 이 유물들은 순환적으로 전시하고 있다. 반면에, 피니어스 게이지(Phineas Gage)의 두개골은 악명 높은 1848년 철도 사고에서 그의 머리를 관통한 원래의 철제 다짐봉과 함께 연중 내내 전시하고 있다. 게이지의 사례가 이렇게 널리 알려지게 된 부분적인 이유는 사고가 발생한 날 그를 치료하였던 의사가 사고를 둘러싸고 일어났던 사건을 요약하고 피니어스 게이지의 몇몇 관찰 가능한 성격특질과 행동 그리고 신체적 특징을 기술한 일기 형식의 두 가지 보고서를 공개하였기 때문이다(예컨대, Harlow, 1868).

피니어스 게이지 두개골의 앞이마 영역에 구멍이 있다는 사실은 전두엽 손상의 가능성을 시사하지만, 보다 정확한 두뇌 손상 영역은 오랫동안 알려지지 않은 채 남아있었다. 그러던 중에 다마지오와 동료들(Damasio, Grabowski, Frank, Galaburda, & Damasio, 1994)은 사진, X선 사진, 게이지 두개골에서 얻은 측정치 등의 데이터를 사용하여 3차원 컴퓨터 모형을 구성하였다. 이들은 3차원 두개골 모형을 탈라이라크 아틀라스(Talairach atlas; Talairach & Tournoux, 1988)에 나와 있는 두뇌와 중첩시켜보았는데, 이 아틀라스는 알려진 두뇌영역의 가능성 높은 위치를 묘사하는 참조용 두뇌 지도책이다. 다짐봉과 두개골에 여전히 남아있는 구멍에 근거한 3차원 컴퓨터 모형을 기반으로 추론해봄으로써 다마지오와 동료들(1994)은 피니어스 게이지의 어느 두뇌영역이 손상되었을 가능성이 가장 높은지를 보다 정확하게 추정할 수 있었다. 구체적으로 대부분의 손상은 복내측 전전두피질에서 발생하였을 가능성이 매우 높은 반면에, 백질의 가능성 있는 손상 위치를 설명할 때조차도 (전두엽 바깥쪽의 모든 영역들과 함께) 배외측 전전두피질과 운동피질은 온전하였던 것으로 보인다.

피니어스 게이지가 신체적으로 회복된 후 그의 행동에 관한 존 할로우(John M. Harlow, 1868)의 보고내용과 함께 종합해볼 때, 이러한 손상 영역은 다마지오와 동료들(1994)로 하여금 복내측 전전두피질이 어떤 두뇌 기능을 수행하는지에 관한 새로운 가설을 형성하도록 이끌어갔다. 할로우의 관찰내용은 다음과 같았다.

> 말하자면 그의 지적 능력과 동물적 성향 간의 평형 상태 또는 균형이 망가진 것으로 보인다. 그는 변덕스럽고 불손하며, 때때로 말할 수 없이 불경한 짓거리에 빠져들고(전에는 전혀 그렇지 않았다), 동료들을 거의 존중하지 않으며, 자신의 욕구와 갈등을 벌이는 어떠한 제약이나 충고도 참지 못하고, 때때로 집요할 정도로 고집을 피우지만 안정감을 잃고는 우유부단하며, 미래에 실행할 많은 계획을 세우지만 실현 가능하게 보이는 다른 것이 나타나면 곧바로 포기해버린다… 그의 친구와 동료들은 그는 "더 이상 게이지가 아니다."라고 말하였다(1968, pp. 13-14).

할로우(1868)의 보고내용은 두뇌 손상을 입은 후에 자기 행동에 대한 상당한 정도의 의도적인 집행자 제어를 상실한 것처럼 보이는 한 사나이의 모습을 그리고 있다. 피니어스 게이지도 많은 상이한 계획을 완벽하게 세울 수 있는 것처럼 보였지만, 하나의 행위를 선택하고 그 행위에 매달릴 수는 없었다. 이 사례에서 특히 흥미로운 사실은 한 세기가 지난 후에 복내측 전전두피질(안와전두피질이라고도 부른다) 그리고 정서처리와 관련된 영역과 이 영역 간의 연결이 손상된 새로운 환자 집단에서 피니어스 게이지와 지극히 유사한 행동 특성들이 관찰되었다는 점이다(Bechara, Damasio, & Damasio, 2000; Damasio, 1994; Damasio et al., 1994). 무엇보다도 이러한 새로운 환자들은 많은 측면에서 정상적으로 기능하고 있었다는 점이 흥미를 끄는 것이다. 이들의 기억, 추리능력, 사회적 지식, 그리고 도덕 추리가 모두 정상적으로 작동하는 것으로 나타났다. 그런데 이들이 미래 계획을 논의하고 사회적 딜레마와 도덕 딜레마를 어떻게 헤쳐 나갈 것인지를 설명할 수는 있었지만, 일상 과제나 사회적 상황이나 개방형 도덕 딜레마에 대해서 최종 결정을 내릴 수는 없었다. 이에 덧붙여서 과거에 정서를 유발하였던 자극에 대해서 정서를 경험하는 능력이 약화된 것으로 보였으며, 다마지오와 동료들(1994)은 이것이 최종 결정을 내리는 능력을 상실하게 된 원인일 수 있다고 제안하였다.

특히 베카라와 동료들(Bechara, Damasio, & Damasio, 2000)의 **신체 표지 가설**(somatic marker hypothesis)에 따르면, 감소된 정서 경험이 그러한 환자들의 결정 내리기를 어렵게 만든다. 여러분이 도덕 판단을 내리는 상황에 직면할 때 어떤 일이 일어나는지를 생각해보라. 예컨대, 반려견이 교통사고로 사망한 가족을 알고 있는데, 이 사람들이 맛이 좋을 것이라고 생각했기 때문에 그 개의 몸통을 절단하고 요리해서 먹었다고 가정해보라(Heidt et al., 1993). [만일 이 이야기가 여러분을 메스껍게 만들었다면, 여러분만 그런 것은 아니다. 이 장의 앞부분에서 보았던 것처럼, 하이트와 동료들(1993)은 역겹지만 해롭지는 않도록 이야기를 의도적으로 만들었던 것이다.] 하이트(2001)의 핵심적 요점을 요약하자면, 여러분에게 이러한 사례를 제시하고 그 가족이 개의 사체를 먹는 것이 옳은지 아니면 잘못인지를 물을 때, 여러분의 답은 그 사례에 대해서 어떻게 느끼는지에 강력한 영향을 받는다는 것이다. 만일 이 이야기가 여러분을 역겹게 느끼도록 만든다면, 그 느낌이 여러분의 도덕 결정에 영향을 미치고 심지어는 그 결정에서 핵심적인 것이 될 수 있다. 반면에 여러분은 사람들이 자신의 반려견을 먹는 것은 그저 옳지 않다고 느낄 수 있다. 아니면 여러분은 이 이야기에 극단적인 혐오감을 느끼지 않을 수도 있는데, 이 경우에는 여러분이 어디까지나 그들이 선택할 문제이며 반려견을 먹는 것 자체에는 도덕적으로 잘못된 것이 아무것도 없다고 결론지을 수도 있다. 동일한 맥락에서, 신체적 표지 가설이라는 전반적인 아이디어는, 도덕적인 것이든 아니든지 간에 결정에 직면할 때의 정서적이고 신체적인 경험이 그 결정에 강력한 영향력을 행사한다는 것이다(Bechara et al., 2000). 이에 덧붙여서 그러한 이야기에 대한 반응으로 어떤 정서적 육감을 갖지 못하게 만드는 두뇌 손상이 발생할 때 사람들의 의사결정 능력은 영향을 받게 되는데, 그 의사결정 능력에는 도덕적 의사결정이 포함되지만 이것에만 국한되는 것은 아니다.

피니어스 게이지(Harlow, 1868) 그리고 복내측 전전두피질 손상 환자(Bechara et al., 2000)가 명백하게 경험하였던 것과 매우 유사한 증상을 오래전부터 정신병질자(사이코패스)에서도 관찰해왔는데, 이 환자는 무책임성, 충동성, 미래를 계획하는 능력의 결손과 함께 정서 상실이라는 특징을 갖는다(Anderson & Kiehl, 2012). 연구결과를 보면, 통제집단 참가자와 비교할 때 정신병질자는 복내측 전전두피질에 회백질이 적은 경향이 있음을 알 수 있다(de Oliveira-Souza et al., 2008). 또한 정신병질자는 편도체 기저외측핵의 회백질이 감소한 것으로도 나타나는데, 이 영역은 정서 경험과 강력하게 연합되어 있으며 복내측 전전두피질과 상보적으로 연결되어 있다(Anderson & Kiehl, 2012). 정신병질자 사례, 복내측 전전두피질이 손상된 베카라와 동료들(2000)의 환자 그리고 피니어스 게이지라는 역사적인 사례 간의 이토록 강력한 유사성은 도덕 판단의 본질에 관하여 흥미진진한 물음을 제기한다. 즉, 정서 경험의 명백한 결손을 보이는 사람은 의사결정에서도 심각한 문제를 보이는 경향이 있느냐는 물음이다. 적어도 연구결과는 기본 감정이 의사결정의 부분일 뿐만 아니라 핵심적인 요인일 수도 있다는 가설과 일치하고 있다.

이러한 맥락에서 그린과 동료들(Greene, Sommerville, Nystrom, Darley, & Cohen, 2001)은 감정이 도덕 딜레마에서 사람들이 공리주의적 선택을 할 것인지를 주도할 수 있다고 제안하였다. 예컨대, 고전적인 **트롤리 딜레마**(trolley dilemma)를 보자. 여러분이 기차선로 근처에 서있는데, 트롤리 한 대가 부딪히면 사망할 것이 확실한 다섯 사람을 향해 빠르게 달려가는 장면을 보고 있다고 가정해보라. 여러분은 우연히 트롤리를 다른 선로로 이동시킬 수 있는 스위치 옆에 서있게 되었다. 그런데 만일 여러분이 스위치를 돌리면 다른 선로에 서있는 한 사람이 사망하게 되어 있다. 공리적 선택(즉, 사람들에게 가장 도움이 되도록 선택하는 것)은 스위치를 돌림으로써 한 사람을 희생시키고 다섯 사람을 살리는 것이며, 사람들은 이것을 선택하기 십상이다(Greene et al., 2001).

이제 이 사례를 **풋브리지 딜레마**(footbridge dilemma)와 대비시켜 보자. 여러분이 기차선로 위에 설치된 보행자 전용 다리(풋브리지) 위에 서있다고 가정해보라. 여러분은 트롤리 한 대가 부딪히면 사망할 것이 명백한 다섯 사람을 향해 빠른 속도로 달려가는 장면을 보고 있다. 다리 위에는 크고 건장한 사람이 여러분 곁에 서있다. 여러분은 너무 작아서 트롤리를 멈출 수 없지만, 이 사람을 밀어서 다리에서 떨어뜨리면 그의 큰 몸뚱이가 트롤리를 정지시켜 다섯 사람을 구하게 된다. 그렇지만 여러분이 밀어 떨어뜨린 사람은 사망하고 만다. 여기서도 공리적 선택은 한 사람을 희생시켜 다섯 사람을 구하는 것이지만, 일반적으로 사람들은 그렇게 하지 않을 것이라고 말한다(Greene et al., 2001).

트롤리 딜레마와 풋브리지 딜레마는 구조적인 면에서 매우 유사하지만, 사람들은 각각에 대해서 완전히 상반된 도덕 판단을 내리는 경향이 있다. 스위치를 돌려서 한 명의 사망을 초래할 때는 합리적인 것처럼 보이는 공리적 판단을 선택하지만, 한 사람을 밀어서 사망하게 할 때는 결코 그렇지 않다. 그린과 동료들(2001)은 사람들이 스위치를 돌릴 때보다 사람을 밀 때 더 강력한 감정 반응을 경험하는데, 왜냐하면 후자는 개인적인 문제이고 전자는 개인적인 문제가 아니기 때문이라는 가설을 세웠다. 따라서 사람들은 풋브리지 딜레마에서 강제로라도 공리적 선택을 거부해야 한다고 느낀다는 것이다.

이 가설을 검증하기 위하여, 그린과 동료들(2001)은 사람들에게 도덕과 무관한 것이거나(예컨대, 중요한 회의에 참석하기 위하여 버스를 타는 것과 기차를 타는 것 간의 결정), 도덕적이면서도 개인적이거나(예컨대, 풋브리지 딜레마), 도덕적이면서 개인적이지 않은(예컨대, 트롤리 딜레마) 딜레마를 제시하였다. 참가자들이 각 딜레마에 대해서 어느 행위가 가장 적절한지를 선택하는 동안, fMRI 두뇌영상을 촬영하였다. 정서 경험과 연합된 것으로 알려진 두뇌영역(즉, 후측 대상회, 내측 전두회, 각회 등)이 도덕적/비개인적 딜레마와 도덕과 무관한 딜레마에 비해서 도덕적/개인적 딜레마에 직면하였을 때 더 많이 활동하였다(Greene et al., 2001). 반대로 도덕적/개인적 딜레마에 비해서 도덕적/비개인적 딜레마와 도덕과 무관한 딜레마에 직면하였을 때는 작업기억과 연합된 영역(즉, 두정엽과 우내측 전두회)이 더 많이 활동하였다. 이러한 두뇌영상 데이터는 개인적/도덕적 딜레마가 더 많은 정서처리를 수반하는 경향이 있다는 가설과 일치한다. 추론컨대, 이 데이터는 사람들이 풋브리지 딜레마에서 무엇이 공리적 반응을 거부하는 것에 기저하는지에 대한 잠재적 설명을 제공한다. 그린과 동료들(2001)의 결과는 일반적으로 도덕 판단의 이중과정 설명을 지지하는 증거를 제공하는 것으로 해석되어 왔는데, 이중과정 설명에서는 합리적 과정과 정서적 과정이 모두 핵심 역할을 담당한다.

만일 이중과정 설명이 참이라면, 실험적으로 처치를 가한 정서가 도덕 판단의 변화를 초래하는 것을 관찰할 수 있어야 한다. 밸드솔로와 드스테노(Valdesolo & DeSteno, 2006)는 그러한 효과에 대한 빼어난 시범에서 사람들이 풋브리지 딜레마를 읽기에 앞서 긍정 정서를 경험하도록 유도하는 것이 어떤 것이든 부정적인 정서반응을 상쇄시킬지를 물음하였다. 만일 긍정정서 유도가 보행자 전용 다리에서 한 사람을 밀어 떨어뜨리는 부정 정서반응을 상쇄시키는 데 성공적이라면, 공리적 반응의 증가를 볼 수 있어야만 한다(즉, 더 많은 사람이 트롤리와 충돌할 다섯 사람을 구하기 위하여 다리에서 한 사람을 밀어 떨어뜨리는 데 동의해야 한다). 이들의 실험에서는 한 집단의 참가자에게 코미디 토크쇼의 5분짜리 동영상을 보여줌으로써 긍정적 기분을 유도하였다. 다른 집단의 참가자는 동일한 길이의 정서 중립적인 동영상을 시청하였다. 정서를 자기평정한 결과를 보면, 기분을 유도한 직후에 긍정적 기분 조건의 참가자가 중립적 기분 조건의 참가자보다 실제로 더 긍정적인 기분을 느끼고 있었다. 그런 다음에 모든 참가자가 트롤리 딜레마와 풋브리지 딜레마에 반응하였다. 연구자들은 중립적 기분 조건의 참가자들과 비교할 때 긍정적 기분이 풋브리지 딜레마에서 한 사람을 다리에서 밀어 떨어뜨리겠다는 사람들의 의사를 증가시킨다는 결과를 얻었다(Valdesolo & DeSteno, 2006). (트롤리 딜레마에 대한 공리적 반응은 예상하였던 것처럼 두 기분 조건 모두에서 거의 상한선에 도달하였다. 즉, 천장효과를 나타냈다.) 이 결과는 도덕 판단과 같이 정서의 영향을 받는 판단을 사전에 유도한 정서를 가지고 조작할 수 있다는 사실을 시사한다. 나아가서 도덕 판단에 대한 정서의 효과는 선행 정서와 생각하고 있는 도덕 딜레마 간에 존재하는 어떤 논리적 연계에 달려 있는 것이 아니다. 즉, 사람들은 내용이라는 측면에서 코미디 동영상이 도덕추리 딜레마와 아무런 관련이 없다는 사실을 알고 있음에도, 그 동영상이 초래하는 정서가 판단에 상당한 영향을 미쳤다.

후속연구는 도덕 판단에 대한 특정 정서의 효과를 탐구해왔다. 예컨대, 슈널과 동료들(Schnall, Haidt, Clore, & Jordan, 2008)은 혐오감도 도덕 딜레마에 대한 사람들의 판단을 주도할 수 있는지를 물음하였다. 연구자들은 참가자들에게 두 가지 유형의 시나리오를 제시하고 도덕 판단을 내리도록 요청하였다. 우선 예비실험을 통해서 사람들이 한 유형의 시나리오(예컨대, 사람들에게 사촌 간 결혼을 허용해야만 한다고 생각하는지를 물었다)에 혐오감을 느끼도록 만들며 다른 유형(예컨대, 영화제작소가 윤리적 논쟁을 불러일으킬 영화를 개봉해야만 한다고 생각하는지를 물었다)은 그렇지 않다는 사실을 확인하였다. 참가자들은 다음과 같은 세 가지 혐오조건 중 하나에 노출된 상태에서 각 행위에 대한 지지도를 평정하였다. 한 조건에서는 실험실을 암모니아와 황화수소 스프레이('방구냄새 스프레이'로도 알려져 있다) 분사가 초래하는 냄새로 가득 채웠다. 두 번째 조건에서는 냄새가 그렇게 강하지 않았으며, 세 번째 조건에서는 아무런 냄새도 방출하지 않았다. 슈낼과 동료들(2008)은 사람들이 냄새가 전혀 없는 실험실에 있을 때보다 방구 냄새로 가득 찬 실험실에 있을 때 도덕 판단에서 덜 관대하다는 결과를 얻었다. 이 결과는 냄새가 강한지 약한지 여부와 무관하였으며, 두 가지 유형의 시나리오(혐오감을 유발하는 시나리오와 중립적 시나리오) 모두에서 얻어졌다.

슈낼과 동료들(2008)은 후속 실험에서 혐오감은 자신의 신체 상태에 주의를 기울이는 경향이 있는 사람의 경우에서만 도덕 판단에 영향을 미친다는 사실도 보여주었다. 또한 다양한 혐오감 처치를 사용하였을 때도 그 효과가 반복되었다. 예컨대, 이들은 과거에 자신을 메스껍게 만들었던 사건 하나를 상세하게 적어보도록 요구한 참가자와 그렇게 요구하지 않은 통제조건의 참가자를 비교하였다. 이 경우에도 혐오감의 촉발이 사람들을 도덕적으로 덜 관대하게 만들었다. 마지막으로 슬픔을 유도하는 것은 이러한 효과를 나타내지 않는다는 결과가 나타났다(심지어는 반대되는 효과의 추세가 나타나기도 하였다). 이 결과는 모든 부정 정서가 아니라 특별히 혐오감이 사람들을 도덕적으로 덜 관대하게 만든다는 사실을 시사한다(Schnall et al., 2008).

나아가서 에스킨과 동료들(Eskine, Kacinik, & Prinz, 2011)은 도덕 판단에 대한 혐오감의 효과가 미각을 통해서도 유발될 수 있음을 보여주었다. 시나리오를 판단하는 데 있어서 스웨덴산 비터스(일반적으로 매우 쓴맛이 난다고 판단하는 전통적인 강장제)를 마신 미국 대학생들이 과일 화채(달콤하다고 판단한다)를 마신 사람이나 맹물을 마신 사람보다 도덕적으로 유의하게 덜 관대하였다. 또한 에스킨과 동료들(2011)은 참가자들을 스스로 평가한 정치적 성향(자유주의 대 보수주의)에 따라 구분해보았다. 일반적으로, 미국의 자유주의는 평등한 권리, 역사적으로 박해받았던 집단에 대한 공정한 대우, 사회적 책무 등에

가치를 부여하며, 도덕 판단에서 더욱 관대한 특징을 보인다(예컨대, 낙태 권리
를 지지하고, 사형에 반대한다). 반면에 미국의 보수주의는 자립심, 권위에 대
한 존경심, 개인적 책무 등에 가치를 부여하며, 도덕 판단에서 덜 관대하다(예
컨대, 낙태 권리에 반대하고 사형을 지지한다)(Lakoff, 2010). 에스킨과 동료들
(2011)은 도덕 판단에 대한 쓴맛 경험의 효과는 보수주의자에게서 더욱 강력하
게 나타난다는 결과를 얻었다. 자유주의자의 도덕 판단도 보수주의자들의 판단
과 동일한 경향성을 나타냈지만, 통계적으로 유의한 효과를 보이지는 않았다.

아마도 이 계통의 연구에서 가장 놀라운 사례는 댄지거와 동료들(Danziger,
Levav, & Avnaim-Pesso, 2011)이 이스라엘에서 수행한 연구이겠다. 이들은 8명
의 경험 많은 노련한 판사의 결정을 추적해보았는데, 각 판사는 독자적으로 두
개의 교도소 가석방 심사위원회를 주재하였다. 각 판사는 매일같이 가석방을
청원한 재소자 14~35명을 심사한다. 판사는 위원회에 순서대로 출석하는 각
재소자의 세부적인 이야기를 듣지만, 같은 날 나중에 출석하는 재소자의 이야
기는 아직 모르고 있는 상태이다. 판사는 매일같이 재소자들의 청원을 듣는 과
정에서 언제 오전 커피브레이크를 가질지 그리고 언제 점심식사를 할지를 즉석
에서 결정한다. 댄지거와 동료들(2011)은 10개월에 걸쳐서 수집한 1,000회 이
상의 판결에 근거하여 각 순서 위치에서 청원에 대한 호의적인 판결(즉, 가석방
허용)의 비율을 계산할 수 있었다. 첫째, 매일 첫 번째 사례에 대한 호의적인 판
결의 비율은 대략 65%이었다. 사례들의 청원이 이어짐에 따라서, 호의적 판결
의 비율은 점차 낮아져서, 판사의 오전 커피브레이크 직전에는 그 비율이 바닥
을 쳤다. 커피브레이크를 가진 후에는 호의적 판결의 비율이 다시 65% 정도로
치솟은 후에, 청원이 다시 이어짐에 따라서 대략 12%까지 떨어졌다가, 점심시
간 직후에는 대략 65%로 다시 올라갔다. 믿기 어렵겠지만, 이러한 관찰 결과는
판사가 허기지고 피로할 때는 가석방 여부를 판단할 때 현재 상태(즉, 수감자를
계속해서 교도소에 가두어놓는 것)를 고수할 가능성이 더 높다는 사실을 시사
한다. 물론 판사들은 관련 요인들도 고려하였는데, 특히 가석방되었을 때 그 재
소자를 받아들일 재활프로그램이 존재하는지 그리고 그 재소자가 과거에 몇 차
례나 범죄를 저질렀는지(즉, 상습범인지 여부)를 가장 중요하게 고려하였다. 그
렇기는 하지만, 연구결과는 이러한 요인들의 효과를 넘어서서 판사의 신체 상태

도 판단을 예측한다는 사실을 시사한다.

종합해볼 때, 에스킨과 동료들(2011), 슈낼과 동료들(2008), 밸드솔로와 드스테노(2006), 댄지거와 동료들(2011)의 연구결과는 만일 가능한 한 공정하게 도덕 판단을 내리고자 한다면, 주변 환경이 그 판단에 어떤 영향을 미치는지에 유념해야 하며, 외부 단서에 취약할 때 특히 그렇다는 사실을 시사하는 것으로 보인다. 쓴맛의 감각, 혐오감, 허기나 피로 등은 비록 당면 과제와 무관할 때조차도 도덕성과 처벌에 관한 판단에 상당한 영향을 미칠 수 있는 것이다.

전이효과

도덕 판단 연구는 사람들이 상이한 조건에서 반드시 동일한 결정을 내리지 않는다는 점에서 부가적인 어려움에 직면하고 있다. 예컨대, 낙태의 도덕성에 명확한 입장을 가지고 있지 않은 사람에게 우선 임신한 지 6개월이 넘은 태아를 낙태시키는 것이 괜찮은지와 같은 관련 질문을 던지게 되면, 낙태에 반대하는 입장을 취하는 쪽으로 기울어질 수 있다. 만일 임신 6개월이 넘은 태아의 낙태가 도덕적으로 잘못이라는 명백한 직관을 가지고 있다면, 사람들은 이러한 직관을 임신 3개월 태아의 낙태라는 유사한 물음에 전이시키는 경향이 있다. 즉, 임신 6개월이 지난 태아의 낙태 질문에 먼저 답하는 것이 임신 3개월 이내의 낙태도 도덕적으로 잘못이라고 말할 가능성을 높이게 된다. 실제로 연구문헌에는 이러한 **전이효과**(transfer effect)의 증거가 존재한다. 비록 하나의 도덕 딜레마에서 다른 딜레마로만 전이가 발생하며 그 반대방향으로는 전이가 나타나지 않는 경우가 있지만 말이다(Wiegmann, Okan, & Nagel, 2012). 최근에 상당한 관심을 불러일으킨 한 가지 사례를 보자면, 트롤리 딜레마에 앞서 풋브리지 딜레마를 제시하는 것이 트롤리 딜레마만을 제시하는 것보다 사람들이 트롤리 딜레마에 대한 공리적 반응을 기각할 가능성을 증가시킨다(Wiegmann & Waldmann, 2014 참조). 즉, 사람들이 풋브리지 딜레마 반응을 트롤리 딜레마에 전이하는 것으로 보인다. 반면에 트롤리 딜레마를 먼저 제시하는 것은 풋브리지 딜레마에 대한 반응을 변화시키지 않는다. 다시 말해서 전이효과는 한 방향으로만 나타나며 다른 방향으로는 나타나지 않는다. 이에 덧붙여서 비그만과 동료들(2012)

은 부도덕적인 것으로 판단하는 경향이 있는 딜레마(예컨대, 풋브리지 딜레마에서 한 사나이를 밀어 떨어뜨리는 행위)는 다른 딜레마에 대한 반응의 영향을 받지 않는 경향이 있다는 결과를 얻었다.

이렇게 비대칭적인 전이효과를 이해하는 한 가지 방법은 풋브리지 딜레마가 야기하는 정서반응은 다음 딜레마(트롤리 딜레마)로 이월되는 반면, 트롤리 딜레마에 우선적으로 직면할 때는 그러한 정서가 야기되지 않는다는 사실에 주목하는 것이다. 코미디 동영상으로 유발한 정서가 풋브리지 딜레마에 대한 반응을 변화시킨다는 밸드솔로와 드스테노(2006)의 결과 그리고 도덕 판단을 신체 상태로 설명할 수 있다는 슈낼과 동료들(2008) 그리고 에스킨과 동료들(2011)의 주장을 전제할 때, 특히 이 설명이 설득적인 것으로 보인다.

그렇지만 추리에만 의지하는 대안적 설명도 전이효과의 비대칭성을 효과적으로 설명할 수 있다. 예컨대, 비그만과 발트만(Wiegmann & Waldmann, 2014)은 도덕 추리에서 **전이효과의 인과 모형 이론**(causal model theory of transfer effects)을 제안하였는데, 사람들이 (정서적 이월이 아니라) 유추를 통해서 하나의 딜레마에 내놓은 답을 다른 딜레마에 전이한다는 것이다. 트롤리 딜레마와 풋브리지 딜레마 모두에서, 사람들의 조치는 다섯 사람을 살리고 한 사람을 죽이는 것이다. 그렇지만 트롤리 시나리오를 기술하는 인과 모형과 풋브리지 시나리오를 기술하는 인과 모형은 다르다. 트롤리 딜레마는 공통원인 구조를 예증하는데(그림 14.1a 참조), 이 구조에서 스위치를 돌리는 행위(즉, 원인)는 한 사람의 사망과 다섯 사람 집단의 구원을 동시에 초래한다(즉, 두 개의 독자적인 인과 경로를 통한다). 비그만과 발트만(2014)은 공통원인 구조가 사람들로 하여금 필연적으로 사망할 한 사람을 억지로 생각하게 만들지 않은 채 구원할 다섯 사람만을 생각하도록 만들 것이라는 가설을 세웠다. 이에 덧붙여서, 사망할 그 사람이 옆으로 뛰어내려 트롤리와의 충돌을 피할 수 있는 상황을 머리에 그려볼 수도 있다고 가정하였다. 따라서 공통원인 구조의 부정적 측면(즉, 한 사람을 죽게 만든다)은 본질적으로 모호하다는 것이다.

반면에 풋브리지 딜레마는 인과적 연쇄 구조를 예증하고 있는데(그림 14.1b 참조), 이 구조에서는 한 사람을 미는 행위가 그의 죽음을 초래하며, 이것은 다시 다섯 사람의 구원을 초래한다(즉, 모든 것이 동일한 인과적 통로에서 발생한

(a) 트롤리 딜레마(공통원인 구조)

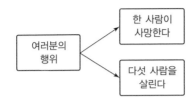

(b) 풋브리지 딜레마(인과적 연쇄 구조)

그림 14.1 트롤리 딜레마와 풋브리지 딜레마의 인과구조. (Wiegmann & Waldmann, 2014)

다). 풋브리지 딜레마의 인과적 연쇄 구조를 놓고 볼 때, 다른 다섯 사람을 구하기 위하여 한 사람을 죽여야만 하기 때문에, 그 사람의 죽음이 매우 현저해진다. 즉, 풋브리지 딜레마의 부정적 측면(즉, 한 사람을 죽게 만든다)이 전혀 **모호하지 않다**. 인과 모형 이론은 사람들이 모호하지 않은 도덕 시나리오에 관하여 가지고 있는 직관이 모호한 시나리오로 전이되지만, 모호한 시나리오에 관한 직관은 모호하지 않은 시나리오로 전이되지 않는다고 제안한다. 비그만과 발트만(2014)은 일련의 연구를 통해서 모호하지 않은 도덕 시나리오가 본질적으로 긍정적인 것일 때조차도 이론의 예측을 지지하는 결과를 보여주었다. 또한 인과구조(즉, 공통원인 대 인과적 연쇄 구조)를 트롤리 딜레마와 풋브리지 딜레마와 동일하게 처치한 새로운 딜레마 간의 전이효과도 이러한 예측을 지지하였다.

또한 최근 연구는 조치를 취하는 것과 취하지 않는 것의 결과를 명명백백하게 만들면, 사람들이 트롤리 딜레마와 풋브리지 딜레마 모두에 대해서 공리적 반응을 훨씬 더 빈번하게 내놓는다는 사실을 시사한다(Kusev, van Schaik, Alzahrani, Lonigro, & Purser, 2016). 즉, 딜레마에서 조치를 취하지 않는 것을 선택한다면 어떤 일이 일어날 것인지를(즉, 한 명이 살고 다섯 명이 죽게 된다는 사실) 명시적으로 언급하게 되면, 사람들이 한 사람보다는 다섯 사람을 살리는 행위를 할 것이라고 말할 가능성이 더 높아진다. 문제의 이러한 틀만들기는 조치를 취하지 않는 것도 구체적인 결과를 초래하는 실제적인 도덕 결정이라는 사실을 더욱 명확하게 만들어버린다. 이에 덧붙여서, 조치를 취하지 않기로 결정하면 어떤 일이 일어날 것인지를 언급하는 것은 도덕 딜레마에서 가능한 모든 모호성을 제거해버린다. 요컨대, 도덕적 의사결정은 감정의 영향을 받지만, 도덕 시나리오의 인과 구조를 가지고도 설명할 수 있다. 감정 요인과 인지 요인이 상호작용하여 결정을 주도하는지, 그리고 만일 그렇다면 어떻게 상호작용하는 지를 밝히기 위해서는 더 많은 연구가 필요하다.

사회적 의사결정

이제 또 다른 딜레마를 생각해보자. 두 형제와 내가 각자 도넛 하나씩을 들고 있는데 내가 잽싸게 낚아채서는 도넛 세 개를 모두 먹어버린다면, 나는 상당한 즐거움을 경험하지만 형제들은 그렇지 않게 된다. 이것이 **제로섬 게임**(zero-sum game)이라고 알려진 것의 한 사례이며, 여기서는 게임 참가자들의 가능한 이득과 손실의 합이 0이다. 이 사례에서 나와 두 형제는 각각 하나의 도넛으로 출발하였다. 내가 가외로 두 개를 얻을 때, 형제 각각은 하나씩 잃는다($+2-1-1=0$). 자신의 효용을 극대화할 것인지(제8장) 아니면 집단의 공유재산을 극대화할 것인지 간의 선택이 이 장에서 다룰 도덕적 의사결정에서 마지막 핵심 논제이다. 도넛 사례에서와 같이, 자신의 효용을 극대화하는 것은 때때로 집단의 효용을 극대화하는 것과 직접적으로 상충될 수 있다. 특히 자원이 제한되어 있거나 유한할 때 그렇다. 예컨대, **공유지의 비극**(tragedy of the commons)이라고 알려진 시나리오에서는, 사람들에게 펜스로 둘러친 땅('공유지')을 공유하기로 결정한 여러 명의 목장주를 상상해보도록 요구하는데, 이 목장주들은 그 공유지에서 자신의 소들이 안전하게 풀을 뜯어먹게 할 수 있다(Hardin, 1968). 만일 모든 목장주가 소의 숫자를 늘림으로써 개인적 부를 늘리려고 시도한다면, 개인 소유라는 점에서는 좋겠지만, 궁극적으로는 목장주 집단에 해를 초래한다. 소가 늘어날 때마다 공유지의 가용한 목초지가 줄어들기 때문이다. 개럿 하딘(Garrett Hardin, 1968)에 따르면, 자원이 제한된 협동 시스템 내에서 끊임없이 이득을 추구하여 결국에는 어느 누구도 더 이상 사용할 수 없는 공유지에 소를 과잉방목할 때, 이러한 비극이 발생한다. 물론, 모든 사람의 이익을 위하여 소의 구입을 자제하는 목장주는 자신의 이득을 우선시하는 목장주보다 더 적은 수의 소를 갖는 것으로 막을 내리게 된다.

게임이론과 협동적 의사결정 심리학

공유지의 비극의 경우와 마찬가지로, 삶의 많은 다양한 상황에서도 여러분이 선택한 결과는 다른 사람의 선택에 영향을 미칠 수 있으며, 그 사람의 선택의 영향을 받기도 한다. 만일 여러분이 고등학교 절친과 동일한 대학에 진학하기 위하여 처음에 선택한 대학을 포기한다면, 그 친구도 동일한 대학에 등록할 것이라는 가정하에 그렇게 하는 것이다. 그렇지만 여러분 친구의 대학 선택은 여러분이 선택한 결과에 상당한 영향을 미칠 수 있으며, 그 반대도 마찬가지이다. **게임이론**(game theory)은 사람들의 선택이 어떻게 상호작용하여 관련된 각 사람에게 초래되는 결과의 효용에 영향을 미치는지를 다루는 분야이다(Ross, 2016; von Neumann & Morgenstern, 1944/2007). 아마도 사람들의 의사결정을 이해하는 데 있어서 게임이론의 가장 중요한 공헌은 사람들이 어떻게 자신의 선호뿐만 아니라 상대방의 선호와 행동에 대한 기대도 고려할 필요가 있는지를 설명한다는 데 있겠다.

게임이론에서 가장 보편적으로 연구한 문제의 하나가 **죄수의 딜레마** (prisoner's dilemma)인데(Flood, 1958; Kuhn, 2017; Kucker, 1983), 이것은 상대방도 여러분 선택의 효용에 영향을 미치는 선택을 수행하고 있는 상황에서 개인 효용을 극대화하는 것과 집단 효용을 극대화하는 것 간에 선택을 강제하는 결정 시나리오이다. 두 명의 공범자가 절도 혐의로 체포되어 각각 다른 취조실에 감금되어 있다고 가정해보라. 우선 두 공범자는 모두 자신의 안위에 관심이 많으며 상대방의 안녕에는 별 관심이 없고, 두 사람 모두 교도소에 갇히는 것을 똑같이 싫어한다고 가정해보자. 만일 모두 묵비권을 행사하여 서로 협력하면, 장물을 소유한 죄목으로 기소되겠지만, 각자 1년 동안만 교도소에 수감된다(그림 14.2 참조). 한 명은 묵비권을 행사하여 상대방에게 협력하지만, 다른 한 명은 자백함으로써 배신하게 되면, 자백한 사람은 방면되지만, 묵비권을 행사한 사람은 절도죄로 3년형을 받는다. 만일 두 사람이 모두 배신하여 자백하게 되

		B의 선택	
		협력(묵비권)	배신(자백)
A의 선택	협력(묵비권)	A : 1년 형 B : 1년 형	A : 3년 형 B : 방면
	배신(자백)	A : 방면 B : 3년 형	A : 2년 형 B : 2년 형

그림 14.2 죄수의 딜레마

면 둘 다 절도죄로 기소되지만, 검사가 관용을 베풀어서 각자 2년 동안 복역하게 된다. 게임이론에서 **내쉬 균형**(Nash equilibrium)이란 어떤 사람도 일방적인 결정 변화를 통해서 더 좋은 결과를 달성할 수 없는 해결책으로 생각할 수 있다(Nash, 1950). 그림 14.2의 사례에서 내쉬 균형은 A와 B 모두가 배신하는 것이다. 예컨대, 여러분이 A라고 해보라. 내쉬 균형을 이해하는 열쇠는 여러분이 B로 하여금 협력하여 묵비권을 행사하도록 강제할 수 없으며, 여러분이 내릴 수 있는 유일한 결정은 여러분 자신의 것뿐이라고 가정하는 것이다. 만일 B가 자백하여 배신한다면, 여러분이 취할 최선책은 똑같이 배신하는 것이다. 배신하면 2년만 복역하기 때문이다. 만일 B가 묵비권을 행사하여 협력한다고 해도, 여러분의 최선책은 여전히 자백하여 배신하는 것이다. 이 경우에는 여러분이 방면될 것이기 때문이다. 어떤 경우이든 여러분이 상대방에게 협력하도록 강제할 수 없다고 가정하면, 최선책은 배신하는 것이다.

죄수의 딜레마에 대한 내쉬 균형이 항상 배신하는 것이라면, 어떻게 사회에서 협력이 출현하느냐는 물음을 제기할 수 있다. 첫째, 행동 연구에서 죄수의 딜레마를 제시하면, 실제로 예측한 것보다 사람들이 더 많이 협력하는 경향을 보인다. 예컨대, 카드자비와 랑게(Khadjavi & Lange, 2013)는 독일에서 복역 중인 수감자들이 죄수의 딜레마 게임을 할 때 55%의 협력 비율을 보였다는 결과를 얻었다(이 게임에서의 보상은 전화를 걸 수 있는 기회이었다). 어떻게 협력 사회가 진화하는 것인지에 대한 통찰을 얻기 위하여 게임이론을 적용할 때는 사람들이 동일한 사람들과 경쟁적 게임을 반복적으로 수행하기 십상이라는 사실도 고려할 필요가 있다. 예컨대, 오늘은 여러분과 여러분의 두 형제가 세 개의 도넛을 가지고 있지만, 내일을 예상해보면 세 사람이 이번에는 세 조각의 피자를 가지고 있을 수 있다. 만일 형제들이 내일 피자를 몽땅 먹어치워서 보복할지도 모른다고 생각하다면, 오늘 모든 도넛을 낚아채서 모두 먹어버리는 행위는 이치에 맞지 않는다. 장차 동일한 사람들과 마주치는 불특정한 회수의 게임을 갖게 된다는 사실을 알고 있다면, 여러분의 전략이 변하겠는가?

로버트 액슬로드(Robert Axelrod, 1984)가 수행한 초기의 경쟁 게임에서는 전문적인 게임이론가들이 죄수의 딜레마 게임을 수백 회 반복해서 수행하는 프로그램을 작성하였다. 이것은 죄수의 딜레마 게임 구조 속에서 협력 사회가 출현할 수 있는 방법이 존재하는지를 알아내려는 것이었다. 흥미롭게도, 이러한 경쟁에서 최선의 결과를 초래하는 프로그램은 모두 협력 성분을 포함하고 있었다. 애너톨 래퍼포트(Anatol Rapoport)가 개발하여 **맞받아치기**(Tit for Tat)라고 이름 붙인 우승 프로그램은 처음에 항상 협력하는 선택을 하였다(Kuhn, 2017). 그런 다음에는 항상 상대방 프로그램이 선행 시행에서 내놓은 것과 동일한 선택을 하였다. 따라서 액슬로드(1984)가 지적한 바와 같이, 맞받아치기 프로그램은 결코 먼저 배신하지 않았으며, 상대방이 협력하는 한에 있어서 항상 협력하였다. 그렇지만 맹목적이거나 순해빠진 협력자는 아니었다. 다음 시행에서는 상대방의 앞선 선택과 똑같은 선택을 함으로써 배신하였던 상대방을 보복하였던 것이다. 그렇지만 장기적인 보복을 추구하지 않았다. 일단 상대방이 협력으로 되돌아서면, 즉각적으로 그대로 따라 함으로써, 상대방의 앞선 배신을 용서해준다. 상대방을 압도하는 데 초점을 맞춘 어떤 규칙도 가지고 있지 않았으며, 그렇기 때문에 본질적으로는 경쟁적이지 않으면서도 경쟁을 이겨냈던 것이다. 이에 덧붙여서 모든 프로그래머들이 맞받아치기 프로그램이 어떻게 할 것인지를 이미 알고 있었으며, 그 프로그램을 꺾을 수 있는 프로그램을 작성할 시간적 여유가 있었음에도 불구하고, 그다음에 반복되는 죄수의 딜레마 경쟁에서도 맞받아치기 프로그램은 계속해서 이길 수 있었다(Kuhn, 2017도 참조). 맞받아치기와 같은 프로그램이 협력 사회가 어떻게 진화하는지를 알려줄 수 있는지는 논쟁거리이겠지만, 사람들이 그러한 상황에서 어떻게 최적으로 행동할 것인지에 관한 가설로 간주할 수 있다.

공공재를 위한 협력

공공재(public goods)란 모든 사람에게 가용하도록 만든 혜택이며, 많은 사람들의 (돈이나 시간의) 집단적 공헌으로 만들 수 있는 것이다(Parks, Joireman, & Van Lange, 2013). 예컨대, 대중을 위한 공원과 놀이터, 무상 식료품 배급소, 고속도로 등은 여러 사람의 공헌으로 만들 수 있지만 누구나 사용할 수 있다. 고전적인 합리성 이론이라면 합리적 세상에는 공공재가 결코 존재할 수 없다고 예측할 것이다. 개인들로서는 공헌하지 않은 채 공공재로부터 이득을 취하고자 시도하는 것[즉, **무임승차**(free riding)]이 더 합리적이기 때문이다. 이러한 설명은 개인에게 있어서 무임승차하는 것이 최선이라고 보기 때문에 아무도 기여하지 않을 것이며 궁극적으로 어떤 공공재도 마련되지 않을 것이라고 예측한다. 그렇지만 거의 모든 사회에서 어떤 형태로든 공공재는 출현한다(Parks et al., 2013).

어떻게 사람들이 공공재에 기여하기로 결정하는 것인가? 한 가지 그럴듯한 통찰은 (세금 등을 통해서) 강제하지 않은 한 모든 사람이 기여하는 것은 아니라는 생각이다. 자발적 기여에 있어서 사람들이 평등, 공정성, 호혜성이 매우 중요하다고 생각하는 정도에 있어서 명백한 개인차가 있는 것으로 보인다(Haidt, 2012). 반 랑게와 동료들(Van Lange, Liebrand, & Kuhlman, 1990)은 이러한 개인차가 어떤 유형의 기여 행동을 합리적이라고 생각하는지에 있어서의 개인차에 해당한다고 제안하였다. 이들은 '친사회적'인 사람들이 사회에서의 협력행동을 합리적으로 생각하며, '친개인적'인 사람들은 고전적인 합리주의 견해, 즉 비협력 행동이 합리적이라는 견해와 맥을 같이하는 생각을 견지한다고 주장하였다. 친사회적인 사람들이 협력을 선택하는 경향을 보이는 까닭은 이들이 강력한 사회적 책무감을 가지고 있으며 모든 사람이 이득을 얻는 것이 중요하다고 느끼기 때문이다(De Cremer & Van Lange, 2001). 반면에 친개인적인 사람은 다른 사람이 협력하는 정도로만 협력하려는 경향이 있다. 그렇지만 친개인적인 사람이 사회집단에 강한 유대감을 느낄 때는 보다 쉽게 협력하도록 설득할 수 있다(Parks et al., 2013).

또 다른 계열의 연구는 사람들이 달성해야 하는 특정 목표가 있음을 알고 있으며 다른 사람들도 협력할 것이라고 믿을 만한 이유가 있을 때에만, 협력하고 기여하는 행동이 나타난다고 제안한다(Pruitt & Kimmel, 1977). 즉, 자신이 참여하면 목표를 달성하게 될 것이라고 기대할 수 있을 때 사람들은 협력한다. 이에 덧붙여서, 토시오 야마기시(Toshio Yamagishi, 1986)는 구조적 목표 기대 가설(structural goal expectation hypothesis)을 제안하였는데, 이 가설에 따르면 사람들은 상대방으로 하여금 협력하도록 압력을 가할 수 있는 방법이 없는 한, 그 사람이 협력하도록 쉽게 설득할 수 있다고 믿으려 하지 않는다. 사람들은 이러한 압력을 가하는 사회시스템, 예컨대 협력을 조장하고 비협력을 처벌하는 시스템을 구축하려는 동기를 가지고 있다. 그렇게 되면 사람들은 이러한 사회시스템의 일원이 될 것인지를 선택해야만 한다. 이 시스템은 공동선을 위한 부차적인 협력시스템으로 간주할 수 있다(Yamagishi, 1986).

파크스와 동료들(Parks, Joireman, & Van Lange, 2013)은 한 가지 통합모형을 통해서 결정 자체의 자질들(예컨대, 결정의 틀, 잠재적 보상 등)이 우선 자기중심적인 직관적 선호(예컨대, 협력하지 않는 것을 선호함)를 생성한다고 주장하였다. 그런 다음에 사람들은 공공의 이득을 염두에 두면서 자신의 선호를 재평가하고자 동기화된다. 예컨대, 집단주의 문화에 속해있는 것, 친사회적 가치 지향성을 가지고 있는 것, 타인을 신뢰하는 사람이 되는 것, 미래 결과를 보다 잘 예측할 수 있는 것 등은 모두 친사회적 조망에서 문제를 다시 생각하는 능력과 동기에 영향을 미칠 수 있다. 부차적인 상황자질도 사람들이 궁극적으로 집단목표를 달성하기 위하여 협력할 것을 선택할지 여부에 영향을 미칠 수 있다. 이러한 부차적인 상황자질에는 집단 크기(예컨대, 기후온난화와 같은 문제에 대해서는 상대적으로 더 큰 집단이 덜 협력한다), 사람들이 협력하지 않을 때 받게 될 제재를 두려워할 이유를 가지고 있는지 여부, 그리고 사람들이 사회적으로 집단과 동일시하며 지도자의 인정을 받고 있다고 느끼는지 여부 등이 포함된다 (Parks et al., 2013).

요약

......

사람들은 자신이 올바른 일을 해왔는지, 선악의 개념을 위반한 사람들을 판단하고 처벌을 가했는지, 정상을 참작할 때 누군가의 행위가 도덕적으로 타당한 정도를 제대로 평가하고 있는지를 궁금해하기 십상이다. 도덕성은 매우 중요하기 때문에, 사람들은 도덕성이 자기 정체성의 핵심과 요체를 형성한다고까지 생각한다. 그렇지만 무엇이 올바른 도덕 추리라고 생각하는지는 성별, 연령, 사회경제적 지위, 문화에 따라 다르다. 도덕 판단은 신체 상태의 영향을 강력하게 받기 십상이지만, 사람들은 자신이 감정보다는 추리에 근거하여 도덕 판단을 내리는 합리주의자라는 착각을 견지한다. 개인적인 이득이라는 점에서 자신의 효용을 극대화하는 것이 최선이기 십상이지만, 협력행동, 공공선, 도덕률, 법체계 등이 여전히 모든 사회에서 출현한다. 이렇게 호기심을 불러일으키는 역설은 더 많은 연구를 수행할 가치가 있다.

논의를 위한 물음

......

1. 과학적 견지에서 볼 때, 도덕 판단에 관한 수많은 연구에 걸쳐 동일한 실험 재료를 계속해서 재사용하는 것의 장단점은 무엇인가? 예컨대, 트롤리 딜레마와 풋브리지 딜레마, 콜버그(1971)의 도덕 딜레마, 또는 하이트와 동료들(1993)의 시나리오 등을 생각해보라.

2. 이 장에서 소개한 인지신경과학 연구는 얼마나 설득적인가? 도덕 판단에 대한 여러분의 이해에 도움을 주었는가? 제12장의 인지신경과학 연구에서 도출한 논의의 맥락에서 여러분의 견해를 제시해보라.

더 읽을거리

......

Haidt, J. (2012). *The righteous mind: Why good people are divided by politics and religion.* New York: Random House.[바른 마음, 왕수민 역. 웅진지식하우스, 2014.]

Lakoff, G. (2000). *Moral politics: How liberals and conservatives think*(2nd ed.). Chicago, IL: University of Chicago Press.

참고문헌

Ahn, W., Kalish, C. W., Medin, D. L., & Gelman, S. A. (1995). The role of covariation versus mechanism information in causal attribution. *Cognition, 54*(3), 299–352.

Ahn, W., Novick, L., & Kim, N. S. (2003). Understanding behavior makes it more normal. *Psychonomic Bulletin & Review, 10*(3), 746–752.

Akerlof, K., Maibach, E. W., Fitzgerald, D., Cedeno, A. Y., & Neuman, A. (2013). Do people "personally experience" global warming, and if so how, and does it matter? *Global Environmental Change, 23*(1), 81–91.

Allais, M. (1953). Le comportement de l'homme rationnel devant le risque: Critique des postulats et axiomes de l'école américaine. *Econometrica: Journal of the Econometric Society, 21*(4), 503–546.

Allais, M. (1990). Allais paradox. In J. Eatwell, M. Milgate, & P. Newman (Eds.), *Utility and probability* (pp. 3–9). London, UK: The Macmillan Press Limited.

Ambrose, S. E. (2002). *To America: Personal reflections of a historian.* New York, NY: Simon and Schuster.

American Psychiatric Association. (1994). *Diagnostic and statistical manual of mental disorders* (4th edition). Washington, DC: Author.

American Psychiatric Association. (2013). *Diagnostic and statistical manual of mental disorders* (5th edition). Arlington, VA: American Psychiatric Publishing.

Anderson, N. E., & Kiehl, K. A. (2012). The psychopath magnetized: Insights from brain imaging. *Trends in Cognitive Sciences, 16*(1), 52–60.

Anderson, N. H. (1965). Primacy effects in personality impression formation using a generalized order effect paradigm. *Journal of Personality and Social Psychology, 2*(1), 1–9.

Anderson, N. H., & Barrios, A. A. (1961). Primacy effects in personality impression formation. *The Journal of Abnormal and Social Psychology, 63*(2), 346–350.

Anomaly, J. (2013). Review of *The manipulation of choice: Ethics and libertarian paternalism. The Independent Review, 18*(2), 301–305.

Arkes, H. R. (1981). Impediments to accurate clinical judgment and possible ways to minimize their impact. *Journal of Consulting and Clinical Psychology, 49*(3), 323–330.

Arkes, H. R., & Ayton, P. (1999). The sunk cost and Concorde effects: Are humans less rational than lower animals? *Psychological Bulletin, 125*(5), 591–600.

Arkes, H. R., & Blumer, C. (1985). The psychology of sunk cost. *Organizational Behavior and Human Decision Processes, 35*(1), 124–140.

Arkes, H. R., & Harkness, A. R. (1983). Estimates of contingency between two dichotomous variables. *Journal of Experimental Psychology: General, 112*(1), 117–135.

Asada, S. (2007). *Culture shock and Japanese-American relations: Historical essays.* Columbia, MO: University of Missouri Press.

Asch, S. E. (1946). Forming impressions of personality. *The Journal of Abnormal and Social Psychology, 41*(3), 258–290.

Axelrod, R. (1984). *The evolution of cooperation.* New York, NY: Basic Books.

Bahník, Š., & Strack, F. (2016). Overlap of accessible information undermines the anchoring effect. *Judgment and Decision Making, 11*(1), 92–98.

Bar-Hillel, M. (1980). The base-rate fallacy in probability judgments. *Acta Psychologica, 44,* 211–233.

Barberis, N. C. (2013). Thirty years of prospect theory in economics: A review and assessment. *Journal of Economic Perspectives, 27*(1), 173–196.

Baron, J., & Hershey, J. C. (1988). Outcome bias in decision evaluation. *Journal of Personality and Social Psychology, 54*(4), 569–579.

Baron-Cohen, S., Leslie, A. M., & Frith, U. (1985). Does the autistic child have a "theory of mind"? *Cognition, 21*(1), 37–46.

Bayen, U. J., Erdfelder, E., Bearden, N. J., & Lozito, J. P. (2006). The interplay of memory and judgment processes in effects of aging on hindsight bias. *Journal of Experimental Psychology: Learning, Memory, and Cognition, 32*(5), 1003–1018.

Bechara, A., Damasio, H., & Damasio, A. R. (2000). Emotion, decision making and the orbitofrontal cortex. *Cerebral Cortex, 10*(3), 295–307.

Bekker, H. L., Hewison, J., & Thornton, J. G. (2004). Applying decision analysis to facilitate informed decision making about prenatal diagnosis for Down syndrome: A randomised controlled trial. *Prenatal Diagnosis, 24,* 265–275.

Bell, D. E., Raiffa, H., & Tversky, A. (1988). Descriptive, normative, and prescriptive interactions in decision making. In D. E. Bell, H. Raiffa, & A. Tversky (Eds.), *Decision making: Descriptive, normative, and prescriptive interactions* (pp. 9–32). Cambridge, UK: Cambridge University Press.

Bennis, W. M., & Medin, D. L. (2010). Weirdness is in the eye of the beholder. *Behavioral and Brain Sciences, 33*(2–3), 25–26.

Bentham, J. (1789/1907). *An introduction to the principles of morals and legislation.* Oxford, UK: Clarendon Press.

Berens, C., Witteman, C. L. M., & van de Ven, M. O. M. (2015). Is understanding why necessary for treatment choices? *European Journal of Psychological Assessment, 27*(2), 81–87.

Bering, J. M. (2006). The folk psychology of souls. *Behavioral and Brain Sciences, 29*(05), 453–462.

Bernstein, D. M., Atance, C., Loftus, G. R., & Meltzoff, A. N. (2004). We saw it all along: Visual hindsight bias in children and adults. *Psychological Science, 15*(4), 264–267.

Bernstein, D. M, Erdfelder, E., Meltzoff, A. N., Peria, W., & Loftus, G. R. (2011). Hindsight bias from 3 to 95 years of age. *Journal of Experimental Psychology: Learning, Memory, and Cognition, 37*(2), 378–391.

Bernstein, J. (2013). Controlling Medicare with lessons from endowment effect experiments. *California Western Law Review, 49*(2), 169–193.

Birch, S. A. J., & Bernstein, D. M. (2007). What can children tell us about hindsight bias: A fundamental constraint on perspective-taking? *Social Cognition, 25*(1), 98–113.

Birch, S. A. J., & Bloom, P. (2007). The curse of knowledge in reasoning about false beliefs. *Psychological Science, 18*(5), 382–386.

Blackwell, L. S., Trzesniewski, K. H., & Dweck, C. S. (2007). Implicit theories of intelligence predict achievement across an adolescent transition: A longitudinal study and an intervention. *Child Development, 78*(1), 246–263.

Blaisdell, A. P., Sawa, K., Leising, K. J., & Waldmann, M. R. (2006). Causal reasoning in rats. *Science, 311*(5763), 1020–1022.

Blank, H., & Nestler, S. (2006). Perceiving events as both inevitable and unforeseeable in hindsight: The Leipzig candidacy for the Olympics. *British Journal of Social Psychology, 45*(1), 149–160.

Bloom, P. (2004). *Descartes' baby: How the science of child development explains what makes us human.* New York, NY: Basic Books.

Blumenthal-Barby, J. S., & Krieger, H. (2015). Cognitive biases and heuristics in medical decision making: A critical review using a systematic search strategy. *Medical Decision Making, 35,* 539–557.

Bodenhausen, G. V., & Wyer, R. S. (1985). Effects of stereotypes in decision making and information-processing strategies. *Journal of Personality and Social Psychology, 48*(2), 267–282.

Bower, G. H. (1981). Mood and memory. *American Psychologist, 36*(2), 129–148.

Bower, G. H., Black, J. B., & Turner, T. J. (1979). Scripts in memory for text. *Cognitive Psychology, 11*(2), 177–220.

Bransford, J. D., & Johnson, M. K. (1972). Contextual prerequisites for understanding: Some investigations of comprehension and recall. *Journal of Verbal Learning and Verbal Behavior, 11,* 717–726.

Brehm, S. S., & Brehm, J. W. (1981). *Psychological reactance: A theory of freedom and control.* New York, NY: Academic Press.

Briggs, R. (2015, Winter). Normative theories of rational choice: Expected utility. In E. N. Zalta (Ed.), *The Stanford encyclopedia of philosophy.* Retrieved from http://plato.stanford.edu/archives/win2015/entries/rationality-normative-utility.

Brinkman-Stoppelenburg, A., Rietjens, J. A., & van der Heide, A. (2014). The effects of advance care planning on end-of-life care: A systematic review. *Palliative Medicine, 28*(8), 1000–1025.

Bucchianeri, G. W., & Minson, J. A. (2013). A homeowner's dilemma: Anchoring in residential real estate transactions. *Journal of Economic Behavior & Organization, 89*(5), 76–92.

Buehner, M. J. (2012). Understanding the past, predicting the future: Causation, not intentional action, is the root of temporal binding. *Psychological Science, 23*(12), 1490–1497.

Butcher, J. N., Atlis, M. M., & Hahn, J. (2003). The Minnesota Multiphasic Personality Inventory-2 (MMPI-2). In M. J. Hilsenroth, D. L. Segal, & M. Herson (Eds.), *Comprehensive handbook of psychological assessment: Personality assessment* (Vol. 2, pp. 30–38). Hoboken, NJ: John Wiley & Sons, Inc.

Butcher, J. N., Dahlstrom, W. G., Graham, J. R., Tellegen, A. M., & Kreammer, B. (1989). *The Minnesota Multiphasic Personality Inventory-2 (MMPI-2) manual for administration and scoring.* Minneapolis, MN: University of Minnesota Press.

Butler, C. (2009). In serial killer's former home, a search for ghosts. *National Public Radio (U.S.).* Retrieved from www.npr.org/templates/story/story.php?storyId=114303723.

Chapman, G. B. (1996). Temporal discounting and utility for health and money. *Journal of Experimental Psychology: Learning, Memory, and Cognition, 22*(3), 771–791.

Chapman, G. B., & Johnson, E. J. (1994). The limits of anchoring. *Journal of Behavioral Decision Making, 7*(4), 223–242.

Chapman, G. B., & Johnson, E. J. (2002). Incorporating the irrelevant: Anchors in judgments of belief and value. In T. Gilovich, D. Griffin, & D. Kahneman (Eds.), *Heuristics and biases: The psychology of intuitive judgment* (pp. 120–138). Cambridge, UK: Cambridge University Press.

Charman, S. D. (2013). The forensic confirmation bias: A problem of evidence integration, not just evidence evaluation. *Journal of Applied Research in Memory and Cognition, 2*(1), 56–58.

Cheng, P. W., & Novick, L. R. (1990). A probabilistic contrast model of causal induction. *Journal of Personality and Social Psychology, 58*(4), 545–567.

Chernev, A., Böckenholt, U., & Goodman, J. (2015). Choice overload: A conceptual review and meta-analysis. *Journal of Consumer Psychology, 25*(2), 333–358.

Choi, I., & Nisbett, R. E. (2000). Cultural psychology of surprise: Holistic theories and recognition of contradiction. *Journal of Personality and Social Psychology, 79*(6), 890–905.

Chou, H. T. G., & Edge, N. (2012). "They are happier and having better lives than I am": The impact of using Facebook on perceptions of others' lives. *Cyberpsychology, Behavior, and Social Networking, 15*(2), 117–121.

Christensen-Szalanski, J. J. (1984). Discount functions and the measurement of patients' values. Women's decisions during childbirth. *Medical Decision Making, 4*(1), 47–58.

Clancy, S. A., McNally, R. J., Schacter, D. L., Lenzenweger, M. F., & Pitman, R. K. (2002). Memory distortion in people reporting abduction by aliens. *Journal of Abnormal Psychology, 111*(3), 455–461.

Clarke, S. (2002). Conspiracy theories and conspiracy theorizing. *Philosophy of the Social Sciences, 32*(2), 131–150.

Coltheart, M. (2013). How can functional neuroimaging inform cognitive theories? *Perspectives on Psychological Science, 8*(1), 98–103.

Cosmides, L. (1989). The logic of social exchange: Has natural selection shaped how humans reason? Studies with the Wason selection task. *Cognition, 31*(3), 187–276.

Cox, M., & Tanford, S. (1989). Effects of evidence and instructions in civil trials: An experimental investigation of rules of admissibility. *Social Behaviour, 4*(1), 31–55.

Croskerry, P. (2002). Achieving quality in clinical decision making: Cognitive strategies and detection of bias. *Academic Emergency Medicine, 9*(11), 1184–1204.

Damasio, A. (1994). *Descartes' error: Emotion, reason, and the human brain.* New York, NY: G. P. Putnam's Sons.

Damasio, H., Grabowski, T., Frank, R., Galaburda, A. M., & Damasio, A. R. (1994). The return of Phineas Gage: Clues about the brain from the skull of a famous patient. *Science, 264*(5162), 1102–1105.

Danziger, S., Levav, J., & Avnaim-Pesso, L. (2011). Extraneous factors in judicial decisions. *Proceedings of the National Academy of Sciences, 108*(17), 6889–6892.

Darwin, C. (1876). *The autobiography of Charles Darwin: From the life and letters of Charles Darwin.* Retrieved from www.gutenberg.org/files/2010/2010-h/2010-h.htm.

Davies, M., & White, P. A. (1994). Use of the availability heuristic by children. *British Journal of Developmental Psychology, 12*(4), 503–505.

Dawes, R. M. (1994). *House of cards: Psychology and psychotherapy built on myth.* New York, NY: The Free Press.

Dawes, R. M., Faust, D., & Meehl, P. E. (1989). Clinical versus actuarial judgment. *Science, 243*(4899), 1668–1674.

Dawson, N. V., & Arkes, H. R. (1987). Systematic errors in medical decision making. *Journal of General Internal Medicine, 2*(3), 183–187.

De Cremer, D., & Van Lange, P. A. M. (2001). Why prosocials exhibit greater cooperation than proselfs: The role of social responsibility and reciprocity. *European Journal of Personality, 15*(S1), S5–S18.

de Kwaadsteniet, L., Hagmayer, Y., Krol, N. P., & Witteman, C. L. (2010). Causal client models in selecting effective interventions: A cognitive mapping study. *Psychological Assessment, 22*(3), 581–592.

De Los Reyes, A., & Marsh, J. K. (2011). Patients' contexts and their effects on clinicians' impressions of conduct disorder symptoms. *Journal of Clinical Child & Adolescent Psychology, 40*(3), 479–485.

de Oliveira-Souza, R., Hare, R. D., Bramati, I. E., Garrido, G. J., Ignácio, F. A., Tovar-Moll, F., & Moll, J. (2008). Psychopathy as a disorder of the moral brain: Fronto-temporo-limbic grey matter reductions demonstrated by voxel-based morphometry. *Neuroimage, 40*(3), 1202–1213.

Dennett, D. (1987). *The intentional stance*. Cambridge, MA: MIT Press.

Ding, D., Maibach, E., Zhao, X., Roser-Renouf, C., & Leserowitz, A. (2011). Support for climate policy and societal action are linked to perceptions about scientific agreement. *Nature Climate Change, 1*, 462–466.

Ditto, P. H., Hawkins, N. A., & Pizarro, D. A. (2005). Imagining the end of life: On the psychology of advance medical decision making. *Motivation and Emotion, 29*(4), 475–496.

Ditto, P. H., Smucker, W. D., Danks, J. H., Jacobson, J. A., Houts, R. M., Fagerlin, A., ... & Gready, R. M. (2003). Stability of older adults' preferences for life-sustaining medical treatment. *Health Psychology, 22*(6), 605–615.

Dorling, D. (2016). Brexit: The decision of a divided country. *The BMJ, 354*, i3697.

Douglas, K. M., & Sutton, R. M. (2008). The hidden impact of conspiracy theories: Perceived and actual influence of theories surrounding the death of Princess Diana. *The Journal of Social Psychology, 148*(2), 210–222.

Drayton, M. (2009). The Minnesota Multiphasic Personality Inventory-2 (MMPI-2). *Occupational Medicine, 59*(2), 135–136.

Dror, I. E. (2009). How can Francis Bacon help forensic science? The four idols of human biases. *Jurimetrics: The Journal of Law, Science, and Technology, 50*(1), 93–110.

Dror, I. E., & Charlton, D. (2006). Why experts make errors. *Journal of Forensic Identification, 56*(4), 600–616.

Dweck, C. S., Chiu, C. Y., & Hong, Y. Y. (1995). Implicit theories and their role in judgments and reactions: A word from two perspectives. *Psychological Inquiry, 6*(4), 267–285.

Dyer, J. S., Fishburn, P. C., Steuer, R. E., Wallenius, J., & Zionts, S. (1992). Multiple criteria decision making, multiattribute utility theory: The next ten years. *Management Science, 38*(5), 645–654.

Ecker, U. K., Lewandowsky, S., & Apai, J. (2011). Terrorists brought down the plane! – No, actually it was a technical fault: Processing corrections of emotive information. *The Quarterly Journal of Experimental Psychology, 64*(2), 283–310.

Ecker, U. K., Lewandowsky, S., Swire, B., & Chang, D. (2011). Correcting false information in memory: Manipulating the strength of misinformation encoding and its retraction. *Psychonomic Bulletin & Review, 18*(3), 570–578.

Eddy, D. M. (1982). Probabilistic reasoning in clinical medicine: Problems and opportunities. In D. Kahneman, P. Slovic, & A. Tversky (Eds.), *Judgment under uncertainty: Heuristics and biases* (pp. 249–267). Cambridge, UK: Cambridge University Press.

Eder, E., Turic, K., Milasowszky, N., Van Adzin, K., & Hergovich, A. (2011). The relationships between paranormal belief, creationism, intelligent design and evolution at secondary schools in Vienna (Austria). *Science & Education, 20*(5–6), 517–534.

Edwards, W. (1954). The theory of decision making. *Psychological Bulletin, 51*(4), 380–417.

Einhorn, J. H., & Hogarth, R. M. (1978). Confidence in judgment: Persistence of the illusion of validity. *Psychological Review, 85*(5), 395–416.

Einhorn, H. J., & Hogarth, R. M. (1986). Judging probable cause. *Psychological Bulletin, 99*(1), 3–19.

Ellis, H. M. (1970). *The application of decision analysis to the problem of choosing an air pollution control program for New York City* (Unpublished doctoral dissertation). Harvard University, Cambridge, MA.

Elstein, A. S. (1999). Heuristics and biases: Selected errors in clinical reasoning. *Academic Medicine, 74*(7), 791–794.

Emmons, K. M., Linnan, L. A., Shadel, W. G., Marcus, B., & Abrams, D. B. (1999). The Working Healthy Project: A worksite health-promotion trial targeting physical activity, diet, and smoking. *Journal of Occupational and Environmental Medicine, 41*(7), 545–555.

Epley, N., & Gilovich, T. (2001). Putting adjustment back in the anchoring and adjustment heuristic: Differential processing of self-generated and experimenter-provided anchors. *Psychological Science, 12*(5), 391–396.

Erdfelder, E., & Buchner, A. (1998). Decomposing the hindsight bias: A multinomial processing tree model for separating recollection and reconstruction in hindsight. *Journal of Experimental Psychology: Learning, Memory, and Cognition, 24*(2), 387–414.

Ericson, K. M. M., & Fuster, A. (2014). The endowment effect. *Annual Review of Economics, 6*, 555–579.

Eskine, K. J., Kacinik, N. A., & Prinz, J. J. (2011). A bad taste in the mouth: Gustatory disgust influences moral judgment. *Psychological Science, 22*(3), 295–299.

Estrada, C. A., Isen, A. M., & Young, M. J. (1997). Positive affect facilitates integration of information and decreases anchoring in reasoning among physicians. *Organizational Behavior and Human Decision Processes, 72*(1), 117–135.

Evans, J. S. B. (1984). Heuristic and analytic processes in reasoning. *British Journal of Psychology, 75*(4), 451–468.

Evans, J. S. B. (2008). Dual-processing accounts of reasoning, judgment, and social cognition. *Annual Review of Psychology, 59*, 255–278.

Evans, J. S. B., & Stanovich, K. E. (2013). Dual-process theories of higher cognition: Advancing the debate. *Perspectives on Psychological Science, 8*(3), 223–241.

Fan, J., & Levine, R. A. (2007). To amnio or not to amnio: That is the decision for Bayes. *Chance, 20*, 26–32.

Farah, M. J., & Hook, C. J. (2013). The seductive allure of "seductive allure." *Perspectives on Psychological Science, 8*(1), 88–90.

Finucane, M. L., Alhakami, A., Slovic, P., & Johnson, S. M. (2000). The affect heuristic in judgments of risks and benefits. *Journal of Behavioral Decision Making, 13*, 1–17.

Fischhoff, B. (1975). Hindsight ≠ foresight: The effect of outcome knowledge on judgment under uncertainty. *Journal of Experimental Psychology: Human Perception and Performance, 1*(3), 288–299.

Fischhoff, B. (1977). Perceived informativeness of facts. *Journal of Experimental Psychology: Human Perception and Performance, 3*(2), 349–358.

Fischhoff, B., & Beyth, R. (1975). "I knew it would happen:" Remembered probabilities of once-future things. *Organizational Behavior and Human Performance, 13*(1), 1–16.

Fischhoff, B., Slovic, P., Lichtenstein, S., Read, S., & Combs, B. (1978). How safe is safe enough? A psychometric study of attitudes towards technological risks and benefits. *Policy Sciences, 9*, 127–152.

Fishburn, P. C. (1970). *Utility theory for decision making*. New York, NY: John Wiley & Sons, Inc.

Flavin, M., & Yamashita, T. (2002). Owner-occupied housing and the composition of the household portfolio. *The American Economic Review, 92*(1), 345–362.

Flood, M. M. (1958). Some experimental games. *Management Science, 5*(1), 5–26.

Flores, A., Cobos, P. L., López, F. J., Godoy, A., & González-Martín, E. (2014). The influence of causal connections between symptoms on the diagnosis of mental disorders: Evidence from online and offline measures. *Journal of Experimental Psychology: Applied, 20*(3), 175–190.

Foddai, A. C., Grant, I. R., & Dean, M. (2016). Efficacy of instant hand sanitizers against foodborne pathogens compared with hand washing with soap and water in food preparation settings: A systematic review. *Journal of Food Protection, 79*(6), 1040–1054.

Fox, J., & Bailenson, J. N. (2009). Virtual self-modeling: The effects of vicarious reinforcement and identification on exercise behaviors. *Media Psychology, 12*(1), 1–25.

Franklin, B. (1818). *The private correspondence of Benjamin Franklin* (Vol. I, 3rd Ed. (revised), p. 259). London, UK: Henry Colburn.

Frederick, S. (2005). Cognitive reflection and decision making. *The Journal of Economic Perspectives, 19*(4), 25–42.

Freedman, J. L., Martin, C. K., & Mota, V. L. (1998). Pretrial publicity: Effects of admonition and expressing pretrial opinions. *Legal and Criminological Psychology, 3*(2), 255–270.

French, C. C., Santomauro, J., Hamilton, V., Fox, R., & Thalbourne, M. A. (2008). Psychological aspects of the alien contact experience. *Cortex, 44*(10), 1387–1395.

Fugelsang, J. A., & Thompson, V. A. (2003). A dual-process model of belief and evidence interactions in causal reasoning. *Memory & Cognition, 31*(5), 800–815.

Furedi, A. (1999). The public health implications of the 1995 'pill scare.' *Human Reproduction Update, 5*, 621–626.

Furnham, A., & Boo, H. C. (2011). A literature review of the anchoring effect. *The Journal of Socio-Economics, 40*(1), 35–42.

Galotti, K. M. (1995). A longitudinal study of real-life decision making: Choosing a college. *Applied Cognitive Psychology, 9*(6), 459–484.

Galotti, K. M. (2007). Decision structuring in important real-life choices. *Psychological Science, 18*(4), 320–325.

Garb, H. N. (1998). *Studying the clinician*. Washington, DC: American Psychological Association.

Garg, A. X., Adhikari, N. K., McDonald, H., Rosas-Arellano, M. P., Devereaux, P. J., Beyene, J., ... & Haynes, R. B. (2005). Effects of computerized clinical decision support systems on practitioner performance and patient outcomes: A systematic review. *JAMA*, *293*(10), 1223–1238.

Gawande, A. (2014). *Being mortal: Medicine and what matters in the end.* New York, NY: Metropolitan Books.

Geisel, T. S. (1960/1988). *Green eggs and ham.* New York, NY: Random House, Inc.

George, J. F., Duffy, K., & Ahuja, M. (2000). Countering the anchoring and adjustment bias with decision support systems. *Decision Support Systems*, *29*(2), 195–206.

Ghosh, V. E., Moscovitch, M., Colella, B. M., & Gilboa, A. (2014). Schema representation in patients with ventromedial PFC lesions. *The Journal of Neuroscience*, *34*(36), 12057–12070.

Gigerenzer, G. (1996). On narrow norms and vague heuristics: A reply to Kahneman and Tversky. *Psychological Review*, *103*(3), 592–596.

Gigerenzer, G. (2004). Dread risk, September 11, and fatal traffic accidents. *Psychological Science*, *15*, 286–287.

Gigerenzer, G. (2007). *Gut feelings: The intelligence of the unconscious.* New York, NY: Penguin Group (USA), Inc.

Gigerenzer, G., Gaissmaier, W., Kurz-Milcke, E., Schwartz, L. M., & Woloshin, S. (2008). Helping doctors and patients make sense of health statistics. *Psychological Science in the Public Interest*, *8*, 53–96.

Gigerenzer, G., & Goldstein, D. G. (1999). Betting on one good reason: The take the best heuristic. In G. Gigerenzer, P. M. Todd, & the ABC Research Group (Eds.), *Simple heuristics that make us smart* (pp. 75–95). Oxford, UK: Oxford University Press.

Gigerenzer, G., & Gray, J. A. M. (2011). *Better doctors, better patients, better decisions: Envisioning health care 2020.* Cambridge, MA: MIT Press.

Gigerenzer, G., Hertwig, R., Van Den Broek, E., Fasolo, B., & Katsikopoulos, K. V. (2005). "A 30% chance of rain tomorrow": How does the public understand probabilistic weather forecasts? *Risk Analysis*, *25*(3), 623–629.

Gigerenzer, G., & Regier, T. (1996). How do we tell an association from a rule? Comment on Sloman (1996). *Psychological Bulletin*, *119*(1), 23–26.

Gigerenzer, G., Todd, P. M., & The ABC Research Group (1999). *Simple heuristics that make us smart.* Oxford, UK: Oxford University Press.

Gilbert, D. T. (1991). How mental systems believe. *American Psychologist*, *46*(2), 107–119.

Gilbert, D. T., Driver-Linn, E., & Wilson, T. D. (2002). The trouble with Vronsky: Impact bias in the forecasting of future affective states. In L. F. Barrett & P. Salovey (Eds.), *The wisdom in feeling: Psychological processes in emotional intelligence* (pp. 114–143). New York, NY: Guilford Press.

Gilbert, D. T., Krull, D. S., & Malone, P. S. (1990). Unbelieving the unbelievable: Some problems in the rejection of false information. *Journal of Personality and Social Psychology*, *59*(4), 601–613.

Gilbert, D. T., & Malone, P. S. (1995). The correspondence bias. *Psychological Bulletin*, *117*(1), 21–38.

Gilbert, D. T., Tafarodi, R. W., & Malone, P. S. (1993). You can't not believe everything you read. *Journal of Personality and Social Psychology*, *65*(2), 221–233.

Gilligan, C. (1982). *In a different voice*. Cambridge, MA: Harvard University Press.

Gilligan, C., & Attanucci, J. (1988). Two moral orientations: Gender differences and similarities. *Merrill-Palmer Quarterly, 34*(3), 223–237.

Goedert, K. M., Ellefson, M. R., & Rehder, B. (2014). Differences in the weighting and choice of evidence for plausible versus implausible causes. *Journal of Experimental Psychology: Learning, Memory, and Cognition, 40*(3), 683–702.

Goertzel, T. (2010). Conspiracy theories in science. *EMBO reports, 11*(7), 493–499.

Goodwin, G. P., Piazza, J., & Rozin, P. (2014). Moral character predominates in person perception and evaluation. *Journal of Personality and Social Psychology, 106*(1), 148–168.

Gopnik, A. (2000). Explanation as orgasm and the drive for causal knowledge: The function, evolution, and phenomenology of the theory formation system. In F. C. Keil & R. A. Wilson (Eds.), *Explanation and cognition* (pp. 299–323). Cambridge, MA: The MIT Press.

Gorini, A., & Pravettoni, G. (2011). An overview on cognitive aspects implicated in medical decisions. *European Journal of Internal Medicine, 22*(6), 547–553.

Green, L., Fry, A. F., & Myerson, J. (1994). Discounting of delayed rewards: A life-span comparison. *Psychological Science, 5*(1), 33–36.

Green, L., Myerson, J., & McFadden, E. (1997). Rate of temporal discounting decreases with amount of reward. *Memory & Cognition, 25*(5), 715–723.

Greene, J. D., Sommerville, R. B., Nystrom, L. E., Darley, J. M., & Cohen, J. D. (2001). An fMRI investigation of emotional engagement in moral judgment. *Science, 293*(5537), 2105–2108.

Greene, R. L. (1984). Incidental learning of event frequency. *Memory & Cognition, 12*(1), 90–95.

Grove, W. M., Zald, D. H., Lebow, B. S., Snitz, B. E., & Nelson, C. (2000). Clinical versus mechanical prediction: A meta-analysis. *Psychological Assessment, 12*(1), 19–30.

Haddad, B. M., Rozin, P., Nemeroff, C., and Slovic, P. (2009). *The psychology of water reclamation and reuse*. Alexandria, VA: The WateReuse Foundation.

Haidt, J. (2001). The emotional dog and its rational tail: A social intuitionist approach to moral judgment. *Psychological Review, 108*(4), 814–834.

Haidt, J. (2012). *The righteous mind: Why good people are divided by politics and religion*. New York, NY: Random House.

Haidt, J., Koller, S. H., & Dias, M. G. (1993). Affect, culture, and morality, or is it wrong to eat your dog? *Journal of Personality and Social Psychology, 65*(4), 613–628.

Handler, D. (2000). *A series of unfortunate events #3: The wide window*. New York, NY: HarperCollins.

Hansen, K., Gerbasi, M., Todorov, A., Kruse, E., & Pronin, E. (2014). People claim objectivity after knowingly using biased strategies. *Personality and Social Psychology Bulletin, 40*(6), 691–699.

Hardin, G. (1968). The tragedy of the commons. *Science, 162*(3859), 1243–1248.

Harless, D. W., & Camerer, C. F. (1994). The predictive utility of generalized expected utility theories. *Econometrica: Journal of the Econometric Society, 62*(6), 1251–1289.

Harlow, J. M. (1868). Recovery from the passage of an iron bar through the head. *Publications of the Massachusetts Medical Society, 2*(3), 327–346.

Harris, P., & Middleton, W. (1994). The illusion of control and optimism about health: On being less at risk but no more in control than others. *British Journal of Social Psychology, 33*(4), 369–386.

Harris, A. J. L., & Speekenbrink, M. (2016). Semantic cross-scale numerical anchoring. *Judgment and Decision Making, 11*(6), 572–581.

Haselgrove, M. (2016). Overcoming associative learning. *Journal of Comparative Psychology, 130*(3), 226–240.

Hastie, R. (1994). *Inside the juror: The psychology of juror decision making.* Cambridge, UK: Cambridge University Press.

Hastie, R. (2015). Causal thinking in judgments. In G. Keren & G. Wu (Eds.), *The Wiley Blackwell handbook of judgment and decision making* (Vol. 1, pp. 590–628). Chichester, UK: John Wiley & Sons, Ltd.

Hastie, R., & Pennington, N. (2000). Explanation-based decision making. In T. Connolly, H. R. Arkes, & K. R. Hammond (Eds.), *Judgment and decision making: An interdisciplinary reader* (2nd Ed., pp. 212–228). Cambridge, UK: Cambridge University Press.

Hastie, R., Schroeder, C., & Weber, R. (1990). Creating complex social conjunction categories from simple categories. *Bulletin of the Psychonomic Society, 28*(3), 242–247.

Hathaway, S. R., & McKinley, J. C. (1940). A multiphasic personality schedule (Minnesota): I. Construction of the schedule. *The Journal of Psychology, 10*(2), 249–254.

Hawkins, S. A., & Hastie, R. (1990). Hindsight: Biased judgments of past events after the outcomes are known. *Psychological Bulletin, 107*(3), 311–327.

Heath, C., & Tversky, A. (1991). Preference and belief: Ambiguity and competence in choice under uncertainty. *Journal of Risk and Uncertainty, 4*(1), 5–28.

Hebl, M. R., & Mannix, L. M. (2003). The weight of obesity in evaluating others: A mere proximity effect. *Personality and Social Psychology Bulletin, 29*(1), 28–38.

Heider, F. (1958/2015). *The psychology of interpersonal relations.* Mansfield Center, CT: Martino Publishing.

Hein, L. E., & Selden, M. (2015). *Living with the bomb: American and Japanese cultural conflicts in the nuclear age.* New York, NY: M. E. Sharpe, Inc.

Heine, S. J., & Lehman, D. R. (1996). Hindsight bias: A cross-cultural analysis. *The Japanese Journal of Experimental Social Psychology, 35*(3), 317–323.

Hempel, C. G. (1945). Studies in the logic of confirmation (I.). *Mind, 54*(113), 1–26.

Henrich, J., Heine, S. J., & Norenzayan, A. (2010). The weirdest people in the world? *Behavioral and Brain Sciences, 33*(2–3), 1–75.

Hershfield, H. E., Goldstein, D. G., Sharpe, W. F., Fox, J., Yeykelis, L., Carstensen, L. L., & Bailenson, J. N. (2011). Increasing saving behavior through age-progressed renderings of the future self. *Journal of Marketing Research, 48*(SPL), S23–S37.

Hertwig, R., & Gigerenzer, G. (1999). The "conjunction fallacy" revisited: How intelligent inferences look like reasoning errors. *Journal of Behavioral Decision Making, 12*, 275–305.

Heron, M. (2016). Deaths: Leading causes for 2013. *National Vital Statistics Reports, 65*(2), 1–95.

Hilton, D. (2007). Causal explanation: From social perception to knowledge-based attribution. In A. W. Kruglanski & E. T. Higgins (Eds.), *Social psychology: Handbook of basic principles* (2nd Ed., pp. 232–253). New York, NY: The Guilford Press.

Hirschfeld, L. A. (2002). Why don't anthropologists like children? *American Anthropologist, 104*(2), 611–627.

Hoffrage, U., & Gigerenzer, G. (1998). Using natural frequencies to improve diagnostic inferences. *Academic Medicine, 73*, 538–540.

Hoffrage, U., Hertwig, R., & Gigerenzer, G. (2000). Hindsight bias: A by-product of knowledge updating? *Journal of Experimental Psychology: Learning, Memory and Cognition, 26*(3), 566–581.

Hogarth, R. M., & Einhorn, H. J. (1992). Order effects in belief updating: The belief-adjustment model. *Cognitive Psychology, 24*(1), 1–55.

Holden, K. J., & French, C. C. (2002). Alien abduction experiences: Some clues from neuropsychology and neuropsychiatry. *Cognitive Neuropsychiatry, 7*(3), 163–178.

Hölzl, E., & Kirchler, E. (2005). Causal attribution and hindsight bias for economic developments. *Journal of Applied Psychology, 90*(1), 267–174.

Homant, R. J., & Kennedy, D. B. (1998). Psychological aspects of crime scene profiling: Validity research. *Criminal Justice and Behavior, 25*(3), 319–343.

Homberger, E. (2016, July 3). Elie Wiesel obituary. *The Guardian.*

Horswill, M. S., & McKenna, F. P. (1999). The effect of perceived control on risk taking. *Journal of Applied Social Psychology, 29*(2), 377–391.

Hume, D. (1739/2000). *A treatise of human nature.* Oxford, UK: Oxford University Press.

Hunt, D. L., Haynes, R. B., Hanna, S. E., & Smith, K. (1998). Effects of computer-based clinical decision support systems on physician performance and patient outcomes: A systematic review. *JAMA: The Journal of the American Medical Association, 280*(15), 1339–1346.

Impey, C., Buxner, S., & Antonellis, J. (2012). Non-scientific beliefs among undergraduate students. *Astronomy Education Review, 11*(1), 1–12.

Institute of Medicine (U.S.). (2004). *Immunization safety review: Vaccines and autism.* Washington, DC: The National Academies Press.

Irwin, H. J. (2009). *The psychology of paranormal belief: A researcher's handbook.* Hatfield, UK: University of Hertfordshire Press.

Ishikawa, T., & Ueda, K. (1984). The bonus payment system and Japanese personal savings. In M. Aoki (Ed.), *The economic analysis of the Japanese firm* (pp. 133–192). New York, NY: Elsevier Science Ltd.

Iyengar, S. S., & Lepper, M. R. (2000). When choice is demotivating: Can one desire too much of a good thing? *Journal of Personality and Social Psychology, 79*(6), 995–1006.

Jaffee, S., & Hyde, J. S. (2000). Gender differences in moral orientation: A meta-analysis. *Psychological Bulletin, 126*(5), 703–726.

Johnson, E. J., & Goldstein, D. G. (2004). Defaults and donation decisions. *Transplantation, 78*(12), 1713–1716.

Johnson, H. M., & Seifert, C. M. (1994). Sources of the continued influence effect: When misinformation in memory affects later inferences. *Journal of Experimental Psychology: Learning, Memory, and Cognition, 20*(6), 1420–1436.

Jones, E. E., & Davis, K. E. (1965). From acts to dispositions: The attribution process in person perception. *Advances in Experimental Social Psychology, 2*, 219–266.

Kahneman, D. (2003). A perspective on judgment and choice: Mapping bounded rationality. *American Psychologist, 58*(9), 697–720.

Kahneman, D. (2011). *Thinking, fast and slow.* London, UK: Macmillan.

Kahneman, D., & Frederick, S. (2002). Representativeness revisited: Attribute substitution in intuitive judgment. In T. Gilovich, D. Griffin, & D. Kahneman (Eds.), *Heuristics and biases: The psychology of intuitive judgment* (pp. 49–81). Cambridge, UK: Cambridge University Press.

Kahneman, D., Fredrickson, B. L., Schreiber, C. A., & Redelmeier, D. A. (1993). When more pain is preferred to less: Adding a better end. *Psychological Science, 4*(6), 401–405.

Kahneman, D., Knetsch, J. L., & Thaler, R. H. (1990). Experimental tests of the endowment effect and the Coase theorem. *Journal of Political Economy, 98*(6), 1325–1348.

Kahneman, D., & Snell, J. (1992). Predicting a changing taste: Do people know what they will like? *Journal of Behavioral Decision Making, 5*(3), 187–200.

Kahneman, D., & Tversky, A. (1972). Subjective probability: A judgment of representativeness. *Cognitive Psychology, 3*(3), 430–454.

Kahneman, D., & Tversky, A. (1973). On the psychology of prediction. *Psychological Review, 80*(4), 237–251.

Kahneman, D., & Tversky, A. (1979). Prospect theory: An analysis of decision under risk. *Econometrica: Journal of the Econometric Society, 47*(2), 263–291.

Kahneman, D., & Tversky, A. (1982). The simulation heuristic. In D. Kahneman, P. Slovic, & A. Tversky (Eds.), *Judgment under uncertainty: Heuristics and biases* (pp. 201–208). New York, NY: Cambridge University Press.

Kaplan, M. F., & Kemmerick, G. D. (1974). Juror judgment as information integration: Combining evidential and nonevidential information. *Journal of Personality and Social Psychology, 30*(4), 493–499.

Karmarkar, U. R., Shiv, B., & Knutson, B. (2015). Cost conscious? The neural and behavioral impact of price primacy on decision making. *Journal of Marketing Research, 52*(4), 467–481.

Kassin, S. M., Dror, I. E., & Kukucka, J. (2013). The forensic confirmation bias: Problems, perspectives, and proposed solutions. *Journal of Applied Research in Memory and Cognition, 2*(1), 42–52.

Katsikopoulos, K. V., & Gigerenzer, G. (2008). One-reason decision-making: Modeling violations of expected utility theory. *Journal of Risk and Uncertainty, 37*(1), 35–56.

Kawamoto, K., Houlihan, C. A., Balas, E. A., & Lobach, D. F. (2005). Improving clinical practice using clinical decision support systems: A systematic review of trials to identify features critical to success. *BMJ: British Medical Journal, 330*(7494), 765–768.

Keeney, R. L. (2008). Personal decisions are the leading cause of death. *Operations Research, 56*(6), 1335–1347.

Keeney, R. L., & Raiffa, H. (1993). *Decisions with multiple objectives: Preferences and value tradeoffs.* New York, NY: Cambridge University Press.

Keil, F. C. (1989). *Concepts, kinds, and conceptual development.* Cambridge, MA: MIT Press.

Keil, F. C. (1995). The growth of causal understandings of natural kinds: Modes of construal and the emergence of biological thought. In D. Sperber, D. Premack, & A. J. Premack (Eds.), *Causal cognition* (pp. 234–262). New York, NY: Oxford University Press.

Keil, F. C. (2006). Explanation and understanding. *Annual Review of Psychology, 57,* 227–254.

Kelemen, D., & Rosset, E. (2009). The human function compunction: Teleological explanation in adults. *Cognition, 111*(1), 138–143.

Kelley, H. H. (1973). The processes of causal attribution. *American Psychologist, 28*(2), 107–128.

Keren, G. (2013). A tale of two systems: A scientific advance or a theoretical stone soup? Commentary on Evans & Stanovich (2013). *Perspectives on Psychological Science, 8*(3), 257–262.

Keren, G., & Schul, Y. (2009). Two is not always better than one: A critical evaluation of two-system theories. *Perspectives on Psychological Science, 4*(6), 533–550.

Khadjavi, M., & Lange, A. (2013). Prisoners and their dilemma. *Journal of Economic Behavior & Organization, 92*, 163–175.

Khemlani, S. S., Barbey, A. K., & Johnson-Laird, P. N. (2014). Causal reasoning with mental models. *Frontiers in Human Neuroscience, 8*, 849.

Kim, L. R., & Kim, N. S. (2011). A proximity effect in adults' contamination intuitions. *Judgment and Decision Making, 6*(3), 222–229.

Kim, N. S., & Ahn, W. (2002a). The influence of naive causal theories on lay concepts of mental illness. *American Journal of Psychology, 115*(1), 33–66.

Kim, N. S., & Ahn, W. K. (2002b). Clinical psychologists' theory-based representations of mental disorders predict their diagnostic reasoning and memory. *Journal of Experimental Psychology: General, 131*(4), 451–476.

Klayman, J., & Ha, Y. W. (1987). Confirmation, disconfirmation, and information in hypothesis testing. *Psychological Review, 94*(2), 211–228.

Knight, F. H. (1921). *Risk, uncertainty, and profit*. Library of Economics and Liberty. Retrieved from www.econlib.org/library/Knight/knRUP.html.

Knutson, B., Rick, S., Wimmer, G. E., Prelec, D., & Loewenstein, G. (2007). Neural predictors of purchases. *Neuron, 53*(1), 147–156.

Kocsis, R. N., Cooksey, R. W., & Irwin, H. J. (2002). Psychological profiling of sexual murders: An empirical model. *International Journal of Offender Therapy and Comparative Criminology, 46*(5), 532–554.

Kohlberg. L. (1971). From is to ought: How to commit the naturalistic fallacy and get away with it in the study of moral development. In T. Mischel (Ed.), *Cognitive development and epistemology* (pp. 151–235). New York, NY: Academic Press.

Koriat, A., Lichtenstein, S., & Fischhoff, B. (1980). Reasons for confidence. *Journal of Experimental Psychology: Human Learning and Memory, 6*(2), 107–118.

Kostopoulou, O., Russo, J. E., Keenan, G., Delaney, B. C., & Douiri, A. (2012). Information distortion in physicians' diagnostic judgments. *Medical Decision Making, 32*(6), 831–839.

Kőszegi, B., & Rabin, M. (2006). A model of reference-dependent preferences. *The Quarterly Journal of Economics, 121*(4), 1133–1165.

Kruglanski, A. W., & Gigerenzer, G. (2011). Intuitive and deliberate judgments are based on common principles. *Psychological Review, 118*(1), 97–109.

Kuhlmeier, V. A., Bloom, P., & Wynn, K. (2004). Do 5-month-old infants see humans as material objects? *Cognition, 94*(1), 95–103.

Kuhn, S. (2017). Prisoner's dilemma. In E. N. Zalta (Ed.), *The Stanford encyclopedia of philosophy* (Spring 2017 Edition). Retrieved from https://plato.stanford.edu/archives/spr2017/entries/prisoner-dilemma.

Kunda, Z., Miller, D. T., & Claire, T. (1990). Combining social concepts: The role of causal reasoning. *Cognitive Science, 14*(4), 551–577.

Kunreuther, H., Meyer, R., Zeckhauser, R., Slovic, P., Schwartz, B., Schade, C., ... & Hogarth, R. (2002). High stakes decision making: Normative, descriptive, and prescriptive considerations. *Marketing Letters, 13,* 259–268.

Kunreuther, H., Onculer, A., & Slovic, P. (1998). Time insensitivity for protective investments. *Journal of Risk and Uncertainty, 16,* 279–299.

Kusev, P., van Schaik, P., Alzahrani, S., Lonigro, S., & Purser, H. (2016). Judging the morality of utilitarian actions: How poor utilitarian accessibility makes judges irrational. *Psychonomic Bulletin & Review, 23*(6), 1961–1967.

Lakoff, G. (2010). *Moral politics: How liberals and conservatives think* (2nd Ed.). Chicago, IL: University of Chicago Press.

Langer, E. J. (1975). The illusion of control. *Journal of Personality and Social Psychology, 32*(2), 311–328.

Lee, L., Lee, M. P., Bertini, M., Zauberman, G., & Ariely, D. (2015). Money, time, and the stability of consumer preferences. *Journal of Marketing Research, 52*(2), 184–199.

Leslie, A. M. (1987). Pretense and representation: The origins of "theory of mind." *Psychological Review, 94*(4), 412–426.

Levine, L. J., & Pizarro, D. A. (2004). Emotion and memory research: A grumpy overview. *Social Cognition, 22*(5), 530–554.

Lewandowsky, S., Echer, U. K. H., Seifert, C., Schwartz, N., & Cook, J. (2012). Misinformation and its correction: Continued influence and successful debiasing. *Psychological Science in the Public Interest, 13*(3), 106–131.

Lewandowsky, S., Oberauer, K., & Gignac, G. E. (2013). NASA faked the moon landing – therefore, climate science is a hoax: An anatomy of the motivated rejection of science. *Psychological Science, 24*(5), 622–633.

Lewis, M. (2004). *Moneyball: The art of winning an unfair game.* New York, NY: W. W. Norton & Company.

Lieberman, J. D., & Arndt, J. (2000). Understanding the limits of limiting instructions: Social psychological explanations for the failures of instructions to disregard pretrial publicity and other inadmissible evidence. *Psychology, Public Policy, and Law, 6*(3), 677–711.

Lilienfeld, S. O., Ammirati, R., & Landfield, K. (2009). Giving debiasing away: Can psychological research on correcting cognitive errors promote human welfare? *Perspectives on Psychological Science, 4*(4), 390–398.

Lim, D., Ha, M., & Song, I. (2014). Trends in the leading causes of death in Korea, 1983–2012. *Journal of Korean Medical Science, 29*(12), 1597–1603.

Lindeman, M., & Aarnio, K. (2007). Superstitious, magical, and paranormal beliefs: An integrative model. *Journal of Research in Personality, 41*(4), 731–744.

Lindeman, M., Svedholm, A. M., Takada, M., Lönnqvist, J. E., & Verkasalo, M. (2011). Core knowledge confusions among university students. *Science & Education, 20*(5–6), 439–451.

Lipe, M. G. (1990). A lens model analysis of covariation research. *Journal of Behavioral Decision Making, 3*(1), 47–59.

List, J. A. (2004). Neoclassical theory versus prospect theory: Evidence from the marketplace. *Econometrica, 72*(2), 615–625.

Lo, B., Quill, T., & Tulsky, J. (1999). Discussing palliative care with patients. *Annals of Internal Medicine, 130*(9), 744–749.

Loewenstein, G. (2005). Projection bias in medical decision making. *Medical Decision Making, 25*(1), 96–104.

Lopes, L. (1985). Averaging rules and adjustment processes in Bayesian inference. *Bulletin of the Psychonomic Society*, (6), 509–512.

Lopes, L. L., & Oden, G. C. (1991). The rationality of intelligence. In E. Eells & T. Maruszewski (Eds.), *Rationality and reasoning* (pp. 225–249). Amsterdam: Rodopi.

López-Rousseau, A. (2005). Avoiding the death risk of avoiding a dread risk. *Psychological Science, 16*, 426–428.

Lynn, S. J., Pintar, J., Stafford, J., Marmelstein, L., & Lock, T. (1998). Rendering the implausible plausible: Narrative construction, suggestion, and memory. In J. de Rivera & T. R. Sarbin (Eds.), *Believed-in imaginings: The narrative construction of reality* (pp. 123–143). Washington, DC: American Psychological Association.

Mackie, J. L. (1965). Causes and conditions. *American Philosophical Quarterly, 2*(4), 245–264.

Mackie, J. L. (1974). *The cement of the universe: A study of causation.* Oxford, UK: Clarendon Press.

MacLeod, C., & Campbell, L. (1992). Memory accessibility and probability judgments: An experimental evaluation of the availability heuristic. *Journal of Personality and Social Psychology, 63*(6), 890–902.

Maley, J. E., Hunt, M., & Parr, W. (2000). Set-size and frequency-of-occurrence judgments in young and older adults: The role of the availability heuristic. *The Quarterly Journal of Experimental Psychology: Section A, 53*(1), 247–269.

Mamede, S., van Gog, T., van den Berge, K., Rikers, R. M., van Saase, J. L., van Guldener, C., & Schmidt, H. G. (2010). Effect of availability bias and reflective reasoning on diagnostic accuracy among internal medicine residents. *JAMA, 304*(11), 1198–1203.

Mandel, D. R., & Lehman, D. R. (1998). Integration of contingency information in judgments of cause, covariation, and probability. *Journal of Experimental Psychology: General, 127*(3), 269–285.

Mark, M. M., & Mellor, S. (1991). Effect of self-relevance of an event on hindsight bias: The foreseeability of a layoff. *Journal of Applied Psychology, 76*(4), 569–577.

Markowitz, H. (1952). The utility of wealth. *Journal of Political Economy, 60*(2), 151–158.

Mather, M. (2007). Emotional arousal and memory binding: An object-based framework. *Perspectives on Psychological Science, 2*(1), 33–52.

Matute, H., Yarritu, I., & Vadillo, M. A. (2011). Illusions of causality at the heart of pseudoscience. *British Journal of Psychology, 102*(3), 392–405.

Mayo, R., Schul, Y., & Burnstein, E. (2004). "I am not guilty" vs. "I am innocent": Successful negation may depend on the schema used for its encoding. *Journal of Experimental Social Psychology, 40*(4), 433–449.

Medvec, V. H., Madey, S. F., & Gilovich, T. (1995). When less is more: Counterfactual thinking and satisfaction among Olympic medalists. *Journal of Personality and Social Psychology, 69*(4), 603–610.

Meehl, P. E. (1954/1996). *Clinical versus statistical prediction: A theoretical analysis and a review of the evidence.* Northvale, NJ: Jason Aronson, Inc.

Meehl, P. E. (1973). Why I do not attend case conferences. In *Psychodiagnosis: Selected papers* (pp. 225–302). Minneapolis, MN: University of Minnesota Press.

Meehl, P. E. (1986). Causes and effects of my disturbing little book. *Journal of Personality Assessment, 50*(3), 370–375.

Mendel, R., Traut-Mattausch, E., Jonas, E., Leucht, S., Kane, J. M., Maino, K., ... & Hamann, J. (2011). Confirmation bias: Why psychiatrists stick to wrong preliminary diagnoses. *Psychological Medicine, 41*(12), 2651–2659.

Michael, R. B., Newman, E. J., Vuorre, M., Cumming, G., & Garry, M. (2013). On the (non) persuasive power of a brain image. *Psychonomic Bulletin & Review, 20*(4), 720–725.

Michotte, A. (1946/1963). *The perception of causality.* Oxford, UK: Basic Books.

Mill, J. S. (1861/1998). *Utilitarianism.* New York, NY: Oxford University Press.

Miller, D. T., & Ross, M. (1975). Self-serving biases in the attribution of causality: Fact or fiction. *Psychological Bulletin, 82*(2), 213–225.

Miller, G. (2012, August 10). Getting minds out of the sewer: How human psychology gets in the way of sensible solutions to recycling wastewater. *Science, 337,* 679–680.

Miron-Shatz, T., Hanoch, Y., Graef, D., & Sagi, M. (2009). Presentation format affects comprehension and risk assessment: The case of prenatal screening. *Journal of Health Communication, 14,* 439–450.

Mishra, A., Mishra, H., & Nayakankuppam, D. (2009). The group-contagion effect: The influence of spatial groupings on perceived contagion and preferences. *Psychological Science, 20*(7), 867–870.

Mole, C., & Klein, C. (2010). Confirmation, refutation, and the evidence of fMRI. In S. J. Hanson & M. Bunzl (Eds.), *Foundational issues in human brain mapping* (pp. 99–112). Cambridge, MA: MIT Press.

Monahan, J., & Steadman, H. J. (1996). Violent storms and violent people: How meteorology can inform risk communication in mental health law. *American Psychologist, 51*(9), 931–938.

Mussweiler, T., & Englich, B. (2005). Subliminal anchoring: Judgmental consequences and underlying mechanisms. *Organizational Behavior and Human Decision Processes, 98*(2), 133–143.

Myers, D. G. (2001, December). Do we fear the right things? *American Psychological Society Observer, 14*(10), 3.

Narayanamurti, V., & Odumosu, T. (2016). *Cycles of invention and discovery: Rethinking the endless frontier.* Cambridge, MA: Harvard University Press.

Nash, J. F. (1950). Equilibrium points in n-person games. *Proceedings of the National Academy of Sciences, 36*(1), 48–49.

Nature Publishing Group. (2007). Editorial: Silencing debate over autism. *Nature Neuroscience, 10*(5), 531.

Navarro-Martinez, D., Salisbury, L. C., Lemon, K. N., Stewart, N., Matthews, W. J., & Harris, A. J. L. (2011). Minimum required payment and supplemental information disclosure effects on consumer debt repayment decisions. *Journal of Marketing Research, 48*(SPL), S60–S77.

Nestler, S., Blank, H., & von Collani, G. (2008). Hindsight bias doesn't always come easy: Causal models, cognitive effort, and creeping determinism. *Journal of Experimental Psychology: Learning, Memory, and Cognition, 34*(5), 1043–1054.

Nickerson, R. S. (1998). Confirmation bias: A ubiquitous phenomenon in many guises. *Review of General Psychology, 2*(2), 175–220.

Nisbett, R. E., & Wilson, T. D. (1977). Telling more than we can know: Verbal reports on mental processes. *Psychological Review, 84*(3), 231–259.

Norman, G. R., & Eva, K. W. (2010). Diagnostic error and clinical reasoning. *Medical Education, 44*(1), 94–100.

Northcraft, G. B., & Neale, M. A. (1987). Experts, amateurs, and real estate: An anchoring-and-adjustment perspective on property pricing decisions. *Organizational Behavior and Human Decision Processes, 39*(1), 84–97.

Office of the Inspector General [OIG]. (2006). *A review of the FBI's handling of the Brandon Mayfield case.* Office of the Inspector General, Oversight & Review Division, U.S. Department of Justice.

Office of the Inspector General [OIG]. (2011). *A review of the FBI's progress in responding to the recommendations in the Office of the Inspector General Report on the fingerprint misidentification in the Brandon Mayfield case.* Office of the Inspector General, Oversight & Review Division, U.S. Department of Justice.

Ofir, C., & Mazursky, D. (1997). Does a surprising outcome reinforce or reverse the hindsight bias? *Organizational Behavior and Human Decision Process, 69*(1), 51–57.

Oppenheimer, D. M., LeBoeuf, R. A., & Brewer, N. T. (2008). Anchors aweigh: A demonstration of cross-modality anchoring and magnitude priming. *Cognition, 106*(1), 13–26.

Oskamp, S. (1965). Overconfidence in case-study judgments. *Journal of Consulting Psychology, 29*(3), 261–265.

Osman, M. (2004). An evaluation of dual-process theories of reasoning. *Psychonomic Bulletin & Review, 11*(6), 988–1010.

Parfit, D. (1971). Personal identity. *The Philosophical Review, 80*(1), 3–27.

Parks, C. D., Joireman, J., & Van Lange, P. A. (2013). Cooperation, trust, and antagonism: How public goods are promoted. *Psychological Science in the Public Interest, 14*(3), 119–165.

Pearce, J. M. S. (2008). The doctrine of signatures. *European Neurology, 60*(1), 51–52.

Pennington, N., & Hastie, R. (1986). Evidence evaluation in complex decision making. *Journal of Personality and Social Psychology, 51*(2), 242–258.

Pennington, N., & Hastie, R. (1988). Explanation-based decision making: Effects of memory structure on judgment. *Journal of Experimental Psychology: Learning, Memory, and Cognition, 14*(3), 521–533.

Pennington, N., & Hastie, R. (1992). Explaining the evidence: Tests of the Story Model for juror decision making. *Journal of Personality and Social Psychology, 62*(2), 189–206.

Pennycook, G., Cheyne, J. A., Seli, P., Koehler, D. J., & Fugelsang, J. A. (2012). Analytic cognitive style predicts religious and paranormal belief. *Cognition, 123*(3), 335–346.

Perner, J., Leekam, S. R., & Wimmer, H. (1987). Three-year-olds' difficulty with false belief: The case for a conceptual deficit. *British Journal of Developmental Psychology, 5*(2), 125–137.

Peters, E., & Slovic, P. (2000). The springs of action: Affective and analytical information processing in choice. *Personality and Social Psychology Bulletin, 26*, 1465–1475.

Pezzo, M. V. (2003). Surprise, defence or making sense: What removes hindsight bias? *Memory, 11*(4/5), 421–441.

Pezzo, M. V. (2011). Hindsight bias: A primer for motivational researchers. *Social and Personality Psychology Compass, 5*(9), 655–678.

Pezzo, M. V., & Pezzo, S. P. (2007). Making sense of failure: A motivated model of hindsight bias. *Social Cognition, 25*(1), 147–164.

Piaget, J., & Inhelder, B. (1969). *The psychology of the child* (2nd Ed.; H. Weaver, Trans.). New York, NY: Basic Books.

Pohl, R. F. (2004). *Cognitive illusions: A handbook of fallacies and biases in thinking, judgement, and memory.* Hove, UK: Psychology Press.

Pohl, R. F. (2007). Ways to assess hindsight bias. *Social Cognition, 25*(1), 14–31.

Pohl, R. F., Bayen, U. J., & Martin, C. (2010). A multiprocess account of hindsight bias in children. *Developmental Psychology, 46*(5), 1268–1282.

Pohl, R. F., Bender, M., & Lachmann, G. (2002). Hindsight bias around the world. *Experimental Psychology, 49*(4), 270–282.

Pohl, R. F., Eisenhauer, M., & Hardt, O. (2003). SARA: A cognitive process model to simulate the anchoring effect and hindsight bias. *Memory, 11*(4/5), 337–356.

Popper, K. R. (1959). Prediction and prophecy in the social sciences. In P. Gardiner (Ed.), *Theories of history* (pp. 276–285). New York, NY: The Free Press.

Popper, K. (1959/1968). *The logic of scientific discovery.* New York, NY: Harper & Row.

Prager, F., Asay, G. R. B., Lee, B., & von Winterfeldt, D. (2011). Exploring reductions in London Underground passenger journeys following the July 2005 bombings. *Risk Analysis, 31,* 773–786.

Pronin, E., Lin, D. Y., & Ross, L. (2002). The bias blind spot: Perceptions of bias in self versus others. *Personality and Social Psychology Bulletin, 28*(3), 369–381.

Pruitt, D. G., & Kimmel, M. J. (1977). Twenty years of experimental gaming: Critique, synthesis, and suggestions for the future. *Annual Review of Psychology, 28*(1), 363–392.

Public Health England. (2013). *Measles cases in England: January to March 2013.* Retrieved from www.hpa.org.uk/webc/HPAwebFile/HPAweb_C/1317138802384.

Pulay, A. J., Stinson, F. S., Dawson, D. A., Goldstein, R. B., Chou, S. P., Huang, B., ... & Grant, B. F. (2009). Prevalence, correlates, disability, and comorbidity of DSM-IV schizotypal personality disorder: Results from the wave 2 national epidemiologic survey on alcohol and related conditions. *Primary Care Companion to the Journal of Clinical Psychiatry, 11*(2), 53–67.

Quattrone, G. A., Lawrence, C. P., Finkel, S. E., & Andrus, D. C. (1984). *Explorations in anchoring: The effects of prior range, anchor extremity, and suggestive hints* (Unpublished manuscript). Stanford University, Stanford, CA.

Ramesh, R., & Zionts, S. (2013). Multiple criteria decision making. In S. I. Gass & M. C. Fu (Eds.), *Encyclopedia of operations research and management science* (pp. 1007–1013). New York, NY: Springer US.

Reason, J. (1995). Understanding adverse events: Human factors. *Quality in Health Care, 4*(2), 80–89.

Redelmeier, D. A., & Kahneman, D. (1996). Patients' memories of painful medical treatments: Real-time and retrospective evaluations of two minimally invasive procedures. *Pain, 66*(1), 3–8.

Reitsma-van Rooijen, M., & Daamen, D. D. L. (2006). Subliminal anchoring: The effects of subliminally presented numbers on probability estimates. *Journal of Experimental Social Psychology, 42*(3), 380–387.

Rescorla, R. A., & Wagner, A. R. (1972). A theory of Pavlovian conditioning: Variations in the effectiveness of reinforcement and non-reinforcement. In A. H. Black & W. F. Prokasy (Eds.), *Classical conditioning II: Current research and theory* (pp. 64–99). New York, NY: Appleton-Century-Crofts.

Reyna, V. F., Lloyd, F. J., & Whalen, P. (2001). Genetic testing and medical decision making. *Archives of Internal Medicine, 161*, 2406–2408.

Reyna, V. F., Nelson, W. L., Han, P. K., & Dieckmann, N. F. (2009). How numeracy influences risk comprehension and medical decision making. *Psychological Bulletin, 135*, 943–973.

Richards, D. D., & Siegler, R. S. (1986). Children's understandings of the attributes of life. *Journal of Experimental Child Psychology, 42*(1), 1–22.

Rid, A., & Wendler, D. (2014). Use of a Patient Preference Predictor to help make medical decisions for incapacitated patients. *Journal of Medicine and Philosophy, 39*(2), 104–129.

Roberto, C. A., Swinburn, B., Hawkes, C., Huang, T. T., Costa, S. A., Ashe, M., ... & Brownell, K. D. (2015). Patchy progress on obesity prevention: Emerging examples, entrenched barriers, and new thinking. *The Lancet, 385*(9985), 2400–2409.

Roese, N. J., & Vohs, K. D. (2012). Hindsight bias. *Perspectives on Psychological Science, 7*(5), 411–426.

Ross, D. (2016). Game theory. In E. N. Zalta (Ed.), *The Stanford encyclopedia of philosophy* (Winter 2016 Edition). Retrieved from https://plato.stanford.edu/archives/win2016/entries/game-theory.

Rothman, A. J., Martino, S. C., Bedell, B. T., Detweiler, J. B., & Salovey, P. (1999). The systematic influence of gain- and loss-framed messages on interest in and use of different types of health behavior. *Personality and Social Psychology Bulletin, 25*(11), 1355–1369.

Rothman, A. J., & Salovey, P. (1997). Shaping perceptions to motivate healthy behavior: The role of message framing. *Psychological Bulletin, 121*(1), 3–19.

Royzman, E. B., Cassidy, K. W., & Baron, J. (2003). "I know, you know": Epistemic egocentrism in children and adults. *Review of General Psychology, 7*(1), 38–65.

Rozin, P., Millman, L., & Nemeroff, C. (1986). Operation of the laws of sympathetic magic in disgust and other domains. *Journal of Personality and Social Psychology, 50*(4), 703–712.

Rozin, P., Nemeroff, C., Wane, M., & Sherrod, A. (1989). Operation of the sympathetic magical law of contagion in interpersonal attitudes among Americans. *Bulletin of the Psychonomic Society, 27*, 367–370.

Samuelson, W., & Zeckhauser, R. (1988). Status quo bias in decision making. *Journal of Risk and Uncertainty, 1*, 7–59.

Schacter, D. L., Guerin, S. A., & St. Jacques, P. L. (2011). Memory distortion: An adaptive perspective. *Trends in Cognitive Sciences, 15*(10), 467–474.

Schank, R. C., & Abelson, R. P. (1977). *Scripts, plans, goals, and understanding: An inquiry into human knowledge structures.* New York, NY: Psychology Press.

Scheibehenne, B., Greifeneder, R., & Todd, P. M. (2010). Can there ever be too many options? A meta-analytic review of choice overload. *Journal of Consumer Research, 37*(3), 409–425.

Schnall, S., Haidt, J., Clore, G. L., & Jordan, A. H. (2008). Disgust as embodied moral judgment. *Personality and Social Psychology Bulletin, 34*(8), 1096–1109.

Schwartz, B., Ben-Haim, Y., & Dacso, C. (2010). What makes a good decision? Robust satisficing as a normative standard of rational decision making. *Journal for the Theory of Social Behaviour, 41*(2), 209–227.

Schwartz, B., & Ward, A. (2004). Doing better but feeling worse: The paradox of choice. In P. A. Linley & S. Joseph (Eds.), *Positive psychology in practice* (pp. 86–104). Hoboken, NJ: Wiley and Sons.

Schwartz, B., Ward, A., Monterosso, J., Lyubomirsky, S., White, K., & Lehman, D. R. (2002). Maximizing versus satisficing: Happiness is a matter of choice. *Journal of Personality and Social Psychology, 83*(5), 1178–1197.

Schwarz, N., Bless, H., Strack, F., Klumpp, G., Rittenauer-Schatka, H., & Simons, A. (1991). Ease of retrieval as information: Another look at the availability heuristic. *Journal of Personality and Social Psychology, 61*(2), 195–202.

Schwarz, N., Sanna, L. J., Skurnik, I., & Yoon, C. (2007). Metacognitive experiences and the intricacies of setting people straight: Implications for debiasing and public information campaigns. *Advances in Experimental Social Psychology, 39*, 127–161.

Scott, I. A., Mitchell, G. K., Reymond, E. J., & Daly, M. P. (2013). Difficult but necessary conversations: The case for advance care planning. *The Medical Journal of Australia, 199*(10), 662–666.

Sedlmeier, P. (1997). BasicBayes: A tutor system for simple Bayesian inference. *Behavior Research Methods, Instruments, and Computers, 27*, 327–336.

Sedlmeier, P., Hertwig, R., & Gigerenzer, G. (1998). Are judgments of the positional frequencies of letters systematically biased due to availability? *Journal of Experimental Psychology: Learning, Memory, and Cognition, 24*(3), 754–770.

Seifert, C. M. (2002). The continued influence of misinformation in memory: What makes a correction effective? *Psychology of Learning and Motivation, 41*, 265–292.

Shafir, E. (1993). Choosing versus rejecting: Why some options are both better and worse than others. *Memory & Cognition, 21*(4), 546–556.

Shefrin, H. M., & Thaler, R. H. (1988). The behavioral life-cycle hypothesis. *Economic Inquiry, 26*(4), 609–643.

Shiffrin, R. M., & Schneider, W. (1977). Controlled and automatic human information processing: II. Perceptual learning, automatic attending and a general theory. *Psychological Review, 84*(2), 127–190.

Siegrist, M., Cousin, M.-E., & Keller, C. (2008). Risk communication, prenatal screening, and prenatal diagnosis: The illusion of informed decision-making. *Journal of Risk Research, 11*, 87–97.

Simon, H. A. (1955). A behavioral model of rational choice. *The Quarterly Journal of Economics, 69*(1), 99–118.

Simon, H. A. (1956). Rational choice and the structure of the environment. *Psychological Review, 63*(2), 129–138.

Simon, H. A. (1959). Theories of decision-making in economics and behavioral science. *The American Economic Review, 49*(3), 253–283.

Simon, H. A. (1972). Theories of bounded rationality. *Decision and Organization, 1*(1), 161–176.

Sivak, M., and Flannagan, M. (2003). Flying and driving after the September 11 attacks. *American Scientist, 91*(1), 6–8.

Slevin, M. L., Stubbs, L., Plant, H. J., Wilson, P., Gregory, W. M., Armes, P. J., & Downer, S. M. (1990). Attitudes to chemotherapy: Comparing views of patients with cancer with those of doctors, nurses, and general public. *BMJ, 300*(6737), 1458–1460.

Sloman, S. (2005). *Causal models: How people think about the world and its alternatives.* Oxford, UK: Oxford University Press.

Sloman, S. A. (1996). The empirical case for two systems of reasoning. *Psychological Bulletin, 119*(1), 3–22.

Slovic, P. (1987). Perception of risk. *Science, 236,* 280–285.

Slovic, P., Finucane, M. L., Peters, E., & MacGregor, D. G. (2007). The affect heuristic. *European Journal of Operational Research, 177*(3), 1333–1352.

Slovic, P., Fischhoff, B., & Lichtenstein, S. (1982). Why study risk perception? *Risk Analysis, 2,* 83–93.

Smith, R. S. W. (2011). The chasm between evidence and practice: Extent, causes, and remedies. In G. Gigerenzer & J. A. M. Gray (Eds.), *Better doctors, better patients, better decisions: Envisioning healthcare in 2020* (pp. 265–280). Cambridge, MA: MIT Press.

Snyder, M. R. (1974). Self-monitoring of expressive behavior. *Journal of Personality and Social Psychology, 30*(4), 526–537.

Soman, D. (2001). The mental accounting of sunk time costs: Why time is not like money. *Journal of Behavioral Decision Making, 14*(3), 169–185.

Spaanjaars, N. L., Groenier, M., van de Ven, M. O., & Witteman, C. L. (2015). Experience and diagnostic anchors in referral letters. *European Journal of Psychological Assessment, 31*(4), 280–286.

Spellman, B. A. (1997). Crediting causality. *Journal of Experimental Psychology: General, 126*(4), 323–348.

Spellman, B. A., & Kincannon, A. (2001). The relation between counterfactual ("but for") and causal reasoning: Experimental findings and implications for jurors' decisions. *Law and Contemporary Problems, 64*(4), 241–264.

Spellman, B. A., & Mandel, D. R. (1999). When possibility informs reality: Counterfactual thinking as a cue to causality. *Current Directions in Psychological Science, 8*(4), 120–123.

Spengler, P. M., Strohmer, D. C., Dixon, D. N., & Shivy, V. A. (1995). A scientist-practitioner model of psychological assessment: Implications for training, practice, and research. *Counseling Psychologist, 23*(3), 506–534.

Spinoza, B. (1677/1982). *The ethics and selected letters* (S. Shirley, Trans.). Indianapolis, IN: Hackett Publishing Co., Inc.

Stanovich, K. E., & West, R. F. (2000). Individual differences in reasoning: Implications for the rationality debate? *Behavioral and Brain Sciences, 23*(5), 701–717.

Stanovich, K. E., & West, R. F. (2008). On the relative independence of thinking biases and cognitive ability. *Journal of Personality and Social Psychology, 94*(4), 672–695.

Starr, C. (1969). Social benefit versus technological risk: What is our society willing to pay for safety? *Science, 165,* 1232–1238.

Statistisches Bundesamt (2017). *Causes of death.* Retrieved from www.destatis.de/EN/FactsFigures/SocietyState/Health/CausesDeath/CausesDeath.html.

Stavy, R., & Wax, N. (1989). Children's conceptions of plants as living things. *Human Development, 32*(2), 88–94.

Stewart, N. (2009). The cost of anchoring on credit-card minimum repayments. *Psychological Science, 20*(1), 39–41.

Stewart, R. H. (1965). Effect of continuous responding on the order effect in personality impression formation. *Journal of Personality and Social Psychology, 1*(2), 161–165.

Stewart, T. R., Roebber, P. J., & Bosart, L. F. (1997). The importance of the task in analyzing expert judgment. *Organizational Behavior and Human Decision Processes, 69*(3), 205–219.

Strack, F., & Mussweiler, T. (1997). Explaining the enigmatic anchoring effect: Mechanisms of selective accessibility. *Journal of Personality and Social Psychology, 73*(3), 437–446.

Strohminger, N., & Nichols, S. (2014). The essential moral self. *Cognition, 131*(1), 159–171.

Sunstein, C. R. (2014). Nudging: A very short guide. *Journal of Consumer Policy, 37*(4), 583–588.

Sunstein, C. R. (2015). Nudges do not undermine human agency. *Journal of Consumer Policy, 38*(3), 207–210.

Sunstein, C. R., & Vermeule, A. (2009). Conspiracy theories: Causes and cures. *Journal of Political Philosophy, 17*(2), 202–227.

Svedholm, A. M., & Lindeman, M. (2012). The separate roles of the reflective mind and involuntary inhibitory control in gatekeeping paranormal beliefs and the underlying intuitive confusions. *British Journal of Psychology, 104*(3), 303–319.

Talairach, J., & Tournoux, P. (1988). *Co-planar stereotaxic atlas of the human brain*. New York, NY: Thieme.

Taylor, A. H., Hunt, G. R., Medina, F. S., & Gray, R. D. (2009). Do New Caledonian crows solve physical problems through causal reasoning? *Proceedings of the Royal Society of London B: Biological Sciences, 276*(1655), 247–254.

Thaler, R. (1980). Toward a positive theory of consumer choice. *Journal of Economic Behavior & Organization, 1*(1), 39–60.

Thaler, R. H. (1999). Mental accounting matters. *Journal of Behavioral Decision Making, 12*(3), 183–206.

Thaler, R. H., & Sunstein, C. R. (2008). *Nudge: Improving decisions about health, wealth, and happiness*. New Haven, CT: Yale University Press.

Tom, S. M., Fox, C. R., Trepel, C., & Poldrack, R. A. (2007). The neural basis of loss aversion in decision-making under risk. *Science, 315*(5811), 515–518.

Toplak, M. E., West, R. F., & Stanovich, K. E. (2014). Assessing miserly information processing: An expansion of the Cognitive Reflection Test. *Thinking & Reasoning, 20*(2), 147–168.

Tse, D., Takeuchi, T., Kakeyama, M., Kajii, Y., Okuno, H., Tohyama, C., ... & Morris, R. G. (2011). Schema-dependent gene activation and memory encoding in neocortex. *Science, 333*(6044), 891–895.

Tucker, A. W. (1983). The mathematics of Tucker: A sampler. *The Two-Year College Mathematics Journal, 14*(3), 228–232.

Tulving, E., & Pearlstone, Z. (1966). Availability versus accessibility of information in memory for words. *Journal of Verbal Learning and Verbal Behavior, 5*, 381–391.

Turiel, E. (2002). *The culture of morality: Social development, context, and conflict*. Cambridge, UK: Cambridge University Press.

Tversky, A., & Kahneman, D. (1971). The belief in the law of small numbers. *Psychological Bulletin, 76,* 105–110.

Tversky, A., & Kahneman, D. (1973). Availability: A heuristic for judging frequency and probability. *Cognitive Psychology, 5*(2), 207–232.

Tversky, A., & Kahneman, D. (1974). Judgment under uncertainty: Heuristics and biases. *Science, 185*(4157), 1124–1131.

Tversky, A., & Kahneman, D. (1980). Causal schemas in judgments under uncertainty. In M. Fishbein (Ed.), *Progress in social psychology* (pp. 49–72). New York, NY: Psychology Press.

Tversky, A., & Kahneman, D. (1981). The framing of decisions and the psychology of choice. *Science, 211*(4481), 453–458.

Tversky, A., & Kahneman, D. (1983). Extensional versus intuitive reasoning: The conjunction fallacy in probability judgment. *Psychological Review, 90*(4), 293–315.

Tversky, A., & Kahneman, D. (1986). Rational choice and the framing of decisions. *Journal of Business, 59*(4), S251–S278.

Tversky, A., & Kahneman, D. (1992). Advances in prospect theory: Cumulative representation of uncertainty. *Journal of Risk and Uncertainty, 5*(4), 297–323.

Tykosinski, O. E. (2001). I never had a chance: Using hindsight tactics to mitigate disappointments. *Personality and Social Psychology Bulletin, 27*(3), 376–282.

Tylor, E. B. (1871/1974). *Primitive culture: Research into the development of mythology, philosophy, religion, art, and custom.* New York, NY: Gordon Press.

U.S. Social Security Administration. (2015). *Popularity of a name.* Retrieved from www.ssa. gov/oact/babynames/#&ht=2.

U.K. Vital Statistics Outputs Branch. (2015). *Mortality statistics: Deaths registered in England and Wales (Series DR), 2014.* Retrieved from www.ons.gov.uk/ons/rel/vsob1/ mortality-statistics--deaths-registered-in-england-and-wales--series-dr-/2014/index. html.

Valdesolo, P., & DeSteno, D. (2006). Manipulations of emotional context shape moral judgment. *Psychological Science, 17*(6), 476–477.

Van Lange, P. A. M., Liebrand, W. B. G., & Kuhlman, D. M. (1990). Causal attribution of choice behavior in three N-person prisoner's dilemmas. *Journal of Experimental Social Psychology, 26*(1), 34–48.

Varey, C. A., Mellers, B. A., & Birnbaum, M. H. (1990). Judgments of proportions. *Journal of Experimental Psychology: Human Perception and Performance, 16*(3), 613–625.

Velasquez, M., & Hester, P. T. (2013). An analysis of multi-criteria decision making methods. *International Journal of Operations Research, 10*(2), 56–66.

von Neumann, J., & Morgenstern, O. (1944/2007). *Theory of games and economic behavior.* Princeton, NJ: Princeton University Press.

Vyse, S. A. (2000). *Believing in magic: The psychology of superstition.* Oxford, UK: Oxford University Press.

Waldmann, M. R., & Holyoak, K. J. (1992). Predictive and diagnostic learning within causal models: Asymmetries in cue competition. *Journal of Experimental Psychology: General, 121*(2), 222–236.

Wallenius, J., Dyer, J. S., Fishburn, P. C., Steuer, R. E., Zionts, S., & Deb, K. (2008). Multiple criteria decision making, multiattribute utility theory: Recent accomplishments and what lies ahead. *Management Science, 54*(7), 1336–1349.

Walster, E. (1967). "Second guessing" important events. *Human Relations, 20*(3), 239–249.

Walther, E. (2002). Guilty by mere association: Evaluative conditioning and the spreading attitude effect. *Journal of Personality and Social Psychology, 82*(6), 919–934.

Walther, E., Nagengast, B. & Traselli, C. (2005). Evaluative conditioning in social psychology: Facts and speculations. *Cognition & Emotion, 19*(2), 175–196.

Wason, P. C. (1960). On the failure to eliminate hypotheses in a conceptual task. *Quarterly Journal of Experimental Psychology, 12*(3), 129–140.

Wasserman, D., Lempert, R. O., & Hastie, R. (1991). Hindsight and causality. *Personality and Social Psychology Bulletin, 17*(1), 30–35.

Weber, E. U. (2006). Experience-based and description-based perceptions of long-term risk: Why global warming does not scare us (yet). *Climatic Change, 77*(1–2), 103–120.

Webley, P., & Plaisier, Z. (1998). Mental accounting in childhood. *Citizenship, Social and Economics Education, 3*(2), 55–64.

Wegwarth, O., & Gigerenzer, G. (2011). Statistical illiteracy in doctors. In G. Gigerenzer & J. A. M. Gray (Eds.), *Better doctors, better patients, better decisions: Envisioning healthcare in 2020* (pp. 137–151). Cambridge, MA: MIT Press.

Weine, E. R., Kim, N. S., & Lincoln, A. K. (2016). Understanding lay assessments of alcohol use disorder: Need for treatment and associated stigma. *Alcohol and Alcoholism, 51*(1), 98–105.

Weinstein, N. D. (1980). Unrealistic optimism about future life events. *Journal of Personality and Social Psychology, 39*(5), 806–820.

Weisberg, D. S., Keil, F. C., Goodstein, J., Rawson, E., & Gray, J. R. (2008). The seductive allure of neuroscience explanations. *Journal of Cognitive Neuroscience, 20*(3), 470–477.

Weisberg, D. S., Taylor, J. C., & Hopkins, E. J. (2015). Deconstructing the seductive allure of neuroscience explanations. *Judgment and Decision Making, 10*(5), 429–441.

Wellman, H. M., & Gelman, S. A. (1992). Cognitive development: Foundational theories of core domains. *Annual Review of Psychology, 43*(1), 337–375.

Westen, D., & Weinberger, J. (2004). When clinical description becomes statistical prediction. *American Psychologist, 59*(7), 595–613.

Wheeler, B., & Hunt, A. (2016, June 24). *The UK's EU referendum: All you need to know.* BBC News. Retrieved from www.bbc.com/news/uk-politics-32810887/.

White, M. D. (2013). *The manipulation of choice: Ethics and libertarian paternalism.* Basingstoke, UK: Palgrave Macmillan.

Whyte, G., & Sebenius, J. K. (1997). The effect of multiple anchors on anchoring in individual and group judgment. *Organizational Behavior and Human Decision Processes, 69*(1), 74–85.

Wiegmann, A., Okan, Y., & Nagel, J. (2012). Order effects in moral judgment. *Philosophical Psychology, 25*(6), 813–836.

Wiegmann, A., & Waldmann, M. R. (2014). Transfer effects between moral dilemmas: A causal model theory. *Cognition, 131*(1), 28–43.

Wilkes, A. L., & Leatherbarrow, M. (1988). Editing episodic memory following the identification of error. *The Quarterly Journal of Experimental Psychology, 40*(2), 361–387.

Williams, M. (2015). *Behind the name.* Retrieved from www.behindthename.com.

Wilson, T. D., & Gilbert, D. T. (2003). Affective forecasting. *Advances in experimental social psychology* (Vol. 35, pp. 345–411). San Diego, CA: Academic Press.

Wilson, T. D., & Gilbert, D. T. (2005). Affective forecasting: Knowing what to want. *Current Directions in Psychological Science, 14*(3), 131–134.

Wilson, T. D., Gilbert, D. T., & Centerbar, D. B. (2003). Making sense: The causes of emotional evanescence. In I. Brocas & J. D. Carrillo (Eds.), *The psychology of economic decisions* (Vol. 1, pp. 209–233). Oxford, UK: Oxford University Press.

Wilson, T. D., Houston, C., Etling, K. M., & Brekke, N. (1996). A new look at anchoring effects: Basic anchoring and its antecedents. *Journal of Experimental Psychology: General, 125*(4), 387–402.

Wolfe, J. M. (2016). Rethinking the basic-applied dichotomy. *Cognitive Research: Principles and Implications, 1*(1), 1–2.

Wolff, P. (2007). Representing causation. *Journal of Experimental Psychology: General, 136*(1), 82–111.

Wolff, P., & Barbey, A. K. (2015). Causal reasoning with forces. *Frontiers in Human Neuroscience, 9*(1), 1–21.

Wood, M. J., Douglas, K. M., & Sutton, R. M. (2012). Dead and alive: Beliefs in contradictory conspiracy theories. *Social Psychological and Personality Science, 3*(6), 767–773.

Yamagishi, T. (1986). The provision of a sanctioning system as a public good. *Journal of Personality and Social Psychology, 51*(1), 110–116.

Yeager, D. S., & Dweck, C. S. (2012). Mindsets that promote resilience: When students believe that personal characteristics can be developed. *Educational Psychologist, 47*(4), 302–314.

Yopchick, J. E. (2012). *Causal explanations and judgments about children's potentially problematic behaviors* (Unpublished doctoral dissertation). Northeastern University, Boston, MA.

Yopchick, J. E., & Kim, N. S. (2012). Hindsight bias and causal reasoning: A minimalist approach. *Cognitive Processing, 13*(1), 63–72.

Zenko, M. (2012). America is a safe place. *Council on Foreign Relations.* Retrieved from http://blogs.cfr.org/zenko/2012/02/24/america-is-a-safe-place/.

찾아보기

지은이

낸시 김(Nancy S. Kim)

하버드대학교에서 심리학을 전공하였으며, 예일대학교에서 심리학으로 석사학위와 박사학위를 받았다(미국 국립과학재단, 즉 NSF의 대학원생 연구 펠로우십의 지원을 받았다). 그녀는 현재 노스이스턴대학교 심리학과에서 부교수이자 학부생 연구 책임자를 맡고 있다. 그녀의 연구 프로그램은 일반인, 환자, 임상 훈련생, 개업 임상가 등이 어떻게 건강관련 판단과 결정을 내리는지를 밝혀내려는 것이다. 그녀는 특히 정신건강 진단을 내리는 임상가들이 언제, 어떻게 진단 매뉴얼에서 벗어나는지, 이렇게 처방된 진단 가이드라인에서 벗어나는 것이 체계적이고 예측 가능하며 핵심적인 인지이론으로 설명할 수 있는지, 그리고 만일 설명할 수 있다면 언제 그것이 가능한지를 이해하는 데 관심을 가지고 있다. 그녀는 학부와 대학원에서 판단과 의사결정, 인지심리학, 인지신경과학 교과목을 가르치고 있다.

옮긴이

신현정

서울대학교 심리학과 학사
서울대학교 대학원 심리학과 석사
미국 인디애나대학교 대학원 심리학과 박사(철학박사)
현재 부산대학교 심리학과 명예교수